HUMANITIES AND SOCIETY

现代性的哲学话语

Jürgen Habermas

[德国] 于尔根·哈贝马斯 著　曹卫东 译

译林出版社

图书在版编目（CIP）数据

现代性的哲学话语／（德）哈贝马斯（Habermas, J.）著；曹卫东译．—南京：译林出版社，2011.1（2025.8重印）
（人文与社会译丛／刘东主编）
ISBN 978-7-5447-1582-9

I.①现… II.①哈… ②曹… III.①哈贝马斯，J.－哲学思想 IV.①B516.59

中国版本图书馆 CIP 数据核字（2010）第 240387 号

著作权合同登记号 图字：10-2019-273 号

现代性的哲学话语［德国］哈贝马斯 ／ 著 曹卫东 ／ 译

责任编辑 李瑞华 王瑞琪
特约编辑 王 蕾
责任印制 董 虎

原文出版 Suhrkamp, 1985
出版发行 译林出版社
地 址 南京市湖南路 1 号 A 楼
邮 箱 yilin@yilin.com
网 址 www.yilin.com
市场热线 025-86633278
排 版 南京展望文化发展有限公司
印 刷 江苏凤凰扬州鑫华印刷有限公司
开 本 880 毫米 × 1230 毫米 1/32
印 张 14.5
插 页 2
版 次 2011 年 1 月第 1 版
印 次 2025 年 8 月第 13 次印刷
书 号 ISBN 978-7-5447-1582-9
定 价 78.00 元

主编的话

刘　东

总算不负几年来的苦心——该为这套书写篇短序了。

此项翻译工程的缘起，先要追溯到自己内心的某些变化。虽说越来越惯于乡间的生活，每天只打一两通电话，但这种离群索居并不意味着我已修炼到了出家遁世的地步。毋宁说，坚守沉默少语的状态，倒是为了咬定问题不放，而且在当下的世道中，若还有哪路学说能引我出神，就不能只是玄妙得叫人着魔，还要有助于思入所属的社群。如此嘈嘈切切鼓荡难平的心气，或不免受了世事的恶刺激，不过也恰是这道底线，帮我部分摆脱了中西"精神分裂症"——至少我可以倚仗着中国文化的本根，去参验外缘的社会学说了，既然儒学作为一种本真的心向，正是要从对现世生活的终极肯定出发，把人间问题当成全部灵感的源头。

不宁惟是，这种从人文思入社会的诉求，还同国际学界的发展不期相合。擅长把捉非确定性问题的哲学，看来有点走出自我囿闭的低潮，而这又跟它把焦点对准了社会不无关系。现行通则的加速崩解和相互证伪，使得就算今后仍有普适的基准可言，也要有待于更加透辟的思力，正是在文明的此一根基处，批判的事业又有了用武之地。由此就决定了，尽管同在关注世俗的事务与规则，但跟既定框架内的策论不同，真正体现出人文关怀的社会学说，决不会是医头医脚式的小修小补，而必须以激进亢奋的姿态，去怀疑、颠覆和重估全部的价值预设。有意思的是，也许再没有哪个时代，会有这么多书生想要焕发制度智慧，这既凸显了文明的深层危机，又表达了超越的不竭潜力。

于是自然就想到翻译——把这些制度智慧引进汉语世界来。需要说明的是，尽管此类翻译向称严肃的学业，无论编者、译者还是读者，都会因其理论色彩和语言风格而备尝艰涩，但该工程却绝非寻常意义上的"纯学术"。此中辩谈的话题和学理，将会贴近我们的伦常日用，渗入我们的表象世界，改铸我们的公民文化，根本不容任何学院人垄断。同样，尽管这些选题大多分量厚重，且多为国外学府指定的必读书，也不必将其标榜为"新经典"。此类方生方成的思想实验，仍要应付尖刻的批判围攻，保持着知识创化时的紧张度，尚没有资格被当成享受保护的"老残遗产"。所以说白了：除非来此对话者早已功力尽失，这里就只有激活思想的马刺。

主持此类工程之烦难，足以让任何聪明人望而却步，大约也惟有愚钝如我者，才会在十年苦熬之余再作冯妇。然则晨钟暮鼓黄卷青灯中，毕竟尚有历代的高僧暗中相伴，他们和我声应气求，不甘心被宿命贬低为人类的亚种，遂把逐译工作当成了日常功课，要以艰难的咀嚼咬穿文化的篱笆。师法着这些先烈，当初酝酿这套丛书时，我曾在哈佛费正清中心放胆讲道："在作者、编者和读者间初步形成的这种'良性循环'景象，作为整个社会多元分化进程的缩影，偏巧正跟我们的国运连在一起，如果我们至少眼下尚无理由否认，今后中国历史的主要变因之一，仍然在于大陆知识阶层的一念之中，那么我们就总还有权想象，在孔老夫子的故乡，中华民族其实就靠这么写着读着，而默默修持着自己的心念，而默默挑战着自身的极限！"惟愿认同此道者日众，则华夏一族虽历经劫难，终不致因我辈而沦为文化小国。

一九九九年六月于京郊溪翁庄

目　录

作者前言

“现代性——一项未完成的设计”是我在1980年9月荣膺“阿多诺奖”时答谢致辞的题目。[①] 后来，我一直都没有放弃过这个设计，尽管它在许多方面引起了广泛的争议。这项设计的哲学内涵在接受法国新结构主义的过程中越来越深入到公众的意识当中。同样，在利奥塔发表了《后现代状况——一份知识报告》之后，“后现代”这个时髦字眼亦已深入人心。[②] 所以，新结构主义理性批判的挑战构成了我力图逐步建构现代性哲学话语的视角。就现代性话语而言，从十八世纪后期开始，现代性就已经成为“哲学”讨论的主题。现代性的哲学话语在许多地方都涉及到现代性的美学话语，或者说，两者在许多方面是联系在一起的。尽管如此，我还是必须对我的讨论主题加以限制：本书对艺

---

① 哈贝马斯：《政论集》（*Kleine politische Schriften*），I—IV，Frankfurt am Main，1981，第444—464页。

② J. F. 利奥塔：《后现代性状况》（*La condition postmoderne*），Paris，1979，德文版：Wien，1982；请参阅A. 霍耐特：《反对普遍性的情绪》（‘Der Affekt gegen das Allgemeine’），载：《水星》（*Merkur*），1984年12月，第430期，第893页以下；R. 罗蒂：《哈贝马斯和利奥塔论后现代性》（‘Habermas and Lyotard on Postmodernity’），载：《国际实践》（*Praxis International*），1984年，第4卷，第1期，第32页以下；以及我的回应：《问题与反问题》（‘Questions and Counterquestions’），载：《国际实践》，1984年，第4卷，第3期。

术和文学中的现代主义不予讨论。①

重回法兰克福大学之后，我在 1983 年夏季学期和 1983/84 年冬季学期以现代性的哲学话语为内容开设了讲座。本书中的，第五讲采用了我的一篇已经发表过的论文②，最后一讲则是刚刚完成的。这两篇都是后加进去的，因此，它们并不是我讲课时的真正讲稿。1983 年 3 月，我曾就第一至四讲的内容在巴黎法兰西学院作了报告，其余部分我曾于 1984 年 9 月在康奈尔大学信使讲座上讲授。此外，本书的主要论点在波士顿大学的讨论课中也曾有过涉及。我与所有这些地方的同事和同学进行了热烈的讨论，他们给了我许多启发，这里就不再一一注明。

苏尔坎普出版社同时还出版了我的另外一本书③，它从政治角度对现代性的哲学话语做了补充论述。

哈贝马斯

1984 年 12 月

于美茵河畔法兰克福

---

① 请参阅彼得·比尔格：《唯心主义美学批判》（*Zur Kritik der idealistischen Ästhetik*），Frankfurt am Main，1983；H. R. 姚斯：《文学现代主义的发展过程：从卢梭到阿多诺》（'Der literarische Prozeß des Modernismus von Rousseau bis Adorno'），载 L. v. 弗里德堡、哈贝马斯（编）：《阿多诺讨论文集》（*Adorno - Konferenz*），Frankfurt am Main，1983，第 95 页以下；A. 维尔默：《论现代性与后现代性的辩证法》（*Zur Dialektik von Moderne und Postmoderne*），Frankfurt am Main，1985。

② 见 K. H. 博雷尔（编）：《神话与现代性》（*Mythos und Moderne*），Frankfurt am Main，1982，第 415—430 页。

③ 哈贝马斯：《新的非了然性》（*Die Neue Unübersichtlichkeit*），Frankfurt am Main，1985。

一

现代的时代意识及其自我确证的要求

1

马克斯·韦伯在其《宗教社会学论集》的著名前言里阐述了他以其整个学术生涯所探讨的"世界史问题",即"为什么科学的、艺术的、政治的或经济的发展没有在欧洲之外也走向西方所特有的这条理性化道路"①。在韦伯看来,现代与他所说的西方理性主义② 之间有着内在联系。这种联系并不是偶然出现的,而是不言而喻的。韦伯把那种解神秘化的过程说成是"合理的",在欧洲导致了宗教世界图景的瓦解,并由此形成了世俗文化。随着现代经验科学、自律艺术和用一系列原理建立起来的道德理论和法律理论的出现,便形成了不同的文化价值领域,从而使我们能够根据理论问题、审美问题或道德—实践问题的各自内在逻辑来完成学习过程。

韦伯从理性化角度所描述的,并不仅仅是西方文化的世俗

① 韦伯:《新教伦理》(*Die protestantische Ethik*),第 1 卷,Heidelberg,1973。

② 请参阅哈贝马斯:《交往行为理论》(*Theorie des kommunikativen Handelns*),Frankfurt am Main,1981,第 1 卷,第 225 页及以下。

化过程，更主要的是现代社会的发展过程。新的社会结构的首要特征在于，围绕着资本主义企业和官僚国家机器这样的组织核心而形成的、功能上又互相纠结的两大系统走向了分化。韦伯把这个分化过程理解为目的理性的经济行为和管理行为的制度化。其实，日常生活也受到了这种文化合理化和社会合理化的干扰。就此而言，在前现代主要是根据每个人的职业而确立的各种传统生活方式消失不见了。不过，生活世界的现代化，并不只是由目的理性结构所决定的。涂尔干和米德认为，理性化的生活世界，其特点更多的在于对丧失了本质特性的传统进行反思，在于行为规范的推广，以及把交往行为从狭隘的语境中解放出来并扩大其选择空间的价值的普及；最终还在于以培养抽象的自我认同为目标和促使成年个体化的社会化模式。以上所述，便是古典社会理论家们所勾勒的现代图景（das Bild der Moderne）。

今天，韦伯的主题表现为另外一番情况，这既是其追随者努力的结果，也是其批判者的批判所造成的。"现代化"（Modernisierung）一词直到二十世纪五十年代才被作为一个术语广泛采用。此后，这个术语表示这样一种理论立场，即它开始讨论韦伯所提出来的问题，而且还用社会学的功能主义方法对其加以发挥。现代化概念涉及到一系列的过程，诸如：资本的积累和资源的利用；生产力的发展和劳动生产率的提高；政治权力的集中和民族认同的塑造；政治参与权、城市生活方式、正规学校教育的普及；价值和规范的世俗化；等等。所有这些过程既相互累积，又相互转化。现代化理论比韦伯的"现代"概念更加抽象，这主要表现在下述两个方面：首先，它把现代性从现代欧洲的起源中分离了出来，并把现代性描述成一种一般意义上的社会发展模式；就时空而言，这种模式是中性的。此外，它还隔断了现代性与西方理性主义的历史语境之间的内在联系，因此，我们不能再把现代化过程看作是理性化过程和理性结构的历史客观化。詹姆斯·科勒曼认为，这种现代化理论的长处就在于，从进化论角度归纳出来的现代化概念不再惧怕现代性终结的观念，也就是说，不再惧怕现代性会有一种终极状态，而被"后现代"所取代。①

但事实上，正是二十世纪五十和六十年代的现代化研究使得"后现代"这种说法在社会科学家中间广泛流传开来。原因在于，现代化从进化论角度看是自律的，它独自地向前发展。因此，由这个角度入手，社会科学的研究者们最容易摆脱作为现代性源泉的西方理性主义概念，但是，现代性概念与从西方理性视野中赢得的现代性的自我理解，它们之间的内在联系一旦消失，我们便可以从后现代研究者的陌生立场出发，对似乎是独立发展的现代化过程加以相对化。阿诺德·盖伦把这种观点简单地概括为：启蒙的前提已经死去，惟有启蒙的后果仍在奏效。自足发展的社会现代化正是从这个角度把自己同看来已陈旧不堪的文化现代性区别开来，而仅仅履行据称已组成一个独立系统的经济和国家、技术和科学的法律职能。因此，社会进程的不断加速，似乎变成了一种枯竭的、进入凝固状态的文化的对立面。"凝固化"是盖伦用来称呼现代文化的。在盖伦看来，

> 现代文化中所固有的可能性都已得到充分的发挥。其反面可能性和反题亦已被挖掘出来和加以接受，以致从今往后改变前提变得越来越难以想像……要是你有这种印

① "现代化"（'Modernization'）（词条），载：《社会科学百科全书》（Encycl. Soc. Science），第 10 卷，第 386 页以下。此处请参阅第 397 页。

象，你在像现代绘画这样一种如此活跃和复杂的领域中也会感觉到凝固化的存在。①

由于“观念史是封闭的”，所以盖伦才轻而易举地认定，“我们已经进入了后历史(Post Historie)”。为此，盖伦借戈特弗里德·本恩的诗忠告我们说：“考虑好你们的生活所需。”由此可见，盖伦的这种新保守主义立场并不是想抛开社会现代化的无穷动力，而是要摆脱现代性的自我理解的文化外壳。②

与此相反，后现代观念在其他一些理论家那里表现为另一种政治形态，即表现为无政府主义。这些理论家并不顾及现代性与合理性之间已经发生的分离。他们也抱怨启蒙的终结，并逾越了欧洲现代性用以把握自身的理性传统，换句话说，他们也扎根到了后历史之中。但与新保守主义不同，无政府主义是要告别整个现代。马克斯·韦伯的西方理性主义所立足的那个基本概念系统走向了式微；与此同时，我们却认清了理性的本来面目，即理性被揭发为主体性，它既是征服者，又是臣服者。此外，人们还发现，理性是工具性的支配意志。海德格尔和巴塔耶曾揭开了纯粹权力意志上的理性面纱，他们的批判所发挥的颠覆力量，同时也应动摇现代精神以社会形式加以客观化时所依赖的“铁笼”。由此看来，文化现代性终结之后，源于其中的社会现代化也将无法继续进行下去，因为它经受不住“远古时代”即已

---

① 盖伦：《论文化的凝固化》(‘Über kulturelle Kristallisation’)，载其：《人类学与社会学研究》(*Studien zur Anthropologie und Soziologie*)，Neuwied，1963，第321页以下。

② 我引用了霍尔图森的一篇文章《怀念历史》(‘Heimweh nach Geschichte’)，载：《水星》430，1984年12月，第916页。文章认为，盖伦可能是从他的同伴亨德里克·德·曼那借用了“后历史”这种说法。

存在的无政府主义的攻击。这样，在无政府主义的荫庇下，后现代便粉墨登场了。

不管有关后现代理论的这两种解释差别多大，它们都远离了欧洲现代性的自我理解形成于其中的基本概念系统。这两种后现代理论都要求走出这个概念系统，并认为它已过时，因而对它不予理睬。黑格尔是第一位清楚地阐释现代概念的哲学家。到韦伯为止，现代性与合理性之间的内在联系一直都是不言而喻的，今天却成了问题。我们要想搞清楚这种内在联系，就必须回到黑格尔那里去，也就是说，我们首先必须回到黑格尔的现代概念，以便能够判断从其他前提出发进行分析的那些人的要求是否正当。但是，我们无论如何也不能先验地认为，后现代思想只是自以为处于超越的位置上，而事实上他们仍然滞留在由黑格尔所阐明的现代性的自我理解的前提之中。我们也不能立即排除这样的可能性，即新保守主义或审美无政府主义打着告别现代性的旗号，而试图再次反抗现代性。这就是说，它们也可能只是在掩盖其与披着后启蒙外衣的反启蒙的悠久传统之间的同谋关系。

2

黑格尔起初把现代当作一个历史概念加以使用，即把现代概念作为一个时代概念。在黑格尔看来，“新的时代”（neue Zeit）就是“现代”（moderne Zeit）。[①] 黑格尔的这种观念与同期英语“modern times”以及法语“temps modernes”这两个词的意思

① 以下请参阅 R. 科瑟勒克：《过去的未来》（*Vergangene Zukunft*），Frankfurt am Main，1979。

是一致的，所指的都是大约1800年之前的那三个世纪。1500年前后发生的三件大事，即新大陆的发现、文艺复兴和宗教改革，则构成了现代与中世纪之间的时代分水岭。在《历史哲学》一书中，黑格尔曾用这些概念把信奉基督教的日尔曼世界给确立了下来；就其自身而言，这个世界也还是从希腊和罗马的古代中产生的。今天，我们通常把历史划分为现代、中世纪和古代（或现代史、中世纪史和古代史），这种划分尤其在学校的课程设置上比较常用。但是，只有当"新的时代"或"现代"（"新的世界"或"现代世界"）这样的说法失去其单纯的编年意义，而具有一种突出时代之"新"的反面意思时，上述划分才能成立。在信仰基督教的西方，"新的时代"意味着即将来临的时代；而这个时代直到世界末日才会出现。但在谢林的《关于时代的哲学》中，有关现代的通俗概念却坚持认为，未来已经开始。换句话说，这种概念认为，现代是依赖未来而存在的，并向未来的新的时代敞开。这样，现代的开端便被转移到了过去，即转移到了现代发端之际。综观整个十八世纪，1500年这个时代分水岭一直都被追溯为现代的源头。为了验证这一点，科瑟勒克考察了我们的时代（nostrum aevum）究竟是在何时被改称为"新的时代"（nova aetas）的。[①]

科瑟勒克认为，"现代"或"新的时代"概念所表达的历史意识，已构成了一种历史哲学的视角：一个人必须从整个历史视界出发对自己的位置作反思性认识。"历史"（Geschichte）是个单数名词，但它表示集体。黑格尔使用这个词时已是理直气壮，其实它是一个十八世纪的新造词：

① 科瑟勒克：'Neuzeit'，载：《过去的未来》，第314页以下。

> “现代”赋予整个过去以一种世界史(Weltgeschichte)的肌质……对新的时代的分析和对过去年代的分析是一致的。[①]

“Geschichte”(历史)这个新造词则适应了有关历史事件不断加速发展的新经验,以及对并非共时的历史发展的共时编年的认识。[②] 当时曾出现这样一种观念,认为历史是一个统一的、引起问题的过程,时间则是克服问题的有效力量,这样便把时间当作了一种压力。时代精神(Zeitgeist)这个新词曾令黑格尔心醉神迷,它把现在(Gegenwart)说成是过渡时代,在此期间,我们既希望现时早些过去,又盼望未来快点降临;因此,黑格尔在其《精神现象学》的前言中说道:

> 我们不难看到,我们这个时代是一个新时期的降生和过渡的时代。人的精神已经跟他旧日的生活与观念世界决裂,正使旧日的一切葬入于过去而着手进行他的自我改造。现存世界里充满了的那种粗率和无聊,以及对某种未知的东西的那种模模糊糊的若有所感,都在预示着有什么别的东西正在到来。可是这种颓废败坏……突然为日出所中断,升起着的太阳犹如闪电般一下照亮了新世界的形相。[③]

由于新世界即现代世界与旧世界的区别在于它是向未来开放的,因此,时代在推陈出新的每一个当下环节上都不断重新开

---

① 科瑟勒克:‘Neuzeit’,载:《过去的未来》,第 327 页。

② 同上,第 321 页以下。

③ 黑格尔:《全集》(*Werke*),Suhrkamp-Werkausgabe,第 3 卷,第 18 页以下。

始。由此可见,把“当代”(die neueste Zeit)从“现代”(die Neuzeit)中独立出来,也属于一种现代的历史意识:在现代,现在(Gegenwart)作为时代史享有崇高的地位。就连黑格尔也把“我们的时代”理解成“当代”,他把现在的开始安放在十八世纪末十九世纪初这样一个转折时期,对其同代思想家来说,则意味着发生启蒙运动和法国大革命这两件历史大事的那个时刻。因此,老黑格尔还认为,“随着突然升起的太阳”,我们到了“历史的最后阶段,进入了我们的世界和我们的时代”。[①] 当下从新的时代的视界把自己看作是现实之中的当代,但它必须把与过去的分裂视为不断的更新。

同“当下”一样,诸如革命、进步、解放、发展、危机以及时代精神等,也都是一些动态的概念;这些概念或是在十八世纪随着“现代”或“新的时代”等说法一起出现的,或是被注入了新的涵义,而这些语义迄今一直有效。[②] 另外,这些概念后来也成了黑格尔哲学的关键术语,并从概念史角度来把握随着西方文化的现代历史意识而出现的问题,即现代不能或不愿再从其他时代样本那里借用其发展趋向的准则,而必须自力更生,自己替自己制定规范。这便澄清了现代那高度敏感的“自我理解”,以及直到我们的时代仍在不停地努力“确证”其自我的动力。几年前,布卢门贝格还觉得有必要付出昂贵的历史代价,以保护现代的合法性或特权(Legitimität oder Eigenrecht der Neuzeit),来反对力图提出对基督教和古代这样的立有遗嘱者(Erblasser)承担起文化责任的构想。他说:

---

① 黑格尔:《全集》,第12卷,第524页。

② 科瑟勒克:《经验空间和期待视野》('Erfahrungsraum und Erwartungshorizont'),载:《过去的未来》,第349页以下。

> 一个时代不应提出其自身的历史合法性问题，同样，也不能就把自己当作一个时代。对现代来说，问题就在于要求完全中断或能够完全中断与传统的联系，而且也在于对这种要求与不能完全重新开始的历史现实性之间的关系的误解。①

布卢门贝格还援引青年黑格尔的话作为例证：

> 尽管先前作了许多努力，但我们今天仍然主要面临着这样的问题，即索回浪费在上天身上的财富，并把它看作人类的财产；但是，哪个时代才能实现这种权利呢？②

我们要是循着概念史来考察“现代”一词，就会发现，现代首先是在审美批判领域力求明确自己的。③ 十八世纪初，著名的古代与现代之争（“古今之争”）导致要求摆脱古代艺术的范本。④ 主张现代的一派反对法国古典派的自我理解，为此，他们把亚里士多德的“至善”(Perfektion)概念和处于现代自然科学影响之下的进步概念等同起来。他们从历史批判论的角度对模

---

① H. 布卢门贝格：《现代的合法性》(*Legitimität der Neuzeit*)，Frankfurt am Main，1966，第 72 页。

② 黑格尔：《全集》，第 1 卷，第 209 页。

③ H. U. 贡布雷希特：《艺术·现代》(‘Art, Modern’)，载：O. 布鲁纳、W. 孔茨、R. 科瑟勒克：《历史的基本概念》(*Geschichtliche Grundbegriffe*)，第 4 卷，第 93 页以下。

④ H. R. 姚斯：《古代与现代之争中进步观念的起源和意义》(‘Ursprung und Bedeutung der Fortschrittsidee in der Querelle des Anciens et des Modernes’)，载：H. 库恩、F. 魏德曼：《哲学与进步问题》(*Die Philosophie und die Frage nach dem Fortschritt*)，München，1964，第 51 页以下。

仿古代范本的意义加以质疑，从而突出一种有时代局限的相对美的标准，用以反对那种超越时代的绝对美的规范，并因此把法国启蒙运动的自我理解说成是一个划时代的新开端。尽管名词"modernitas"(同表示相反意思的复合形容词一道，"antiqui/moderni")，早在古代后期即已具备一种编年意义，但现代欧洲语言中的"modern"一词很晚(大约自十九世纪中叶起)才被名词化，而且首先还是在纯艺术范围内。因而，"Moderne"、"Modernitaet"、"modernite"和"modernity"等词至今仍然具有审美的本质涵义，并集中表现在先锋派艺术的自我理解中。[①] 对波德莱尔来说，审美的现代经验和历史的现代经验在当时是融为一体的。在审美现代性的基本经验中，确立自我的问题日益突出，因为时代经验的视界集中到了分散的、摆脱日常习俗的主体性头上。所以，波德莱尔认为，现代的艺术作品处于现实性和永恒性这两条轴线的交会点上："现代性就是过渡、短暂、偶然，这是艺术的一半，另一半是永恒和不变"。[②] 自我煎熬的现实性成了现代的起点，它不具备漫长的过渡期以及在现代中心建立起来的、长达几十年的"当代"。真实的当代也无法再从与已被摆脱和克服的年代，即一种历史形态的对立中意识到自身的存在。现实性(Aktualität)只能表现为时代性(Zeit)和永恒性(Ewigkeit)的交会。通过现实性和永恒性的直接接触，现代尽管仍在老化，但走出了浅薄。根据波德莱尔的理解，现代旨在证

---

① 以下我主要依据姚斯《文学传统和现代性的当下意识》('Literarische Tradition und gegenwärtiges Bewußtsein der Modernität')一文，载其：《文学史作为挑战》(*Literaturgeschichte als Provokation*)，Frankfurt am Main，1970，第 11 页以下。

② 波德莱尔：《现代生活的画家》('Der Maler des modernen Lebens')，载其：《全集》(*Gesammelte Schriften*)，M. Bruns 编，Darmstadt，1982，第 4 卷，第 286 页。

明瞬间是未来的可靠历史[1],其价值在于它终将成为“古典”;而所谓“古典”,不过是新世界开始时的那一“瞬间”,因而不会持续太久,一旦出现,随即便会消亡。这种有关时代的理解,后来被超现实主义者再次推向极端,并在“现代”和“时尚”之间建立起了亲密关系。

波德莱尔继承了著名的古代与现代之争的成果,但他用一种独特的方式改变了绝对美和相对美的比重;他认为,

> 构成美的一种成分是永恒的,不变的,其多少极难加以确定;另一种成分是相对的,暂时的,可以说它是时代、风尚、道德、情欲,或是其中一种,或是兼容并蓄,它像是神糕有趣的、诱人的、开胃的表皮,没有它,第一种成分将是不能消化和不能品评的,将不能为人性所接受和吸收。[2]

作为艺术批评家的波德莱尔强调现代绘画中所反映出来的“当代生活中的瞬间美,读者允许我们把这种美的特性称作‘现代性’”。[3] 波德莱尔给“现代性”一词上加上引号,说明他是从一个全新的角度独立地使用这个词的,并把它当作一个独特的术语。依波德莱尔之见,独立的作品仍然受制于它发生的那一瞬间;正是由于作品不断地浸入到现实性之中,它才能永远意义十足,并冲破常规,满足不停歇的对美的瞬间要求。而在此瞬间中,永恒性和现实性暂时联系在了一起。

永恒的美只能反映在时代的伪装之中,这一点后来被本雅

---

① “为了使任何现代性都值得变成古典性,必须把人类生活无意间置于其中的神秘美提炼出来。”(波德莱尔:《全集》,第 4 卷,第 288 页)

② 同上,第 271 页。

③ 同上,第 325 页及以下。

明说成是辩证法图景。现代的艺术作品，其特征在于本质性和暂时性的统一。这种当下特性在艺术和时尚、新颖以及游手好闲者、天才、儿童的外表之间建立起了亲密关系；而诸如游手好闲之徒，他们不具备常人那种日渐形成的用以抵御外界芜杂刺激的常规知觉方式，因之，他们面对美或对深藏于日常生活之中的超验美的攻击束手无策。浪荡子的作用就在于把懒惰和时尚与引起震惊的快感统一起来，但他自己从来不以为然。①浪荡子是享受推陈出新的瞬间的能手：

> 他寻找我们可以称为现代性的那种东西，因为再没有更好的词来表达我们现在谈的这种观念了。对他来说，问题在于从流行的东西中提取它可能包含的在历史中富有诗意的东西，从短暂中抽取永恒。②

现代已整个地成了暂时现象，但它又必须从这种偶然性中替自己赢得标准；为了解决这个悖谬的问题，本雅明采用了波德莱尔的上述主题。波德莱尔满足于认为，时代性和永恒性在真正的艺术作品中达到了统一，而本雅明则想把这种审美的基本经验回转到历史语境当中。为此，本雅明提出了“现时”(Jetztzeit)概念，这个概念中充满了救世色彩的时间或完美的时间。本雅明这样做，甚至利用了“模仿”母题。这种模仿已变得肤浅不堪，换句话说，我们在每一种时尚现象中都可以发现这种“模仿”：

---

① “他们同出一源，都具有同一种反对和造反的特点，都代表着人类骄傲中所包含的最优秀成分，代表着今日之人所罕有的那种反对和消除平庸的需要。”(波德莱尔：《全集》，第4卷，第302页)

② 同上，第284页。

> 法国大革命把自己看作是罗马帝国的重现；它仿制古罗马，一如时尚因袭历史的式样，不管如何留意过去，时尚对现实总是极端敏感，时尚转眼之间便也成了过去……历史语境中的这种变幻是一种辩证的变化，马克思把它理解成革命。①

本雅明所反对的，不仅仅是从模仿样本中产生的理解历史的外来规范，他同样也和这样两种观念斗争：它们在现代历史理解的基础上阻止了新颖之物和突来之物的挑衅，并把它们中立化。本雅明一方面反对一种均一而空洞的时代观，这种时代观具体反映在进化主义和历史哲学“对进步的固执信仰”当中；另一方面，本雅明也反对历史主义把一切都相对化的做法，因为历史主义把历史固囿在博物馆中，“把历史事件的次序像念珠一样在手中捻来捻去”②。罗伯斯庇尔就是这样一个典型，他为了打破历史惯有的连续性，不惜因袭古代罗马，用充满“现时性”的相关过去来替自己助威。罗伯斯庇尔曾力图如超现实主义者制造“震惊”一样，来中止历史的缓慢进程；但是，现代一旦成为现实，它就必须从被征用的过去的镜像中为自己创制规范。这些过去将不再被认为原本就是示范性的。我们不妨留心波德莱尔所说的创造时尚的示范(Model)，以便阐明把捕捉这些蛛丝马迹的行为与模仿古典范本的审美理想对立起来的创造性。

① 瓦尔特·本雅明：《论历史概念》(‘Über den Begriff der Geschichte’)，载其：《全集》(*Gesammelte Schriften*)，第1卷，第2册，第701页。

② 同上，第704页。

附:论本雅明的《历史哲学论纲》

要梳理清楚本雅明在《历史哲学论纲》[1] 中所表达的时间意识,并不是一件容易的事情。他的“现时”(Jetztzeit)概念明显糅合了超现实主义的体验和犹太教神秘主义的某些主题。具有创新意义的当下用它的本真瞬间打断了历史的连续性,并从历史的同质化流变过程当中逃逸出来。这一思想从以上两个方面吸取了营养。在弥赛亚出现之际,神秘主义制造了一种中止;同样,这种世俗化的精神启示也让短暂的事件凝固起来。本雅明所关注的,并不仅仅是一种意识的突然复兴:对这种意识而言,“每一个瞬间都是一条小小的通道,由此,弥赛亚可以获得现身”。[2] 而且,本雅明以“现时”为轴心,把构成现代性的典型特征的激进的未来取向彻底倒转过来,以致现代性具有了一种更加极端的历史取向。对未来新事物的期待,只能依赖于对被压制的过去的回忆。本雅明把弥赛亚主义所中止的事件理解为“革命契机,由此可以为遭到压制的过去进行斗争”。[3]

科瑟勒克在他的思想史研究构架中,根据在“经验空间”与“期待视野”之间不断增大的差异,描绘了现代的时间意识:

> 我的观点是,在现代,经验与期待之间的差异越来越大。更确切地说,随着期待越来越远离以往所有的经验,现

---

① 见《全集》,第1卷,第2册。

② 同上,《论纲》,第18条。

③ 同上,《论纲》,第17条。

代才首次被理解为一个新的时代。[1]

当社会现代化将古代欧洲的农民—手工业者的生活世界所具有的经验空间彻底打破，使之活动起来，并将其贬低为左右期待的指令，现代所特有的未来取向也就呈现了出来。这些世代传承的传统经验被一种进步经验所取代，而后者赋予扎根在过去当中的期待视野以一种"崭新的历史品质，并且永远都带有乌托邦色彩"。[2]

不过，科瑟勒克忽视了这样一个事实：进步概念并非只是用来使末世论的希望此岸化，并开启一种乌托邦的期待视野；进步概念同时也借助目的论的历史结构来阻塞一种作为不安之来源的未来。本雅明对社会进化理论所曲解的历史唯物主义历史概念提出了批判。他所批判的是面向未来的现代时间意识的不断退化。只要进步变成了一种历史规范，新的品质（对不可预测的开端的重视）就会被排除在现在与未来的关系之外。由此，在本雅明看来，历史主义仅仅是历史哲学的功能替代物。历史学家善于移情，对一切都抱着理解的态度。他们收集了大量的事实，也就是说，他们把握了理想化共时性当中的客观历史进程，以便填充"同质和空洞的时间"。这样，历史学家就剥夺了现在与未来的关系中对理解过去具有重要意义的一切内容：

历史唯物主义者不会放弃这样一种现在概念：现在不是过渡，它在时间当中发生，也在时间当中终结。因为这一概念限定了现在，并用这个"现在"书写了他个人的历史。

① 科瑟勒克：《经验空间与期待视野》，载：《过去的未来》，第 359 页。
② 科瑟勒克：《过去的未来》，第 363 页。

历史主义提供了一个“永恒的”过去图景。而历史唯物主义则提供了关于独一无二的过去的经验。[①]

我们在后面将会看到,时间意识在文学当中也有相关的表达,而且,这种现代时间意识在不断减弱,它的活力必须不断受到激进历史思想的激发:从青年黑格尔派经尼采、约克·冯·瓦滕伯格直至海德格尔。同样的动因也激发了本雅明的《历史哲学论纲》。它们的目的就是要复兴现代的时间意识。然而,本雅明对他那个时代已经相当激进的各类历史思想非常不满。这种激进的历史思想的典型特征就是效果历史(Wirkungsgeschichte)概念。尼采称之为批判的历史观。马克思在《雾月十八日》中把这种历史思想付诸实践。海德格尔在《存在与时间》中则将之本体论化。即便是在“历史性的实存”结构中,有一点也是非常清楚的:期待面向未来,决定现在,并左右着我们对过去的把握。由于我们在面向未来的时候汲取了过去的经验,因此,真实的现在就被当作一个继承传统和革新过去的场所而持续存在下去。继承传统和革新过去相辅相成,并共同融合成效果历史语境的客观性。

不过,这种效果历史观念有着不同的说法,关键要看它们强调的是连续性还是断裂性,比如,有保守主义的说法(伽达默尔),也有保守主义—革命论的说法(弗莱尔),以及革命论的说法(科尔施)。然而,面向未来的目光却总是从现在转向过去,而作为“前历史”(Vorgeschichte),过去与现在休戚与共。有两种因素构成了这一意识:一方面是不断发生的传统事件(甚至包括革命行动)所产生的历史效果;另一方面是期待视野对汲取历史

---

① 本雅明:《论纲》,第16条。

体验的潜能的支配。

本雅明并没有深入探讨这种效果历史意识。不过，从他的作品中我们可以看出，他对以下两个方面都表示怀疑：应当进入现在的传统文化遗产，以及面向未来的现在的占有力量与被占有的过去对象之间的不平衡关系。因此，本雅明把期待视野和经验空间彻底颠倒了过来。他认为，一切过去都具有一种无法实现的期待视野，而现在在面向未来的时候所承担的使命在于：通过回忆过去而得知，我们可以用我们微弱的弥赛亚主义的力量来实现我们的期待。这样颠倒之后，有两种观点会交织在一起：一种观点确信，传统语境的连续性可以由愚昧和文明共同建立起来；[①]另一种观点则认为，当代人不仅要为将来人的命运承担责任，而且要为前辈们在无意识中所遭遇的命运承担责任。过去的时代需要拯救，而它把期待的目光投向了我们，这就让我们想起犹太教神秘主义和新教神秘主义所信仰的观念：人要对在创世中为人类的自由而放弃自己的万能、使我们与他并肩而立的上帝的命运承担起责任。

但是，这样一种思想史意义并不能说明太多的问题。本雅明眼前所浮现的是一种非常世俗的观点：伦理普世主义必须认真对待已经发生和似乎不可避免的不公；后代与先辈之间存在着一种团结的关系，而先辈的肉体一体性和人格一体性已经遭到人手的伤害；只有通过回忆，才能把这种团结唤发出来并发生作用。正如从黑格尔到弗洛伊德所阐述的那样，回忆的解放力量并不是要消除过去对现在的控制，而是要消除现在对于过去的罪责：

---

① “文明的记录从来都是野蛮的记录。文明的记录无法摆脱野蛮，犹如传统过程本身一样，在传统过程中，文化和野蛮是纠缠在一起的。”(《论纲》，第 7 条)

> 因为，这是一种关于过去的最后图景（现在并未意识到它是与自己有关的部分），它和一切现在一起都面临着消失的威胁。①

我把这一附论放在第一讲中，意在揭示本雅明如何把完全不同的主题组织到一起，从而把效果历史意识再一次推向极端。正如科瑟勒克所说，期待视野从传统的经验力量中脱离出来，才使得具有自身存在权利的新时代能够从过去时代中摆脱出来，并与之进行对抗。这样，现在与过去和未来的格局就发生了独特的变化。一方面，在未来问题的压迫下，现在被赋予了历史行动责任，并获得了对过去的支配权；另一方面，一种稍纵即逝的现在也由于采取了干预和忽视的态度，而在未来面前发现自己受到了追究。由于本雅明把这一面对未来的责任扩大到以往的所有时代，因此，现在、未来和过去之间的格局再次发生转变：与开放性未来之间的紧张关系，现在直接与由于期待视野而变得游移不居的过去的关系发生接触。未来问题的压力，随着过去的和未能实现的未来的压力而不断增加。但与此同时，效果历史意识潜在的自恋也已经得到纠正。现在，不仅未来的人们，而且过去的祖辈，同样都要求现在能发挥一种微弱的弥赛亚主义力量。不公虽然不能让人熟视无睹，但通过回忆至少可以得到缓和。它把现在放到了普遍历史意义上的团结的交往关系当中。这种回忆症构成了一种解中心化的消解力，用以反抗责任的不断集中：它把仅仅面向未来的现代时间意识施加到了现在

---

① 本雅明：《论纲》，第5条。

的头上,使得现在充满了问题,似乎已经成为一个解不开的死结。[1]

3

黑格尔是使现代脱离外在于它的历史的规范影响这个过程并升格为哲学问题的第一人。当然,在批判传统的过程中——这种传统批判地吸收了宗教改革和文艺复兴的经验,也是对现代自然科学发端的一种反应——近代哲学(从后期经院派直到康德)亦已提出了有关现代的自我理解的问题。但是,直到十八世纪末,现代性要求确证自己的问题才十分突出,因之,黑格尔才会把它作为哲学问题,甚至于作为其哲学的基本问题加以探讨。一个"前无古人"的现代必须在自身内部发生分裂的前提下巩固自己的地位,有关于此的忧虑,被黑格尔看作是"需要哲学的根源"。[2] 由于现代已经意识到自身,所以它会产生自我确证的要求,黑格尔称这种要求为"对哲学的要求"。黑格尔认为,哲学面临着这样一项使命,即从思维的角度把握其时代,对黑格尔而言,这个时代即是现代。黑格尔深信,不依赖现代的哲学概念,就根本无法得到哲学自身的概念。

首先,黑格尔发现,主体性乃是现代的原则。根据这个原则,黑格尔同时阐明了现代世界的优越性及危机之所在,即这是

---

① 请参阅 H. 波伊克特关于"回忆症团结的先验性"的研究,载其:《科学理论、行为理论与基础神学》(*Wissenschaftstheorie, Handlungstheorie, Fundamentale Theologie*),Düsseldorf,1976,第 273 页以下。以及我对 H. 奥特曼的回应,载哈贝马斯:《交往行为理论:补充论证卷》(*Vorstudien und Ergänzungen zur Theorie des kommunikativen Handelns*),Frankfurt am Main,1984,第 514 页以下。

② 黑格尔:《全集》,第 2 卷,第 20 页。

一个进步与异化精神共存的世界。因此,有关现代的最初探讨,即已包含着对现代的批判。

黑格尔看到,现代充斥着关系到自我的结构,黑格尔称之为主体性(Subjektivität);他认为,

> 说到底,现代世界的原则就是主体性的自由,也就是说,精神总体性中关键的方方面面都应得到充分的发挥。①

在描绘“现代”(或现代世界)的外观时,黑格尔用“自由”和“反思”来解释“主体性”:

> 事实上,我们时代的伟大之处就在于自由地承认,精神财富从本质上讲是自在的。②

就此而言,主体性主要包括以下四种内涵:

(a) 个人(个体)主义:在现代世界中,所有独特不群的个体都自命不凡;③

(b) 批判的权利:现代世界的原则要求,每个人都应认可的东西,应表明它自身是合理的;④

(c) 行为自由:在现代,我们才愿意对自己的所作所为负责;⑤

(d) 最后是唯心主义哲学自身:黑格尔认为,哲学把握自我

---

① 黑格尔:《全集》,第 7 卷,第 439 页。

② 黑格尔:《全集》,第 20 卷,第 329 页。

③ 黑格尔:《全集》,第 7 卷,第 311 页。

④ 同上,第 485 页。

⑤ 黑格尔:《全集》,第 18 卷,第 493 页。

意识的理念乃是现代的事业。[①]

贯彻主体性原则的主要历史事件是宗教改革、启蒙运动和法国大革命。自马丁·路德开始,宗教信仰变成了一种反思;在孤独的主体性中,神的世界成了由我们所设定的东西。[②] 新教反对信仰福音和传统的权威,坚持认知主体的宰制:"圣饼"不过是面粉所做,"圣骸"只是死人的骨头。[③] 因而,《人权宣言》和《拿破仑法典》反对把历史上的法作为国家的实体性的基础,从而实现了意志自由的原则:

> "正义"和"道德"开始被认为在人类现实的意志中有它的基础,以前这种"正义"和"道德"仅出现在新旧约书中外在地规定的上帝的命令中,或者以特殊权利的形式出现在旧文书中,或者从宗教的条约中看到。[④]

进而言之,主体性原则还确立了现代文化形态。这一点首先适用于既揭开了自然的面纱又解放了认知主体的客观科学:

> 所以,一切奇迹都被否认了:因为自然乃是若干已经知道和认识了的法则组成的一个体系;人类在自然中感到自得,而且只有他感觉自得的东西,他才承认是有价值的东西,他因为认识了自然,所以他自由了。[⑤]

---

① 黑格尔:《全集》,第 20 卷,第 458 页。
② 黑格尔:《全集》,第 16 卷,第 349 页。
③ 黑格尔:《全集》,第 12 卷,第 522 页。
④ 同上。
⑤ 同上。

现代的道德概念是以肯定个体的主体自由为前提的。一方面，这些道德概念建立在私人权利基础之上，而这种私人权利认定他的所作所为都是对的；另一方面，它们又要求，每个人在追求幸福目标时都应与他人的幸福目标保持一致。只有从普遍法则这一前提出发，主体意志才能获得自律；但是，“只有在意志中，即在主观意志中，才能实现自由或达到自在的意志”。[①] 现代艺术在浪漫派身上显示了其本质；浪漫派艺术的形式和内容都是由绝对内在性决定的。F. 施莱格尔一语道破的绝妙的反讽本质反映了一种自我日趋分散的自身体验，“对于这个自我，一切约束都被撕破了，他只愿在自我欣赏的环境中生活着”。[②] 富有表现力的自我实现成了作为生活方式出现的艺术的原则：“按照这个原则，当我的一切言行对于我只是一种显现，它们所取的形状完全由我支配时，我才是作为艺术家而生活着。”[③] 所以，只有在感伤灵魂的主观折射中，艺术家才能表现现实，也就是说，现实“只是一种通过自我的显现”。

在现代，宗教生活、国家和社会，以及科学、道德和艺术等都体现了主体性原则。[④]它们在哲学中表现为这样一种结构，即笛卡尔“我思故我在”中的抽象主体性和康德哲学中绝对的自我意识。这里涉及到认知主体的自我关联结构；为了像在一幅镜像

---

① 黑格尔：《全集》，第 7 卷，第 204 页。

② 黑格尔：《全集》，第 13 卷，第 95 页。

③ 同上，第 94 页。

④ 参阅《法哲学原理》第 124 节的附释：“主观自由的法，是划分古代和现代的转折点和中心点。这种法就它的无限性来说表达于基督教中，并成为新世界形式的普遍而现实的原则。它的最初形态是爱、浪漫的东西、个人永久得救的目的等等，其次是良心和道德，再其次是其他各种形式。这些形式一部分在下文表现为市民社会的原则和政治制度的各个环节，而另一部分则出现于历史中，特别是艺术、科学和哲学的历史。”（黑格尔：《全集》，第 7 卷，第 233 页）

中一样，即“通过思辨”把握自身，主体反躬自问，并且把自己当作客体。康德的三大《批判》奠定了这种反思哲学的基础。他把理性作为最高法律机关，在理性面前，一切提出有效性要求的东西都必须为自己辩解。通过对知识基础的分析，纯粹理性批判承担了对我们滥用局限于现象的认识能力的批判任务。康德提出一种理性概念，用以代替形而上学传统中的实体性的理性概念。康德的理性概念分为不同的环节，它们只在形式上具有同一性。康德把实践理性能力和理论知识的判断能力区别开来，并为它们奠定了各自的基础。由于批判理性确立了客观知识、道德认识和审美评价，所以，它不但保证了其自身的主观能力，即它不但使理性建筑术透明化，而且还充当了整个文化领域中的最高法官。正如艾米尔·拉斯克后来所说的，哲学完全从形式角度把文化价值领域分为科学和技术、法律和道德、艺术和艺术批评，所有这些领域彼此对立，此外，哲学还在此范围内把它们加以合法化。[①]

直到十八世纪末，从制度化角度来看，科学、道德和艺术还分化成不同的活动领域，各自探讨自身所独有的问题，分别为真实性问题、正义问题和趣味问题。就整体而言，知识的这些领域一方面与信仰领域、另一方面又与合法的社会交往以及日常共存迥异其趣。这里我们再次看到黑格尔后来所说的表现主体性原则的领域。由于先验反思——主体性原则在其中似乎暴露无遗——同时要求充任这些领域的最高审判官，所以，黑格尔认为，在康德哲学中，现代世界的本质成了一个焦点。

---

① 康德：《纯粹理性批判》，B779。

4

康德把现代世界说成是一座思想大厦。由此可见,康德哲学尽管明确地反映了时代的本质特征,但康德并没有把这个时代当作我们所讨论的意义上的现代来看待。黑格尔也只是从历史回顾的角度把康德哲学看作是现代的标准的自我解释。黑格尔认为自己已经发现,康德经过深入反思之后有关时代的表达中仍然存在着不明确的地方,因为康德并没有意识到理性内部的分化、文化形态的划分以及所有这些领域的分离等就是意味着分裂。所以,康德就不去理会那因主体性原则而产生的种种分离所带来的需求。但是,一旦现代被看成一个历史时代,换句话说,一旦现代意识到脱离过去和必然的规约,自力更生地创造规范是一个历史问题,那么,哲学就不得不面对这种需求。接着便会出现这样的问题,即主体性原则及其内在自我意识的结构是否能够作为确定规范的源泉;也就是说,它们是否既能替科学、道德和艺术奠定基础,也能巩固摆脱一切历史责任的历史框架。但现在的问题是,主体性和自我意识能否产生出这样的标准:它既是从现代世界中抽取出来的,同时又引导人们去认识现代世界,即它同样也适用于批判自身内部发生了分裂的现代。怎样才能根据现代精神建构一种内在的理想形态,它既不单单是模仿,也不只是从表面上利用有关现代的诸种表现形式?

一旦提出这样的问题,便说明主体性只是一个片面性的原则。这条原则尽管绝对能够塑造出自由的主体和进行反思,并削弱迄今为止宗教所发挥的绝对的一体化力量,但它并不能利用理性来复兴宗教的一体化力量。启蒙的反思文化虽然值得骄傲，但它和宗教“分道扬镳了，而且相互之间是井水不犯河水”。[①] 宗教的衰退导致信仰与知识的分离，而这一点又是启蒙自身所无法克服的。黑格尔在《精神现象学》“异化了的精神的世界”一章里曾就此作了详细论述，[②] 他认为：

> 教化越普及，表现生活越丰富多彩，分裂的力量也就越大，整个教化也就越异化，生活追求重新和谐也就失去意义（这种追求曾被宗教扬弃过）。[③]

上述这段话摘自1801年黑格尔针对莱因霍尔德所写的争论文章。在这篇文章中，黑格尔把破坏和谐生活当作实践的挑战和哲学的要求。[④]对黑格尔来说，时代意识走出了总体性、精神自身发生了异化这样一种状况，正是当时哲学研究的前提。哲学研究的另一个前提是“绝对”概念，这个概念是谢林首先使用的。借助“绝对”概念，哲学才能真正证明理性是一体化的力量。但理性应克服这种分裂的状况，因为在这种状况下，主体性不仅使理性自身，还使“整个生活系统”都陷于分裂状态。通过对康德和费希特哲学体系的直接批判，黑格尔想揭示其中所表达的现代的自我理解。为了对生活分裂所面临的危机做出自己的答复，黑格尔批判了自然与精神、感性与知性、知性与理性、理论理性与实践

---

① 黑格尔：《全集》，第2卷，第23页。

② 黑格尔：《全集》，第3卷，第362页以下。

③ 黑格尔：《全集》，第2卷，第22页及下页。

④ “当统一力量从人类生活中消失，矛盾也丧失了其生动的联系和交互作用，并各自获得独立，这时便需要哲学，就此而言，在必需努力地限定分裂的前提下，扬弃固定的主体性与客体性的矛盾，并把智性世界和心灵世界的既成看作一种生成，就完全是偶然的了。”（黑格尔：《全集》，第2卷，第22页）

理性、判断力与想像力、自我与非我、有限与无限、知识与信仰等在哲学上的对峙，否则，哲学批判无法保证满足唤起客观性的要求。主观唯心主义批判也就是现代批判；惟其如此，现代才能确定自己的位置，并从内部巩固自身。为了实现这一计划，除了反思之外，批判不能也不允许使用其他工具，因为批判发现，反思乃是新的时代原则的最纯粹的表达。[①]如果说现代应从自身当中寻求证明，那么，黑格尔就势必要根据一种启蒙原则自身内部的辩证法再去阐释现代的批判概念。

在后面的文章中，我们将讨论黑格尔实施这一计划的具体过程，以及他在此过程中所遇到的困难，亦即贯彻了启蒙辩证法之后，推动整个计划的时代批判动力也将消耗殆尽。所以，我们首先要揭示出黑格尔所说的“哲学前院”中埋藏的东西。黑格尔把他的“绝对前提”安置在这所“前院”中。统一哲学的动机源于青年黑格尔的危机经验。这些经验使他坚信，应号召作为统一力量的理性起来反对被破坏的时代中的实证因素。起初，黑格尔和荷尔德林以及谢林一道主张从神话诗意角度去调和现代性。他们的这种观点无疑还坚信早期基督教和古代的历史示范性。只是在耶拿期间，黑格尔才用自己的绝对知识概念提出自己的看法，从而使他能够摆脱陌生的样本，超越启蒙的结果，即超越浪漫艺术、理性宗教和市民社会。借助于绝对概念，黑格尔又回到了他青年时代的冲动之中，即他想在主体哲学范围内克服主体性。这样看来，最终难免会出现下述困窘，即黑格尔最后不得不否定现代的自我理解有可能作为现代批判。具有反讽意味的是，黑格尔对扩张为绝对力量的主体性的批判变成了他对那些并未读懂他和没有把握住历史进程的人的局限性的责骂。

---

① 黑格尔:《全集》,第2卷,第25页及以下。

二
黑格尔的现代性观念

1

1802 年,黑格尔开始思考康德、雅可比和费希特的思想体系,他的出发点是知识与信仰的对立。他打算从主体性哲学内部将主体性哲学击破。不过,从严格意义上讲,黑格尔这样做时前后并不一致。黑格尔依靠的是对启蒙时代的诊断,这使得他构想出了"绝对"概念,即(不同于反思哲学)把理性作为一体化的力量:

> 文明发展到今天,古代的哲学与实证宗教的对立,即知识与信仰的对立,已经被转移到了哲学内部。但是,取得胜利的理性是否会遭遇与野蛮人一样的命运呢?野蛮人表面上是征服了文明人,可实际上却受到文明人的控制。作为统治者的野蛮人,或许在表面上掌权,而在精神上,他们却失败了。只是在某种被限定了的宗教观念里,启蒙理性才在与信仰的对立中大获全胜。如此一来,胜利就变成了这样:理性忙于与之争斗的实证因素不再是宗教,而获胜了的

理性也不再是理性。[1]

黑格尔确信：在康德和费希特那里达到高潮的启蒙时代，不过是建构起了一个理性的偶像。它错误地把知性或反思放在了理性的位置上，并进而将有限上升为绝对。反思哲学的无限性事实上是由知性来设定的，是一种否定有限的合理性：

> 由于是知性设定了无限，知性便把无限作为有限的绝对对立面：而反思由于否定了有限之后，已将自身上升到理性的高度，然后它又将行动设定为理性的对立面，从而把自己降格为知性。而且，即便是在这种倒退中，它（反思）依然要求具有合理性。[2]

黑格尔在谈论"倒退"时毫无保留，由此也可以看到，他在不知不觉之中忽略了他本来想要说明的东西：一种超越绝对知性的理性能够采取强制的手段把理性在话语过程中必然要出现的矛盾统一起来。对此，黑格尔首先应该进行论证，而不是假设。同样，促使黑格尔假设一种一体化绝对力量的，不是论据，而是他个人的生活经验——也就是说，是他在图宾根、伯尔尼和法兰克福等地积累起来的关于时代历史的危机经验，这种危机经验经过加工，一直延续到黑格尔的耶拿时期。

众所周知，在图宾根神学院时期，黑格尔和他的青年伙伴都是当时自由主义运动的信徒。他们直接面对的是宗教启蒙的紧张氛围，他们还积极参与和以神学家施托为代表的新教正统派

---

① 黑格尔：《全集》，第2卷，第287页及下页。

② 同上，第21页。

的论辩。在哲学上，他们把康德的道德哲学和宗教哲学当作榜样；在政治上，他们则把法国大革命所普及开来的思想观念作为指南。这样，神学院里严厉刻板的生活秩序就成了导火索："施托尔的神学、神学院的规定以及为他们提供保护的国家宪法，对大多数（神学院学生）而言，都是革命的对象。"[①] 在黑格尔和谢林当时所从事的神学研究中，这种反叛冲动还比较克制，他们主张对原始基督教加以改革。他们归之于耶稣的意图——"把道德引入民族的宗教生活"[②] ——实为他们自己的创造。由此，他们不但反对启蒙派，也反对正统派。这两者都利用诠释《圣经》作为历史批判的工具，虽然各自追求的目标截然不同——要么如莱辛所说，为理性宗教辩护，要么为严厉的路德宗教辩护。[③] 正统派由于已经处于守势，不得不采用其对手的批判方法。

黑格尔的立场与这两派截然不同。和康德一样，黑格尔把宗教看作是一种"实现和确证由理性赋予的权利的力量"。[④] 但是，只有当宗教侵入个体的灵魂和民族的道德之中，只有当宗教存在于国家机构和社会实践当中，只有当宗教使得人们的思维

---

① 迪特·亨利希：《黑格尔体系的历史前提》（'Historische Vorausetzungen von Hegels System'），载其：《语境中的黑格尔》（*Hegel im Kontext*），Frankfurt am Main，1971，第 55 页。

② 黑格尔：《全集》，第 1 卷，第 107 页。

③ 黑格尔指明了这一点："我们时代所孕育的对待基督教的方式，把理性和道德作为检验的基础，在解释中借助于民族精神和时代精神。这种方式会被我们许多同时代人看作是完美的启蒙，这些人由于具有知识、理性和良好意图而显得非常尊贵。启蒙的目的则是人性、真理和德性。而其他一些人，他们虽然同样也很有知识，也有可贵的目标，享有数世纪的威望，也得到了公众舆论的支持，却认为这纯粹是一种堕落。"（黑格尔：《全集》，第 1 卷，第 104 页）此外，请参阅亨利希：《语境中的黑格尔》，第 52 页以下。

④ 黑格尔：《全集》，第 1 卷，第 103 页。

模式和行为动机感受到实践理性的律令并将之牢记在心，上帝的观念才能获得这样一种力量。宗教只有作为公众生活的一部分，才能赋予理性以实践力量。黑格尔从卢梭那里获得启发，为真正的民众宗教（Volksreligion）提出了三种规定：

> 其教义必须基于普遍理性；必须保持想像力、心灵和感性的鲜活；必须如此构成，以便生活的一切要求和国家的公共行为都与之关联。[①]

自法国大革命以来，对理性的热情崇拜也是显而易见的。这就可以解释青年黑格尔神学著作中的两面性：既反对东正教，又反对理性宗教。它们似乎是相互补充的，也是最终超越了启蒙局限的启蒙动力的片面结果。

对青年黑格尔而言，伦理实证论是时代的标志。黑格尔认为，凡是仅靠权威而没有将人类价值融入道德的宗教，都是实证的。[②] 凡是信徒通过工作而不是通过道德行为就可以获得上帝仁爱所依赖的律令，都是实证的；对在彼岸获得补偿的希望是实证的；把掌握在少数人手中的教义从所有人的生活和所有权中分离出来，是实证的；把宗教知识从大众拜物信仰中分离出来，以及仅仅依据个人的权威和杰出行为而曲线求得的伦理，是实证的；对绝对合法化行为的保障和威胁，是实证的；最后，把私人宗教从公共生活中分裂出来，更是实证的。

如果这些就是正统派所维护的实证性信仰的特征的话，那么，哲学派就应该很容易应付了。哲学派坚持这样一个基本命

---

① 黑格尔：《全集》，第 1 卷，第 33 页。

② 同上，第 10 页。青年黑格尔把“道德”和“伦理”当作同义词加以使用。

题:宗教自身没有任何实证性,它的权威来自于人类的普遍理性,“如果每个人都注意到了他自己的义务,他就会认识和感受到他自己的义务”。[①] 不过,黑格尔反对启蒙思想家,因为他们认为,纯粹理性宗教和拜物信仰没有什么不同,都是一种抽象,原因在于,它无法引起人们内心的兴趣,影响人的感觉与需要。它所导致的同样不过是另一种私人宗教,因为它脱离了公共生活的制度,激不起半点热情。只有当理性宗教出现在公共节日和崇拜之中,只有当它与神话结合起来并满足了心灵和想像时,以宗教为中介的道德才能“融入国家的整个机制”。[②] 只有在政治自由——“能引起和维持强大信念的民众宗教总是与自由携手而行”——的环境中,理性才能在宗教中获得客观形式。[③]

因此,启蒙运动只是正统派的对立面。后者坚持实证性的教义,前者则坚持理性律令的客观性。二者都使用同样的手段批判《圣经》,都坚持一种分裂的状态,都无法把宗教塑造成一个民族的伦理总体性,也无法激发起一种政治自由的生活。理性宗教如同实证宗教一样,也是从某种对立的东西出发——“这就是我们应该是却不是的东西”。[④]

黑格尔还批判了当时政治环境和国家机构中出现的这类分裂——特别是统治瓦特的伯尔尼市政当局的法律、符腾堡议会

① 黑格尔:《全集》,第 1 卷,第 33 页。
② 同上,第 77 页。
③ 同上,第 41 页。
④ 同上,第 254 页。

的选举法律以及德意志帝国的宪法。[①] 如同原始基督教教义的鲜活精神从当时已经实证化的正统派中消失一样，在政治领域，“这些法律也已经丧失了它们先前的活力，而且现今的生命活力也不知道如何在法律中将自己具体表现出来”。[②] 已经实证化的法律形式和政治形式变成了一种异化的力量。1800 年前后，黑格尔认为，宗教和国家都十足机械化了，变成了一个时钟，变成了一架机器。[③]

这就是促使黑格尔从先验的角度把理性理解为一种力量的时代动机。按照黑格尔的理解，理性作为一种力量，不但能够使生活关系系统发生分裂和破碎，还能将之重新统一起来。在正统派与启蒙派的冲突中，主体性原则导致了一种实证性，至少又引起了一种想要克服实证性的客观要求。但是，黑格尔如果想要贯彻这种启蒙辩证法的话，他首先就必须说明，如何才能用实证性自身所依靠的原则来阐释清楚对实证性的扬弃。

---

① 关于青年黑格尔的政治著作，请参阅黑格尔：《全集》，第 1 卷，第 255 页以下，第 268 页以下，第 428 页以下。——当然，黑格尔的政治著作中还缺少启蒙批判的对应物。众所周知，黑格尔后来在《精神现象学》中补上了这一内容(《绝对自由与恐惧》)。这里的批判针对的是哲学派，他们要求一种古老的实证性制度。另一方面，危机经验在黑格尔的政治著作中很有说服力，起码比神学著作中要直接许多。黑格尔呼吁时代的紧迫性、矛盾的情感、变革的必要性以及打破一切框框的冲动：“更好、更公正的时代图景进入了人的灵魂，对更加纯洁、更加自由的状况的渴求，打动了所有人的心灵，并和现实决裂了。”(黑格尔：《全集》，第 1 卷，第 268 页及下页)；亦可参阅我为黑格尔《政治著作》撰写的后记，黑格尔：《政治著作》(*Politische Schriften*)，Frankfurt am Main，1966，第 343 页以下。

② 黑格尔：《全集》，第 1 卷，第 465 页。

③ 同上，第 219 页，第 234 页及下页。

2

黑格尔在他的早期著作中考察了理性的和解力量，而这种理性是不可能从主体性中推导出来的。

当黑格尔考虑到由反思带来的分裂时，他反复强调的是自我意识的权威性。现代的"实证"现象表明，主体性原则是一种统治原则。因此，启蒙运动所引起并强化的当代宗教的实证性和道德实证主义，都反映了"时代的困境"，而"在时代困境中，人要么成为客体遭到压迫，要么把自然作为客体加以压迫"。[①] 理性的这种压迫特征普遍存在于自我关系的结构当中。所谓自我关系，就是将自身作为客体的主体关系。的确，基督教已经克服了自身的犹太教实证性；新教也已经将自身的一些天主教实证性克服掉了。但即使在康德的道德哲学和宗教哲学中，也还存在着一些实证性因素——这是理性自身的启蒙因素。在这种情况中，黑格尔认为，"原始莫卧儿人"与现代性的理性之子不同，前者臣服于盲目的统治，后者则只遵从自身的义务。不过，这种差别并不在于野蛮与自由，而是在于：

> 前者被他人统治，而后者被自身统治，两者又都同时是其自身的奴隶：对特殊而言——不管是冲动、倾向、病态之爱还是感性——普遍性都必定永远是异在或客体。这里仍残留着无法消除的实证性，它最终将使我们震惊，因为这种普遍义务的内涵具有一种特殊的义务：既限制矛盾，同时又是矛盾自身，并且为了一种普遍性形式而固执地追求一种

---

① 黑格尔：《全集》，第1卷，第318页。

片面性。[①]

在论《基督教精神及其命运》的同一篇文章中，黑格尔提出了“和解理性”这一概念，这可不仅仅是在表面上消除了实证性。黑格尔以作为命运的惩罚为例，阐明了这种理性如何让主体感觉到它是一种一体化的力量。[②] 黑格尔把这样一种社会状况称为“伦理的”，以区别于“道德的”(社会状况)：在伦理的社会状况下，所有的社会成员都享有权利，其要求也得到了满足，而且不会危及他人的利益。一个侵犯和压迫他人生活从而破坏了这种伦理关系的罪犯会发现，生命力被他的行为异化成了敌对的命运。他必须将遭到压制和分裂的生命的反抗力量看作是一种命运的历史必然性。这种生命力使罪犯理应受罚，直至他认识到，他人生命的毁灭即是他自己生命的缺失；否认他人生命，即是自身的异化。在命运的因果性中，人们对伦理总体性的破裂有了清楚的意识。只有当分裂生活的否定性经验中出现了对业已失去的生命的渴望，并且迫使参与者重新认识到他人存在的分裂即是对自身本质的否定时，分裂的伦理总体性才会得到同一。这样，双方才会看透对方的强硬立场，认为它是从他们共同生活环境中分离和抽象出来的结果。而在他们看来，这个共同的生活环境正是他们生存的基础。

因此，黑格尔把抽象的道德法则和(针对)具体犯罪语境(而制定的)完全不同的法律两相对照，后者是由于预设的伦理共同体发生分裂而产生的。但公正命运的进程并不能从作为自由意志的主体性原则中推导出来，这和实践理性法则是一样的。相

① 黑格尔：《全集》，第1卷，第323页。

② 同上，第342页以下。

反,命运的动力来自对主体间生活语境对称性和相互承认关系的破坏,在这种生活语境中,某个部分如果自己孤立起来,就会造成所有其他部分的自我孤立和从共同生活中疏离出去。主客体关系正是产生于主体间性生活世界中的分裂行为。主体将这种主客体关系作为异化因素,至少是后来才引入主体间关系,而主体间关系具有的是主体间相互理解的结构,而不是单个主体的对象化逻辑。“实证因素”因此也呈现出了不同的意义。把有限变为无限,再也不能依靠高度膨胀的主体性——因为它的要求已经过分了——而是要依靠一种异化的主体性,因为它脱离了共同的社会生活。由此导致的压制,应该追溯到主体间平衡状态的扭曲,而不是对一个成为客体的主体的征服。

黑格尔不可能从认知主体的自我意识或与自身的反思性关系中获得和解的内容,也就是说重建破裂的总体性。但是,一旦黑格尔把理解的主体间性关系当作出发点,他就错过了现代性自我确证的目标:根据源于实证性因素的原则,也就是从主体性出发,来克服实证性。

如果考虑到青年黑格尔是通过把他生活的现代社会比做希腊文明的衰落时期来解释已经实证化的生活关系,我们对上述结论也就不会太惊讶了。黑格尔认为,他所处的时代的特征是古典模式发生了崩溃。因此,为了调和四分五裂的现代,黑格尔预设了一种伦理总体性,它不是从现代性土壤中生长出来的,而是源于原始基督教的宗教团契和希腊城邦对过去的理想化。

黑格尔用“爱和生命”中表现出来的主体间性的一体化力量,来反抗以主体为中心的理性的权威。主客体之间的反思关系,被(最广义的)主体间的交往中介所取代。生动的精神是建立一种共同性的媒介,在这种共同性当中,一个主体既懂得与其他主体取得一致,又能够保持其自我。主体的个体化是交往受到阻碍的动力，而这种交往的终极目的是重建伦理关系。这种思想转向本来可以促使黑格尔从交往理论的角度弥补主体哲学中理性的反思概念，并对它加以转化。但黑格尔并没有走上这条路。[①] 因为他一直都是根据民众宗教的观念来阐述伦理总体性观念。在民众宗教里，交往理性具有一种理想化的历史共同体形式，类似于原始基督教的团契和希腊城邦。这种民众宗教不仅具有描述性，而且和古典时代的理想特征紧密地联系在一起。

然而，现代已经通过反思获得了自我意识，并拒绝彻底回到理想的过去。雅可比和康德的争执，以及费希特的反应等，所揭示出来的是信仰和知识的对立，这种对立已经进入了哲学自身当中。黑格尔正是从这些问题出发，开始他的有关论述的。这就迫使他抛弃了认为实证化宗教和理性可以通过原始基督教精神的革新而得到和解的观点。在同一时期，黑格尔还研究了政治经济学。正是在这个时期，他肯定认识到了，资本主义的经济交往造就了一个现代社会，虽然他用的是传统名词“市民社会”，但这个名词代表的却是一个崭新的社会现实，它与市民社会或城邦的古典形式是不可同日而语的。尽管与罗马法传统有着一定的联系，黑格尔还是无法将衰落的罗马帝国的社会状况与现代市民社会的私法交往相提并论。这样，衬托晚期罗马帝国衰亡的背景，受到高度称颂的雅典城邦国家的政治自由等，也就不可能充当现代的榜样。简而言之，无论原始基督教和古希腊城邦的伦理是如何完整有力，它们都不能为内部发生分裂的现代

---

① 我忽略了《耶拿现实哲学》，这本书里面留有黑格尔青年时期提出的主体间性理论的印记。请参阅哈贝马斯：《劳动与互动》（‘Arbeit und Interaktion’），载其：《技术和科学作为“意识形态”》（*Technik und Wissenschaft als “Ideologie”*），Frankfurt am Main，1968，第 9 页以下。

性提供一种准则。

这或许就是黑格尔为何没有深入挖掘他早期著作中的交往理性的原因,也是他在耶拿时期从主体哲学角度抛弃古代基督教模式、发展绝对概念的缘故,当然,黑格尔付出的代价是走入了另一个困境。

3

在概述黑格尔所提出的现代性自我确证的哲学解决途径之前,我们有必要对黑格尔手稿中记录的《原始体系纲领》作一回顾(这也是聚集于法兰克福的朋友们——荷尔德林、谢林及黑格尔——的共同观念[①]),因为这里又一次提出了如下观点:艺术作为面向未来的和解力量。理性宗教应当把自己委托给艺术,以便把自己改造成民众宗教。理性和心灵的一神教,应当和想像力的多神教联系起来,为理念建立起一种神话学:

> 在我们用审美即神话创造观念之前,它们对民众毫无意义;反之,在神话具有合理性之前,哲学家必是为它感到惭愧。[②]

伦理总体性没有任何压制力量,而且还使各种力量平衡发展。它受到了诗化宗教的激发。这样,这种神话诗的感官性就

---

① R. 布伯纳(编):《原始体系纲领》(*Das älteste Systemprogramm*),Bonn,1973;Chr. 雅默、H. 施耐德(编):《理性的神话》(*Mythologie der Vernunft*),Frankfurt am Main,1984。

② 黑格尔:《全集》,第1卷,第236页。

可以同时打动民众和哲学家。[①]

这个纲领让我们想起席勒于1795年提出的人的“审美教育观念”[②]；它还引导谢林于1800年阐述了其“先验唯心主义体系”；并使荷尔德林终身苦苦思索。[③] 但是，黑格尔很快就对这种审美乌托邦产生了怀疑。在《论费希特和谢林哲学体系的差异》(1801)中，他已彻底抛弃了审美乌托邦，因为在自我异化的精神结构中，“深刻而严肃的生动艺术关系”[④] 再也没有引起黑格尔的关注。耶拿出现了早期浪漫派的诗歌，而这就发生在黑格尔的眼皮下面。黑格尔立刻意识到，浪漫艺术与当时的时代精神是契合的：浪漫派的主观主义体现了现代性精神。但作为分裂的诗歌，浪漫艺术没有成为“人类的教师”；它也没有像黑格尔、荷尔德林和谢林在法兰克福所断言的那样，带来一种艺术宗教。哲学不能臣服于这种艺术。反之，哲学必须把自己看作是理性作为一体化的绝对力量而发挥作用的场所。由于理性在康德和费希特那里表现为反思哲学，所以，黑格尔最初还是步谢林的后尘，不得不根据反思哲学即主体的自我关系，来阐述一种理性概念；而一旦有了这种理性概念，黑格尔就可以处理其危机经验，并贯彻他对于现代性分裂的批判。

黑格尔把他青年时代的观点归纳如下：在现代世界，解放必然会变成不自由，因为，失去控制的反思力量已经获得独立，只有通过主体性的征服暴力，才能实现一体化。现代世界受到了

---

① “因此，启蒙者和未启蒙者最终必然要携起手来，神学必然要变成哲学，民众必然会变得有理性，而哲学也必须成为神话，才能使哲学家变得感性。”(黑格尔：《全集》，第1卷，第236页)

② 请参阅本章附论。

③ 亨利希：《语境中的黑格尔》，第61页以下。

④ 黑格尔：《全集》，第2卷，第23页。

错误的同一性的折磨，因为在日常生活和哲学当中，现代世界把一种有限设定为绝对。与康德哲学的独断论(Dogmatismus)相对应的，是信仰和政治制度的实证性以及分裂的伦理的实证性。它把理智人的自我意识绝对化，并从内在走向没落的世界的多样性当中获得了“客观关系、稳定性、实在性、多样性，甚至现实性和可能性，总之，获得了一种人们熟视无睹的客观确定性”。[①]知识中主客体的同一性，同宗教、国家和道德中有限与无限、个别与普遍、自由与必然的同一性是一致的，而所有这些又都是错误的同一性：

> 一体化充满了暴力，一方将另一方纳入自己的控制之下。……这种本应是绝对的同一性，却是一种欠缺的同一性。[②]

正如我们已经看到的，对黑格尔而言，对非强制的同一性的要求、对一种不同于暴力关系中纯粹实证一体化的要求，在自身的危机经验中得到了确证。但是，如果真正的同一性本身应当从反思哲学当中推导出来，那么，理性就肯定要被认为是一个主体的自我关系。也就是说，理性肯定要被理解为一种反思，不仅作为主体性的绝对力量将自己强加于他者之上，而且，与此同时，也会坚持认为，自己的存在和运动就是为了抵制一切绝对化，即消除一切实证因素。因此，黑格尔用主体的绝对自我关系，代替了有限与无限的抽象对立，主体从自身的本质中获得了自我意识，并同时体现了有限与无限的差异性和同一性。与荷

---

① 黑格尔：《全集》，第2卷，第309页。

② 同上，第48页。

尔德林及谢林不同,这一绝对主体不管是作为一种存在或理智直观,都不应先于世界历史,而只能存在于有限与无限相互融合的进程之中,并进而存在于自我意识的消解活动之中。绝对者既不是实体,也不是主体,而只是自我关系的调解过程。这种自我关系不断生成,而且无需任何条件。[①]

这是黑格尔所特有的思维方式,它用主体哲学的手段来克服以主体为中心的理性。依靠这一点,晚期黑格尔只需根据现代性自身内部的主体性原则,就足以对现代性进行检测,而不必诉诸其他。在这方面,黑格尔的美学提供了一个富有启发性的例证。

并非只有法兰克福的这些志同道合者才对艺术的和解力量抱有希望。先前在法国和德国,关于古典艺术的规范性地位的争论,已经涉及到了现代性的自我确证问题。姚斯曾经说过[②],F. 施莱格尔和席勒(在他们1797年《希腊哲学研究》和1796年《论素朴的诗和感伤的诗》中)讨论了法国“古今之争”的现实意义,揭示了现代诗歌的独特特征,并亮明了他们在“古今之争”中的立场,因为,一旦人们要把古典艺术家所承认的古典艺术规范与现代的优越性一致起来,就会出现两难的困境。这两位作者用同样的方式把古代风格与现代风格的差异描述为客观性与主观性、自然教化与艺术教化、素朴与感伤之间的对立。他们把作为自由行为和反思行为的现代艺术与模仿自然的古典艺术对立起来。施莱格尔扩大了审美的界限,甚至在某种程度上主张建立一种审丑美学,为刺激和冒险、奇异和新颖以及震惊和恶心等

---

① 亨利希:《黑格尔与荷尔德林》(‘Hegel und Hölderlin’),载:《语境中的黑格尔》,第35页以下。

② 姚斯:《施莱格尔和席勒的回应》(‘Schlegels und Schillers Replik’),载:《文学史作为挑战》,第67页以下。

留有一席之地。不过,就在施莱格尔对断然放弃古典艺术理想犹豫不决的时候,席勒却确定了古典与现代在历史哲学当中的等级秩序。对现代反思诗人而言,素朴诗的完美性实际上是难以企及的。相反,现代艺术追求的理想是通过中介而与自然实现统一,这正是古典艺术通过模仿自然美已经达到的目标,而对现代艺术来说,却只能是"遥不可及的目标"。

席勒在浪漫派提出反思艺术之前,就已经对反思艺术进行了概括。当黑格尔把席勒对现代艺术的历史哲学阐释融入他的绝对精神概念时,浪漫派运动正如火如荼。[①] 在艺术当中,精神应当发现自己,并认识到自身的外化与回归是同时发生的。艺术是一种感性形式,有了这种感性形式,绝对者就可以通过直观把握住自身;而宗教与哲学则是绝对者想像和把握自身的更高形式。因此,艺术就在其媒介的感性特征中发现了其内在局限,并最终超越了绝对者的表现方式。世界上的确存在着一种"元艺术"。[②] 由此出发,黑格尔就可以把艺术的理想转移到艺术之外的领域,而且可能会把它作为理念来加以实现。不过,按照席勒的理解,现代艺术只能追求而无法达到这种艺术理想。这样,我们就必须把当下艺术理解为艺术自身在浪漫艺术形式中自我消解的一个阶段。

古代与现代的美学之争,就以这种方式找到了一条出色的解决途径:浪漫派是艺术的"终结"——要么表现为反思艺术在主观主义层面上的衰颓,要么表现为反思打破了绝对的符号表现形式。这样,黑格尔以来一再遭到嘲讽的问题——"一般意义

---

① 黑格尔:《全集》,第 13 卷,第 89 页。

② 同上,第 141 页。

上的产品是否可以叫做艺术品"[①] ——就可以用模棱两可的态度来加以回答。事实上,现代艺术是颓废的,但也因此正在迈向绝对知识。古典艺术仍然保持其规范性,但最终还是被现代艺术合理地取代了:"虽然古典艺术形式在艺术感官化方面已经达到了极致。"[②] 不过,艺术领域自身的局限性在浪漫主义的消解倾向中有着明显的表现,而对此的反思却还缺乏素朴性。

黑格尔用同样的方式告别了基督教。艺术和宗教的消解倾向有着明显的相似性。宗教在新教中达到了绝对的内在性,最终在启蒙时代,它把自己从世俗意识中分离出来:"它对我们的时代毫不关心,也不关注上帝,相反,它把根本不可能的认识看作是最高的认识。"[③] 宗教和艺术一样,都有反思介入其中。实质性的信仰不是充满漠不关心,就是充满虚假的多愁善感。哲学通过破坏宗教形式,将信仰的内容从这种无神论中解救出来。哲学的内容与宗教没有什么区别,但由于哲学将其内容转变成抽象的知识,"因此,不会再有什么要由信仰来加以证明的了"。[④]

如果我们稍做停顿,对我们的思路进行一番回顾,我们就会发现,黑格尔似乎已经达到了其目的。他的绝对概念克服了所有的绝对化趋势,仅仅把自我关系囊括一切有限的无限进程当作绝对者而保持下来。凭着这个绝对概念,黑格尔就可以根据其自身的原则来把握现代性。黑格尔这样做,其目的是要把哲学作为一种一体化的力量,克服由于反思本身所带来的一切实证性——进而克服现代的分裂现象。可惜,黑格尔只是在表面

---

① 黑格尔:《全集》,第 13 卷,第 223 页。

② 同上,第 13 卷,第 111 页。

③ 黑格尔:全集》,第 16 卷,第 43 页。

④ 黑格尔:《全集》,第 17 卷,第 343 页。

上取得了成功。

这就是说，如果我们把黑格尔的民众宗教观念与宗教扬弃艺术及哲学扬弃信仰之后所剩下的内容加以比较，我们就可以理解黑格尔在他宗教哲学的最后部分所遭遇的失望。哲学理性所能实现的，最多只是片面的和解，不会包括公共宗教的外在普遍性，而公共宗教应当使民众变得理性，使哲学家变得感性。相反，民众发现，他们被他们充满哲学智慧的牧师们彻底抛弃了：

> 从这个方面来说，哲学是一个与世隔绝的圣地。……其服从者形成了一个孤立的牧师阶层，他们不允许与世界和谐共处，……不管世俗的经验对象如何从它的分裂中寻找出路，也不管它自己是如何构成的，它所关注的，都与哲学的实践毫无关系。[①]

启蒙辩证法一旦达到其目的，也就耗尽了原先激发它批判时代的动力。这一消极后果，在国家“扬弃”市民社会的结构中反映得更加清楚。

4

在亚里士多德传统中，古代欧洲的政治概念包括国家和社会两个领域。这个传统直到十九世纪一直未被打破。根据这一观念，整个政治秩序的基础是“自给自足”的家庭经济，而这种自给自足的家庭经济主要靠农业生产和手工业生产来加以维持，并由地方市场加以补充。社会分为不同的阶层，对政治权力的

---

① 黑格尔：《全集》，第 17 卷，第 343 页及下页。

占有（或遭到政治权力的排斥）也各不相同——政治统治的观念把社会整合到了一起。很显然，这种概念框架已不再适用于现代社会。因为，在现代社会，资本主义经济用私法来组织商品交换，并从政治统治秩序当中摆脱了出来。通过交换价值和权力这两个中介，分化出来两个功能互补的行为系统——社会行为系统独立于政治行为系统，非政治化的经济社会独立于官僚化的国家。这种发展势必远远超出古典政治学说所能把握的范围。因此，到了十八世纪末，古典政治学说分化为政治—经济基础上的社会理论和现代自然法基础上的国家理论。

黑格尔正处于这一科学发展的黄金时代。他第一个在术语层面上提出了适用于现代社会的概念系统，把国家这一政治领域与“市民社会”区别了开来。他仿佛在社会理论层面上再次把艺术理论中现代与古典的对立展示了出来：

> 在市民社会里，每个人都以其自身为目的，其他的一切都与他无关。但他又只能通过与别人的接触，才能明确他的目的的范围。因此，某些人就会将其他人当作实现目的的手段。但是，特殊目的又通过同他人的关系而获得了普遍形式，并且在满足他人福利的同时，也满足了自己。[①]

黑格尔把市场流通描述为一个道德中立领域，个人在这个领域策略性地追逐私人利益，而这些私人利益同时又是“一个完全相互依赖的系统”的基础。在黑格尔的描述当中，市民社会一方面表现为“失去了极端性的伦理生活”，是“毁灭的王国”。[②] 另一

① 黑格尔：《全集》，第7卷，第340页，第344页。

② 同上，第340页。

方面，市民社会——这个“现代世界的创造物”①，又在使个体达到形式自由中获得其合法性：把需求和劳动的专断意志释放出来，也是“塑造特殊主体性”② 必然要经历的一个环节。

尽管要到黑格尔后来写作《法哲学原理》的时候，“市民社会”这个新词才出现，但黑格尔早在耶拿时期就已经构想出了这个新的概念。在《论自然法的科学研究方法》(1802)一文中，黑格尔借用政治经济学，“根据物质需求和劳动及其积累来把普遍相互依赖的系统”③ 作为“财产和权利的系统”加以分析。在这篇文章中，黑格尔已经提出了这样的问题：市民社会如何才能不仅被当作实质伦理崩溃的领域，同时在其否定性中，又可以被看作是伦理的一个必要环节。黑格尔的出发点在于，古典的国家理想已无法在现代非政治化的社会条件下复活。另一方面，他又坚持最早在论述民众宗教时提出的伦理总体性观念。这样，他就不得不调和优于现代个人主义的古典伦理理想和社会现代性的现实。随着国家与社会的分化——黑格尔当时实际上已经明确了这一点，黑格尔告别了复辟的政治哲学，同时也告别了理性自然法。如果说前者并未超出实质性的伦理观念，依然把国家看作是扩大了的家庭关系，那么，个人主义自然法则根本没有把自己提高到伦理观念的高度，并把“需要和理智的国家”与市民社会的私法关系等同起来。然而，只有当市民社会的原则被认为是市场的社会化原则，即非国家的社会化原则时，现代国家的独特性才开始表现出来。因为，“现代国家的原则已经得到了充分的强化和深化，足以让主体性原则把个人的特殊性发展到

---

① 黑格尔：《全集》，第 7 卷，第 340 页。

② 同上，第 343 页。

③ 黑格尔：《全集》，第 2 卷，第 482 页。

极端，同时，又把主体性原则还原为实质同一性，并在主体性原则自身当中维持这种实质同一性”。①

这段话揭示了国家与社会的中介问题，同时也阐明了黑格尔所提出的带有倾向性的解决方法。伦理领域（包括家庭、社会、政治意志的形式及国家机器等）应将自身在国家中，严格地说是在政府及其最高形式君主立宪制当中具体化，亦即表现出来。但在黑格尔的建议当中，这一点并不明显。黑格尔所做的，不过是阐明了以下两点：在需求系统和劳动系统当中，（为何）会发生对立，这种对立（为何）又不能由市民社会的自我调节来加以解决。黑格尔完全站在时代的高度解释了这一点：

> 大多数人陷入了贫困，……相反，它所导致的后果却是：财富越来越容易集中到少数人手里。②

这就导致了在功能上需要将冲突的社会放到伦理领域当中。这种开始时还仅仅是有必要的普遍性，却具有绝对伦理的双重形式：一种是由自身各个环节组成的社会；另一种则是一个区别于社会的“普遍性的实证世界”。这是为了遏止自我破坏的倾向，并保护解放的果实。黑格尔把这个实证性因素看作是国家。他解决和解问题的途径，就是用君主立宪制“扬弃”社会。

但是，这种解决方式只有在绝对的前提下才有必要。这种

---

① 黑格尔：《全集》，第7卷，第407页。

② 黑格尔在1819/20冬季学期开设的“法哲学讲座”中讨论了市民社会的危机结构，而且比在他的著作中要集中得多。请参阅亨利希为《法哲学原理》一书所写的导言，黑格尔：《法哲学原理》（Frankfurt am Main, 1983），第18页以下。

绝对要按照一种认知主体的自我关系模式来加以理解。[1] 早在耶拿时期的《现实哲学》当中，自我意识就已经促使黑格尔把伦理总体性看作“个别与一般的一体性”。[2] 因为，一个通过认知而与自身建立关联的主体，会同时面对两个自我：一个是作为普遍的主体，它是作为一切可以认识的对象的总体性世界的对立面；另一个是个别的自我，它在世界中是众多实体当中的一员。如果绝对者被认为是无限的主体性（它不断产生客体性，以使自身走出僵化，而进入绝对知识的神圣王国[3]），那么，一般与个别这两个环节就只有在独白式的自我认识框架中才能被认为是得到了统一：因此，在具体的普遍性当中，作为普遍性的主体始终优先于作为个体的主体。在伦理领域中，这一逻辑的结果则是更高层次的国家主体性优先于个体的主观自由。迪特·亨利希称之为黑格尔主义法哲学的“绝对制度论”：“被黑格尔称为主观意志的个体意志，完全依附于不同制度的秩序，而这些制度是论证它的惟一法则。”[4]

一般与个别的另一种调解模式，是由意志形成的在更高层面上的主体间性提供的，这种意志形成没有强制色彩，而且存在于需要合作的交往共同体当中。在一种（由自由和平等的人们

---

① 请参阅 R. P. 霍斯特曼：《黑格尔耶拿体系中的变化问题》（‘Probleme der Wandlung in Hegels Jenaer Systemkonzeption’），载：*Philosophische Rundschau*，第 9 期，1972，第 95 页以下；及其《论市民社会在黑格尔政治哲学中的地位》（‘Über die Rolle der bürgerlichen Gesellschaft in Hegels Politische Philosophie’），载：《黑格尔研究》，第 9 卷，1974，第 209 页以下。

② 《耶拿现实哲学》（*Jenenser Realphilosophie*），霍夫迈斯特编，Leipzig，1931，第 248 页。

③ 黑格尔用这些词汇描述了悲剧，因为悲剧展示的是伦理领域当中永远轻率对待自己的绝对者。黑格尔：《全集》，第 2 卷，第 495 页。

④ 亨利希：《黑格尔著作导言》（1983），第 31 页。

达成的)非强制性的共识的普遍性当中,个体保留了一种呼吁机制,可以用来反对共同意志的制度具体化的特殊形式。正如我们已经看到的,在黑格尔的早期著作中,他还把伦理总体性解释为体现主体间生活关系的交往理性。如果沿着这一思路发展下去,一种民主社会的自我组织形式完全可以取代君主专制的国家机构。然而,相反,自我把握的主体的逻辑使得强权国家政体成为了必然。

但当《法哲学原理》中的"国家"上升为"实质意志的现实性和自为自在的合理性时",在黑格尔看来,超越了哲学界限的政治运动将与理性自身发生冲突。这一结论在黑格尔的同代人看来是有挑战性的。宗教哲学最终抛弃了民众未被满足的宗教需求①,同样,国家哲学也退出了未能得到满足的政治现实。民主自决的要求——在巴黎七月革命中被大声疾呼,在英国议会关于选举改革的草案中却变得小心谨慎——在黑格尔耳边激起了更加刺耳的"杂音"。这一次,黑格尔在面对理性与历史现实之间的不协调时,是如此的心烦意乱,以致在《论英国改革议程》中,他干脆站到了复辟派一边。

5

黑格尔尚未来得及把现代性的分裂加以概念化,现代性的动荡和运动就打算冲破这个概念。这样的认识可以从以下事实当中找到根据:黑格尔只能在主体哲学范围内批判主体性。一

① "如果不再给穷人传播福音,如果连盐都变得愚不可及,如果所有的基础都悄悄地被剥夺了,那么,民众也就明白了,对于渗透到他们当中的理性来说,真理只能停留在想像当中,而再也不能为他们的内在冲动提供任何帮助。"(黑格尔:《全集》,第 17 卷,第 343 页)

且分裂的力量只是为了绝对者便于证明自己是一种一体化的力量，就再也没有"错误的"实证性了，有的只是分裂，它也可以要求一种相对的权力。"顽固"的制度论促使黑格尔在《法哲学原理》前言中宣称：凡是存在的，就是合理的。当然，早在1819—1820年冬季学期的讲座中，黑格尔就已经有了如下语气稍缓的表述："凡是合理的，将会成为存在的现实；凡是存在的，将会是合理的。"[①] 但即便这一陈述也只是为预先决定和预先判断了的现在打开了一方天地。

我们再来回顾一下开头的问题。现代性面向未来，追新逐异，可谓前所未有，但它只能在自身内部寻求规范。主体性原则是规范的惟一来源。主体性原则也是现代时代意识的源头。反思哲学的出发点是自我意识这一基本事实，这是主体性原则的关键。当然，反思能力能够运用到自己头上，在它面前，绝对主体性的消极面也会显示出来。因此，沿着启蒙辩证法的路径，作为现代性的所有物和惟一义务的知性合理性就应当扩展为理性。但是，作为绝对知识，这种理性最终采取的形式是如此的势不可挡，以致现代性自我确证的问题不仅得到了解决，而且得到了太好的解决：现代性的自我理解问题在理性的嘲笑声中迷失了方向。因为，理性取代了命运，并且知道每一事件的本质意义早被预定。所以，黑格尔的哲学满足了现代性自我证明的要求，但付出的代价是贬低了哲学的现实意义，弱化了哲学的批判意义。最终，哲学失去了其对于当前时代的重要意义，毁灭了自己对时代的兴趣，拒绝了自我批判和自我更新的天职。时代问题没有了挑战性，因为，站在时代高度的哲学已经丧失了意义。

1802年，黑格尔为《哲学批判杂志》(*Kritisches Journal der*

---

① 黑格尔：《法哲学原理》，第51页。

Philosophie)撰写了导言《论哲学批判的本质》,他区分了两种不同的批判:一种针对时代的错误实证性,它把自己理解为对受到压抑的僵化生活的启发:

> 如果批判不允许工作和行为作为思想的形式,那它也不会否定这一追求;这里真正的科学(!)兴趣在于,剥开压制内部追求的外壳,让它重见天日。[①]

我们从中不难看到,这就是青年黑格尔对宗教和国家的实证力量的批判。黑格尔把另一种批判指向了康德和费希特的主观唯心主义。对他们而言,"哲学思想已经得到了更加清楚的认识。但主体性要想解救自己,就必须与哲学对抗"。[②] 因此,这里的问题在于揭示一种有限主体性:它对长期以来形成的客观认识视而不见。黑格尔的《法哲学原理》认为,只有第二种批判才是正确的。

哲学无法指导世界的应然状态;哲学的概念只是反映了世界的现实性。哲学不再批判性地针对现实性,而是针对摇摆于主体意识和客观理性之间的模糊抽象性。当精神在现代性中"经历了猛烈的震荡"之后,当精神找到走出现代性悖论的途径之后,当精神不但进入现实而且还在其中获得客观化之后,黑格尔认为,哲学就摆脱了这样一种使命:用概念去解决懒散的社会生活和政治生活。批判的钝化和现实意义的弱化是一致的,而哲学家们回避的就是这种现实意义。现代性就其概念来说,允许人们采取禁欲的方法,从中退缩出来。

---

① 黑格尔:《全集》,第 2 卷,第 175 页。

② 同上。

黑格尔不是第一位现代性哲学家，但他是第一位意识到现代性问题的哲学家。他的理论第一次用概念把现代性、时间意识和合理性之间的格局突显出来。黑格尔自己最后又打破了这个格局，因为，膨胀成绝对精神的合理性把现代性获得自我意识的前提给中立化了。这样，黑格尔就无法解决现代性的自我确证问题。结果，在他之后，只有以更温和的方式把握理性概念的人，才能处理现代性的自我确证问题。

青年黑格尔派用一个打了折扣的理性概念坚持黑格尔的方案。他们想用另一种形式的启蒙辩证法来把握和批判内部发生分裂的现代性。他们只是众多派别当中的一个。另外两个卷入如何正确理解现代性争论的派别，力图解决现代性、时间意识与合理性的内在联系问题。尽管如此，他们也无法逃脱这些基本概念的约束。新保守主义继承了黑格尔右派，它毫无批判地屈从于社会现代性的强大动力，轻视现代的时间意识，并把理性还原为知性，把合理性还原为工具合理性。除了这种科学主义的科学之外，在新保守主义看来，文化现代性失去了一切规范意义。青年保守主义源自尼采，它超越了辩证的时代批判，为此，它把现代的时间意识推向极端，并认为理性是绝对的工具合理性，是非人化的控制力量。在这一点上，青年保守主义从审美主义的先锋艺术那里获得了没有得到承认的规范，而在这些规范面前，无论是文化现代性，还是社会现代性，都不可能站得住脚。

附：论席勒的《审美教育书简》

席勒从1793年夏天开始写作《审美教育书简》，并于1795年把它发表在《季节女神》（*Horen*）上。这些书简成了现代性的审美批判的第一部纲领性文献。席勒用康德哲学的概念来分析自身内部已经发生分裂的现代性，并设计了一套审美乌托邦，赋予艺术一种全面的社会—革命作用。由此看来，较之在图宾根结为挚友的谢林、黑格尔和荷尔德林在法兰克福对未来的憧憬，席勒的这部作品已经领先了一步。艺术应当能够代替宗教，发挥出一体化的力量，因为艺术被看作是一种深入到人的主体间性关系当中的"中介形式"（Form der Mitteilung）。席勒把艺术理解成了一种交往理性，将在未来的"审美王国"里付诸实现。

席勒在第二封信中提出这样的问题，即让美在自由之前先行一步，是否不合时宜：

> 因为当今道德世界的事务有着更切身的利害关系，时代的状况迫切要求哲学精神探讨所有艺术作品中最完美的作品，即研究如何建立真正的政治自由。①

席勒所提出的这个问题其实已经暗含着这样的答案，即艺术本身就是通过教化使人达到真正的政治自由的中介。教化过程与个体无关，涉及到的是民族的集体生活语境："只有在有能力和有资格把强制国家变换成自由国家的民族那里才能找到性

---

① 席勒：《全集》，第5卷，第571页。

格的总体性。”[①]艺术要想能够完成使分析的现代性统一起来的历史使命，就不应死抓住个体不放，而必须对个体参与其中的生活方式加以转化。所以，席勒强调艺术应发挥交往、建立同感和团结的力量，即强调艺术的“公共特征”（der öffentliche Charakter）。席勒对现实的分析结果是，在现代生活关系中，个别的力要想彼此分离和得到发展，就必定会以牺牲它们的总体性为代价。

这样一来，“古今之争”又成了现代性进行批判性自我确证的出发点。古希腊的诗歌和艺术

> 虽然也分解人的天性，把它放大以后再分散到荣耀的诸神身上，但是它不把人的天性撕裂成碎片，而是以各种不同的方式进行混合，因为每个单独的神都不缺少完整的人性。这同我们现代人完全不同！在我们这里，类属的图像也是放大以后分散在个体身上——但是分成了碎片，而不是千变万化的混合体，因而要想汇集出类属的总体性，就不得不一个挨一个地去询问个体。[②]

席勒批判资产阶级社会是“利己主义的制度”。他的措辞使人想到青年马克思。席勒认为，不仅物化的经济过程像一架精巧的钟表，使享受与劳动、手段与目的、努力与报酬彼此脱节；独立的国家机器也是像钟表一样机械地运转，它使公民成为异己，并通过“划分等级”把公民视为统治对象而纳入冷漠的法则；在批判异化劳动和官僚政治之后，席勒随即转向远离日常问题的理

① 席勒：《全集》，第5卷，第579页。

② 同上，第582页。

智化和过于专门化的科学：

> 当思考的精神在观念世界里追求不可丧失的占有物时，它在感官世界里必然成为一个异己者，为了形式而丧失了物质。当务实的精神被关闭在由各种客体所组成的单调的圈子里，而且在这个圈子里又被各种程式所束缚时，它必然会看到自由的整体在它眼前消逝，同时它的范围变得越来越贫乏。……因此，抽象的思想家常常有一颗冷漠的心，因为他的任务是分析印象，而印象只有作为一个整体时才会触动灵魂；务实的人常常有颗狭隘的心，因为他们的想像力被关闭在他职业的单调的圈子里，而不可能扩展到别人的意向方式之中。①

不过，席勒只是把这种异化现象看作是进步过程中不可避免的副作用，人类无法摆脱它而阔步向前。对此，席勒和批判的历史哲学一样深信不疑。他甚至毫无保留地使用康德先验哲学的目的论的思维框架：

> 只是由于人身上的各种单独的力都彼此隔离，并都妄想独自立法，这些单独的力才与事物的真理进行抗争，并强使平常由于怠惰和自满自足而停止在外部现象上的共同感也去探究事物的深邃。②

和社会领域中的工作精神一样，精神王国中的思考精神也各自

---

① 席勒：《全集》。第5卷，第585页及下页。
② 同上，第587页。

为政。这样,在社会和哲学中便形成了两种对立的立法。感性和知性、物质冲动和形式冲动之间的这种抽象的对立,使被启蒙了的主体承受双重强制:自然的物质强制和自由的道德强制。主体越是毫无顾忌地力图控制外部自然及其内在自然,这两种强制也就越是明显。因而,自发的动力国家和理性的伦理国家最终彼此隔膜;两者只有在压制同感的效果上是一致的,因为"动力国家只能使社会成为可能,因为它是以自然来抑制自然;伦理国家只能使社会成为(道德的)必然,因为它使个别意志服从于普遍意志"。[①]

由于这个原因,席勒把理性的实现想像成遭到破坏的同感的复兴;它不能单独从自然和自由任意一个领域中形成,而只应出现在教化过程当中。为了终止立法机构的斗争,教化过程必须一方面使物质性格摆脱外部自然的任意性,另一方面使道德性格摆脱自由意志。教化过程的中介是艺术,因为艺术能产生一种"中和心境"(eine mittlere Stimmung),"在这种中和心境中,心绪既不受物质的也不受道德的强制,却以这两种方式进行活动"[②]。随着理性的进步,现代性越来越卷入到强大的需求系统和抽象的道德准则当中;然而,艺术却能赋予这种分裂的总体性"一种社会特征",因为艺术参与了这两项立法:

> 在力的可怕王国和法则的神圣王国之间,审美的创造活动不知不觉地建立起第三个王国,即游戏和假象的王国。在这个王国里,审美的创造冲动给人卸去了一切关系的枷锁,使人摆脱了一切被称为强制的东西,不论这些东西是物

① 席勒:《全集》,第5卷,第667页。

② 同上,第633页。

质的，还是道德的。[1]

对黑格尔和马克思来说，甚至对直到卢卡奇和马尔库塞的整个黑格尔派马克思主义传统来说，审美乌托邦一直都是探讨的关键。借助这个审美乌托邦，席勒把艺术理解为交往理性的真正体现。当然，康德的《判断力批判》也促成了它进入一种沉思的唯心主义，但这种唯心主义对知性和感性、自由和必然、精神和自然之间康德式的分化并不满意，因为它从中窥见到了有关现代生活关系的分裂的表达。而在黑格尔和谢林看来，反思判断力的中介能力只是通向应当取得绝对统一性同意的知性观念的桥梁。席勒则相对节制一些，他坚持审美判断力的有限意义，以便从历史哲学的角度对它加以使用。这里，他悄悄地把康德的判断力概念和传统的判断力概念混为一谈。传统的判断力概念在亚里士多德传统中（直到汉娜·阿伦特）从未完全失去与同感的政治概念的联系。因此，席勒能够从根本上把艺术视为一种“中介”形式，并指望艺术能“为社会带来和谐”：

> 一切其他的表象形式都会分裂社会，因为它们不是完全和个别成员的私人感受发生关系，就是完全和个别成员的私人本领发生关系，因而也就同人与人之间的差别发生关系，惟独美的中介能够使社会统一起来，因为它同所有成员的共同点发生关系。[2]

接着，席勒在主体间性的两种对立的变形，即个人化和大众

---

① 席勒：《全集》，第5卷，第667页。

② 同上。

化的背景下，确立了主体间性的理想形式。离群索居者，其私人生活方式失去了与社会的联系，社会也就成了外在于他的客观之物；混迹人群者，其表面化的存在也不可能寻找到其自我。这样两种陌生化和融合化的极端形式，同样都对整体性构成了威胁。席勒对两者的平衡比较浪漫，他认为，用审美统一起来的社会必然会产生出一种交往结构，“每个人只是当他在自己的小屋里时才静静地同自己交谈，一旦走出小屋，就同所有的人交谈”。①

但是，席勒建立审美乌托邦，其目的并不是要使生活关系审美化，而是要革交往关系的命。超现实主义者在其纲领中要求艺术溶解到生活中去，达达主义者及其追随者也充满挑衅地这样强调；相反，席勒则坚持纯粹假象的自律。他同时也期望审美假象所带来的愉悦能导致“整个感受方式”的“彻底革命”。但是，只要缺少现实的支持，假象就永远是一种纯粹的审美假象。和席勒一样，马尔库塞后来也是这样确定艺术和革命的关系的。由于社会不仅在人的意识中，而且也在人的感官中进行再生产，因此，意识的解放必须以感官的解放为基础——必须“放弃对给定的客观世界的强制性亲近”。尽管如此，艺术仍然不能完成超现实主义者的指令，艺术不应放弃其崇高性而转向生活：

> 只有在这种情况下，我们才能想像“艺术的终结”，即人们不再能够区分真和假、善与恶、美与丑。这也许是文明达到极点时所导致的彻底的野蛮状态。②

---

① 席勒，《全集》，第5卷，第655页。

② 马尔库塞：《反革命和造反》（*Konterrevolution and Revolte*），Frankfurt am Main，1973，第140页及下页。

后期马尔库塞重复了席勒有关生活直接审美化的警告：审美假象作为一体化的力量，仅限于这样一种情况，即"人在理论上认真地抑制自己不去肯定假象就是实际存在，在实践中也不借助假象来施舍实际存在"。[①]

这种警告早在席勒那里就隐藏着这样一种观念，即科学、道德和艺术等文化价值领域都有其本身固有的规律，这一点后来被拉斯克和韦伯大力张扬。这些领域似乎已经获得了解放，它们"为自己享有绝对的豁免权、不受人的专断而欣慰。政治立法者可以封闭这些领域，但不可能在其中进行统治"。[②] 我们如果不考虑文化的特性，而试图打破审美假象容器，那么，其内涵势必会模糊不定——失去了崇高性的意义和散了架的形式，也就无法发挥出解放的力量。对席勒来说，只有当艺术作为一种交往形式，一种中介——在这个中介里，分散的部分重新组成一个和谐的整体——发挥催化作用，生活世界的审美化才是合法的。只有当艺术把在现代已分裂的一切——膨胀的需求体系、官僚国家、抽象的理性道德和专家化的科学——"带出到同感的开放天空下"，美和趣味的社会特征才能表现出来。

① 席勒：《全集》，第 5 卷，第 658 页。

② 同上，第 593 页。

三
三种视角:黑格尔左派、黑格尔右派和尼采

1

黑格尔开创了现代性的话语。他首先提出了现代性自我批判和自我确证的问题,创立了启蒙辩证法原则,而有了这个原则,现代性的自我确证问题就能做到万变不离其宗。他把时代历史提升到哲学的高度,同时把永恒与短暂、永恒与现实等联系起来,进而以前所未有的方式改变了哲学的特征。当然,黑格尔根本就没有想要去打破哲学传统。直到黑格尔的后一代人,才意识到这样做的必要性。

1841 年,阿诺德·卢格在《德意志年鉴》(*Deutsche Jahrbücher*)中写道:

> 在它历史发展的早期,黑格尔哲学就已表现出与以往体系有着本质上不同的特征。这种哲学第一次声称哲学只是其时代的思想,也第一个承认自己是自己时代的思想。以往的哲学都是不自觉的、抽象的,只有它才是自觉的、具体的。这样,人们会说,其他的哲学只是思想,而且一直都

是思想；而黑格尔哲学，虽然表现为思想，但不会永远都是思想……而是必定要转化为实践。……在这个意义上，黑格尔哲学是革命的哲学，是所有哲学中最后的哲学。（第594页）

到今天为止，我们一直不断地在阐述现代性话语。有一种观点认为哲学终结了，不管是作为积极的挑战或纯粹的挑衅，这种观点都是属于一种现代性话语。马克思想通过把哲学付诸实现来扬弃哲学。而就在同时，摩西·赫斯出版了《最后的哲学家》（*Die letzten Philosophen*）一书。布鲁诺·鲍威尔则提到了"形而上学的灾难"，他坚持认为，"可以说，哲学已经彻底终结了"。当然，尼采和海德格尔对形而上学的克服，并不意味着对形而上学的扬弃。而维特根斯坦或阿多诺对哲学的告别，也并非意味着要把哲学付诸实现。但是，一旦时代精神获得对哲学的支配地位，一旦现代的时间意识打破了哲学的思想形式，那么，上述这些立场也就都揭示出了传统的断裂（卡尔·洛维特），因为这种断裂已经发生了。

康德把哲学的"通俗概念"（涉及到的是人人都感兴趣的东西）与作为理性认识系统的"学院概念"区别了开来。而黑格尔第一个把带有时代诊断特征的哲学通俗概念与学院概念融为一体。我们或许也可以从以下事实当中意识到哲学的变化：黑格尔死后，学院哲学与通俗哲学又一次分道扬镳了。作为一种专业的学院哲学，与通俗哲学并肩发展，而后者在制度当中再也没有了明确的地位。从此，学院哲学就不得不全力应付被赶出校门的私人讲师、作家以及个体写作者的竞争，比如费尔巴哈、卢格、马克思、鲍威尔和克尔凯郭尔，甚至还有放弃巴塞尔教授职位的尼采。大学里的学院哲学把明确现代性自我理解的理论使命转让给了政治科学和社会科学以及文化人类学。此外，像达尔文和弗洛伊德这样的名字，以及像实证主义、历史主义和实用主义这样的潮流，都充分证明，物理学、生物学、心理学以及历史学在十九世纪释放出了世界观的主题，而且，第一次在没有哲学作为中介的情况下，对时代意识施加了影响。①

这种状况到了二十世纪才有了变化。海德格尔再一次把现代性话语引入真正的哲学思想运动当中，书名《存在与时间》就说明了这一点。对黑格尔派的马克思主义者如卢卡奇、霍克海默和阿多诺而言，情况也是如此：他们借助于马克斯·韦伯，把《资本论》转译成一种物化理论，并重建了经济与哲学之间的联系。哲学沿着科学批判的路径，重新获得了诊断时代的力量，而科学批判的路径从晚期胡塞尔经巴什拉一直贯穿到福科。可是，这种克服了学院概念与世俗概念之间差异的哲学，难道还是黑格尔意义上的哲学吗？不管是什么名字——本体论、批判、否定辩证法、解构主义或谱系学——这些笔名都无法遮掩住哲学的传统形式。相反，哲学概念的这些装饰物，只是用来掩盖需要遮蔽的哲学终结。

青年黑格尔派同黑格尔及其哲学保持着一定的距离，并导致了一种意识结构的形成。今天，我们依然在坚持这种意识结构。自青年黑格尔派以来，相互征服的胜利姿态就反复出现。因此，我们也乐于无视如下事实：我们依然是青年黑格尔派的当代同人。黑格尔揭开了现代性的话语。青年黑格尔派则使现代性话语永久化；也就是说，他们把源于现代性精神自身的“批判”的思想框架从黑格尔理性概念的压迫下解放了出来。

---

① 请参阅 H. 施耐德巴赫：《1831—1933 年的德国哲学》(*Philosophie in Deutschland 1831—1933*)，Frankfurt am Main，1983。

黑格尔认为，现实就是存在与本质的统一；黑格尔恰恰就是用他的现实性概念把奠定现代性基础的关键环节搁置到了一边：意义深远的短暂瞬间。在这瞬间当中，反复出现的诸多未来问题纠缠到了一起。时代历史的现实性应当是哲学需要的源泉，而老年黑格尔把这一点从本质事件或合理事件的建构中隔离了出去，认为它是纯粹经验的，反映的是一种“劣质无限性”中的“偶然性”、“瞬间性”、“无意义性”、“短暂性”和“扭曲性”。合理现实性概念克服了突发事件和新兴发展的事实性、偶然性和现实性，而青年黑格尔派（沿着晚期谢林哲学和晚期费希特唯心主义的路线），极力强调存在之于合理现实性的重要意义。费尔巴哈强调的是内部自然和外部自然的感性存在：情感和激情证明了个体的肉体存在和物质世界的存在。克尔凯郭尔坚持的是个体的历史存在。此在的本真性在无限旨趣绝对内在和不可剥夺的具体决断当中得到了证明。最后，马克思强调的则是我们日常生活经济基础的物质存在：生产活动和社会化个体的合作，构成了人类自我繁衍的历史进程的中介。因此，费尔巴哈、克尔凯郭尔和马克思都反对如下错误的和解，即主观自然与客观自然、主观精神与客观精神、客观精神与绝对知识仅仅在思想领域中达成的和解。他们强调要消除精神的崇高性，因为精神把当下出现的各种矛盾都纳入绝对的自我关系之中，以便消解它们，并把它们转化到记忆中的过去模式当中（这种模式既模糊又透明），进而剥夺了它们所具有的一切重要意义。

但青年黑格尔派同时也坚守了黑格尔思想的基本特征。他们从黑格尔的《哲学全书》中盗用了大量可资利用的结构，想把黑格尔的区分有效地运用到激进的历史思想当中。这种思想赋予相对主义因素即历史瞬间以绝对的重要性，而又没有陷入历史主义不断激活的怀疑论相对主义。卡尔·洛维特以一种爱恨交加的强烈感情描述了这种新的话语形式。[①] 他认为，青年黑格尔派以一种非哲学的方式投身于历史思想："他们想置身于历史之中并把历史作为取向，这就好比船舶毁坏之后想抓住风暴一样。"[②] 我们必须正确地理解洛维特的这段形象描述。青年黑格尔派的确很想把面向未来的现在从全知全能的理性的控制之下解脱出来。他们希望重构历史维度，为批判打开一个活动空间，以便应对危机。但是，他们要想获得一种行动的指南，就不能为了历史主义而牺牲时代历史，而且还要保持住现代性与合理性之间的独特联系。[③]

---

① 卡尔·洛维特：《从黑格尔到尼采》(*Von Hegel zu Nietzsche*)，Stuttgart，1941。

② 卡尔·洛维特："序言"，载其(编)：《黑格尔左派》(*Die Hegelsche Linke*)，Stuttgart，1962，第38页。

③ 对于现代性话语而言，历史与理性之间的关联无论是在善或恶的意义上都具有建构意义。谁如果参与了现代性话语，那么，他就在从一定的角度使用"理性"或"合理性"等词语——这种情况迄今为止没有丝毫的改变。他既不是根据本体论的游戏规则在使用这些词语，以便描绘上帝或存在者，也不是根据经验主义的游戏规则在使用这些词语，以便揭示具有认知和行为能力的主体的特征。理性既不是已经完成的东西，不是一种表现在自然或历史中的客观目的论，也不是一种纯粹的主观能力。相反，历史发展过程中形成的结构模式为我们指明了超越个体主观意识的教化过程，这个过程尚未完成，却已被打破，甚至误入歧途。由于主体与内在自然和外在自然建立起了联系，因此，在主体身上，社会生活关系和文化生活关系都获得了再生产。生活方式和生活过程的再生产在历史的中介中留下了印记，这些印记在追寻者的专注目光下凝聚成了表征或结构。这样一种特殊的现代性视角受到了自我确证的兴趣的主宰：他被欺骗和自欺蒙蔽了，尽管如此，他还是捕捉到了框架和结构，由此，他发现了超越主体的教化过程，这是一个学习和荒疏纠结的过程。所以，现代性话语把非存在者的领域和变化者的领域置于认识和错误的双重决定之下：它把理性放到了古希腊本体论和现代主体哲学都认为是既毫无意义也缺乏理论思维能力的领域当中。这种冒险的举动借用了错误的理论模式而首先堕落为独断论的历史哲学，并呼吁抵抗历史主义。不过，认真对待现代性话语的人知道得很清楚：他们必须打破这一两难困境。

学习和荒疏是一个历史过程,既超越主体,又相互交织。以此作为前提,我们就可以揭示出黑格尔左派话语的其他特征:除了激进的历史思想之外,还包括对以主体为中心的理性的批判、知识分子的突出地位以及对历史延续性和断裂性的责任等。

2

从青年黑格尔派开始,各派就一直在争论如何才能明确现代性的自我理解;他们在一点上是一致的:十八世纪用"启蒙"概念所把握的学习过程,与一种影响深远的自我幻觉是联系在一起的。他们还一致认为,狭隘的启蒙的权威主义特征集中反映在自我意识原则和主体性原则之中。这就是说,同自我有着关联的主体性获得了自我意识,但付出的代价是把内部自然和外部自然客体化。由于无论在认知还是在行为中,无论在内部还是在外部,主体都必须与客体建立起永久的联系。因此,应当能够确保自我认识和自主性的主体行为变得既模糊不清,又不能独立。自我关系结构中所具有的这种局限性,在意识形成过程中一直都了无痕迹。由此,在反思和解放的任何一个阶段,都出现了自我神圣化和幻想化的趋势,亦即自我绝对化的趋势。

在现代性话语中,反对者提出了指责,从黑格尔、马克思到尼采和海德格尔,从巴塔耶、拉康到福科和德里达,这种指责没有任何实质性的变化,都是针对以主体性原则为基础的理性。他们强调认为,这种理性只是揭示和破坏了一切压迫、剥削、屈尊和异化的表面形式,目的是要在同一个地方建立起无懈可击的合理性统治。主体性被提升为错误的绝对者,由于主体性统治秩序把意识和解放的手段转换成为对象化和控制的工具。因此,在这种十分隐蔽的统治形式中,主体性获得了超常的免疫力。笼罩在实证理性身上的阴暗的铁笼不见了,变成了一座闪闪发光的透明宫殿。所有派别都一致同意:应当打破这个闪光的外观。但是,在克服理性实证主义时,他们选择了不同的策略。

黑格尔左派倾向于实践和革命。他们试图把历史上积累起来并等着释放的理性潜能动员起来,反对曲解理性,反对市民社会的片面合理化。黑格尔右派继承了黑格尔的观点,坚信国家和宗教可以消除市民社会的动乱,只要引发动乱的革命意识的主体性屈从于对现存合理性的客观认识。绝对的知性合理性集中反映在社会主义的狂热观念当中。针对这些错误的批判者,哲学家们则必须动用他们的元批判力量。最后,尼采试图揭开整个历史舞台的帷幕,因为这里上演的是对革命的希望和对革命的反动。尼采消除了以主体为中心并退化为工具理性的理性批判当中所具有的辩证法芒刺,并且完全像青年黑格尔派对待理性升华一样对待理性:理性不是别的,就是权力,是十分隐蔽的权力意志。

就知识分子的角色而言,也存在着同样的争论。知识分子认为他们之所以占有要位,是因为现代性与理性有着关联。如同在历史中寻求理性的探寻者,现代性哲学家们也在寻找一些盲点。在这些盲点当中,无意识存在于意识之中,遗忘变成了记忆,倒退伪装成进步,而荒疏被看作是学习。上述三个派别都想揭示启蒙的狭隘性,但他们对知识分子实际上的所作所为的评价却各不相同。批判的批判者认为自己是急先锋,勇于面向未知,并推动启蒙进程不断向前。他们有时是审美现代主义的先驱,有时又是影响大众意识的政治领袖,或者以分散的个体形式出现,轻易就抛出了他们的重要思想,比如,霍克海默和阿多诺战后把《启蒙辩证法》交给一家小的流亡出版社,就是这种情况。

相反,元批判者认为知识分子都是他者,有导致新的教士统治的危险。知识分子打破了强大制度和纯粹传统的权威,这样也就阻碍了焦虑的现代性不得不与自己进行的交易,也阻碍了合理化社会不得不与国家和宗教的束缚力量进行的交易。如今,新保守主义正在利用"新阶级"理论来反对据称是敌对文化的颠覆性的拥护者,而这种"新阶级"理论主要来源于我们的话语逻辑,而不是来源于作为证据用来重新区分后工业职业系统的事实。最后,那些把自己列入尼采理性批判传统的人,竟然猛烈抨击知识分子的背叛行为,抨击先锋派借着历史哲学的良知,打着人类普遍理性的名义所犯下的罪行。只是,知识分子自我憎恨的突出因素在此是缺席的。(所以,我认为福科的敏锐观点不是对对手的一种谴责,而是一种通过自我批判对过分要求的拒绝。)[①]

现代性话语还有第三个特征:由于历史被认为是一个危机四伏的过程,现在被认为是需要批判的分裂现象的闪现,而未来则被看作是没有得到解决的问题所施加的压力,这样,人们就从存在意义上充分意识到了遭到忽略的决断和干预所带来的危险。一种视角出现了,由此出发,当代人发现自己有必要对作为未来现在的过去的现实状态加以说明。人们觉得有责任把两个相邻的状态关联起来,有责任把历史过程继续下去,而这个过程已经失去了其自发性,并拒绝承诺任何不言自明的连续性。这种非常敏感的紧张关系不仅让行动哲学家坐卧不宁——摩西·赫斯称他们是"运动派"——也让那些追求克制的"顽固派"寝食难安。现代化是一个自发的过程,面对这个过程,"顽固派"把任何一种有计划的干预所具有的论证压力都转移到了革命者和运

---

① 福科:《知识分子与权力》('Die Intellektuellen und die Macht'),载其:《论知识的颠覆》(*Von der Subversion des Wissens*),München,1974,第 128 页以下。

动者、变革者和活动者身上。[①] 当然，他们对待历史连续性的态度也在不断变化。从考茨基到第二国际的领导人，他们都认为，生产力的不断提高，为资本主义社会向社会主义社会转变提供了保障。还有科尔施、本雅明和极左分子，他们只能把革命想像成一种断裂，目的是要摆脱反复出现的前历史的野蛮状态，是要打破所有历史的连续性。这种立场受到了超现实主义时间意识的启发，但反而和无政府主义者有着相似之处；无政府主义者跟随尼采，捍卫迷狂的自主性和被遗忘的存在，捍卫对肉体的反思和局部的抵抗，捍卫饱受折磨的主体本性的本能反抗，坚决反对普遍的权力关系和欺骗关系。

简单地说，青年黑格尔派从黑格尔那里接过现代性的自我确证的历史问题。他们集中关注的是对以主体为中心的理性的批判、关于知识分子特殊地位的争论，以及如何正确平衡革命与历史连续性的问题等。他们由于在哲学实践化问题上摆明了立场，因此激怒了两个对手。这两个对手都捍卫讨论主题，遵守游戏规则，他们没有为了过去的权威而从现代性话语当中脱身出来。老的保守派回过头来依赖于宗教或形而上学的真理，因而已不在现代性话语范围之内——欧洲古老的一切都失去了价值。灵活派是对顽固派的回应，后者只想保留市民社会的动力。他们把保守倾向转换为新保守主义所赞同的随时随地都会发生的动员。在尼采和新浪漫派那里，他们遇到了第三个话语伙伴。这个话语伙伴想拆激进者和新保守主义者的台。他们剥夺了灵活派和顽固派所坚持的理性，以此来消除理性批判中的主体性结构。这样，第三派就战胜了其余两派。

---

① 关于保守主义论证分工的捍卫立场，请参阅 H. 卢贝：《进步作为取向问题》(*Fortschritt als Orientierungsprobleme*)，Freiburg，1975。

由此可见,我们应该完全远离这种话语,并且宣布,十九世纪的这种表演方式已经过时。就我们而言,并不缺少相互超越的游戏。这一点,我们从用“后”来翻新的思潮当中可以看得很清楚。即便在方法论意义上,我也不认为,我们可以像当代虚构的人种学那样把西方理性主义作为严格而又中立的考察对象,并轻易地跳出现代性的话语。因此,为了揭示上述三个派别的内在困境,我选择了一条比较常见的路径,从一个参与者的日常视角出发,勾勒出论证过程的轮廓。这条路径不会导致我们脱离现代性话语,但或许会让其主题得到更好的理解。当然,这样做,有些问题也就不得不简单化。我想从马克思对黑格尔的批判着手,追溯一下反思概念如何转变成了生产概念;并沿着西方马克思主义的路线,考察“劳动”概念如何取代了“自我意识”,从而陷入了困境。黑格尔右派的元批判有充分的理由坚持认为,现代社会所达到的系统分化水平是不容逆转的。由此形成了一种新保守主义,不过,当它去解释如何衡量和稳定现代化过程的负面效果和动荡局面时,它在论证上却捉襟见肘。

3 实践哲学对黑格尔主义设计的继承

众多文献告诉我们,铁路在诞生的时候对当时人的时空经验产生了革命性的冲击。铁路并未创造现代时间意识,可是,在整个十九世纪,铁路的确成了现代时间意识震动大众的工具:火车成了推动一切生活关系快速进步的显著象征。不仅仅是知识精英感受到了有着稳定界限的传统生活世界发生了动摇。马克思在《共产党宣言》中也诉诸一种日常经验,把“一切社会状况不断遭到打破、不断的动荡和不安”还原为“生产方式和交换方式的革命”:

> 一切固定的古老的关系以及与之相适应的素来被尊崇的观念和见解都消除了，一切新形成的关系等不到固定下来就陈旧了，一切固定的东西都烟消云散了，一切神圣的东西都被亵渎了。人们终于不得不用冷静的眼光看待他们的生活地位、他们的相互关系。[①]

马克思的这段话包含着三点重要内容：

(a) 在历史长河中，历史的指导意义可以先于一切哲学观察而在经验层面上得到明确：一旦生活关系的变动和革命获得了最大限度的增速，那么，现代化就获得了长足的进步。因此，对马克思而言，现代世界的中心在西方（在法国，特别是在英国），这是一个历史事实，马克思始终关注着这一点。马克思对非共时条件的共时性有着清楚的认识。他认为，按照法国的时间计算，1843 年德国的状况还不如 1789 年法国的状况。德国处于"历史水平之下"，其政治现实被认为是"现代国家历史当中一个布满灰尘的角落"。[②]

(b) 但是，如果现代社会变成一种动力系统，其中一切固定的和持久的事物（在没有行为主体自觉介入的情况下）都变动不居，那么，不管是"自发的特征"还是"实证的特征"都将发生改变。对青年马克思而言，青年黑格尔的视角没有发生丝毫的变化：我们必须破除今不如古的迷信，而且只有在共产主义的将来，今才会胜古。[③] 实证的东西不会再以稳定的形态出现。相

① 马克思、恩格斯：《全集》（*Werke*），第 4 卷，Berlin，1959，第 465 页。

② 马克思、恩格斯：《全集》，第 1 卷，第 379 页。

③ 马克思、恩格斯：《全集》，第 4 卷，第 476 页。

反，我们需要一种理论上的努力，来揭示永恒变化中所具有的重复必然性的实证性。生活关系在无意识当中完成的革命只是一种幻觉，掩盖了朝向真正革命运动的倾向。只有十九世纪初人们所说的社会运动，才能把人类从被外部控制着的运动灾难中解放出来。因此，马克思想“对现代社会中或多或少处于隐蔽状态的内战进行追溯，直到它爆发为公开的革命为止”。[①] 早在这种欧洲工人运动具有清晰的历史轮廓之前，马克思就设定了一种社会运动。

(c) 不过，在外在生活状况的强制性变动和社会运动的解放背后，隐藏着的是生产力的明显解放——包括“所有生产工具的飞速进步，交通的巨大便利”。这说明历史在加速过程中能够让人们清醒过来：一切神圣的东西都被亵渎了。由于历史的双重加速最终还是回到了《共产党宣言》大加赞颂的“工业进步”，市民社会也就获得了青年黑格尔在其神学著作和政治著作中为“民众的生活”所预先明确的地位。在青年黑格尔眼里，宗教正统派与启蒙运动已经如同衰落的德意志帝国的政治机构一样，脱离了民众的生活领域。对马克思来说，社会——“现代政治社会现实”——是基础，宗教生活、哲学和资本主义国家都已经作为抽象物从中分离了出来。同时，由费尔巴哈、D. F. 施特劳斯和布鲁诺·鲍威尔所进行的宗教批判，则堪称是批判资本主义国家的样板。

但是，关于自我异化的生活的实证主义也还是一种同一性哲学。这种哲学认为，在国家扬弃市民社会的思想构架中，和解已经实现了。所以，马克思深入研究了黑格尔的《法哲学原理》，想由此阐明，如果正确处理了黑格尔的伦理总体性思想，对市民

---

① 马克思、恩格斯：《全集》，第 4 卷，第 473 页。

社会的扬弃看起来会是什么样子。[①]马克思批判黑格尔的观点今天已经不再让人觉得惊奇了，其要点在于，国家在西方议会制而不是在普鲁士君主制中真正获得了实现，它绝不会把对抗的社会放到伦理生活领域。国家仅仅是满足了社会的绝对功能，它自身则是四分五裂的社会伦理的表现。[②]

这种批判形成了一种视角，用以考察社会自我组织的方式。这种社会自我组织消灭了公众与私人之间的分裂，打破了公民主权的幻想和“处于野蛮统治下的”的人的异化存在：

> 只有当个体将其自身融入抽象的市民……当他认识到并将其自身的权力和社会权力组织在一起时，人类解放才能实现。因此，个体就不会再将这种社会权力当作政治权

---

① 马克思对这条思路的论证依靠的是共时的非共时性概念：“德国的法哲学和国家哲学是唯一站在正统的当代现实水平上的德国历史……我们是本世纪的哲学同时代人，而不是本世纪同时代人。”（马克思、恩格斯：《全集》，第1卷，第383页）

② 青年马克思还是从行为理论的角度出发，根据“公民”与“市民”、公民与私法主体的互补角色，分析了国家与社会的关系。表面上有自主权的民众过的是双重人生——“在政治国家真正发达的地方，人不仅在思想中，在意识中，而且在现实中，在生活中，都过着双重生活——天国的生活和尘世的生活。前一种生活是政治共同体的生活，在这个共同体中，人把自己看成社会存在物；后一种是市民社会中的生活，在这个社会中，人作为私人进行活动，把别人看作工具，把自己也将为工具，成为外力随意摆布的玩物。”（马克思、恩格斯，《全集》，第1卷，第355页）；这里，资产阶级国家的唯心主义遮蔽了市民社会唯物主义的完善过程，也就是说，遮蔽了其自我中心主义的实现过程。资产阶级革命的意义是双重的：它把市民社会从政治和一种具有普遍内涵的表象中解放了出来；同地又把在理想的独立性中建构起来的共同体工具化为“需要、劳动、私人利益和私人权利的世界”，而所有这些构成了国家的自然基础。马克思从人权的社会内涵中发现：“人的共同领域压低了人的私人领域。不是作为公民的人，而是作为市民的人，被看作是真正意义上的人。”（马克思、恩格斯：《全集》，第1卷，第366页）

力从其自身当中分开。[①]

由此,这一视角就决定了实践哲学对现代性的阐释。[②] 实践哲学的主要观点在于,即便是在高度复杂的社会系统功能受到约束的情况下,伦理总体性观念仍有实现的可能。

因此,马克思集中讨论了《法哲学原理》308节。在这一节,黑格尔批判了这样一种观念:"作为个体的所有人都应共同参与涉及一般利益的政治事件的决策。"然而,马克思没有能够完成自己给自己确立的使命:对一种意志的形式结构进行解释,而且,这种意志的形式结构能够满足"市民社会的追求——把自身转变为一个政治社会或把政治社会转变为现实社会"。[③] 黑格尔与马克思之间的相似性相当显著。在他们早年,二人都主张将相互合作的交往共同体中非强制性的意志结构用于调和分裂的市民社会。但后来,又都由于同样的原因而放弃了这一想法。和黑格尔一样,马克思也以难以承受主体哲学概念的重压。他最初用黑格尔的方式,使自己远离了纯粹乌托邦社会主义的应然无能。和黑格尔一样,他也求助于启蒙辩证法的动力,认为现代社会的成就和矛盾源于同样的原则,而且同样也应该根据这个原则来解释现代社会的转型过程,解释现代社会中理性潜能释放的过程。但是,马克思把社会现代化和日

---

① 马克思、恩格斯:《全集》,第1卷,第370页。

② 我所说的"实践哲学",不只是指可以追溯到葛兰西和卢卡奇的西方马克思主义的观点(如批判理论和布达佩斯学派,萨特、梅洛-庞蒂以及卡斯托里亚迪斯等人的存在主义,恩佐·帕齐到南斯拉夫实践哲学家的现象学),也包括主张激进民主的美国实用主义(米德和杜威)以及分析哲学(泰勒)。请参阅R. J. 伯恩斯坦:《实践与行为》(*Praxis and Action*),Philadelphia,1971。他对不同实践哲学的比较非常有启发意义。

③ 马克思、恩格斯:《全集》,第1卷,第324页。

益提高的自然资源开发能力以及日益扩张的全球贸易和交通网络联系起来。因此，这种生产力的解放，必须被还原为现代性的一种原则，其基础与其说是认知主体的反思，不如说是生产主体的实践。

为了实现这一目的，马克思只需改变一下现代哲学模式的重心。现代哲学模式可以划分为两种同样具有始源性的主客体关系：认知主体形成有关客观世界中事物的意见，而且，这些意见可能是正确的；行为主体做出的是以成效为取向的目的行为，以便在客观世界中生产出某些东西。之后，在认知与行为之间，教化过程的概念构成了一个中介。通过认知和行为这两个媒介，主体与客体进入了一个不断更新的格局当中，从此双方的形态就发生相互影响和相互改变。赋予认知以优先地位的反思哲学认为精神（根据自我关系模式所进行）的自我教化过程就是意识的过程。实践哲学强调的是行为主体与可以操纵的客体世界之间的关系，并把类（根据自我外在化的模式所进行）的自我教化过程看作是自我创造的过程。因此，在实践哲学看来，构成现代性原则的不是自我意识，而是劳动。

从这一原则出发，很容易就可以得出科学技术的生产力。但是，如果马克思想把资产阶级文化的合理内涵和在进步中辨认倒退的准则也纳入实践概念中，他就不能过于狭隘地理解劳动原则。所以，青年马克思把劳动比作艺术家的创造性生产。在艺术作品中，艺术家把他自身的本质力量释放出来，并在凝神观赏中再次占有自己的作品。赫尔德和洪堡勾勒出了这样一种自我全面实现的个体理想；席勒和浪漫派、谢林和黑格尔等接着用一种生产美学对这一表现主义的教化观念进行了论证。[①] 但

① 请参阅查尔斯·泰勒：《黑格尔》（*Hegel*），Cambridge，1975，第1章，第3页以下。

是,由于马克思把美学生产转移到“类的劳动生活”当中,所以,他可以把社会劳动看作是生产者的集体自我实现。[①] 由于马克思使工业劳动适合于一种规范的模式,从而使得他可以把本质力量的对象化和本质力量的异化、把自足的实践和受到阻碍并发生分裂的实践彻底区分开来。

在异化劳动当中,对象化本质力量的外化和占有之间的循环被打断了。生产者再也不能从他的产品中得到享受,并同他自身发生了异化,而他本可以在他的产品中重新找到自我。

雇佣劳动是一个典型的例子。在雇佣劳动当中,社会生产财富的私人占有打破了实践的正常循环。雇佣劳动关系把具体的劳动转变成了抽象的劳动,也就是说,转变成了对资本自我实现的积极贡献,而这个过程似乎占用的是脱离生产者的僵化劳动。劳动力与报酬之间的不对称性交换形成了一种机制,由此可以清楚地看到,与雇佣工人相异化的本质力量领域为何彻底获得了独立。有了这种价值理论观点,实践概念的审美—表现内涵也就大大拓宽了,包含了一种道德因素。因为异化劳动不仅偏离了自足的实践模式(生产美学意义上的),同时违背了平等交换的自然法则模式。

然而,实践概念最终也被认为应该包括“批判—革命的活动”,亦即具有自我意识的政治行为。通过这种行为,联合起来的劳动者打破了把僵化劳动凌驾于灵活劳动之上的资本主义魔咒,占有了他们被拜物主义异化的本质力量。这就意味着,分裂的伦理总体性被认为是异化劳动,如果异化劳动应当从自身内部来克服其异化,那么,解放的实践也就必须从劳动自身当中产

---

① 请参阅我对实践哲学基础的批判,哈贝马斯:《交往行为理论:补充论证卷》,第482页以下。

生出来。在这里,马克思和黑格尔一样陷入了基本概念的困境当中。因为实践哲学不能提供把僵化劳动当作中介化和偏颇化的主体间性加以思考的手段。实践哲学依然是主体哲学的一个变种,它虽然没有把理性安置于认知主体的反思当中,但把理性安置在了行为主体的目的合理性当中。在行为者和可以感知、可以掌控的对象世界的关系之中,只能出现一种认知—工具合理性。理性的一体化力量,即现在所说的解放实践,是不可能进入这种目的合理性的。

西方马克思主义的发展历史已经使实践哲学及其理性概念的基本困境昭然若揭。出现这些困境,几乎都是因为对规范性的批判基础缺乏清楚的认识。我在这里至少想列举出这些困境的三个方面内涵。

(a) 把社会劳动和创造性自我实现意义上的"自我活动"模式有机地结合起来,只有根据浪漫主义所美化的手工劳动原型才具有一定的可信度。比如,约翰·罗斯金和威廉·莫里斯所推动的当代改革运动,就是以此模式为取向的。他们大力推销手工艺品。然而,工业劳动的发展却在不断远离这种整体制作模式。即使马克思最终也放弃了这种把过去作为样板的手工实践模式。不过,马克思悄悄地把这种实践概念中尚有疑问的规范内涵纳入到他的劳动价值理论当中,做到了不露声色。这就解释清楚了在马克思主义传统中,劳动概念及其内在的目的合理性为何始终都是含混不清的。

相应的,对生产力的评价也总是从一个极端走向另一个极端。有些人欢迎生产力的发展,特别是科学—技术的进步,认为这是社会合理化的动力。他们期待在生产力的合理化压力之下,社会制度会发生革命。这些社会制度调节着社会权力的分配以及对生产资料的不同占有。另一些人则怀疑支配自然的合理性，认为对自然的支配和不合理的阶级统治是联系在一起的。对马克思来说，科学和技术意味着解放的潜能，但到了卢卡奇、布洛赫和马尔库塞那里，科学和技术就变成了更加有效的社会压迫手段。之所以会出现如此不同的解释，是因为马克思没有阐明目的行为的合理性与自我活动的直觉合理性之间的关系。后者就是一种社会实践，只是隐约出现在自由生产者的联盟当中。

(b) 僵化劳动与灵活劳动的抽象对立进一步导致了其他的困境。如果从异化劳动概念出发，那么，脱离了使用价值的生产过程就成了生产者被剥夺的本质力量的隐蔽形式。实践哲学认为，资本主义经济及其国家制度之间的系统联系只是一种幻觉。一旦消灭了资本主义生产关系，所有这一切便会烟消云散。然而，依据这一观点，所有无法进入行为主体视野的结构差异都立刻失去其合法性。人们根本还没有注意到这样的问题：中介化的亚系统是否具有独立于阶级结构功能的独特价值。相反，革命理论唤醒的是一种期待，在原则上，所有自成系统的异化社会关系都能融入生活世界的视野：资本的幻象破灭之后，在价值规律主宰下变得僵化的生活世界将会重新获得活力。但是，如果解放与和解只是按照复杂生活关系的非分化模式来加以设想的，那么，系统论在面对高度的复杂性时很容易就会把理性的一体化力量当作十足的幻想。

(c) 之所以出现上述两个困境，是和实践哲学的规范基础，特别是实践概念对于社会批判理论的贡献从未得到明确的解释分不开的。生产美学对社会劳动概念的提高以及道德实践观念对社会劳动概念的拓展，需要加以论证，这种论证靠方法论上的研究（不管是从人类学方法或是存在主义现象学方法）不会产生出来，因为这些方法论研究本身还值得追问。而那些只能得出目的行为的目的合理性和自我捍卫的方法，则更加无法为实践概念提供更多的理性。[①]

的确，劳动原则确保了现代性与合理性之间有着一种不同寻常的联系。但实践哲学也同样面临着反思哲学当时曾面对的使命。自我外化的结构和自我关系的结构一样，内部都存在着自我对象化的必然性。因此，类的教化过程当中必然会出现这样一种趋势：劳动个体通过外在自然的控制而获得了其同一性，但付出的代价是压制了其内在自然。为了克服以主体为中心的理性的自我矛盾，黑格尔曾以绝对精神的自我中介来反对自我意识的绝对化。实践哲学有充足的理由抛弃这条唯心主义的路线，但它并未摆脱相应的问题；对于实践哲学而言，这些问题反而更尖锐了。因为，如果实践哲学必须以唯物主义的方式把自己看作是这种物化关系的组成部分和后果，如果批判理性自身内部也受到了对象化的强攻，那么，实践哲学如何来抵抗膨胀为社会总体性的目的理性的工具理性呢？

在《启蒙辩证法》中，霍克海默和阿多诺只想澄清这一困境，而并不打算走出这一困境。事实上，他们用“回忆”来对抗工具理性，通过“回忆”，可以寻找到具有革命性质并反对工具化的自然力量。他们称这种反抗为“模拟”。模仿一词激起了人们的联想，其意图在于：移情和模拟。它让我们想到人与人之间的关系。在这种关系中，一方通过自我外化而与他者认同，并不要求以牺牲自身的特性为代价，而是保持其依赖性和自主性于一体。

> 和解状态不是要用哲学帝国主义去吞并他者。而是允

① 关于生产范式过时的问题，请参阅本章附论。

许他者保持距离和差异，超越多样性和同一性，而这才是和解状态中最快乐的事情。[1]

对这种模仿的能力，无法用只适用于主客体关系的抽象概念来归纳，所以，模拟完全是一种冲动，完全表现为理性的对立面。工具理性批判只能把它无法解释的事物斥为腐化堕落。因为它陷入了概念当中，虽然这些概念使主体能够把握外在自然和内在自然，但它们无法赋予客观化的自然以语言表达能力，从而能让客观化的自然告诉我们主体所犯下的罪过。[2] 在《否定辩证法》中，阿多诺力图描述不能以话语方式表达出来的东西。而在《美学理论》中，他想确定认知能力向艺术的臣服。源自浪漫派艺术的审美经验被青年马克思融入了他的实践概念当中，它在先锋派艺术中走向了极端。阿多诺认为这些是反对实践的惟一证据，因为这种实践已经把曾经由理性决定的事物统统都埋葬在了它的废墟之中。批判只有把自己当作一种操练，才能阐明为什么模仿能力逃脱了理论的控制，并暂时在最前卫的现代艺术作品中找到了一个避风港。

4 新保守主义对实践哲学的回应

新保守主义深受黑格尔右派思想的影响，当前，他们主要控

① 阿多诺：《否定辩证法》（*Negative Dialektik*），载其：《全集》（*Werke*），第 6 卷，Frankfurt am Main，1973，第 192 页。

② 请参阅本书第五章，第 122 页以下。

制着社会科学领域,对马克思主义表示失望。[1] 黑格尔的嫡传弟子——主要有罗森克朗茨、欣里希斯和奥本海姆等——都是比马克思年长一些的同代人。他们并不是直接应对马克思,而是在回应早期社会主义学说和运动在法国与英国所构成的挑战。主要是通过洛伦茨·冯·斯坦因的介绍,这些学说和运动在德国广为人知。[2] 这些第一代的黑格尔主义者把自己看作是德国自由主义的卫道士。他们努力从黑格尔的《法哲学原理》中寻找到某种可能性,以便在政治上建立自由主义宪政国家,并在一定意义上推行社会福利国家改革。他们把(从概念上讲)作为惟一实在的理性与理性的有限历史形式之间的重心作了转换。经验主义关系必须得到完善,因为它们不断生产出已经得到克服的过去。和黑格尔左派一样,黑格尔右派也坚信,"从思想上把握的现在……不仅仅是在理论上存在于思想当中,它同样也力图通过实践进入现实"。[3] 他们也把现在看作是哲学获得实现的首选场所:理念必须和现有的利益建立联系。而且,他们还认为,国家作为一个政治实体,已经进入了彻底世俗化的政治形成

---

① H. 斯泰因费尔斯:《新保守派》(*The Neoconservatives*),New York,1979;R. 萨格:《联邦德国的新保守主义思想》('Neokonservaties Denken in der Bundesrepublik'),载其:《回归强权国家?》(*Rückkehr zum starken Staat?*),Frankfurt am Main,1983,第 228 页以下;H. 杜比尔:《解读进步》(*Die Buchstabierung des Fortschritts*),Frankfurt am Main,1985。

② 洛伦茨·冯·斯坦因:《法国社会运动史》(*Geschichte der sozialen Bewegung in Frankreich*),1849;这是他的《当代法国的社会主义和共产主义》(*Sozialismus und Communismus des heutigen Frankreich*)的续篇。

③ 欣里希斯:《政治讲座》('Politische Vorlesungen'),载 H. 卢贝(编):《黑格尔右派》(*Die Hegelsche Rechte*),Stuttgart,1962,第 89 页。

过程当中。[1]

面对市民社会的冲突潜能，黑格尔右派也没有熟视无睹。[2]但他们坚决反对走共产主义道路。黑格尔的自由主义信徒和社会主义信徒在国家和社会的解分化问题上是有分歧的。一方持恐惧态度，另一方则表示欢迎。马克思坚信，社会的自我组织消除了公众权力机关的政治特性，而且也必将埋葬他的对手们所认为的将要出现的状况，即实质的伦理彻底消解在与天赋利益的不可调和的对抗之中。也就是说，自由主义和社会主义都从批判的角度把市民社会看作是一个“需要和理智的国家”，它仅仅以个体的福利和生计为目的，以私人劳动和享乐为内容，以天赋意志为原则，以需要的多样化为结果。而黑格尔右派认为，市民社会实现了一种社会原则。他们断言，一旦消除了政治和社

---

① 罗森克朗茨讨论政党概念和公众舆论概念的文章集中反映了现代时间意识对黑格尔法哲学世界的渗透（卢贝：《黑格尔右派》，第 59 页以下，第 65 页以下）。在未来反对过去的过程当中，历史连续性分解成为一连串的现实性。不断转型的公众舆论就是这种争论的中介，争论不仅发生在政党之间（涉及到的是进步与保守的问题），也波及到了政党内部，把每一个政党都牵扯进了未来与过去的两极漩涡当中，从而分裂为不同的阵营、派别和支系。甚至在当下运动中体现未来的先锋派观念，对于自由主义来说也不算陌生——《共产党宣言》只是这种观念的最彻底的表达。

② 奥本海姆反对“竞争、供给和需求的盲目统治”，反对“资本和大财产主的专制”，因为如果听之任之，它们将“引发寡头政治”（奥本海姆，载卢贝：《黑格尔右派》，第 186 页及下页）。国家应当干预所谓的“神圣的产业形势”：“行政机关……一直都在关注着，大资本家如何来挖掘沟渠；依靠这条沟渠，一切国家利益、一切财富以及一切幸福都在保护自由竞争的幌子下悄悄流失了”（奥本海姆，载卢贝：《黑格尔右派》，第 193 页）。欣里希斯认为，劳动系统和需求系统要想兑现主观自由的许诺，“劳动者就必须得到充分的保障，以便他们能够维持自己的生活，并提高自己的知识水平，最终还能获得自己的财产”（欣里希斯，载卢贝：《黑格尔右派》，第 131 页）。罗森克朗茨则希望发生一场“新的流血革命”，以便解决“迫在眉睫的社会问题”（罗森克朗茨，载卢贝：《黑格尔右派》，第 150 页）。

会之间的差异，这一社会原则就会获得绝对统治地位。[①] 社会从一开始就表现为一个自然需求、才能和技艺都不平衡的领域。它形成一种客观性的关系，其功能上的绝对命令不可避免地要影响到主体的行为取向。凡是想把平等的公民原则带入社会，并使社会服从(联合起来的生产者的)民主意志结构的尝试，都注定要由于这种结构和复杂性而遭到失败。[②]

后来，马克斯·韦伯继承了这一批判并使之更加尖锐。他认为，私人资本主义制度的崩溃并不意味着现代工业劳动铁笼的破裂，他的这一诊断是正确的。"现实存在的社会主义"不过是想把市民社会融入政治社会，而实际上导致的结果是官僚化。它只是把经济强制扩张成为渗透到所有生活领域的行政控制。

另一方面，黑格尔右派由于对强大国家的再生能力深信不疑而遭受了巨大的挫折。罗森克朗茨仍然在捍卫君主制，因为只有君主制才能确保政府独立于党派之外而保持中立，消除不同利益之间的对抗，并保证个别与一般的统一。在罗森克朗茨看来，这种政府必须是最高权力机关，因为只有政府"才能知道公共意见中什么是最紧迫的"。[③] 这种观点在思想史上形成了一个流派，经过卡尔·施米特，一直贯穿到那些认为魏玛共和国难以治理因而主张极权国家的宪法学家那里。[④] 沿着这一传

---

① 卢贝毫无改动地持这种观点。卢贝：《公民政治哲学面面观》('Aspekte der politischen Philosophie des Buergers')，载其：《启蒙运动之后的哲学》(*Philosophie nach der Aufklärung*)，Düsseldorf，1980，第211页以下。

② 奥本海姆，载卢贝：《黑格尔右派》，第196页。

③ 罗森克朗茨，载卢贝：《黑格尔右派》，第72页。

④ 关于E. 福尔斯托夫、E. R. 胡贝尔、K. 拉伦茨等人的相关著述，请参阅H. 马尔库塞：《与集权主义国家观念中自由主义的斗争》('Der Kampf gegen den Liberalismus in der totalitären Staatsauffassung')，载：《社会研究杂志》(*Zeitschrift für Sozialforschung*)，1934，第161页及下两页。

统，实质国家的概念转换成了赤裸裸的极权国家。因为在这同时，黑格尔右派所坚持的主观精神、客观精神和绝对精神之间的等级秩序已经彻底被打破了。[①]

法西斯主义结束之后，黑格尔右派重新抬头，当然，他们做了两点修正。其一，他们与一种科学理论取得妥协，这种科学理论认为理性在自然科学和精神科学构成的知性文化之外没有任何存在的权利。其二，他们接受了社会学启蒙的结果，也就是说，（在功能上与资本主义经济纠结在一起的）国家充分保障个体在有着分工的工业社会中享有私人权利和就业权利，但丝毫也没有提高其道德地位。从这些前提出发，弗莱尔和里特尔等人[②]复兴了黑格尔右派的观念。在这一过程中，过时哲学的理论遗产都落到了精神科学身上——让再也不能托付给国家的补偿作用落到了伦理、宗教和艺术等传统力量身上。这样一种迥然不同的论证方式为把社会现代性的肯定立场与发生贬值的文化现代性联系起来创造了基础。今天，这一评价模式成了美国新保守主义和德国新保守主义时代诊断的典型特征。[③] 我在这里想结合里特尔的著作来阐明这一点，因为他的这些著作在我

---

① 这种分解是由黑格尔左派引起的。对不断向前的自然科学和精神科学的方法论反思，即实证主义和历史主义，很快就贬低了"一切试图超越纯粹知性思想的东西"。罗森克朗茨还曾认为，历史精神具有永恒的尊严——这样一种历史哲学到了十九世纪末也就彻底结束了。谁如果还是坚持用国家来扬弃市民社会这样一种思想结构的话，他所能用的也就只有一种唯名论的政治权力概念，这种概念的一切理性内涵都被韦伯给剥除了。国家最多还能从存在论的角度让自己对敌友关系做出解释。

② 弗莱尔：《欧洲的世界历史》（*Weltgeschichte Europas*），2 卷本，Wiesbaden，1948；及其：《当代的理论》（*Theorie des gegenwärtigen Zeitalters*），Stuttgart，1955；J. 里特尔：《形而上学与政治》(Metaphysik und Politik)，Frankfurt am Main，1969。

③ 哈贝马斯：《美国和联邦德国的新保守主义批判》（'Neokonservative Kritik in den USA und in der Bundesrepublik'），载其：《新的非了然性》。

们这里影响深远。

在解释的第一步，里特尔把现代性同它从中获得自我理解的时间意识区分了开来。由于现代社会把人类还原为他的主体本性，还原为享乐和劳动；由于现代社会通过对外在自然的加工和剥削来完成自身的再生产，所以，里特尔认为现代性的历史本质就在于失去历史意义的自然关系。现代世界把“历史秩序从人的社会存在中剥离出来”①，而造成社会存在发生分裂的原因也正是由于缺乏历史理性：“与现代一同出现的，……是以往历史的消失；未来与起源之间毫无瓜葛。”②

从里特尔的上述说法当中可以得出两点：第一，社会现代性可以摆脱历史传统的发生而发挥出自身的进化动力，并导致第二自然趋于稳定。与此观念相关的是技术官僚论，认为现代化过程不受任何外在的实际强制。第二，民众在现代世界把他们的主观自由归功于对历史生活秩序的抽象。离开破碎传统的抑制作用，他们将在没有任何保护的情况下绝对服从经济和行政的命令。与此相关的是历史主义论，认为如果失去价值的传统力量充当的是补充性角色的话，那么，分裂模式当中出现的主体自由就可以避免总体性的社会化和官僚化的危险。它们的客观有效性被打破了，它们应该被当作私人化的信仰力量（个人生活、主体性和起源）③ 而受到保护。现代社会的历史延续性在表面上被打破了，但它应当在内在自由领域当中得到保存：

> 主体性已经接管了这一任务——使有关上帝的知识

---

① 里特尔：《黑格尔与法国大革命》（*Hegel und die französische Revolution*），Frankfurt am Main，1965，第 62 页。

② 同上，第 45 页。

③ 同上，第 70 页。

（在宗教领域）、美（在审美领域）以及伦理（作为道德）得到保护，并使其保持鲜活的生命力。因为在这个物化的世界上，就其社会基础而言，它们已经成为一种纯粹的主观性。这就是主体性的伟大之处及其具有世界历史意义的职责。[①]

里特尔已经意识到了这种补偿理论的困境，但他并没有真正把握住他那由于历史主义而变得彻底绝望的传统主义所具有的悖论。如果只有科学的权威还能证明什么是真的，那么，传统如何才能作为主观的信仰力量而继续存在呢？因为，随着宗教世界观和形而上学世界观的崩溃，传统已经失去了其启示的基础。里特尔认为，传统可以通过精神科学构成的中介而重新赢得现实意义。

现代科学已经放弃哲学传统的理性要求。这样一来，理论与实践的古典关系就被颠覆了。自然科学提供在技术上可以运用的知识，并且成为了实践的反思形式，成为了第一生产力。它们属于现代社会的功能关系。在另外一种意义上，精神科学同样也是如此。它们虽然不是用来进行社会生活的再生产，但它们可以补偿社会的不足。现代社会需要"一个机构，来补偿它的非历史性，并让被置之不顾的历史世界和精神世界保持开放和鲜活"。[②] 但仅仅明确精神科学的功能，并不足以证明精神科学的内涵在理论上的有效性。我们如果和里特尔一样，从精神科学的客观主义的自我理解出发，就无法搞清楚，科学方法的权威

---

① 里特尔：《主体性与工业社会》（'Subjektivität und industrielle Gesellschaft'），载其：《主体性》（*Subjektivität*），Frankfurt am Main，1974，第 138 页。

② 里特尔：《精神科学在现代社会中的使命》（'Die Aufgabe der Geisteswissenschaften in der modernen Gesellschaft'），载其：《主体性》，第 131 页。

性为什么要把自己分配到科学内容头上,从而让科学内容获得了历史意义。历史主义本身就是问题的表征,而在里特尔看来,这个问题已经解决了:精神科学的博物馆化,不会再让失去价值的传统力量获得约束力。启蒙的历史发展形式,不能使与十八世纪非历史性的启蒙运动一起出场的间离化效果保持中立。①

里特尔把现代社会的技术决定论观点和对传统文化的功能主义评价结合了起来。他的那些新保守主义弟子由此得出结论,认为一切不适合通过补偿获得满足的现代性图景的不愉快现象,都必须成为"意义传递者"的文化革命活动的对象。他们重复了老年黑格尔的抽象批判,它在于合理现实和批判者的意识之间。当然,他们是以一种讽刺的口吻在重复这种抽象批判。因为,批判者的主体性现在再也不会产生于一个事实,即他们无法把握一种客观理性。相反,批判者被指责犯了这样一个错误:他们还在错误地期待现实性能具有合理性。批判者必须接受对手对他们的教导:科学进步已经变得"与政治观念毫无关系"。经验科学知识导致了技术革新或社会技术的发展,而精神科学的阐释则保证了历史延续性。那些提出宏大理论要求的人,那些沿着思想大师的足迹从事哲学和社会理论研究的人,把自己打扮成了知识分子:他们是一些身着启蒙外衣的勾引家,分享着新阶级的神圣统治权力。

由变动不定的社会现代性的补偿要求,新保守主义者进一步认为,现代文化的丰富内涵必须得到遏制。他们遮蔽了以未来为取向的时间意识的光芒,把一切没有直接进入现代化动力漩涡当中的文化收集起来,放入回忆的视角当中加以保护。这

---

① H. 施耐德巴赫:《黑格尔之后的历史哲学》(*Geschichtsphilosophie nach Hegel. Die Probleme des Historismus*),Freiburg,1974。

种传统主义否定了道德普通主义的建构权利和批判权利，也否定了先锋主义艺术的创造力和颠覆力。一种向后看的美学[①]，尤其会低估最早出现在早期浪漫派那里的一些主题，而这些主题可是尼采审美主义理性批判的源头。

尼采试图打破西方理性主义的框架，因为黑格尔左派和黑格尔右派始终都是在这个框架中争论不休。对现代性话语而言，由海德格尔和巴塔耶以不同的方式延续下去的反人道主义才是真正的挑战。下面，我将从尼采入手，考查在这一挑战的激进姿态背后到底隐藏着什么。如果最终得出的结论是这条路也无法走出主体哲学，我们就必须返回到黑格尔在耶拿时期所放弃的选择——回到一种交往理性观念，从而换一种方式来思考启蒙辩证法。也许，现代性话语在第一个十字路口就选错了方向。青年马克思在批判黑格尔的时候就曾徘徊在这个路口。[②]

---

① 里特尔：《风景：论审美在现代社会中的功能》（'Landschaft. Zur Funktion des Aesthetischen in der modernen Gesellschaft'），载其：《主体性》，第141页以下。

② 请参阅本书第十一章。

附:论过时的生产范式

只要现代性理论以反思哲学的基本概念,诸如认识、意识和自我意识等,作为自己的取向,那么,它就与理性或合理性概念之间有着一种显著的内在联系。但它和实践哲学的基本概念,诸如行为、自我生成以及劳动等之间的关系就没有这么简单了。虽然在马克思主义劳动价值理论当中,实践和理性、生产活动和合理性等概念的规范内涵仍然还有着不易发觉的盘根错节的联系。但是,这一联系到了二十世纪二十年代已有所松动:此时此刻,葛兰西、卢卡奇、科尔施、霍克海默和马尔库塞等一批理论家批判第二国际的经济主义和历史客观主义,主张恢复物化批判原初所具有的实践意义。在西方马克思主义内部,分裂出了两条不同的路线:一条继承了马克斯·韦伯的传统,另一条则受到胡塞尔和海德格尔的影响。青年卢卡奇和批判理论把物化理解为合理化,并从唯物主义的角度接受了黑格尔的思想,提出了一种批判性的合理性概念,而且,他们没有为此而动用生产范式。①

相反,早期马尔库塞和晚期萨特则更新了已经失去活力的生产范式,为此,他们根据胡塞尔的现象学解读马克思的早期著作,并阐述了实践概念的规范内涵,而且,他们没有为此而诉诸合理性概念。只有在完成从生产活动向交往行为的范式转型,而且要在交往理论完成对生活世界概念(自从马尔库塞讨论哲

① H. 布隆克霍斯特:《社会批判理论的范式核心和理论动力》(‘Paradigmakern und Theoriedynamik der Kritischen Theorie der Gesellschaft’),载:《社会世界》(*Soziale Welt*),1983,第25页以下。

学劳动概念的文章发表之后，生活世界概念就不断重新融入马克思主义的实践概念)的重建之后，上述两个传统才能会合到一起。这就是说，交往行为理论在实践和合理性之间建立起了一种内在联系。它所研究的是日常交往行为实践的合理性假设，并用交往理性的概念探讨了以沟通为取向的行为的规范内涵。[①] 这种范式转型的动因主要在于，社会批判理论的规范基础不能单纯依靠某一个传统。我在其他地方已经分析了韦伯式马克思主义的困境。现在，我想讨论一种试图根据现象学来更新生产范式的马克思主义的困境。为此，我选择了布达佩斯学派的两个代表人物作为讨论对象。具有反讽意义的是，晚期卢卡奇还曾为人类学转向和复兴作为"日常生活世界"的实践概念铺平了道路。[②]

胡塞尔在分析生活世界时引入了实践这一建构性的概念。但他从一开始就不是依靠马克思主义的原始问题。这一点在以下例子中反映得非常清楚：由伯格、卢克曼(在舒茨的基础上)和赫勒(在卢卡奇的基础上)各自独立发展起来的生活世界理论，显示出了惊人的相似性。两种理论的核心范畴都是客观化概念：

> 人的表达具有客观化的能力。也就是说，人的表达表现在人类活动的产物当中，无论是对劳动者，还是对作为共同世界组成要素的其他人而言，这种产物都是可以把握住的。[③]

---

① 哈贝马斯：《交往行为理论》。

② 卢卡奇：《社会存在本体论》(*Zur Ontologie des gesellschaftlichen Seins*)，3卷本，Neuwied，1971。

③ P. 伯格、Th. 卢克曼：《现实的社会结构》(*Die gesellschaftliche Konstruktion der Wirklichkeit*)，Frankfurt am Main，1966，第36页。

“人的表达”用英文来说是“human expressivity”，所涉及到的是被泰勒追溯到赫尔德的关于创造和教化的表现主义模式，这种模式通过黑格尔、浪漫派当然还有费尔巴哈一直传续到了马克思。① 这种本质力量的外化和占有模式，一方面是来源于亚里士多德形式概念的动态化——个体通过他自身的生产活动展示出他的本质力量；另一方面，又得益于反思哲学对亚里士多德主义形式概念与审美形式概念的调和——主体性外化自身的对象化活动，同时也是一种有意识的创造活动和一种无意识的教化过程的符号表达。因此，艺术天才的创造性堪称这样一种活动的典范，在这种活动当中，自主性和自我实现紧密地联系在一起，从而让人的本质力量的对象化无论在面对外在自然或内在自然时都失去了暴力特征。伯格和卢克曼把这一观念和胡塞尔超验意识建立世界观的创造性结合了起来，而且，根据以下模式来把握社会再生产的过程：“人类活动外化的产品获得客观性的过程，……就是客观化的过程。”② 但对象化表明的只是人的本质力量的外化、客观化、占有和再生产这一循环过程中的一个环节。而在这个循环过程当中，创造性活动和社会化主体的教化过程是融为一体的：“社会是人的活动的产物；社会是一种客观现实性。人是一种社会的产物。”③

由于这种生活世界的实践在意识哲学当中仍然被解释为一种先验主体性的劳动，所以，它的内部仍然包含着自我反思的规范性。在意识的形成过程中，在结构上就存在着一种错误的可能性：把自身的劳动具体化为一种自在(An-Sich)。与费尔巴哈

---

① 泰勒：《黑格尔》，第13页以下，第76页以下，第80页以下。

② 伯格、卢克曼：《现实的社会结构》，第65页。

③ 同上。

的宗教批判、康德的先验表象批判一样,晚期胡塞尔在他的科学批判中也运用了这种思想框架。所以,伯格和卢克曼才顺利地把胡塞尔的客观主义概念与物化概念联系起来:

> 物化是关于人的产物的观念,仿佛它们不是人的产物,而是其他什么东西:自然决定性、宇宙法则的结果或神圣意志的启示。物化暗示着人会忘记他自己才是人类世界的起源,而人对他作为生产者与产品之间的辩证法也失去了意识。按照定义,物化的世界就是一个非人化的世界。人把这个世界体验为陌生的事实,一个人无法驾驭的异化产物。人没有把这个世界体验为自身生产活动的先验产物。[①]

表现主义模式的规范内涵就表现在物化概念当中:我们不能再把它当作我们自己的产物来加以感知的东西,限制了我们自身的生产率,同时也约束了人的自主性和自我实现,并使主体同世界和自身出现了疏离。

一旦关于世界形成或构成的唯心主义思想被唯物主义理解为生产过程,那么,实践哲学就可以直接从自然主义的角度对这些反思哲学的定义进行转换。在这个意义上,赫勒把日常生活明确为"个体的总体化生产活动:它始终为社会再生产创造了可能性"[②]。在唯物主义对于唯心主义的实践结构概念(胡塞尔最后做了阐述)的解释当中,"生产"变成了劳动力的消耗,"客体化"变成了劳动力的对象化,对产品的占有变成了物质需求的满

---

① 《现实与社会结构》,第95页。

② A. 赫勒:《日常生活论》(*Das Alltagsleben*),Frankfurt am Main,1978;及其:《日常生活与历史》(*Alltag und Geschichte*),Neuwied,1970。

足,即消费。“物化”阻止生产者把外化的本质力量当作失去控制的陌生的东西,但现在却变成了物质的剥削,而导致剥削的原因在于优先占有社会财富和生产资料的私人占有。当然,这种阐释也有利于把日常实践概念从基础主义意识哲学的论证义务和方法论困境当中解脱出来。而伯格与卢克曼继承了基础主义意识哲学的论证义务和方法论困境,为此,他们把青年马克思的实践概念和晚期胡塞尔的实践概念等同起来。

然而,一旦脱离了反思哲学基础,生产范式要想承担同样的社会使命,至少会遇到三个新的问题。(1)生产范式严重束缚了实践概念,于是出现了这样的问题:劳动或产品制造这样具有范式意义的活动类型,与具有言说和行为能力的主体的其他一切文化形式之间是怎样一种关系?实际上,赫勒同样也把制度和语言表达形式看作是人的客观化。它们和严格意义上的劳动产品是一样的。[①] (2)生产范式在一种自然主义意义上决定了实践概念,于是出现了这样的问题:在社会与自然之间的交换过程中,是否还能形成一种规范内涵?赫勒断然指出,艺术家与科学家的生产活动始终都是一种有效的模式,可以创造性地打破机械的异化生活。[②] (3)生产范式赋予实践概念以一种明确的经验意义,于是出现了这样的问题:在可以预见的未来,劳动社会将走向终结,那么,生产范式会不会因此而失去其说服力呢?奥佛就此问题在德国社会学大会上致了开幕辞。[③] 我在这里只想

---

① 赫勒:《日常生活论》,第182页以下。

② 赫勒:《日常生活与历史》,第25页以下。

③ C. 奥佛:《劳动作为社会学的核心范畴?》(‘Arbeit als soziologische Schlüsselkategorie?’)载J. 马特斯(编):《劳动社会的危机》(*Krise der Arbeitsgesellschaft*),Frankfurt am Main,1983,第38页以下。

探讨一下捷尔吉·马尔库斯曾经讨论过的前两个难题。①

关于(1):马尔库斯打算阐明的是,不仅工业产品——劳动过程的工具和产品——而且所有社会生活世界的组成部分,甚至包括生活世界本身,在何种意义上能够被看作是人类劳动的对象化或客观化。他分三步进行了论证。首先,马尔库斯指出,生活世界的对象因素把它们的意义不仅归因于生产的技术规则,而且归因于惯用的习俗。商品的使用价值不仅代表着消耗在生产过程中的劳动力和在其中运用的技能,还代表着它的使用关系和它能满足的需求。和海德格尔分析使用对象的物的特性一样,马尔库斯强调社会特性,认为这种特性是用于生产的对象所特有的,像是一种"天性":

> 只有当产品与占有过程,即与个体的活动发生关系时,它才是一种对象化。在个体的这些活动中,主要的使用习惯得到了保存和内化,其中所体现的社会需求和能力再一次转化为活生生的愿望和技能。②

换句话说,不仅生产消耗的劳动力,而且消费占有的社会可能性,都在客体中获得了对象化。

第二,实践无论是把生产技术规则还是把实用性的功利规则当作取向,都是以规范为中介来分配生产资料和所生产的财富。这些行为规范确立了不同的权利和义务,并为不同社会角

---

① G. 马尔库斯:《人的对象世界》('Die Welt menschlicher Objekte'),载 A. 霍耐特、U. 耶吉(编):《劳动、行为与规范性》(*Arbeit*, *Handlung*, *Normalität*), Frankfurt am Main, 1980, 第 12 页以下。马尔库斯:《语言与生产》(*Language et production*), Paris, 1982。

② 《人的对象世界》,第 28 页。

色的履行提供动力保障。而这些社会角色反过来又决定了行为、技能和需求的满足。这样，社会实践就表现出了两面性：一方面，社会实践是生产过程和占有过程，它依据的是技术—功利规则，并标示出社会与自然的不同交换水平，即生产力的发展状况；另一方面，社会实践又是一个互动过程，它由社会规范调节，并把通向权力和财富（即生产关系）的不同压力表现了出来。后一过程把实质性的内容，即一定的技能和需要，注入决定分配地位的特殊结构当中。

最后，马尔库斯认为，生产范式的关键优点在于允许人们思考“这个二元过程的统一性”，即把社会实践同时理解为“劳动和社会关系的再生产”。[①] 从生产角度来看，可以“把人与人以及人与自然的互动过程看作是同一个过程”。[②] 这一论断是惊人的，因为马尔库斯本人最大的愿望就是明确区分生产和产品利用的技术—功利规则与社会互动的规则，所谓社会互动的规则，就是指建立在主体间相互承认基础上的社会行为规范。相应地，他还明确区分了“技术领域”和“社会领域”。他也不容人们怀疑，产品制造和自然运用意义上的实践仅仅对于人与自然之间的交换过程具有结构性功能。相反，以规范为主导的互动意义上的实践，就不能依据劳动力的生产消耗和使用价值的消费模式进行分析。生产只是规范调节的一个对象或一种内涵。

不过，按照马尔库斯的看法，在迄今为止的历史当中，技术领域与社会领域只有通过分析才能区分开来。在经验意义上，只要生产力和生产关系互为决定，那么，这两个领域就会牢牢地结合在一起。于是，马尔库斯绕了一个弯子，认为生产范式只适

① 《人的对象世界》，第 36 页。

② 同上，第 74 页。

合于解释劳动，而不适合于解释互动，目的是要确定通过在制度上区分技术领域与社会领域而形成的社会形态。也就是说，他认为社会主义的特征就在于：

> 它把物质生产活动还原为它的本质特征：与自然的积极而合理的交换，也就是超越一切常规和社会统治的纯粹“技术”活动。[①]

关于(2)：这样我们就触及到了生产主义实践概念的规范内涵问题。如果我们把人与自然的交换过程理解为一个循环过程，其中，生产与消费相互刺激、相互促进，那么，评价社会进化就有两个标准：技术知识的增长和需求的分化与普遍化。这两个标准从功能主义角度来看可以概括为互补性的提高。然而，今天没有人会再去主张，社会共同生活必须要随着社会系统复杂性的增长而改善自己的质量。生产范式所揭示的交换模式，与取代它而出现的系统—环境模式一样缺乏规范内涵。

但是，生产范式又是如何对待反思哲学教化过程概念中所固有的自主性和自我实现的呢？这些规范内涵在实践哲学中能够得到恢复吗？正如我们已经看到的，马尔库斯在规范意义上区分了两种实践概念：一种由处于外部自然约束下的技术—功利规则控制，而在另一种实践中，兴趣、价值取向和目的则成了主观自然的表现形式。

作为实践目标，马尔库斯从制度上区分了技术领域和社会领域，也就是区分了外在必然性领域和最终一切“必然性”都要自己负责的领域：

---

① 《人的对象世界》，第51页。

> 社会批判理论和资产阶级经济学不同，它把劳动范畴放到了至高无上的地位。劳动范畴只有在社会主义社会中才获得了实践的真实性。因为只有在这里……人才凭借他自身的目的意识行为成为其自身，而且仅仅由社会客观性来加以决定。社会客观性完全是针对人的，作为自然，它揭示了人的行为的界限。①

这段话还没有十分清楚地说明，解放视角不是源于生产范式，而是源于交往行为范式。如果我们在实践中想要搞清楚一个社会的成员在各自环境中想要得到的和为了他们共同利益而应当做出的，那么，我们就必须改变这种互动过程的形式。下面这一段话说得就清楚多了：

> 只有当人们意识到他们生存环境的局限和束缚，并通过表达，比如关于他们需求的对话，来决定他们行为所具有的共同的社会目标和社会价值时，他们的生活才是合理性的。②

不过，这种理性观念如何才能作为一种交往关系中实际存在而且在实践中得到把握的观念，这是一种单纯诉诸生产范式的理论所无法回答的。

---

① 《人的对象世界》，第 50 页。

② 同上，第 114 页。

四

步入后现代:以尼采为转折

1

无论黑格尔,还是他的嫡传左派或右派弟子,都未曾想对现代性的成就——现代引以为荣并从中形成其自我意识的一切——提出质疑。现代的首要特征在于主体自由。主体自由在社会里表现为主体受私法保护,合理追逐自己的利益游刃有余;在国家范围内表现为原则上(每个人)都有平等参与建构政治意志的权利;在个人身上表现为道德自主和自我实现;最终在与私人领域密切相关的公共领域里表现为围绕着习得反思文化所展开的教化过程。从个人角度来看,连绝对精神和客观精神这两种形态也都具有了一种结构,从而使主观精神能够从自然状态的传统生活方式中解放出来。在此过程中,个人作为资产者(bourgeois)、公民(citoyen)以及人(homme)处于不同的生活领域,它们相互之间不断分离,最终各自独立。从历史哲学来看,这样一种集分离与独立于一体的过程为摆脱原始依附铺平了道路,但在实际经验中同时又表现为道德生活关系总体性的抽象化和异化。宗教一度深深打上这种总体性的印记。这种印记遭到消除,也并非偶然。

宗教的社会一体化力量在启蒙过程中趋于衰竭。启蒙过程难以逆转,犹如启蒙之发生难以遏制一样。循序渐进的学习过程是启蒙所固有的,其根据在于,认识不能因为好恶而遭到遗忘,只能被排斥或由更好的认识加以纠正。所以,启蒙只有依靠彻底的启蒙来弥补自身的不足;这也正是黑格尔及其门徒一定要把希望寄托在启蒙辩证法身上的原因之所在。在启蒙辩证法当中,理性作为宗教凝聚力的替代物而发挥作用。黑格尔他们所阐明的理性概念应当能够满足这样一种替代程序。我们在上一章中已经讲述了他们这些尝试失败的原因及过程。

黑格尔把理性设定为绝对精神息事宁人的自我认识,黑格尔左派则视理性为对积极释放出来然而又是隐而未现的本质力量的解放和习得;黑格尔右派把理性看作是通过回忆对必然分裂所引发的痛苦的补偿。黑格尔的概念已经被证明是牢不可摧的;绝对精神不经意之间逾越了历史朝向未来的开放过程和不可调和的现实特性。因此,针对哲学家在不可调和的现实特性之中平平静静地放弃了其神圣地位,青年黑格尔派为仍然期待把哲学思想付诸实现的现实的世俗权利提出辩护。在辩护过程中,青年黑格尔派使用了实践概念,但有失肤浅。因为这个概念仅仅加强了它本应克服的目的理性的绝对力量。新保守主义者能够替实践哲学澄清那种坚决反对一切革命希望的社会复杂性。新保守主义者就其自身而言则把黑格尔的理性概念给置换了,以至于随着合理性同时也出现了补偿社会现代性的要求。反之,黑格尔的这个概念又不足以阐明历史主义的补偿功能。历史主义应当通过精神科学的中介来使传统的力量保持经久不衰。

青年黑格尔派对黑格尔历史哲学的客观主义曾经表示反对。尼采则以同样的方式用现代的时间意识来反对这种源自古代历史编撰并且带有补偿性质的教化(Bildung)。尼采在其《历史学之于生活的利与弊》第二章“不合时宜的考察”中,分析了教化传统因与行为相脱节和被驱赶到内在领域而导致的失效。他写道:

> 过量的知识,也就是说,并非出于需要而接受的知识,现在已不再作为一种外向型的转型动机,而是隐藏在某种混乱的内心世界中……因此,整个现代教化就其本质而言是内在的——对于浅薄无知的野蛮人来说不失为一部精神教化手册。[①]

现代意识中充满了历史知识,但丧失了人类“借以展望未来和依靠现实的至上力量来阐释过去”的“生命穿透力”。[②] 由于主张一定方法程序的精神科学信奉一种错误的亦即永远无法达到的客观性理想,所以,它们使生命中的必然准则变得毫无意义,并且散布一种僵化的相对主义:“一切都随时间变更,而不取决于你本真所是。”[③] 精神科学使我们无法不断地“冲破和消解过去,以便能够活在当前”。[④] 和青年黑格尔派一样,尼采在从历史的角度对“历史的权力”加以惊赞的同时,觉察到了这样一种趋势,即人们很容易就会把这种惊赞转换成现实政治中对赤裸裸的成果的惊赞。

随着尼采进入现代性的话语,整个讨论局面发生了翻天覆

---

① 尼采:《全集》(*Sämtliche Werke*),15 卷本,G. 科里和 M. 蒙提纳里编,Berlin,1967ff.,第 1 卷,第 273 页及下页。以下所有尼采引文均出自该版。

② 同上,第 293 页及下页。

③ 同上,第 299 页及下页。

④ 同上,第 269 页。

地的变化。以往,理性先被当作息事宁人的自我认识,接着又被认为是积极的习得,最终还被看作是补偿性的回忆,这样一来,理性就成了宗教一体化力量的替代物,并且可以依靠自身的动力克服现代性的分裂。然而,努力按照启蒙辩证法纲领设计理性概念,三次均以失败告终。面对这样一种局面,尼采只有两种选择:要么对以主体为中心的理性再作一次内在批判,要么彻底放弃启蒙辩证法纲领。尼采选择了后者——他放弃对理性概念再作修正,并且告别了启蒙辩证法。特别是现代意识的历史变形(Verformung),亦即无聊内容泛滥成灾,一切本质都变得空洞无物,使得尼采怀疑现代性是否还有能力独立自主地创造其自身的准则,“因为我们对现代性已无可奈何”。[①] 虽然尼采又一次把启蒙辩证法的思维框架运用于历史启蒙,但他的目的是为了打破现代性自身的理性外壳。

尼采把历史理性当作梯子使用,目的是为了最终抛弃历史理性,而立足于理性的他者,即神话:

> 因为历史教化的起源——历史教化和“新的时代”精神(即“现代意识”)之间存在着根本的冲突——必须从历史角度对自身重新加以确认;历史学必须自行解决历史学的问题;知识必须自我激励——所有这三重“必然性”乃是“新的时代”精神的绝对命令,只要“新的时代”中确实存在着一些新鲜之物、强力之物,存在着一些能够预知生命的原始之物。[②]

---

① 尼采:《全集》,第1卷,第273页。

② 同上,第306页。

当然，此时的尼采正在酝酿《悲剧的诞生》一书，这是一部历史—语文学著作，它使尼采超越了亚历山大时代和罗马—基督教时代，回到了本源，回到了"伟大、自然而又充满人性的古希腊"。在这样一条回归途中，这部思古的现代性的"迟暮之作"变成了后现代性的"开山之作"——海德格尔后来在《存在与时间》中又把这个纲领给捡了起来。对尼采来说，开端是十分明确的。一方面，历史启蒙只是强化了现代性成就中已经清晰可见的分化；表现为教化宗教的理性再也释放不出一体化的力量，来对传统宗教的一体化力量加以革新。另一方面，现代性的复辟道路已被堵死。古代文明中的宗教形而上学世界观本身就已经是启蒙的产物，也就是说，它们过于理性，难以再去对抗现代性的彻底启蒙。

和所有从启蒙辩证法中抽身出来的人一样，尼采公开主张平均主义(Nivellierung)。现代性失去了其显赫地位，变成了汪洋恣肆的理性化历史的最后一个阶段，随着远古生活的解体和神话的瓦解而粉墨登场。[①]在欧洲，苏格拉底和耶稣基督分别作为哲学思想和宗教一神论的奠基者，共同揭示了这一转折：

> 永不餍足的现代文化的巨大历史需求、对无数他者文化的强取豪夺、饕餮无度的认知欲望，倘若不是表现了神话及神话家园的丧失，还能表明些什么呢。[②]

不过，现代的时间意识禁止任何一种有关退化和直接回归神话本源的想法。只有未来构成了唤醒神话历史的视界，"过去的箴言只是些神谕卜辞：只有身为未来的建筑师和当前的智者的你

① 霍克海默和阿多诺也是从这个角度理解尼采、巴塔耶和海德格尔的。

② 尼采：《全集》，第1卷，第146页。

们才能理解它!"[1] 这种针对未来上帝的乌托邦立场把尼采的计划和"回归本源"的反动呐喊区别了开来。目的论思想把本源和目的对照起来,这种思想已毫无意义。尼采并不拒绝现代的时间意识,只是将它推向了极端,因此,尼采能够把现代艺术——现代艺术用其最主观的表达形式把这种时间意识推向极端——想像成现代和远古的联系中介。历史主义把世界布置得如同展览一般,并且把贪图享乐的当代人统统变成自命不凡的旁观者;相反,只有现实中受尽折磨的艺术的超历史力量才能把"现代人从真正的苦难和内心的贫困"[2] 中拯救出来。

但是,年轻的尼采脑子里有的只是理查德·瓦格纳的纲领。瓦格纳在他讨论宗教和艺术的文章开头写道:

> 人们或许可以认为,宗教艺术化之际,艺术才能拯救宗教的内核。因为,艺术根据其象征价值来理解实际上被宗教当真的神话符号,以便通过其自身的理想表现,揭示隐藏其中的深刻真理。[3]

已经成为艺术作品的宗教庆典应当和通过祭祀而得以更新的公共领域一起,克服掉私人获得的历史教化的内在性。经过审美革新的神话应该解除竞争社会中僵化的社会一体化力量。它将迫使现代意识发生分解,并向远古经验敞开大门。这种未来的艺术否认自己是单个艺术家的创作,而视"大众为未来的艺术

---

① 尼采:《全集》,第1卷,第294页。

② 同上,第281页,第330页。

③ 瓦格纳:《作品全编》(*Sämtliche Schriften und Dichtungen*),第10卷,第211页。

家”。[①]所以，尼采称赞瓦格纳是“社会革命家”和亚历山大文化的征服者。尼采期待酒神的悲剧精神会在拜洛伊特（Bayreuth）大放异彩——“国家和社会，乃至人与人之间的一切隔阂，都让位于一种引导人们回归自然本性的极其强烈的一体感”。[②]

众所周知，尼采后来一反从前，对瓦格纳的歌剧世界充满了憎恶。尼采背离瓦格纳这一事件，值得重视的，倒不在于其个人的、政治的以及审美的背景，而更多在于问题背后的哲学动机：“一种音乐必须具备怎样的特性，才不再是浪漫主义音乐（如瓦格纳音乐），而是酒神音乐？”[③] 新的神话观念，就其起源而言是浪漫主义的；依靠作为未来上帝的酒神，同样也是一种浪漫主义观念。尼采固然避免了从浪漫主义角度运用这些新的神话观念，并且宣布了一种看似超越了瓦格纳的更加激进的观点，可是，酒神精神和浪漫主义精神之间究竟有什么区别呢？

2

1796/97 年，黑格尔首次系统地提出理性纲领，从中已经可以看到，将出现一种新的神话，认为诗是人类的导师。其中还可以看到后来被尼采和瓦格纳大力标举的那个动机，即在一种经过更新的神话中，艺术应当重新获得公共机制的特征，并释放出修复大众的道德总体性的力量。[④] 谢林在其《先验唯心论体系》

---

① 瓦格纳：《作品全编》，第10卷，第172页。

② 尼采：《全集》，第 1 卷，第 56 页。

③ 尼采：《悲剧的诞生》，第二版前言《自我批判的尝试》（‘Versuch einer Selbstkritik’），载：《全集》，第 12 卷，第 117 页。

④ M. 弗朗克：《未来的上帝：新的神话讲稿》（*Der kommende Gott. Vorlesungen über die neue Mythologie*），Frankfurt am Main，1982，第 180 页以下。

的结尾表达的也是这个意思，他写道，新的神话“并不是个别诗人的构想，而是仿佛仅仅扮演一位诗人的一代新人的构想”。[①] F. 施莱格尔在其《神话论稿》中也说过类似的话：

> 神话是古代诗歌的核心，我们的诗歌恰恰缺少这样一个核心。现代诗艺之所以逊色于古代诗艺，一言以蔽之，关键就在于：我们没有神话。但是……我们正在着手创造神话。[②]

顺便交代一下，上述两部作品都发表于1800年，它们从不同的角度继续在共同编织一种新的神话观念。

此外，黑格尔最初的系统纲领中还包含这样的主导思想，即：伴随着新的神话，艺术将接替哲学，因为审美直观是“理性的最高行为”：“真和善只在美中协调一致”。[③] 这句话或许可以看作是谢林《先验唯心论体系》一书的扉页题词。谢林在审美直观中解开了这样一个谜，即自我是如何认识自由和必然、精神和本质、意识活动和无意识活动在其自身产物中的同一性的：

> 正因为如此，艺术对于哲学家来说就是最崇高的东西，因为艺术好像给哲学家打开了至圣所，在这里，在永恒的、本源的统一中，已经在自然和历史里分离的东西和必须在生命、行动与思维里回避的东西仿佛都燃烧成了一道火焰。[④]

---

① 谢林：《作品集》(*Werke*)，M. 施罗特编，第2卷，第629页。

② F. 施莱格尔：《校勘版作品集》，第2卷，第312页。

③ 黑格尔：《全集》，第1卷，第235页。

④ 谢林：《作品集》，第2卷，第628页。

在陷入极端反思的现代条件下，是艺术，而非哲学，一直在保护着那道曾经在宗教信仰共同体的隆重祭祀中燃烧起来的绝对同一性的火焰。艺术以一种新的神话面貌重新赢得了其公共特性。但艺术已不再只是哲学的工具，而是哲学的目的和未来。这种哲学完成之后，还会回归到它所发源的诗的海洋里：

> 至于何者是科学复归于诗的中间环节，这个问题一般说来也不难回答，因为……神话里已有这样一个中间环节。……新的神话会如何产生倒是一个问题，它的解决惟有寄希望于世界的未来命运。①

这里与黑格尔的区别是显而易见的——无需思辨理性，单单是诗，只要它以新的神话形式发挥公共效力，就足以取代宗教的凝聚力。然而，为了达到这一步，谢林却建立了一个完整的哲学体系。在新的神话纲领中，思辨理性自身也实现了飞跃。施莱格尔对此则不以为然，他劝告哲学家“要摆脱掉建构体系的好斗外表，和荷马一道置身于新诗的殿堂里，和平共处”。② 在施莱格尔的笔下，哲学所期待的新的神话，变成了一种弥赛亚主义的希望，深受历史先兆的鼓舞——这种历史先兆表明，“人类为了找到中心，使出了浑身解数。人类要么走向毁灭——要么自我更新——遥远的古代将再次生灵活现，渺茫的未来教化已依稀可辨”。③ 在谢林那里，这种历史期待有根有据，但由于施莱

---

① 谢林：《作品集》，第629页。

② F. 施莱格尔：《校勘版作品集》，第2卷，第317页。

③ 同上，第314页。

格尔对思辨理性的定位发生了变化,因此,它也变得世俗化了,并且具有弥赛亚主义的味道。

当然，这种思辨理性在谢林那里已经转移了其引力中心；理性再也无法用其自我反思的中介去把握自身，而只能在艺术这个临时中介里重新认识自身。但是，按照谢林的看法，在艺术产品中所能直观到的，仍然还是客观理性，即真和善在美中的协调一致。正是这种同一性遭到了施莱格尔的质疑。施莱格尔坚持认为，美要想获得自主性，“就必须同真和道德分离开来，并且要相互拥有平等权利”。① 新的神话之所以具有凝聚力，不能归功于所有理性环节协调一致所依赖的艺术，而应归因于诗歌的先知天赋，正是它把诗歌同哲学和科学、伦理和道德区别开来：

> 因为,这是一切诗歌扬弃理性思维过程和规律的开端,因此,我们又一次处于充满幻想的审美迷狂和人类本性的原初混沌状态。迄今为止,我还没有发现有什么符号比古代诸神恢宏壮观的聚会更美。②

施莱格尔不再把新的神话看作理性的感官化、理念的审美化,因为要走上感官化和审美化这条道路,新的神话就得迎合大众兴趣。相反,只有集理论理性和实践理性的精华于一身的自主诗歌,才能打开通往本源神话权力世界的大门。单纯现代艺术就

---

① F. 施莱格尔:《雅典娜残片》(‘Athenäum Fragment’),第 252 号,载:《校勘版作品集》,第 2 卷,第 207 页;还可参阅 K. H. 博雷尔:《施莱格尔论神话》(‘Friedrich Schlegels Rede über die Mythologie’),载其:《神话与现代》(*Mythos und Moderne*),Frankfurt am Main,1983 年,第 52 页以下。

② F. 施莱格尔:《校勘版作品集》,第 2 卷,第 319 页。

可以和现代性中已经枯竭的社会一体化的远古源头相互融合。根据这样一种解释，新的神话指望已经分裂的现代性能够和作为理性他者的“本源混沌”建立起联系。

但是，如果新神话的诞生缺少启蒙辩证法的推力，如果对“那种普遍更新的伟大过程”的期待从历史哲学角度再也无法得到论证，那么，浪漫的弥赛亚主义[1] 就需要换一种思维方式了。从这个意义上说，我们就应该注意到，早期浪漫派对酒神这位心醉神迷的飘游之神的褒扬大大出乎人们的意料。

酒神崇拜对于自我怀疑的启蒙时代颇具吸引力，因为它在欧里庇德斯和智者学派批判存在于其中的希腊仍然保存着远古的宗教传统。但是，弗朗克认为，最关键的是酒神作为未来的上帝有望自我拯救。[2] 宙斯和死去的女人赛墨勒生了酒神。天后赫拉出于恼怒对他竭尽迫害之能事，最终使他疯狂。打那以后，酒神就和一群野蛮的色鬼和酒徒在北非和小亚细亚漫游。正如荷尔德林所说，酒神是“外国之神”，他使西方陷于“神的黑暗”，留下来的只是心醉神迷的天性。但是，有朝一日，酒神将在秘密的宗教仪式中复生，并从迷狂中解脱出来，最终踏上回归之途。酒神作为缺席之神，和所有其他希腊诸神有所不同，他的回归指日可待。酒神和基督有许多相似之处：基督亦已死去，直到回归之际，留下的只有面包和葡萄酒。[3] 但有所不同的是，酒神在狂热的纵欲中似乎还能保持住坚实的社会协同性，而西方基督教

---

① 关于这种说法，请参阅 W. 朗格：《对诸神来说，死亡永远有益无害》（‘Tod ist bei Göttern immer ein Vorteil’），载博雷尔：《神话与现代》，第 127 页。

② 弗朗克：《未来的上帝：新的神话讲稿》，第 12 页以下。

③ 弗朗克在《未来的上帝》中引用荷尔德林的《面包和葡萄酒》为例把酒神和耶稣相提并论，第 257—342 页。参阅 P. 松迪：《荷尔德林研究》（*Hölderlin - Studien*），Frankfurt am Main，1970 年，第 95 页以下。

世界则已失去了这种坚实的社会协同性以及古老的宗教虔诚。所以,荷尔德林把那种能够负载弥赛亚主义的期待、直到海德格尔依然功效不凡的历史解释的本源框架和酒神神话相提并论。西方有史以来就处于诸神退隐和遗忘存在的黑夜之中;未来的上帝将对已经失去的本源力量进行更新;行将垂临的上帝通过所意识到的缺席的痛苦和"很远的距离"使得他的到来昭然若揭,因为他使被褫夺掉一切的滞留者越发不安,从而也就越发信服地欢迎他的回归:于大劫大难中得救。①

奇特的是,尼采恰恰没有遵守他的酒神式的历史观,有关希腊悲剧中的合唱起源于古希腊的酒神崇拜的历史命题,从早期浪漫派的形成语境中获得了其现代性批判的要领。因此,这就更加需要对尼采疏远这种浪漫主义背景的原因加以解释。把酒神和基督相提并论,为我们提供了线索。况且,不仅荷尔德林曾经这样做过,诺瓦利斯、谢林、克洛伊策乃至整个早期浪漫派在接受神话时都是这样做的。之所以会把迷狂的酒神和救世主基督等同起来,是因为浪漫派的弥赛亚主义的目的是要更新西方,而非告别西方。新的神话理应挽回已经失去的协同性,并且无须拒绝解放,而解放同时也为在太一上帝面前作为个体的个人揭示出神话的本源力量。② 对浪漫派而言,回归酒神只是为了开拓公共自由的维度,其中,基督预言必须在此岸获得兑现,这样才能使由宗教改革和启蒙运动共同加强并导致权威统治的主

---

① 参阅《Patmos》一诗的开头:"哪里有灾难,哪里就有拯救者",载荷尔德林:《全集》(*Sämtliche Werke*),第 2 卷,F. 拜斯纳编,第 173 页。

② 陶贝斯从这个意义考察了谢林对远古意识和历史意识、神话哲学和启示哲学之间界限的确定,认为:"晚期谢林的纲领并不是'存在与时间',而是'存在与时代'。神话时间和启示时间是截然不同的。" 陶贝斯:《论多神论的发展趋势》('Zur Konjunktur des Polytheismus'),载博雷尔:《神话与现代》,第 463 页。

体性原则突破其局限性。

3

成熟后的尼采认识到，瓦格纳才是现代性的真正“集大成者”，因为他和浪漫派持有相同的观点，认为现代性尚未完成。正是瓦格纳使得尼采“对我们现代人犹能为之欢呼雀跃的一切大失所望”，因为瓦格纳这位怀疑型颓废者“突然……在耶稣的十字架前低头认罪”。[①] 这就是说，瓦格纳一直都在非常浪漫地想把酒神精神和基督精神调和起来。和浪漫派一样，瓦格纳很少赏识酒神这位半神神话的英雄，因为他逃脱了同一性的惩罚，使个体化原则失去效力，并用多元性取代超验上帝的一元性，用失范(Anomie)取代规范。希腊人从日神身上把个体化原则，即尊重个体界限的原则给神圣化了。但是，日神的美和适度遮蔽了酒神节狂欢声中潜在的“泰坦因素”和“蛮夷因素”：“在这里，个人带着他的全部界限和适度，进入酒神的陶然忘我境界，并把日神的清规戒律抛到了脑后。”[②] 尼采提醒人们注意叔本华所描述的“惊骇”(Grausen)：

> 当人突然被表象的认识形式所困惑时，惊骇就抓住了他，此时此刻，定律完全……成了一种意外。如果我们在这惊骇之外再补充上个体化原则崩溃之际发自人的最内在本性的充满幸福的狂喜，我们也就瞥见了酒神精神的本质。[③]

---

① 尼采：《全集》，第6卷，第431页以下。

② 尼采：《全集》，第1卷，第41页。

③ 同上，第28页。

但尼采不光是叔本华的信徒，他也是马拉美和象征派的同代人，“为艺术而艺术”的捍卫者。因此，他对酒神精神的描述难免会沾染上同代人（又一次比浪漫派要彻底）的艺术经验——在尼采看来，所谓酒神精神，意味着主体性上升到彻底的自我忘却。尼采所说的“审美现象”，表现为从知觉和行为的日常习惯中释放出来的分散主体性的自我周旋。只有当主体失去自我，从实证主义的时空经验中脱身出来，并被偶然性所震惊，眼看着“真正在场的欲望”（奥克塔维奥·帕斯语）得到满足，一瞬间意识到丧失了自我；只有当理智的行为和思想的范畴被瓦解，日常生活的规范被打破，习以为常的规范化幻想已破灭——只有如此，难以逆料并且十分惊人的世界，即审美表象的世界才会敞开。这个世界既没有遮蔽，也没有公开；既不是现象，也不是本质，而只是表征物。尼采依然非常浪漫地把一切理论和道德的杂质从审美现象中清除出去。[①]在审美经验里，酒神的现实性与理论知识和道德行为的世界以及日常之间隔着一道“忘却的鸿沟”。艺术打开了通往酒神世界的大门，然而其代价是陷于神迷状态——亦即个体痛苦地失去分离和隔阂，从内到外和无定形的自然浑然一体。

因此，失去了神话的现代人只能指望从新的神话那里获得一种彻底的拯救。关于酒神原则的这种叔本华式的观念扭转了

---

① 苏格拉底错误地认为思可以直达存在的根源，尼采则把苏格拉底描绘成具有思辨能力的反艺术家类型：“所以，每当真理被揭露之时，艺术家总是以痴迷的目光依恋于尚未揭开的面罩，理论家却欣赏和满足于已揭开的面罩，他的最大乐趣便在于靠自己的力量不断成功地揭示真理。”（尼采：《全集》，第1卷，第98页）同样，尼采也极力反对从亚里士多德到席勒从道德角度对审美所做的解释：“为了说明悲剧神话，第一个要求便是在纯粹审美领域内寻找它独有的快感，而不可侵入怜悯、恐惧、道德崇高之类的领域。否则，丑与不和谐，悲剧神话的内容，如何能激起审美的快感呢？”（尼采：《全集》，第1卷，第152页）

新的神话纲领，从而使浪漫的弥赛亚主义觉得陌生——这里说的是彻底抛弃被虚无主义掏空了的现代性。从尼采开始，现代性批判第一次不再坚持其解放内涵。以主体为中心的理性直接面对理性的他者。尼采声称，相对于理性，只有主体性复古的自我揭示经验能够充当立法机构，它没有中心，不受任何认识和目的的约束，也不听从任何功利和道德的命令。“打破个体化原则”成了逃脱现代性的途径。当然，如果打破个体化原则并非如叔本华所言，那它只有靠最前卫的现代艺术才能得到公认。尼采对这一矛盾之所以能够视而不见，是因为他从理论理性和实践理性的联系当中把表现在彻底分化的先锋派艺术领域中的理性环节抽取了出来，并把它驱逐到被形而上学美化的非理性当中。

早在《悲剧的诞生》中，生活就低于艺术。这里已经可以见到一种特有的神正论。根据这种神正论，世界只能被证明为审美现象。[①]内心深处的残酷无情和痛苦不堪，一如享乐，被视为创造精神的投射。而创造精神毫无顾忌地沉湎于从其表象结构的权力和随意性中获得杂乱的享乐。世界表现为既无目的也无文本作为其基础的想像和解释的拼合。和各种不同的感性刺激一起，创造意义的潜能构成了“权力意志”的核心。权力意志同时也是“表象意志”(Wille zum Schein)，单面意志和表面意志；艺术可以算是人类所固有的形而上学活动，因为生命本身就扎根于表象、欺骗、光学以及透视和错觉的必然性当中。[②]

只要尼采把一切存在物或应在物还原成审美，他就会把这种思想提升为一种“艺术家的形而上学”。既不允许存在本体现

---

① 尼采把这一学说概括为这样一句话：“任何一种不幸都是有其道理的，看到这一点，上帝很高兴。”(尼采：《全集》，第5卷，第304页)

② 尼采：《全集》，第1卷，第17页以下；第12卷，第140页。

象,也不可以存在道德现象——起码在尼采所说的审美现象意义上是这样。实用主义认识论和道德博物学把“真”和“假”、“善”和“恶”的区别,归结为对实用物和高雅物的偏爱。这个著名的论点有助于证明我们的这一假定。[①] 由此分析,在似乎普遍有效的要求背后,隐藏着主体对于价值评估的权力要求。而超主体的权力意志更多地还是表现在无可名状的陶醉过程的消长当中。

关于无所不在的权力意志的理论,使得尼采能够解释清楚有关存在者和善的世界结构以及从事认知和道德行为的主体的表象同一性是如何形成的;内在精神领域是如何借助灵魂和自我意识而建构起来的;形而上学、科学和禁欲观念是如何取得统治地位的——最后还有以主体为中心的理性是如何依靠权力意志深处不可救药的受虐狂式的颠覆而获得其整体成就的。以主体为中心的理性的虚无主义统治,被认为是权力意志反常的结果和表达。

纯正的权力意志只是酒神精神原则的形而上学概念,因此,尼采才会把当代虚无主义理解为众神退隐之后的黑夜,而缺席的上帝即将莅临。“远离”和“超越”上帝被民众误解为逃避现实——“此时,上帝降临、浸润和渗透到现实之中,以便有朝一日重见天光,使现实一同获得拯救。”[②] 尼采把反基督的回归时刻确定在“正午时分”——这和波德莱尔的审美时代意识有着惊人的一致。潘神来临之际,白昼屏住呼吸,时间凝滞不动——瞬间和永恒融为一体。

---

① 哈贝马斯:《论尼采的认识论》(‘Zu Nietzsches Erkenntnistheorie’),载其:《论社会科学的逻辑》(*Zur Logik der Sozialwissenschaften*),Frankfurt am Main,1982,第505页以下。

② 尼采:《全集》,第5卷,第336页。

尼采依靠超越理性视界的彻底的理性批判，建立起了权力理论的现代性概念。这种理性批判具有某种诱逼性，因为它至少含蓄地乞助于来自审美现代性的基本经验尺度，为此，尼采让趣味——“是否合乎口味”——作为真和假、善和恶之外的认识工具而粉墨登场；但尼采无法使审美判断所保留的尺度合法化，因为他把审美经验远古化，并且没有把因现代艺术而尖锐起来的价值评估的批判潜能看作至少在论证程序上与客观认识和道德认识息息相通的理性环节。审美作为进入酒神精神的途径，更多地被设定为理性的他者。因此，权力理论的去蔽，陷入了一种自我关涉的极度尴尬之中。反观《悲剧的诞生》，尼采承认他年轻的时候试图“用艺术家的眼光考察科学，将科学植于艺术的土壤”[①]，这样做有失单纯和笨拙。但即使是到了晚年，尼采也未能澄清何谓有根有据的意识形态批判。[②] 他最终在两种策略之间踯躅不定。

一方面，尼采希望从艺术的角度对世界加以考察，他的这种考察使用的是科学手段，并且贯穿着反形而上学、反浪漫主义、悲观主义和怀疑主义的立场。这样一种历史科学理应能够避免真理信仰的幻觉，因为它是为权力意志哲学服务的。[③] 然而，权力意志哲学的有效性反而又成了这门历史科学的前提。所以，另一方面，尼采必然要坚持认为可以进行一种形而上学批判，既揭示形而上学思想的根源，又不放弃自身的哲学地位。尼采宣称酒神是哲学家，他自己则是这位从事哲学研究之神的最后一位真命传人。[④]

---

① 尼采：《全集》，第 1 卷，第 13 页以下。

② 参阅尼采：《论道德的谱系》，《全集》，第 5 卷，第 398—405 页。

③ 尼采：《全集》，第 12 卷，第 159 页以下。

④ 尼采：《全集》，第 5 卷，第 238 页。

尼采对现代性的批判在两条路线上被发扬光大。怀疑主义科学家试图用人类学、心理学和历史学等方法来揭示权力意志的反常化、反动力量的抵抗、以主体为中心的理性的兴起等等,就此而言,巴塔耶、拉康、福科堪称是尼采的追随者;比较内行的形而上学批判者则采用一种特殊的知识,把主体哲学的形成一直追溯到前苏格拉底,就此而言,海德格尔和德里达可谓步了尼采的后尘。

4

海德格尔愿意接受的是尼采的酒神弥赛亚主义的主要动机,对其具有自我关涉特征的理性批判所遇到的困惑却避而不理。从事"科学"研究的尼采想用真理信仰和禁欲观念的谱系学来摆脱现代思想;海德格尔则觉得,这种权力理论的揭示策略中启蒙的残渣余滓并没有被彻底剔除,因此,他更看重的是作为"哲学家"的尼采。尼采用强烈而又彻底的意识形态批判所孜孜以求的目标,海德格尔则想通过从内部对西方形而上学进行颠覆来实现。尼采用酒神事件作为桥梁把古希腊悲剧和新的神话接续了起来。海德格尔的后期哲学可以说是努力把酒神事件由经过审美更新的神话舞台搬迁到哲学舞台。[①] 海德格尔面临的首要任务在于,把哲学放到尼采认为应由艺术(作为虚无主义的反动)占据的位置上,以便能够对哲学思想加以转化,使之成为凝聚和更新酒神力量的舞台。海德格尔想把虚无主义的产生和

① 1935—1945 年的十年间,也就是在写作《形而上学导论》和《关于人道主义的通信》期间,海德格尔曾对尼采作过长期研究。他有关存在的历史观念就是在研究尼采过程中形成的。对于这点,海德格尔在 1961 年出版的两卷本《尼采》一书前言里毫不讳言。详见:《尼采》,Pfullingen,1961 年,第 1 卷,第 9 页及以下。

克服看作是形而上学的开端和终结。

海德格尔曾专题讲授过尼采，第一讲题为《作为艺术的权力意志》。其中所依据的主要是伊丽莎白·弗斯特-尼采(Elisabeth Foerster-Nietzsche)编辑的《尼采全集》中被认为是未竟之作的《权力意志》这部遗稿断片。[①] 海德格尔想要证明这样一个观点，即："尼采处于追问西方哲学的途中。"[②] 尽管他认为，这位"同其形而上学一道回归西方哲学本源"[③]，并掀起了反对虚无主义浪潮的思想家，是"艺术家型的哲学家"，但尼采有关艺术拯救力量的思想，仅就其"第一印象来看是审美的，就其内在意志来说则是形而上学的"。[④] 海德格尔的古典主义艺术观要求他做出这样的解释；和黑格尔一样，海德格尔深信，随着浪漫派的退场，艺术在本质上已经终结。如果和本雅明比较一下，就可以看出，海德格尔受先锋派艺术的纯粹经验的影响一直都是微乎其微的。所以，海德格尔无法理解为何只有彻底分化的主观主义艺术自告奋勇地充当新神话的开路先锋。这种艺术坚持由解中心化的主体性的自我经验来解释审美特征。[⑤] 因此，海德格尔比较容易规整"审美现象"并把艺术和形而上学统一起来。美

---

① 参阅 G. 科里和 M. 蒙提纳里有关尼采后期著作的评述，尼采：《全集》，第14卷，第383页以下，以及尼采的生平编年，第15卷。

② 海德格尔：《尼采》，第1卷，第12页。

③ 同上，第27页。

④ 同上，第154页。

⑤ 在这个方面，贝克尔用他的反海德格尔基础本体论的二元主义的设计来表明他具有无可比拟的强烈的善感性：《论美的失效和艺术家的冒险》('Von der Hinfälligkeit des Schönen und der Abenteuerlichkeit des Künstlers')以及《论艺术家的冒险和哲学家谨慎的大胆》('Von der Abenteuerlichkeit des Künstlers und der vorsichtigen Verwegenheit des Philosophen')，载其：《此在与曾在：哲学文集》(*Dasein und Dawesen, Gesammelte philosophische Aufsätze*)，Pfullingen，1963年，第11页以下和第103页以下。

使得存在变得显明:“美和真都和存在相关,而且都是通过揭示存在者的存在与存在相关。”[①]

这一点后来变成了由诗人宣布神圣物对思想家的启示。诗和思尽管相互关联,但说到底诗还是来源于本源的思。[②] 这样艺术就被本体化了。[③]从此,哲学必须再次承担起被浪漫派转嫁到艺术头上的使命,这就是为宗教的一体化力量找到替代物,以便克服现代性的分裂。尼采寄希望于经过审美革新的酒神神话,想用它来克服虚无主义。海德格尔则把酒神事件放到形而上学批判背景之上,这样就使形而上学批判具有了普世意义。

现在看来,存在已经离开了存在者,并用故意缺席和强烈的匮乏痛苦预言其不确定的未来。思追究了存在在西方哲学中被遗忘的历史命运。思具有一种催化作用。思来源于形而上学,同时又对形而上学刨根问底,这样就从内部冲破了形而上学的界限。思已不再赞同坚持自律的理性的自信。掩盖在存在身上的层层面面的确需要打破。但是,和反思力量不同,解构工作旨在揭示一种新的他律。这种新的他律只把力量集中于主体性的自我克服和自暴自弃。主体性必须学会克制,并且应当保持谦恭。理性本身只能从事遗忘和驱逐这两样有百害而无一利的活动。回忆也无法使放逐回头。结果导致存在只是一种机遇,一切需要它的东西都会尽量对它敞开,并严阵以待。海德格尔的理性批判说到底和彻底改变一种虽然无所不在却毫无意义的立场——远离自律,献身存在,以此来克服自律和他律之间的矛

① 海德格尔:《尼采》,第 1 卷,第 231 页。

② 《何谓形而上学》,“后记”,载海德格尔:《路标》(*Wegmarken*),Frankfurt am Main,1978,第 309 页。

③ 海德格尔在他关于尼采的第一讲中总结说:“从存在的本质来看,必须把艺术理解为存在者的基本事件和本真创造者。”

盾——还有一段距离。

巴塔耶则从另一方向上继承尼采所开创的理性批判。巴塔耶也用神圣概念来表达那些充满矛盾的迷狂的临界经验。僵化的主体性在这些经验里面丧失了其自我。具有典型意义的，要推宗教献身行为和两性交媾行为。在这两种行为中，主体“心甘情愿地与自我分离”，给重新建立起来的“存在的连续性”腾出一席之地。[①] 巴塔耶同样也探讨了本源力量。这种本源力量能够把合理分工的劳动世界和被放逐了的理性的他者沟通起来。重返已经失去的存在的连续性，可谓惊心动魄。巴塔耶称之为反理性因素的大爆炸和失去界限的自我的迷狂行为。在此消解过程中，势均力敌的个体之间的那种单子论的封闭主体性已不复存在。

当然，巴塔耶探讨这种反个体化原则的酒神力量，并非沿着形而上学之思的自我克服的羊肠小道，而是直接采用描述和分析手法，抓住从事目的理性行为的主体自我超越和自我毁灭的现象。显然，巴塔耶感兴趣的是权力意志那种放荡不羁的特性，即权力意志的创造性和充溢性。权力意志在这里既表现为游戏、舞蹈、迷狂，也表现为由于解构、惊骇以及由于窥见痛苦和惨遭非命而引起的快乐等所导致的兴奋。巴塔耶带着好奇的目光仔细地分析了仪式化的献身行为和做爱行为的临界经验。他的好奇目光受到一种恐怖美学的左右和启发。安德烈·布勒东曾长期追随巴塔耶，但后来反目为仇。和海德格尔一样，布勒东并不回避尼采的基本审美经验，相反，还在超现实主义中把这种经验推向极端。巴塔耶像着了魔似的极力追究那些充满矛盾而又

---

① 巴塔耶：《神圣的爱欲》（*Der heilige Eros*），Frankfurt am Main，1982，“导论”，第10页以下。

出格的情感反应，诸如羞耻、恶心、恐惧等。此外，他还分析了由突发、尖刻、猥亵、强暴等不良印象所引起的虐待狂式的满足。在这些突发式的情绪中，要求进入麻木不仁的迷狂状态和惊恐地从中退缩出来这样两种背道而驰的趋向同时进行。恶心、反意志、憎恶和肉欲、陶醉、贪婪等掺和在一起。剔除了这些充满张力的矛盾的意识变得无从把握。超现实主义者想用好斗的审美手段来消除这种恐惧状态。巴塔耶把这种"世俗的澄明"的遗迹一直追溯到人的尸体、野蛮主义、裸体、经血、乱伦等一系列禁忌当中。

这些人类学研究我们仍将继续下去，它们为自主理论提供了契机。和尼采的《论道德的谱系》一样，巴塔耶也研究所有他律的界限以及对他律越来越彻底的灭绝行为。凭着这些，主张目的理性劳动、消费和权力运作的现代世界才能建立起来。巴塔耶并不害怕建构一部西方理性史。和海德格尔的形而上学批判一样，这种理性史把现代说成是肺病时代。但在巴塔耶那里，外在的他律因素并不是启示录般的神秘天命，而是颠覆力量。这种颠覆力量如果在自由社会主义社会中不能释放出来，那它在宣泄过程中必然会引起震动。

具有反讽意味的是，巴塔耶用科学分析手段替这种新的神圣权利辩护。他丝毫也不怀疑有条有理的思：

> 如果想随意解决，而不考虑当代的精确精神，就无法提出宗教问题。我说内在经验而不说客体，就此而言，我不是一个科学的人；但当我说到客体的时候，我又不可避免地带有科学家的那股严肃劲。①

---

① 巴塔耶：《神圣的爱欲》，第 29 页。

巴塔耶和海德格尔的不同之处，既在于他进入先天审美经验的路径——巴塔耶依靠这种审美经验建立了神圣概念；也在于他推崇的用来分析神圣事物的知识所具有的科学性。考察一下这两位思想家关于现代性的哲学话语，就能看出他们之间有着相似的一面。两种话语在结构上的相似性充分表明，海德格尔和巴塔耶都想在尼采之后解决同样的问题。两位思想家都希望进行彻底的理性批判——这种理性批判触及到了批判自身的根基。由于面临一致的问题，他们的论述动力在形态上也很相似。

批判对象首先必须十分明确，这样我们才能重新把以主体为中心的理性看作是现代性原则。为此，海德格尔选择了现代科学的客观主义思想；巴塔耶则看中了资本主义企业和官僚国家机器的目的理性行为。海德格尔深入探讨了意识哲学本体论的基本概念，用以揭示主宰从笛卡尔到尼采的整个思想脉搏的对象化过程的技术统治意志。主体性和物化阻止了对不可控制物的认识。巴塔耶则对越来越制约劳动和消费的经济和效率的指令进行了研究，目的在于从工业生产主义中把握住整个现代社会内部的自我摧残的趋势。因为，彻底理性化的社会阻止非生产性的开支和大手大脚地浪费积累起来的财富。

由于总体化的理性批判已经对启蒙辩证法失去希望，因此，这种批判的涉及面必然十分广泛，以至于理性的他者、存在或自主的反动力量最终不再仅仅把自己看作是受驱逐和遭压制的理性契机。所以，海德格尔和巴塔耶同尼采一道，越过西方历史的开端，回到远古时期，目的是想在前苏格拉底的哲学思想或在宗教献身仪式的兴奋状态中重新找到酒神精神的线索。在这里，那些被遮蔽的非理性经验必定是浑然一体的，它们可以用生命来表达“存在”和“自主”。“存在”和“自主”最初只是一种名称。我们有必要把它们作为理性的对立概念加以导入，为的是使它们免遭一切合理的侵吞。“存在”被定义为脱离了存在者的对象总体性的东西；“自主”被界定为外在于可以利用和可以计算的世界的东西。这些本源力量表现为既充分又含而不露，甚至是匮乏的丰盈——这是一种欢迎饕餮的财富。理性以这种由计算而进行的控制和估价为特征；理性的他者则不然，它永远不可控制和不可估价——作为一种中介，只有主体能够介入其中，但前提是主体放弃作为主体，并自我超越。

理性及其他者这两个环节并非处于辩证扬弃的对立关系之中，而是处于相互分离、相互排斥的紧张关系之中。两者之间并不是通过能够被自我的反思或启蒙实践的对流过程所取缔的排挤动力而建立起联系。相反，理性更多地是无可奈何地听任退却和放弃、限制和贬斥等动力的摆布，以至于狭隘的主体性无法依靠自身的遗忘和分析的力量来接近脱离或远离它的东西。自我反思始终包含着对他者的反思。这里盛行着一种元历史力量或宇宙力量的游戏，它要求对他者进行审察。但是，自我超越的理性自身的佯谬努力，在海德格尔那里具有一种能够对存在命运发出召唤的迫切而又永恒的怀念形式；巴塔耶的神圣社会学则拥有另一种逻辑。根据这种社会学，巴塔耶希望澄清这种先验的力量游戏，最终又不对它施加影响。

海德格尔和巴塔耶通过叙述性重建西方理性历史而对他们自己的理论加以阐述。海德格尔以主体哲学为主线，把理性解释为自我意识，把虚无主义理解为由于总体性而导致的对世界的技术统治的表达。形而上学思想的厄运在其中应当结束，对存在的追问促成了形而上学思想，尽管如此，面对完善而成熟的存在者，这种本质还是越来越消失在它的视野之外。巴塔耶则以实践哲学为主线，把理性解释成劳动，认为虚无主义是完全独立的积累所强迫的结果。其中，生产过剩的厄运宣告结束。生产过剩最初还是为了积极增加物质财富，但接下来为了进一步扩大生产就必然会掠夺使用资源，铺张浪费变成了消费；具有创造性和献身精神的自主性变得无立锥之地。

遗忘存在和抛弃被唾弃的部分是两幅辩证的图景，直到今天，它们依然鼓励人们努力把理性批判从启蒙辩证法的思维框架中解脱出来，并把理性的他者提升到立法的高度，它提醒现代要循规蹈矩。因此，我想对海德格尔的后期哲学（以及德里达从神秘主义角度对这种哲学的积极继承）以及巴塔耶的普通经济学（以及福科建立在权力理论之上的知识谱系学）加以考察，看一看尼采所开辟的这两条路线是否真的能够把我们带出主体哲学。

海德格尔毅然决然地把艺术本体化，并孤注一掷地坚持一种从事解构的思维活动；（在海德格尔看来，）这种思维活动理应能够自发地克服掉形而上学。这样海德格尔就避免了自我关涉的理性批判所面临的困境：理性批判必须把自身的根基摧毁掉。依靠酒神弥赛亚主义的本体论转向，海德格尔开始关注本源哲学的起源问题、思维方式和论证模式，这样他就能够克服胡塞尔现象学的基础主义，其代价是历史的基础化变得毫无意义。海德格尔试图逐步消解主体哲学的基础，以便走出其误区。但是，从整个具体历史中抽象出来的存在历史的超基础主义，表明他依然固囿在被他否定的思想之中。相反，巴塔耶则始终坚持一种未被歪曲的酒神的基本审美经验。他展现了一个现象领域，让以主体为中心的理性能够直面其他者。当然，巴塔耶不会把这种经验的现代来源归之于超现实主义，他肯定要借助于人类学知识，并把这种经验移植到远古。因此，巴塔耶所追求的，是对神圣物进行科学分析和普通经济学的设计，它们要对具有普世意义的理性化过程和最终回归的可能性加以解释。

巴塔耶和尼采一样，都陷入了这样一种两难境地：权力理论无法满足科学客观性的要求，但能够把一种由于总体化而自我关涉并且对科学陈述的真值产生影响的理性批判纲领付诸实现。

尼采打开了后现代的大门，海德格尔和巴塔耶则在尼采的基础上开辟了两条通往后现代的路线。在深入探讨这两条路线之前，我想穿插阐述一下一种（由此看来）具有延缓性质的思想路线：霍克海默和阿多诺所尝试建立的含糊的启蒙辩证法，它让尼采的激进理性批判得到了弥补。

五
启蒙与神话的纠缠：霍克海默与阿多诺

在霍克海默深受叔本华影响的时候，资产阶级“灰色”作家，如马基雅维里、霍布斯和曼德维尔等，就已经对他产生了很大的吸引力。当然，这些作家都具有创造性的思维。他们之间的不一致与马克思主义社会理论之间还有着一些联系。资产阶级的“悲观”作家，如萨德和尼采等，则打破了这些联系。在霍克海默和阿多诺最悲观的著作《启蒙辩证法》当中，他们加入了“悲观”作家的行列，把启蒙的自我毁灭过程加以概念化。据他们分析，人们不可能再对启蒙的拯救力量抱以希望。本雅明式的绝望在反讽意义上变成了希望：在这个观念的影响下，霍克海默和阿多诺不愿放弃对概念的探讨，虽然他们的探讨充满悖论。我们不想继承这种情绪和立场。然而，后结构主义又激起人们对尼采的关注，从而引发并传播了一些相似的情绪和立场，很容易引起混淆。我想避免这种混淆。

《启蒙辩证法》是一本奇特的书，其中的主要内容是由格蕾特·阿多诺根据阿多诺和霍克海默在圣莫尼卡的谈话所做的笔记。全书完成于 1944 年，三年后由奎里多出版社在阿姆斯特丹出版。第一版在近二十年中一直脱销。正是由于此书，霍克海默和阿多诺在战后前二十年中对联邦德国的思想发展产生了深刻的影响。但此书的历史效果与它的销量之间形成了一种奇特的关系。值得注意的还有此书的结构:它由一篇五十多页的长文、两篇附论和三篇附录组成,而后者占了全书的大半篇幅。这种不太显著的表现形式,使得作者的思路不那么一目了然。

因此,我将首先阐明其中的两个核心主题。(1)对现代性的评价引起了一些问题,从而让我注意到了当下状况:霍克海默和阿多诺为什么力图以激进的方式阐明启蒙;(2)尼采是主张让意识形态批判通过总体化实现自我超越的伟大楷模。把尼采同霍克海默和阿多诺进行比较,能够让我们了解他们的文化批判的不同路径(3),而且也可以激发起我们对启蒙再次具有反思意识的怀疑(4)。

1

在启蒙的传统中,启蒙思想总是被理解为神话的对立面和反动力量。之所以说是神话的对立面,是因为启蒙用更好论据的非强制的强制力量来反对世代延续的传统的权威约束。之所以说是神话的反动力量,是因为启蒙使个体获得了洞察力,并转换为行为动机,从而打破了集体力量的束缚。启蒙反对神话,并因此而逃脱了神话的控制。① 霍克海默和阿多诺则认为启蒙与神话之间具有密谋关系。这在启蒙思想中表现得相当显著:"神话就已是启蒙,而启蒙又变成了神话。"② 这一主题在前言中就

---

① K. 海因里希:《论难以说不》(*Versuch über die Schwierigkeit Nein zu sagen*),Frankfurt am Main,1964。

② 《启蒙辩证法》(*Dialektik der Aufklärung*),Amsterdam,1947,第10页;并请参阅我为该书新版撰写的后记,Frankfurt am Main,1985。

已经说得清清楚楚，在主导论文中得到了阐述，并在对《奥德赛》的阐释中得到了进一步的证明。

该书首先从语文学的角度提出反对意见，认为作者们选择晚期史诗对神话传统（在荷马看来已经有了距离）的加工作为例证，这样做实际上遵守的还是成文原则（petitio principii）。这种疑义显示出了方法论上的优势：

> 在荷马史诗的不同叙述层次中，神话均有所表现。不过，荷马史诗为这些神话所提供的说明，以及用各种散乱的故事强行拼凑起来的统一性，也同样是对主体从神话力量中摆脱出来的描述。[1]

奥德修斯在双重意义上处于流浪状态，他的冒险故事反映出了从神话力量当中摆脱出来的主体性的史前史。神话世界并非家园，而是人类为了自身认同必须逃出的迷宫：

> 思乡病使得主体性摆脱了史前世界的束缚，开始了一段冒险的征途，因此，《奥德赛》所呈现的就是主体性的历史。所以说，史诗的典型悖论恰恰在于这样一个事实：家乡的观念是与神话相对立的，而法西斯主义则错误地把神话表现成了家乡。[2]

可以肯定，神话叙述召唤个体经由族链回到源始。祭祀仪式本来应当消除与源始的疏远，并打消由此而带来的内疚，可它

---

① 《启蒙辩证法》，第 61 页。
② 同上，第 96 页及下页。

们同时也加深了这一裂痕。源始神话包含着“起源”的双重含义:对失去根基的恐惧和由于逃离而带来的舒心。因此,霍克海默和阿多诺把奥德修斯的狡诈还原为祭祀行为最内在的秘密。祭祀行为内部就存在着一种欺骗:人们怎样才能通过奉献象征性的替代品,而变赎掉复仇力量的诅咒。[①]神话的这一层含义标示出了一种意识立场的内在矛盾,对于这种意识立场而言,仪式行为既是现实,也是表象。通过仪式回到源始的再生力量,对于集体意识而言,是非常必要的。(正如涂尔干所说),源始保证了社会的统一。但是,纯粹在表象中回到源始,同样也是必要的,部落共同体中的成员为了形成自我,同时也必须远离源始。这样,同时被神圣化和智取的源始力量,在主体性的原始历史中已经处于启蒙的第一阶段。[②]

对源始的疏远如果意味着解放的话,那就意味着启蒙成功了。但神话力量证明自身是一种延缓因素,它阻遏了人们所追求的解放,也不断拖延源始对个体的约束,在个体看来,这种约束就是监禁。因此,霍克海默和阿多诺认为,启蒙是一个总体性过程,它处于两端之间。而控制神话力量的过程则应当在一个新的阶段上唤起对神话的复归。启蒙应当退化为神话。霍克海默和阿多诺他们也是用奥德修斯阶段的意识为这个主题提供论证的。

他们在《奥德赛》中一段一段地去寻找,力图发现奥德修斯通过冒险获得自我所付出的代价,一如精神从意识经验中得到

---

① “这必定是人类最古老的经验:通过牺牲这种方式与神之间的象征性交往是很不实际的事情。尽管通行的非理性主义很时兴,但它极力宣扬的祭祀的表现作用,是与人的牺牲的神圣作用分不开的:通过将命中注定的牺牲者奉为神圣,像祭司那样把死亡合理化,从而进行欺诈。”(《启蒙辩证法》,第66页)

② 同上,第60页。

加强和稳固；作为现象学家的黑格尔，带着同样的意图向我们讲述了意识的这些经验，一如荷马和伊壁鸠鲁学派讲述冒险家。史诗讲述的是危险、狡猾、逃避和自我担当的弃绝等。通过弃绝，自我学会了征服危险，并获得了自我认同，但同时也告别了远古时代与内在自然和外在自然融为一体所带来的幸福。塞壬的歌声让我们想起了过去"人与自然融为一体"的幸福时光；奥德修斯让自己沉溺于诱惑之中，而他已经知道他身处困境：

> 人类对其自身的支配，恰恰是以自我本身为依据的，它几乎总是会使其得以发挥作用的主体遭到毁灭；因为持存所支配、压迫和破坏的实体，不是别的，只是生命，是生命的各种各样的功能，也就是说，在实现自我持存的过程中，必须找到这些功能所特有的定义：实际上，就是究竟要维持什么的问题。①

这里提供给我的是这样一种形象：人通过压抑他们的内在自然而学会把握外在自然，并由此形成自己的认同。这种形象为我们揭示启蒙过程的两面性提供了一种描述模式：断念、自我掩饰、自我与他的本性交往的中断等，被解释为牺牲内向化的结果。一旦自我发现他必须与牺牲行为交融时，曾用牺牲智取神话的自我就会再一次被神话命运所征服：

> 尽管在废除牺牲的过程中产生了能够始终维持同一性的自我，但自我很快就会变成一种顽固僵硬的祭祀仪式，在这种仪式中，人们只有通过把自我意识与自然条件对立起

---

① 《启蒙辩证法》，第 71 页。

来,才能宣布自身的胜利。①

也就是说,在启蒙的世界历史过程中,人类不断远离它的源始,但并没有摆脱神话的不断施压。彻底合理化的现代世界只是在表面上实现了解神秘化;恶魔般的物化和沉闷的孤立等诅咒还是萦绕不去。这种解放是空洞的,是麻木不仁的现象,但它们表现出了源始力量对必须解放却又没有得到解脱的人的复仇。合理克服外在自然力量的压力把主体引上了教化的过程,而教化过程为了强烈的自我持存把生产力提升了绝对的高度,却使超越了纯粹自我持存的和解力量急剧萎缩。启蒙的永恒标志是对客观化的外在自然和遭到压抑的内在自然的统治。

这样,霍克海默和阿多诺就改变了韦伯的著名命题:韦伯认为,在现代世界当中,古老的神灵已经失去了魔力,但它们从其坟墓中走了出来,以一种非人化力量的形态,要恢复恶魔间不可调解的争斗。②

读者如果不想被《启蒙辩证法》的修辞所迷惑,而想退而认真对待文本的哲学意义,他们就会有这样的印象:

——这本书中所讨论的主题和尼采用同样的方法对虚无主义所做的诊断一样,具有冒险色彩。

——两位作者都意识到了这一冒险。但与表面现象相反,他们始终努力为他们的文化批判提供论证。

——不过,这样做所要付出的代价就是抽象和简化,从而使他们所讨论的内容的可信性成了问题。

---

① 《启蒙辩证法》,第70页。

② 马克斯·韦伯:《学术作为志业》('Wissenschaft als Beruf'),载其:《科学论集》(*Gesammelte Aufsätze zur Wissenschaftslehre*),Tübingen,1968,第604页。

我想先来检验一下这个印象是否正确。

理性破坏了它自身所激发起来的人性：正如我们所看到的，在第一篇附录中，这一影响深远的主题的根据在于：启蒙过程从一开始就得益于自我持存的推动，但这种推动使理性发生了扭曲，因为它只要求理性以目的理性控制自然和控制冲动的形式表现出来，也就是说，它只要求理性是工具理性。但这样的看法并没有阐明，理性在其最近的产品中——比如现代科学、普遍主义的法律观念和道德观念等——臣服于目的理性的专制统治。主打论文“启蒙的概念”以及附论“启蒙与道德”和“论文化工业”，都是要证明这一点。

阿多诺和霍克海默坚持认为，现代科学在逻辑实证主义当中形成了自我意识，它为了技术上的有效性而放弃了理论知识的要求：

> 对既定事物本身的理解，不仅要理顺那些可以恰好把握事实的抽象时空关系，而且要反其道而行之，把这种关系只看作是纯粹表面的东西，看作是只有在社会、历史和人类的发展意义上才能实现的中介概念因素等等——所有这些认识要求都得放弃。①

早先对实证主义科学观的批判，发展成为对整个科学的不满，他们认为科学已经完全被工具理性所同化。沿着《朱莉埃特》(*Histoire de Juliette*)和《论道德的谱系》这条线索，霍克海默和阿多诺试图进一步指出，理性已经被逐出了道德和法律领域，因为随着宗教—形而上世界观的崩溃，一切规范标准在惟一保

① 《启蒙辩证法》，第 39 页。

留下来的科学权威面前都名声扫地：

> 根本无法从理性中得出彻底掩饰谋杀这一现象的论据。相反，这种不可能在全世界范围内煽起了进步分子对萨德和尼采的刻骨仇恨。①

还有：

> 他们没有预见到，形式主义理性更容易与道德，而不是与不道德发生紧密的联系。②

他们从早期对元伦理的道德阐释的批判转向赞同伦理怀疑主义，这实在具有讽刺意味。

最后，霍克海默和阿多诺力图通过对大众文化的分析来证明，随着娱乐的兴起，一切艺术的革命力量都受到了影响，而且，艺术也失去了所有的批判内涵和乌托邦内涵：

> 这种能够使艺术作品超越现实的因素，并不是从风格中形成的；同时也不是一种已经实现的和谐，不是形式与内容、内在与外在、个人与社会所形成的值得怀疑的一致性；只有在不一致的情况下，我们才有可能发现这些特征：对一致性的迫切寻求必然会导致失败。为了避免出现这种失败，所有伟大的艺术作品都会在风格上实现一种自我否定，而拙劣的作品则常常要依赖于与其他作品的相似性，依赖

① 《启蒙辩证法》，第 142 页。

② 同上，第 141 页。

于一种具有替代性特征的一致性。在文化工业中，这种模仿最终变成了绝对的模仿。[①]

霍克海默和阿多诺早期对资产阶级文化肯定特征的批判，上升为对所谓不可修正的反讽式公正判断的愤怒。因为这种判断使得早就意识形态化的艺术彻底成为大众文化。

对于科学、道德和艺术而言，论证的思路是一致的：文化领域已经分化，宗教和形而上学所体现的实质理性已经崩溃，从而使得孤立的理性环节完全失去了意义，以至只能作为为狂热的自我持存服务的合理性。在文化现代性当中，理性最终被剥夺了有效性要求，并与纯粹的权力等同了起来。理性失去了采取"肯定"立场或"否定"立场的批判能力，失去了区别有效命题和无效命题的能力，因为权力要求与有效性要求已经同流合污了。

我们如果把工具理性批判还原到这样一个焦点上面，我们就会看得很清楚，《启蒙辩证法》为什么会用如此惊人的手法简化现代性的图景。文化现代性所特有的尊严在于韦伯所说的价值领域的分化。但是，随着价值领域的分化，否定力量和在"肯定"与"否定"之间亮明立场的能力，不会受到损害，反而会得到加强。因为，这样我们就可以按照它们自身的逻辑来处理和阐明真理问题、正义问题以及趣味问题。不过，和资本主义经济、现代国家一道，也越来越显示出这样一种趋势：把一切有效性问题都纳入到追求自我持存的主体或追求自我捍卫的系统所具有的有限的目的理性视野之中。但是，和理性的这种社会倒退倾向之间构成竞争关系的，绝非理性不断分化的卑劣冲动——这是一种由生活世界和世界观的合理化所引起的冲动，理性也因

① 《启蒙辩证法》，第156页。

此而具有一种程序特征。由于自然主义把有效性要求与权力要求等同了起来,由于批判力量已经消失殆尽,专家文化形式获得了独立,在这些专家文化当中,一个明确的有效性领域有助于让命题真实性、规范正确性和真诚性等有效性要求获得自己的独特意义,也有助于它们获得一种外在生命力,而这种生命力由于脱离日常交往实践而受到了损害。

《启蒙辩证法》并未妥善处理资产阶级理想中所确立并被工具化了的文化现代性的合理内涵。我这里所指的是推动科学以及科学的自我反思不断超越技术知识革新的理论动力,此外还有法律和道德的普遍主义基础,它们在宪政民主制度、民主意志结构以及个体主义认同模式当中也都有着体现,虽然这种体现总是受到扭曲,而且也不完整。最后还有审美经验的创造性和冲击力,它是主体性在摆脱目的行为命令和日常知觉惯例时从自身的解中心化过程中所获得的。这些审美经验体现在先锋派艺术作品当中,体现在艺术批评话语当中,并在自我实现所特有的革命价值领域中发挥了一定的启示功能,至少具有一种有益的对比作用。

如果这些关键词足以用来补充我的论证的话,那么,它们就可以为我们的直觉印象提供支持:所谓直觉印象,我们说得谨慎一点,就是我们最初在阅读这部著作时所发现的缺憾和偏见。读者有这样的感觉是非常正确的:泛泛而论没有充分注意到文化现代性的本质特征。但这样一来,就涉及到了霍克海默和阿多诺在写作过程中可能有的动机问题:有了这些动机,他们才会深入地批判启蒙,致使启蒙设计自身面临重重危险。《启蒙辩证法》根本就没有告诉我们如何才能摆脱目的理性的神话暴力。为了澄清这一问题,我想首先明确一下马克思的意识形态批判在启蒙过程中所占据的位置,由此再进一步阐明霍克海默和阿多诺为什么会认为他们必须放弃和超越这一批判模式。

2

至此，我们只是从主体对待源始力量的模糊态度的角度，即从解放的认同角度，初步阐述了神话思维模式。霍克海默和阿多诺把启蒙看作是摆脱命运力量的失败努力。空洞而无望的解放，依然让神话力量的诅咒战胜了逃避者。对神话思想和启蒙思想的另一维度的描述，只出现在少数地方：在这些地方，解神话的途径被明确为基本概念的转换和分化。神话具有一种总体化力量：它把一切表面上可以感知的现象结合成一个普遍联系的网络，其中充满了对立关系和一致关系，而神话的这种总体化力量源自现代不再适合现代世界观的基本概念。比如语言，作为表达中介，语言并没有完全从现实中抽象出来，从而使得常规符号与语义内涵以及指涉物彻底分离开来。语言世界观与世界秩序是交织在一起的。如果没有对事物的秩序和部落的认同构成威胁，神话传统是不会改变的。有效性范畴，诸如"对"与"错"、"善"与"恶"等，依然是和交换、因果性、健康、物质和财富等经验概念融为一体的。神秘思维不允许在基本概念上分清物与人、有灵魂的与无灵魂的、可以操纵的对象与具有行为和语言表达能力的主体。只有解神话化才能驱除魔障，在我们看来，它混淆了自然与文化。启蒙的过程导致了自然的非社会化和人类世界的非自然化。借用皮亚杰的说法，这个过程可以说是世界观的解中心化过程。

传统世界观最终世俗化了，作为一种不断变化的解释，它可以同世界本身区分开来。外部世界分化为存在者的客观世界和规范的社会世界（或由规范的人际关系调节的社会世界）。这两个世界都脱离了主观体验的内在世界。正如韦伯所说，这个过程在世界观的合理化当中得到了继续，而作为宗教和形而上学，这些世界观又得益于它们自身的解神话化。如果说合理化(比如在西方传统中)即便在面对神学基本概念和形而上学基本概念的时候也没有望而却步，那么，有效性的关系领域就不仅仅摆脱了混杂的经验，而且还依据真实性、规范正确性、主观真诚性在内部进行了分化。[①]

我们如果以这种方式来描述神话与启蒙之间的复杂过程，认为这是一种解中心化的世界观的挑战，我们就可以确定意识形态批判程序可能出现的场合。只有当意义关联和现实关联、内在关系和外在关系都很明确时，只有当科学、道德和艺术各自都针对一种有效性领域，各自按照自己的逻辑发展，并摆脱了宇宙论、神学和巫术思想的干扰时，才会出现一种怀疑，认为一种理论(经验主义的也好，规范主义的也好)所要求的有效性自主性是一种表象，因为不同的兴趣和权力要求已经潜入了它的机体之中。由于怀疑而产生的批判力图表明，遭到怀疑的理论在它们要求具有有效性的命题当中已经表达出了一种依附性，如果没有失去可靠性，这种依附性也就不可能得到承认。如果批判试图阐明的是，理论的有效性没有完全从它的发生语境中分离出来，理论的背后还隐藏着权力与有效性不应有的混杂，而且，理论也因此而获得了自己的声誉，那么，批判就变成了意识形态批判。意识形态批判试图指出的是：在意义关联和现实关联之间进行明确区分的基础上，这些内在关系与外在关系是怎样混合起来的——这些关系之所以出现混乱，原因在于，有效性要求是由权力关系来决定的。意识形态批判自身并不是一种可

---

① 哈贝马斯:《交往行为理论》。

以与其他理论并列而行的理论，相反，意识形态批判纯粹是对特定理论命题的运用。依靠这些理论命题，意识形态批判对遭到怀疑的理论的真实性提出质疑，为此，它揭示了这些理论的非真实性。意识形态批判继续把启蒙过程推向前进，为此，它指出，一种以解神话化为前提的理论依然受到神话的约束，还存在着一种以为得到克服的范畴错误。

有了这样一种批判，启蒙第一次具有了反思意识。而启蒙完成自我反思，依靠的就是它自己的产物——理论。不过，一旦意识形态批判本身被怀疑再也不能产生真实性时，启蒙的戏剧性就达到了高潮，这样，启蒙也就第二次具有了反思意识。于是，怀疑也就波及到了理性：意识形态批判在资产阶级理想当中发现了理性的标准，并且坚持这些标准。《启蒙辩证法》完成了这一步，它甚至使批判独立于自身的立足点。那么，霍克海默和阿多诺为何认为他们有必要迈出这一步呢？

批判理论最初是在霍克海默的圈子中发展起来的，目的是要研究由于西方革命的缺席、斯大林主义在苏联的发展以及法西斯主义在德国的上台而造成的政治沮丧。批判理论试图阐明马克思主义所作的错误预测，但并没有打算彻底告别马克思主义立场。明确了这样一个背景，我们也就可以理解，为什么在第二次世界大战这样一个最困难的时期，人们会获得这样的印象：理性的最后一点光芒已经从现实中彻底消失了，剩下的只是坍塌的文明废墟和不尽的绝望。青年阿多诺从本雅明那里吸收的自然历史观念[①]，看来以一种未曾预见的方式获得了实现。历史在它快速发展的瞬间，凝固成了自然，并蜕变为无法辨认的希

① 阿多诺：《全集》(*Gesammelte Schriften*)，第 1 卷，Frankfurt am Main，1973，第 345 页以下。

望之乡。

当然,这些历史学的解释和心理学的解释,只有在显示出一种系统的动机的时候,才能在理论领域引起人们的兴趣。事实上,政治经验肯定会影响到法兰克福学派在二十世纪三十年代所坚持的历史唯物主义立场。

在一篇有关“哲学与分工”的笔记中,有一段读起来刚好像是对批判理论经典时期的概括:

> (哲学)很清楚,根本就不存在行之有效的抽象的规范和目标,可以用来代替现实的规范和目标。哲学推理现实的自由正在于:哲学未经进一步的思考,就接受了资产阶级理想,尽管这些资产阶级理想不是被扭曲了,就是早已被现状的代言人宣布了;尽管它们有可能受到操纵,它们还是可以被看作是现存制度的客观意义,无论是技术层面上的客观意义,还是文化层面上的客观意义。[1]

由此,霍克海默和阿多诺提醒人们注意马克思主义的意识形态批判,其出发点在于,“资产阶级理想”当中表达出来并在“制度的客观意义”当中得到体现的理性潜能具有两面性:一方面,它赋予统治阶级意识形态一种带有欺骗性的外衣,显得像是可靠的理论;另一方面,它又为对一些理论形态的内在批判提供了出发点,这些理论形态成为了普遍兴趣,而实际上只为社会统治集团提供服务。意识形态批判借助误用的观念,揭示了自身当中所潜藏的理性环节,并把这些观念当作一种命令,认为如果过剩的生产力还在向前发展,那么,这种命令就会在社会运动当

① 《启蒙辩证法》,第 292 页。

中得到落实。

二十世纪三十年代，批判理论家们还从历史哲学的角度对资产阶级文化中的理性潜能抱以部分的信任，认为在生产力的发展压力下，这些理性潜能会得到释放。在此基础上，他们制定了一个跨学科的研究计划，其研究成果就是若干卷的《社会研究杂志》。根据批判理论的发展过程，杜比尔阐述了为何到了二十世纪四十年代初期，批判理论的这点信任也消失殆尽①，以至霍克海默和阿多诺认为，马克思主义的意识形态批判已经过时，而且他们也不再认为可以用社会科学的工具来兑现社会批判理论的诺言。相反，他们把意识形态批判推向极端和自我超越，而意识形态批判本来应当要完成对启蒙的启蒙。《启蒙辩证法》的前言就是以如下的坦白开头的：

> 许多年以来，尽管我们早就认识到，现代科学研究中的许多重大发现，都是靠牺牲理论结构换来的，但我们始终认为，现代科学研究还是值得坚持的。因此，我们的研究仅限于批判和继承专业学说，起码在主题上还拘泥于传统学科，比如社会学、心理学和认识论。但是，我们在这里所编的断片充分表明，我们必须放弃对当代意识的这种信任。②

如果这些悲观作者的怀疑意识道出了资本主义文化的某些实情，那么，意识形态批判就丝毫也没有保留下它所追求的东西。而如果生产力与它试图打破的生产关系进入一种有害的共

---

① H. 杜比尔：《科学组织与政治经验》(*Wissenschaftsorganisation und politische Erfahrung*)，Frankfurt am Main，1978，第一部分。

② 《启蒙辩证法》，第5页。

生关系的话，那么，就再也没有任何动力可以让批判燃起希望。霍克海默和阿多诺发现意识形态批判的基础已经动摇了，但他们依然想坚持启蒙的基本框架。因此，他们把启蒙对神话所做的一切再一次完整地应用到启蒙过程当中。由于他们反对理性作为其有效性的基础，所以，意识形态批判变成了总体性批判。可是，我们应当如何来理解批判的总体化和独立化呢？

3

意识形态的怀疑虽然具有了总体性，但并没有改变方向。它不仅反对资产阶级理想的非理性功能，而且反对资产阶级文化本身的理性潜能，并因此而波及到一种具有内在程序的意识形态批判的基础。但其意图没有改变，依然是发挥一种揭示功能。没有改变的还有理性怀疑主义渗透进去的思维模式：现在，理性自身被怀疑成了权力要求和有效性要求的有害混合，但这仍然是启蒙的意图。霍克海默和阿多诺试图借助"工具理性"概念，对篡夺理性地位的算计性的知性进行清算。[①] 这一概念同时也提醒人们，一旦目的理性膨胀成为总体性，也就取消了有效性要求与自我持存要求之间的区别，进而摧毁了有效性和权力之间的壁垒，消解了现代世界观以为彻底克服神话就可以实现的基本概念的分化。作为工具理性，理性把自身与权力混同起来，并因此而放弃了批判力量——这是应用于自身的意识形态批判的最后总暴露。意识形态批判用一种反讽的方式描述了批

---

① 请特别参阅霍克海默：《工具理性批判》（*Zur Kritik der instrumentellen Vernunft*），1947，Frankfurt am Main，1967。

判力量的自我毁灭过程，因为它在描述时依然要用已被宣判死刑的批判。它用自身的武器来谴责启蒙的总体化。阿多诺显然认识到了总体化批判所具有的这种内在矛盾。

阿多诺的《否定辩证法》读起来像是在继续解释，为什么我们必须坚持思考这一内在矛盾，为什么只有这种矛盾的持续展开才提供了一种视角，让我们认识到主体对自然几乎带有魔幻色彩的铭记，而“一切文化当中未被认识的真理都包含在主体对自然的铭记当中”。[①]《启蒙辩证法》完成之后的二十年里，阿多诺依然保持着这样一种哲学冲动，从未回避总体化批判思维的悖论结构。这样始终如一实在了不起，堪与尼采相媲美，因为尼采的《论道德的谱系》是启蒙第二次反思的伟大范例。尼采把悖论结构推到了一边，用一种权力理论解释了现代性当中理性与权力的混同，而这种权力理论将自身再神话化，以审美断片的修辞要求代替了真理要求。尼采示范了如何把批判总体化的过程。不过，他最终却发现有效性与权力的结合是可耻的，因为它妨碍了一种被美化的权力意志，而这种权力意志充满了艺术创造力。通过与尼采进行比较，可以看出，总体化的批判没有固定的发展路线。在坚定的反启蒙的理论家当中，正是尼采把反启蒙推向了极端。[②]

霍克海默和阿多诺对尼采的态度是很矛盾的。一方面，他们承认，尼采是“黑格尔之后少数几个能发现启蒙辩证法的人之一”[③]。他们自然也接受了“关于统治与理性同一性的无情学

---

① 《启蒙辩证法》，第 55 页。

② 和他的新保守主义传人一样，尼采也把自己打扮成“反社会学家”，请参阅 H. 拜尔：《社会：死去上帝的悠长阴影》（‘Die Gesellschaft-ein langer Schatten des toten Gottes’），载：《尼采研究》，第 10/11 卷，Berlin，1982，第 6 页以下。

③ 《启蒙辩证法》，第 59 页。

说”[1],即关于意识形态批判通过总体化而达到自我克服的学说。另一方面,他们又不能忽略这样一点:黑格尔是尼采的杰出对立面。尼采如此坚定不移地反对理性批判,以至于否定——由于理性自身变得不可靠,因而霍克海默和阿多诺想作为惟一可靠的标准而保留下来的程序——也都失去了尖锐性。尼采的批判耗尽了批判自身的冲动:

> 作为对文明的一种对抗,统治者道德相反却代表着被压迫者。对衰微的本能的憎恨,实际上暴露出了统治者的真实嘴脸。这在他们的受害者那里就可以得到说明。但是,统治者道德作为强权和国教,却完全依赖着文明的力量,这支文明的力量就是那些密集的大众、切齿的仇恨以及与它曾经势不两立的一切。尼采的论点在实现过程中不仅驳斥了自身,同时又显露出了真实性。尽管其中充满了对生命的欢呼,但它与现实的精神还是针锋相对的。[2]

这种对尼采的矛盾心理是有启发意义的。由此可以看到,《启蒙辩证法》更多是归功于尼采,而不是得益于一种反对自身的意识形态批判策略。但始终没有得到澄清的是,他们在一定意义上又表现出对西方理性主义成就的冷漠。两位启蒙主义者怎么会如此低估文化现代性的合理内容,以至于他们所观察到的一切都是理性与统治、权力与有效性的混合呢?难道他们也受到尼采的启发而从已经获得独立的审美现代性的基本体验中赢得其文化批判的标准?

---

① 《启蒙辩证法》,第143页。

② 同上,第122页。

令人吃惊的首先是他们在内容上的一致性。[①] 霍克海默和阿多诺为"主体性的源始历史"所设定的基础结构，在每个细节上都与尼采的理论有着相似的地方。尼采认为，一旦人被剥夺了他们的"外在"本能，他们就不得不依赖于"意识"，也就是依赖于把外在自然对象化和扭曲化的机器：

> 他们被还原为对因果的思考、推断、计算以及联系。这些不幸的人啊。[②]

然而，与此同时，古老的本能必须得到驯化，找不到出路的需求本性必须受到压抑。在这样一个冲动与内在化的过程中，形成了一种内在自然的主体性，而且是打着"弃绝"或"恶劣良知"的旗号：

> 所有不能向外宣泄的本能都向内转了，这就是我所说的人的内在化。这是人第一次发展了后来被称为"灵魂"的东西。整个内在世界本来像是夹在两层皮中间那么薄，而现在，当人的外向发泄受到限制时，内在世界就相应地向所有的方向发展，从而有了深度、宽度和高度。[③]

最后，统治外在自然和内在自然的两个因素在人对人的统治制度中联系到了一起，并被固定了下来：

> 社会和和平的禁令都是建立在制度之上，因为它们强

---

① P. 普茨：《尼采与批判理论》('Nietzsche im Lichte der Kritischen Theorie')，载：《尼采研究》，Berlin，1974，第 175 页以下。

② 尼采：《全集》，第 5 卷，第 322 页。

③ 同上。

> 迫人们自我克制。那个被国家组织用来保护自己免受古老自由本能侵害的可怕屏障——惩罚是这个屏障中最主要的部分——使得野蛮人、自由人、漫游者的所有本能都转而反对人自身。①

同样，尼采的知识批判和道德批判也预设了霍克海默和阿多诺用工具理性批判形式所阐述的思想：在实证主义的客观性理想和真实性要求背后，在普遍主义道德的禁欲理想和正确性要求背后，潜藏着自我持存和统治的绝对命令。实用主义认识论和道德冲动学说把理论理性和实践理性揭示为纯粹的虚构，其中，权力要求为自己的缺席找到了一个有力的证辞——借助于想像力和"隐喻化的冲动"，外部刺激只是为相应的投射反应和一系列的阐释提供了一个契机。而在这些阐释背后，文本消失不见了。②

但是，尼采用不同于《启蒙辩证法》的视角来考察现代性。也正是这一视角告诉我们，为何客观化的自然和道德化的社会会堕落成同样的神秘力量（或者是颠覆性的权力意志，或者是工具理性）的表现形式。这些表现形式虽然不同，但相互联系。

这一视角是和审美现代性、解中心化的主体性一道打开的，主体性坚持自我揭露，并在先锋派艺术当中体现出来，摆脱了一切认识和目的行为的束缚，也摆脱了一切劳动和功利的绝对命令。尼采不仅是马拉美的同时代人和精神上的同路人③；他不

---

① 尼采：《全集》，第5卷，第322页。

② 哈贝马斯："后记"，载尼采：《认识论著作集》（*Erkenntnistheoretische Schriften*），Frankfurt am Main，1968，第237页以下。

③ G. 德勒兹：《尼采与哲学》（*Nietzsche und die Philosophie*），München，1976，第38页以下。

仅仅吸收了瓦格纳的晚期浪漫主义思想;先锋派意识在二十世纪文学、绘画和音乐中获得客观表现,并在阿多诺的《美学理论》当中得到探讨之前,尼采第一个将审美现代性概念化。他赞美瞬间,颂扬动力,推崇现实性和新颖性,所有这一切都表达出一种具有美学动机的时间意识,表达出一种对于未被玷污的断裂的当下的渴望。超现实主义者具有一种无政府主义的意图:打破沉沦历史的连续性,而这种意图在尼采这里已经露出端倪。审美反抗的颠覆力量,后来也激发了本雅明甚至还有魏斯的反思,而它早在尼采反对一切规范的经验中已经形成。正是这种力量把道德上的善和实际中的功用都中立化了,并在秘闻与丑闻的辩证法当中、在对世俗恐惧的陶醉当中表现了出来。尼采认为,苏格拉底和耶稣是伟大的对手,他们是真理信仰和禁欲理想信仰的维护者:正是他们否定了审美价值。尼采坚信,只有艺术——"在艺术当中,谎言变得神圣,欺骗的意志也变得神圣"①,只有审美恐怖,才不会被科学和道德的虚构世界所迷惑。

尼采把趣味("对味觉的肯定与否定"②)提高为惟一能够超越真理与谬误、善与恶的"认识"工具。他把艺术批评家的趣味判断提高为价值判断的模式,提高为"估价"的模式。批评的正当意义就是价值判断的意义,它建立了一种等级秩序,用以权衡事物、衡量力量。所有的解释都是估价。"肯定"表达的是高估,"否定"表达的则是低估。"高"和"低"表明的是肯定和否定两种不同的立场。

值得注意的是尼采如何不断地暗中破坏对可以批判检验的

---

① 尼采:《全集》,第5卷,第402页。

② 同上,第158页。

有效性要求所持的肯定立场或否定立场。尼采首先贬低了断言命题的真实性和规范命题的正确性，为此，他把有效性与非有效性还原为积极的价值判断和消极的价值判断；也就是说，他把复杂命题（比如“P是真的”，“H是对的”），即我们为陈述命题和应然命题要求有效性的复杂命题还原为简单的评价命题。通过评价命题，我们表达的是价值判断；也就是说，我们强调真理高于谬误、善高于恶。这样，尼采就把有效性要求重新解释为了偏好，并提出了这样的问题：“假设我们更喜欢真理（或公正）：那么，我们为什么不是更喜欢谬误（和不公）呢？”[①] 而正是趣味判断，回答了真理和公正的“价值”问题。

当然，在这些基本的价值判断背后，有可能隐藏着一种建筑术。正如我们在谢林那里所看到的，这种建筑术把理论理性和实践理性的同一性扎根到审美判断力当中。尼采要想把理性和权力彻底等同起来，就必须消除一切价值判断的认知意义，并证明在估价的肯定或否定立场中所表现出来的，只有纯粹的权力要求，而再也没有任何有效性要求。

从语言分析角度来看，下一步论证的目的就在于把趣味判断和绝对命令等同起来，把估价与意志表达等同起来。尼采讨论了康德对趣味判断的分析[②]，目的是为了证明自己的观点：估价必然是主观的，而且不可能与主体间的有效性要求有关。非功利的愉悦，以及非个人特征的幻觉、普遍性的审美判断等，只有在旁观者的眼里才会出现。但从创造性的艺术家的角度来看，我们发现，价值评估是由价值创造引起的。生产美学展示出来的是创造价值的天才艺术家的体验：在他眼里，价值评估受到

---

① 尼采：《全集》，第5卷，第15页。

② 同上，第346页及下页。

“价值创造”[1] 的主宰。价值设定的创造性制定了估价的法则。因此,趣味判断所要求的有效性当中表达出来的,只是“审美激发起来的意志”。一种意志是对另一种意志的回应,而一种力量则是对另一种力量的控制。

这就是尼采从估价的肯定立场或否定立场出发得出权力意志概念的思路,为此,尼采把这些立场的一切认知要求都剔除得干干净净。美是“权力意志的兴奋剂”。权力意志的审美核心是一种感觉能力,我们可以用无数的方法把它刺激起来。[2]

然而,如果思想根本无法活跃在真理环节即有效性要求环节当中,那么,矛盾和批判将失去其意义。[3] 矛盾和否定所追求的意义仅仅在于:“想要不同。”所以,尼采在展开其文化批判时不会简单地满足于此。他的文化批判不应当仅仅是一种鼓动,而应当阐明,承认敌视生活的科学和普遍主义道德理想的统治,为什么是错误的、不正确的或糟糕的。但是,一旦所有的有效性评价都贬值了,一旦价值判断当中表达出来的是权力要求而不是有效性要求,批判还能依据什么标准来进行区分呢?批判至少要在值得敬重的权力与需要鄙视的权力之间做出区分。

---

① 尼采:《全集》,第 5 卷,第 271 页。

② 在把对待可以批判检验的有效性命题所采取的肯定立场或否定立场还原为对命令式的意志表达所采取的肯定立场或否定立场的过程中,趣味判断发挥着调节功能。当尼采用命题真实性概念对我们语法当中所固有的世界概念进行修正的时候,趣味判断的这种调节功能也就表现了出来:“是什么迫使我们承认在‘对’和‘错’之间有着本质的区别?承认表象具有不同的层面,似乎表象有相对明快的阴影和相对阴暗的阴影,并具有一种总体性——不同的价值,难道还不足以把画家的语言表达出来?为什么和我们多少有些关系的世界不能是一种虚构呢?要是有人问:‘虚构有没有始作俑者?’我们可就不能直截了当地回答说:为什么?这个‘属于’难道不也是一种虚构吗?对待主语难道不能像对待谓语和宾语一样采取反讽的立场吗?哲学家难道就不能超越对语法的依赖吗?”(尼采:《全集》,第5卷,第53页及下页)

③ 德勒兹:《尼采与哲学》,第 114 页以下。

一种权力理论应当有助于我们走出这一困境,并区分开“主动的”力量和纯粹“反应的”力量。但尼采本人不允许这种权力理论作为可错可对的理论。据他分析,他自己是在一个表象世界中活动。在这个世界中,区分开来的是比较明快的阴影与比较黑暗的阴暗,而不是理性与非理性。这是一个似乎已经堕入神话的世界,其中,各种权力相互纠缠,没有什么能够超越权力之争。或许,审美现代性所特有的非历史的观察模式的典型意义在于:每个特定的历史时期为了有利于英勇的现在与最久远和最源始的过去联姻而不惜放弃自己的特征;颓废者想一跃而进入与野蛮人、残暴者和土著居民的联系之中。无论如何,尼采对源始神话构架的革新迎合了这样一种心态:真正的文化堕落已久。远离源始的诅咒落到了现在头上,所以,尼采从反乌托邦的角度把缺席文化的莅临看作是一种复辟和回归。

这一构架并非仅仅具有隐喻意义;它还具有一种系统意义,为一种充满悖论的批判留有余地,而这种批判摆脱了建立在假设基础上的启蒙思想。这即是说,对尼采而言,总体化的意识形态批判转向了他所谓的“谱系学批判”。一旦否定的批判意义遭到悬置,否定的方法失去作用,尼采也就回到了源始神话的层面,它允许超越其他一切层面进行区分:在系谱链条上,老的在先,并更接近源始。更源始,也就意味着更值得尊敬、更高贵,更纯洁、更纯粹——一句话,更好。出身与来源,成了界定社会地位和逻辑地位的标准。

尼采就是在这个意义上把他的道德批判建立在谱系学基础之上。他把道德估价追溯到道德判断者的出身和社会地位那里,而道德估价的目的是要明确一个人或一种行为方式在按照一定的有效性标准建立起来的等级秩序中的地位:

> 这样一个问题为我指出了通向正确道路的方向，这个问题的提出本来是因为在词源学中出现了各种不同的表达“好”的文字符号：在这里我发现所有这些名称都把我们引回到同一个概念转化——基本概念的等级含义往往是“高尚”、“高贵”，由此又必然转化出含有“精神高尚”、“高贵”意思的“好”，含有“精神崇高”、“精神特权”意思的“好”；这一转化又总是伴随着另外那种转化，“普通的”、“粗俗的”、“低浅的”终于被转化成了“坏”的概念。①

因此，权力的谱系学定位获得了一种批判意义：按照出身来说，较早的力量和比较高贵的力量就是主动的力量、具有创造性的力量；而较晚的力量和比较低级的力量，就是反动的力量，它们所表达出来的是一种权力的颠覆意志。

这样，尼采手里就有了概念的武器，借助这种武器，尼采就可以谴责理性信仰及禁欲理想、科学和道德等的贯彻过程仅仅是低级的反动力量在事实上的获胜，并且决定了现代性的命运。众所周知，这些力量应当是从弱者的憎恨和“堕落生命的保护本能和拯救本能”② 当中形成的。③

---

① 尼采：《全集》，第5卷，第261页。

② 同上，第366页。

③ 我在这里感兴趣的是论证的结构。尼采通过追溯一种源始神话形态而坚持揭露者和批判者的立场，当然，前提是他要用意识形态批判的自我关涉来摧毁意识形态批判。《论道德的谱系》中的意识形态内涵则是另外一回事，这里涉及到的是尼采与现代观念的斗争，对于这场斗争，有教养而又蔑视民主的人始终表现出极大的兴趣，请参阅：R. 毛雷尔：《尼采与批判理论》（'Nietzsche und die Kritische Theorie'）；G. 罗尔莫泽：《尼采的道德批判》（'Nietzsches Kritik der Moral'），载：《尼采研究》，Berlin，1982，第34页以下和第328页以下。

4

上面我们追溯了自我关涉的总体化批判的两种不同形式。霍克海默、阿多诺与尼采一样身陷尴尬:如果他们不想放弃揭露的终极性,仍想继续进行批判,他们就必须保留一种标准,用来解释一切理性标准的堕落。面对这一悖论,批判在自我兜圈子过程中迷失了方向。它有两种不同的选择。

尼采一直都试图在权力理论中寻求出路,因为批判所暴露出来的理性与权力的混合,已经把世界抛入不可调和的权力斗争当中,如同神话世界一样。经由德勒兹的解释,尼采在法国结构主义那里被认为是权力理论家,这是有道理的。福科在他新近著作中用权力策略的多样性来代替(马克思和弗洛伊德在启蒙传统中发展起来的)关于统治的压抑模式。这些权力策略相互交织,前后接续,不同之处只是在于话语形态和紧张程序。但它们不能以其有效性来加以判断,这和用有意识的处理冲突来应对无意识的处理冲突是不一样的。[①]

不过,关于主动力量与纯粹反动力量的学说,依然不能为批判走出困境指明出路,因为批判攻击到了其自身的有效性前提。这种学说最多只能为超越现代性的视野打开通道。如果权力要求和有效性要求之间的绝对区分构成了任何一种理论工作的基础,那么,这种学说就还缺乏根基。因此,揭露作用自身也在不

---

① H. 芬克-艾特尔:《福科的权力分析》('Michel Foucaults Analyse der Macht'),载 F. A. 基特勒(编):《精神在精神科学中的缺席》(*Austreibung des Geistes aus den Geisteswissenschaften*),Paderborn,1980,第 38 页以下;A. 霍耐特、H. 约阿斯:《社会行为与人的本性》(*Soziales Handeln und menschliche Natur*),Frankfurt am Main,1980,第 123 页以下。

断变化：不是对威胁同一性的混乱局面的洞察引起震惊，就像在开玩笑的时候，一旦把握住要点就会引起捧腹大笑。引起震惊的是对解分化的肯定，是对打倒范畴的肯定，因为这些范畴可能会引起误解、遗忘或口误，从而导致威胁同一性的范畴错误，或导致艺术的表象。这一倒退依然用解放力量为反启蒙提供服务。

霍克海默和阿多诺做出了另一种选择，为此，他们激化和公开不断自我超越的意识形态批判的内在矛盾，而根本没有想从理论上去克服这一矛盾。由于任何一种理论在已有的反思水平上都失去了根基，因此，他们放弃了理论，并为此而把“确定的否定”付诸实践，坚决反对把理性与权力混同起来，反对堵塞一切缝隙。

> 确定的否定对绝对和偶像中尚不完满的观念予以拒斥，而严肃主义则不同，后者想用它本身无法企及的绝对理念来对照上述绝对和偶像。与此相反，辩证法却要把每一种图像解释为文字，它要人们根据图像的特点来认明它的虚假性，或者使其失去效力，或者使其符合真实。因此，语言不是一个单纯的符号系统。黑格尔通过“确定的否定”这一概念，揭示出了把启蒙运动与所谓的实证主义倒退区别开来的因素。①

付诸实践的矛盾精神，是残余下来的“毫不妥协的理论精神”。这种实践如同诅咒，目的是要把冷酷进步中的野蛮精神

---

① 《启蒙辩证法》，第36页。

(Ungeist)转变为“它自身的目标”。[①]

哲学曾用它的终极论证占领了某些领域。在这些领域，谁如果还坚持一种悖论，他就不仅仅是持有一种尴尬的立场。除非他能说服人们相信，除此之外根本没有任何其他出路。摆脱困境肯定是十分尴尬的，否则就会有一条出路，同时也是一条退路。但我相信，事实就是这样。

与尼采进行比较之所以具有启发意义，是因为他把我们的注意力引向了指导和推动时代诊断的审美经验视野。我已经阐明了尼采是如何将理性环节从它同理论理性和实践理性的关联中分解出来的。这个理性环节活跃在审美—表现价值领域，特别是活跃在先锋派艺术和先锋派艺术批评当中。我也阐明了，尼采是如何以非理性的“价值判断”作为主线，把审美判断力描述为一种超越善与恶、对与错的分辨能力。沿着这样的思路，尼采获得了文化批判的标准，由此揭露了科学和道德同样也是病态的权力意志的意识形态表达，正如《启蒙辩证法》谴责科学和道德是工具理性的体现一样。由此可以推论，霍克海默和阿多诺从相同的经验视野出发来把握文化现代性，同样充满了强烈的善感性，使用的同样也是狭隘的视角——从而使得他们对交往理性的足迹和现存形式视而不见。阿多诺晚期哲学的结构也充分说明了这一点：《否定辩证法》与《美学理论》相互支持，相互指涉，前者阐明的是非同一性的悖论概念，后者揭示的则是先锋派艺术作品中所隐藏的模仿内涵。

霍克海默和阿多诺在二十世纪四十年代初所面对的问题真的没有解决办法了吗？可以肯定，他们当时所依据的理论以及他们的意识形态批判方法都失去了意义，因为生产力再也无法

---

① 《启蒙辩证法》，第 57 页。

释放出破坏的力量；因为危机和阶级冲突没有导致革命意识，也没有带来统一的意识，带来的反倒是一些零散的意识；最后，也因为资产阶级理想已经萎缩，至少具备了可以躲避内在批判攻击的形式。另一方面，霍克海默和阿多诺在当时也没有努力对社会科学理论进行修正，因为对资产阶级理想的真实性内涵的怀疑，似乎使意识形态批判自身的标准成了问题。

针对第二个因素，霍克海默和阿多诺的举措是很成问题的。他们和历史主义一样[①]，沉溺于对理性的任意怀疑之中，而没有去思考怀疑自身的理由。如果他们这样做了，他们或许就可以为社会批判理论提供坚实的规范基础[②]，他们也就不会由于资产阶级文化的崩溃而受到干扰。当时在所有德国人眼里，资产阶级文化都在走向崩溃。

事实上，意识形态批判在某种意义上是在延续对本体论思想的非辩证启蒙。它仍然采用纯粹主义的看法，以为发生与效果之间隐藏着需要驱除的邪魔，以便摆脱一切经验内涵的理论能够在它自己的组成要素中活动。总体化批判并未放弃这一遗产。因为，“终极揭露”的意图恰恰显示出了一种纯粹主义的企图：通过“终极揭露”，以为可以一举揭开遮蔽权力与理性混同的面纱——这和本体论的企图是相似的：本体论试图彻底区分存在与表象。但是，如果说，在研究者的交往共同体当中，发现的语境和论证的语境有着紧密的联系，那么同样，权力与理性这两个领域也是紧密联系在一起的，以致我们必须通过程序（通过中介化的思想）不断重新把它们区分开来。在论证过程中，如果在

---

① 施耐德巴赫：《论历史启蒙》（‘Über historische Aufklärung’），载：《哲学杂志》（*Allgemeine Zeitschrift für Philosohie*），1979，第 17 页以下。

② 请参阅我的《交往行为理论》。

论证的交往前提下只有更好的论证能够发挥没有强制的强制，那么，批判与理论、解释与论证也就始终相互制约。但他们知道，或可能知道，这种理想也只是迫不得已，因为信念是在中介中形成和保持下来的，这种中介并不“纯粹”，也没有像柏拉图的理式一样脱离现象世界。只有承认了这一点的话语，才能消除神话思维的魔力，而又不会让保存在神话当中的语义学内涵失去意义。

六
形而上学批判对西方理性主义的瓦解:海德格尔

1

霍克海默和阿多诺一直在同尼采作斗争;海德格尔和巴塔耶则聚集到尼采的麾下作最后的反抗。二十世纪三四十年代初,海德格尔曾以《尼采》为题举办讲座。我在这里想先根据这部讲稿来追溯一下,海德格尔是如何逐步把狄奥尼索斯的弥赛亚主义吸纳到自己理论体系当中的,海德格尔这样做的目的在于:跨越后现代思想的门槛,从内部克服形而上学。沿着这样一条思路,海德格尔建立了一种历史化的源始哲学(Ursprungsphilosophie)。根据我的理解,海德格尔对尼采的解读和批判主要分为四个部分:

(1)首先,海德格尔让哲学重新占据统治地位,而由于青年黑格尔派的批判,哲学一度失去了这种统治地位。当时,精神的解崇高化还是用黑格尔自己的概念来实现的——针对内在而捍卫外在、针对精神而捍卫物质、针对意识而捍卫存在、针对主观而捍卫客观、针对知性而捍卫感性、针对反思而捍卫经验。唯心主义批判所导致的结果是哲学失去了权力——不仅是针对科学、道德和艺术领域的自主逻辑，而且针对政治—社会世界的固有权利。相反，海德格尔把哲学一度失去的权力给找回来了。因为，在他看来，一种文化或一个社会的历史命运具有怎样的意义，是由集体对在世界中发生的一切的前理解来决定的。这是一种本体论意义上的前理解，它依赖于形成视界的基本概念，并在一定程度上预先设定了存在者的意义：

> 然而，任何存在都可被阐释，不管是作为唯心论意义上的精神，还是作为唯物论意义上的物质和力量，或是作为生成和生命、作为意志、作为实体和主体，或作为能量，或作为同一性的永恒回归——在任何情况下，存在总是作为存在的存在出现的。[①]

而在西方，形而上学最清晰地表达了这种前理解。存在理解的跨时代变化，集中反映在形而上学的历史当中。对黑格尔来说，哲学史成了把握历史哲学的关键。而形而上学的历史在海德格尔那里也获得了同样的地位；借助于形而上学的历史，哲学家把握住了每个时代显耀出自身光芒的根源。

(2)这个唯心主义视角对海德格尔的现代性批判产生了深远的影响。二十世纪四十年代初期——就在此时，霍克海默和阿多诺在美国加州写下了《启蒙辩证法》一书的断片——海德格尔在极权主义的政治表现形式和军事表现形式当中看到了“现代欧洲统治世界的完成”。他还提到“要为大地的统治而奋斗”，提到“要为充分利用作为原始材料场域的大地而奋斗，提到要为

---

① 请参阅：《何谓形而上学》，“导论”，载海德格尔：《关于人道主义的通信》，第361页及下页。

不带幻想地运用人的物质、以便让‘权力意志’获得绝对的授权”。[①] 海德格尔用一种不无惊叹的口吻，并根据理想型的冲锋队员形象来描述超人：

> 超人就是这样一类人，他们第一次愿意自己成为一种类型，并自己把自己塑成这种类型……在无意义的整体中，这种类型的人把权力意志设定为“大地的意义”。欧洲虚无主义的最后阶段在肯定转向的意义上是一场“灾难”。[②]

海德格尔认识到了，当代极权主义的本质特征在于蔓延到全球的技术，因为它主要用于控制自然、发动战争以及种族繁衍。在这些技术当中，“一切行为和计划的计算性”的绝对的目的理性得到了集中体现，但这反过来又是建立在一种特殊的现代存在理解基础上的。而且，从笛卡尔到尼采，这一存在理解被推向了极端：

> 我们所说的现代……其自我规定性在于，人成为存在者的中心和尺度。人成了决定一切存在者的主体，也就是说，人成了决定现代一切对象化和想像力的主体。[③]

海德格尔的独创性在于把现代的主体统治落实到形而上学历史当中。看起来，笛卡尔处于中心，两端是普罗泰哥拉和尼采。他把自我意识的主体性理解为表象的绝对可靠的基础；这

---

① 海德格尔:《尼采》,第 2 卷,第 333 页。

② 同上,第 313 页。

③ 同上,第 61 页。

样，存在者也就完全转变成了被表现客体的主观世界，真理也变成了主观明确性。[①]

在对现代主体主义的批判中，海德格尔继承了自黑格尔以来就一直构成现代性话语主题的动机。值得注意的不是海德格尔对这一主题的本体论转向（为此，海德格尔明确对以主体为中心的理性提出诉讼）。海德格尔几乎没有留意理性和知性的区别，而黑格尔还曾由此来发展一种启蒙辩证法。在权威力量之外，他也不再想从自我意识当中获得一种调和力量。正是海德格尔自己，而不是狭隘的启蒙运动，把理性与知性等同起来。存在理解把现代性变成了对自然和社会的对象化过程的支配力量的无限扩张，也就是说，迫使放荡不羁的主体性受到束缚，以确保他的命令能得以贯彻。在此过程中，自我创造的规范约束一直都是一些空洞的偶像。由此出发，海德格尔才会彻底摧毁理性，以致他不再区分人道主义、启蒙运动，甚至还有实证主义的普遍主义内涵与种族主义、民族主义的特殊主义的自我捍卫观念，或斯宾格勒和荣格那样具有倒退倾向的类型学说。[②] 不管现代观念是以理性或是以毁灭理性的名义出现，现代存在理解的多面性都把一切规范的取向肢解成由于自我张扬而处于兴奋状态的主体性的权力要求。

当然，形而上学历史的批判重建不能离开其自身的标准。而这个标准是从形而上学的"终结"这一具有潜在规范意义的概念那里借用过来的。

(3) 关于形而上学发生和终结的观念之所以具有批判的潜力，其原因在于海德格尔穿梭在现代时间意识当中，这和尼采没

---

① 《尼采》，第 2 卷，第 141 页以下和第 195 页以下。

② 同上，第 145 页以下。

有什么不同。对海德格尔而言，现代开始的标志是笛卡尔提出的意识哲学。尼采把这种存在的理解推向极端，则标志着一个更新现代的到来，它决定了当下的格局。[①] 反过来，这也是一个危机的时刻，当下面临着决断的压力："这意味着西方历史的终结，还是意味着一个新的起点的开始。"[②] 这也是这样一种决断："西方是否还自信能够创造出超越自身和历史的目标，是否还愿意沉浸于保障和提高生活兴趣和商业兴趣，愿意满足于迄今为止所依赖的一切，以为它们就是绝对者。"[③] 寻找一个新的开端的必要性[④]，把我们的注意力引向了未来的漩涡。只有在向"本质未来"迈进的过程中，才能复归源始，复归"本源"。这个未来是在一个全新的范畴下出现的：

> 一个时代的终结……正是没料到的和从不曾被想到的新的东西的登场——绝对是第一次，且绝对超前。[⑤]

尽管如此，尼采的弥赛亚主义依然为"强制性拯救"（犹太神秘主义用语）留有余地，现在却被海德格尔颠倒为对灾难性新开端的不祥期待。与此同时，海德格尔从浪漫派先驱特别是荷尔德林那里借用了"缺席上帝"的思想框架，目的是要把形而上学的终结当作一场"结束"，进而当作一个"新的开端"的明确标志。

如果说尼采曾希望通过瓦格纳的歌剧一跃而回到古希腊悲剧中未来的过去，那么同样，海德格尔也希望从尼采的权力意志

---

① 《尼采》，第 2 卷，第 149 页。
② 同上，第 480 页。
③ 同上，第 579 页。
④ 同上，第 656 页。
⑤ 同上，第 479 页。

的形而上学回到形而上学在前苏格拉底时期的起源那里。但是，在海德格尔能够把介于形而上学开端与终结之间的西方历史描述为远离诸神的黑夜之前，在海德格尔能够把形而上学的完成描述为已经遁去的上帝的回归之前，他必须在狄奥尼索斯和形而上学要求之间建立起联系，而形而上学涉及到的是存在者的存在。在浪漫派诗人和尼采那里，半神狄奥尼索斯都被当成缺席的上帝，通过“他的伟大遁离”，他让一个遗弃上帝的现代性理解认识到了它在自身进步过程中所丧失的社会约束力。因此，只有本体论的差异观念才能成为狄奥尼索斯思想和形而上学基本问题之间的桥梁。海德格尔把总是作为存在者之存在的存在与存在者区分了开来。也就是说，只有当存在在一定程度上获得了自主性，并作为历史视界让存在者凸现出来，存在才能成为狄奥尼索斯事件的基础。只有这个通过假设而与存在者分离开来的存在才能承担起狄奥尼索斯的角色：

> 存在者被存在自身所遗弃。存在的遗弃涉及到一切存在者，而不仅仅只有人这一种存在者，人把存在者想像为存在者自身，在想像过程中，存在自身失去了其真实性。①

海德格尔不厌其烦地把存在撤退所导致的实证权力阐述为一个拒绝的事件。“存在的缺席就是作为缺席的存在自身。”②在现代性总体的存在遗忘中，丝毫还感觉不到存在离去的消极意义。由此可以解释清楚对存在历史的回忆所具有的重要意

① 《尼采》，第 2 卷，第 355 页。
② 同上，第 353 页。

义。如今,存在的历史把自身看作是对形而上学自我遗忘的分解。① 海德格尔一生所有的努力,都是为了"把存在呈现的缺席当作是存在自身的一种未来,并对这种经验加以思考"。②

(4)但是,海德格尔无法把形而上学历史的分解理解为一种作为揭露的批判,也无法把对形而上学的克服理解为最后一种揭露行为,因为,从事这一切的自我反思仍然属于现代主体性时代。所以,把本体论差异作为主线的思想,必然会要求一种超越自我反思和话语思想的认识能力。尼采当时还把哲学建立在"艺术的基础"之上;海德格尔则确保一点:对知情者而言,"存在着一种比抽象思想更严格的思想"。③ 科学思维和研究方法正在急剧贬值,因为它们活跃在主体哲学所规定的现代存在理解之中。只要哲学不放弃论证,哲学同样也在坚持一种客观主义。不过哲学必须记住一点:"本质思想领域中的一切反驳都是愚蠢的。"④

要想提出必然性、专业知识,即通向真理的特殊渠道的要求,哪怕只是在表面上具有可信度,海德格尔也必须把黑格尔之后科学和哲学之间的不平衡发展给扯平,而且是以一种惊人的方式。

1939 年的《尼采》讲座中,有一篇题为《理解与计算》('Verständigung und Berechnung'),值得我们注意。在这篇文章中,海德格尔一如既往地反对意识哲学的独白式方法:意识哲学从单个主体出发,而单个主体通过认知和行为去面对一个客

---

① 早在《存在与时间》(*Sein und Zeit*, Tübingen, 1949)里,海德格尔就提到了"本体论历史的分解",第 6 节。

② 海德格尔:《尼采》,第 2 卷,第 367 页。

③ 海德格尔:《关于人道主义的通信》,第 353 页。

④ 同上,第 333 页。

观的物的世界和客观的事的世界。这种主体的自我捍卫表现为对可以感知和可以操纵的对象的算计。在这一模式当中,主体相互之间的理解过程也必然会被置于"算计(他)人"的范畴之下。[①] 与此相反,海德格尔强调,主体间达成共识具有一种非策略性意义,而且,在共识当中,"与他者、物以及自我的关系",是建立在真理基础上的:

> 关于某物达到相互理解,意思就是说,对某物采取同一个意见,在有各种意见分歧的情况下把一致和冲突之所以存在的角度确定下来……由于误解和不理解只不过是理解的变种,因此,合乎本质地来看,同一群人在他们的同一性和自身性方面的相互接近,就必定都是建立在理解基础上的。[②]

理解也为社会群体的持存提供了资源,而且主要是社会一体化的资源,可是,这种资源在现代性中却正在枯竭。[③]

值得注意的是,海德格尔认为,这种洞见是他的形而上学批判所特有的。他否定了这样的事实:无论是对于理解型的精神科学和社会科学的方法论而言,还是对于影响重大的哲学流派——从皮尔斯到米德的实用主义、维特根斯坦和奥斯丁的语言哲学以及伽达默尔的哲学阐释学——类似的思考都构成了一个出发点。主体哲学绝不是绝对物化的力量——它禁锢一切话语思想,只为遁向神秘的直接性留有余地。我们可以选择其他

---

① 《尼采》,第1卷,第580页。

② 同上,第578页及下页。

③ 同上,第579页。

的路径走出主体哲学。海德格尔在黑格尔之后的哲学史和科学史中，看到的只是主体哲学本体论前判断的独断性。之所以会这样，原因只能在于，海德格尔在拒绝过程中仍然拘泥于主体哲学用胡塞尔的现象学所呈现给他的提问方式。

2

黑格尔和马克思都想克服主体哲学，但他们都陷入自己的基本概念当中而不能自拔。我们或许不能这样来指责海德格尔，但我们可以对他提出类似的质疑。海德格尔没有把自己从先验意识问题当中彻底摆脱出来，致使他除了选择抽象否定的方法之外，再也没有别的途径去打破意识哲学的概念牢笼。《关于人道主义的通信》是海德格尔在解释尼采期间长达十年的研究成果，在这部著作当中，海德格尔把自己的研究方法悄悄地与胡塞尔挂起钩来。正如他自己所说，他想用这部著作“坚持借用现象学的直观，尽管如此，仍然把目标对准‘科学’和‘研究’”。[①]

按照胡塞尔自己的理解，他的先验还原作为一种程序允许现象学家在以下两者之间做出明确的区分：一边是用自然立场确立起来的存在者的世界，另一边是具有建构意义的纯粹意识领域，有了这种意识，存在者才有了意义。终其一生，海德格尔都在坚持这种程序直觉主义。在他后期的哲学中，他的这一举措仅仅摆脱了方法论上的要求，并发展成为“存在真理所特有的内在性”。甚至胡塞尔的提问方式对海德格尔也具有规范意义，因为海德格尔只是把认识论的基本问题转换成了本体论问题。在这两者当中，现象学针对的都是认知主体所关涉的世界。与

---

① 海德格尔：《关于人道主义的通信》，第353页。

洪堡、米德和晚期维特根斯坦不同，海德格尔并没有摆脱传统的理论立场、记述式语言应用以及陈述命题的有效性要求等。海德格尔最终还在否定意义上坚持意识哲学的基础主义。在《何谓形而上学》一书的导论中，海德格尔把哲学比作一棵大树，树干是科学，树根则是形而上学。海德格尔所宣扬的对存在的沉思回忆并没有使基础主义成为问题：

> 形象地说，它并未截断哲学的根基。相反，它还为哲学提供基础，培育土壤。①

由于海德格尔并不反对建立在自我论证基础上的哲学的等级秩序，所以，他只能通过挖掘更深的基础——因而也就不稳定了——来反对基础主义。在这个意义上，存在的天命观念仍然和它通过抽象而否定的对立面联系在一起。海德格尔超越了意识哲学的视界，却停留在了其阴影之中。接下来我想以《存在与时间》为例，进一步深入探讨海德格尔的这一模糊立场。但在此之前，我想先列举三种非常糟糕的结论：

(a)十八世纪末以来，现代性话语虽然花样不断翻新，但主题只有一个：社会约束的削弱、私人化和分裂——一句话，片面合理化的日常实践的变形，这种日常实践唤起了人们对宗教一体化力量的替代物的需要。有些人把希望寄托在理性的反思力量身上，或至少是寄托在理性的神话身上；也有一些人呼唤艺术的神奇创造力，以为艺术应当能够重建公共生活的核心。黑格尔所说的哲学的需要，经过从施莱格尔到尼采的变换之后，成了一种新神话的理性批判的需要。但只有海德格尔才从本体化和

① 海德格尔：《关于人道主义的通信》，第 363 页。

基础化的角度把这种具体的需要归纳为脱离存在者的存在。这样,海德格尔就搞混了两个方面的内容:一个是来自模糊合理化生活世界的病理学需要的根源,另一个是作为激进理性批判的经验背景的主观主义艺术。海德格尔用存在的天命揭示了日常交往实践的外在扭曲,而这种存在的天命难以把握,只有哲学家才能掌握。同时,海德格尔消除了一切揭示秘密的可能性,为此,他把有缺陷的日常理解实践当作自我持存的实践而抛到一边,因为这种自我持存的实践遗忘了存在,纯粹是建立在算计的基础上,因而是肤浅的;此外,他还剥夺了生活世界当中分裂的伦理总体性所能具有的任何一种本质的兴趣。①

(b)海德格尔在他的后期哲学中进一步得出结论认为,现代性批判独立于科学分析。"本质之思"拒绝了一切经验问题和规范问题,而这些问题本来可以用社会科学方法和历史方法来加以处理,或用论证形式来加以处理。抽象的本质认识在未经反思的资产阶级文化批判的偏见视域内越来越任意铺展。海德格尔对常人、公共性的专制以及私人的衰弱、技术官僚论和大众文化等都从时间层面上展开了批判和评判,但他缺乏原创性,因为他的这些观点都没有偏离德意志士大夫的一贯立场。② 当然,海德格尔学派也做出了一些认真的尝试,他们试图把技术、极权以及政治等本体论概念进一步严格地运用到对当下的分析当中。但他们的这些努力表现出了一种反讽:存在之思越是认为远离了科学研究,就越是落入当代科学风尚的圈套。

(c)最后成问题的是天命的不确定性,海德格尔称之为克服

---

① 《尼采》,第 1 卷,第 580 页。

② F. K. 林格尔:《德国士大夫传统的衰落》(*The Decline of the German Mandarins*),Cambridge,1969;请参阅我为该书撰写的评论,载哈贝马斯:《哲学—政治巨擘》(*Philosophisch-politische Profile*),Frankfurt am Main,1981,第 458 页以下。

形而上学的后果。由于存在逃脱了陈述命题的断言把握，由于存在只能间接地加以讨论，甚至只能“保持沉默”，因此，存在的天命一直都没有被发现。关于存在的言语虽然没有陈述内涵，但依然具有一种以言行事的意义，它要求服从成命。它在政治实践层面上的意义在于准备服从权威所具有的以言表意效果：权威虽然不确定，但具有灵性。后期海德格尔的修辞实际上是对文本所拒绝的陈述内涵的补救：它让接受者在对待伪神圣权力时能步调一致。

人是“存在的看护者”。思就是回忆性的“自我要求”，它“属于”存在。存在的思性记忆服从的是“恰当性法则”。思“关注着”存在的天命。存在“召唤”卑微的看护者来保护它的真理。因此，存在“确保”圣者变得仁慈，而不幸的冲动却报以愤怒。这是《关于人道主义的通信》中广为人知的思想，而且后来也在不断地重复。《存在与时间》中的语言同样流露出了空洞抉择的决定论。海德格尔的后期哲学表明，他对于克制也是作好了无意义的屈从准备。可以肯定，“思性记忆”的空洞形式同样也可以用其他的立场来加以填补，比如无政府主义者的颠覆性的拒绝立场。这种立场与其说是切合当下的情绪氛围，不如说是对某种更高事物的盲目屈服。① 我们可以任意让同一个思想结构在时间历史中获得实现，但是，这种任意性依然具有迷惑性。

我们如果认真思考一下这些结论，我们就可以对海德格尔

---

① 请参阅 R. 舒曼：《论实践哲学的基础》（‘Questioning the Foundation of Practical Philosophy’），载：《人文研究》（*Human Studies*），第 1 卷，1980，第 357 页以下；及其《海德格尔的政治思想》（‘Political Thinking in Heidegger’），载：《社会研究》（*Social Research*），第 45 卷，1978，第 191 页以下；以及《无政府主义的原则：海德格尔与行动问题》（*le principe d'anarchie. Heidegger et la question de l'agir*），Paris，1982。

后期哲学提出质疑：它超越了尼采的形而上学批判，而且事实上也脱离了现代性话语。海德格尔的后期哲学得益于一个“转向”，其目的是要走出《存在与时间》的困境。不过，只有当我们把海德格尔严格意义上的哲学论证放到其他思想史语境当中加以考察，而不是拘泥于海德格尔通过回忆为自己所设定的思想语境时，我们才能认为，海德格尔的这种严格意义上的论证研究是一条死胡同。

3

海德格尔曾反复强调，他对此在作生存论分析，目的只有一个，就是要重提形而上学发轫以来一直遭到遮蔽的存在的意义问题。他想占领一个制高点，因为正是在这个位置上，形而上学的历史显示出了其同一性意义，同时也走向完结。[①] 海德格尔在后期提出的这个独断要求，掩盖了《存在与时间》形成的实际语境。我所说的不仅是十九世纪的晚期唯心主义，也包括第一次世界大战之后席卷整个德国哲学界（从李凯尔特经舍勒到哈特曼）的新本体论转型。哲学史称这段时期为新康德主义走向崩溃的时代——新康德主义在当时是惟一一种有世界影响的哲学学说，但所谓转型并不是要回到前康德的本体论。相反，各种形式的本体论思想都被用来把先验主体性拓展到认知领域之外，并使之“具体化”。历史主义和生命哲学已经揭示了传统的日常经验和超越经验、审美创造性、肉身存在、社会存在以及历

① W. 舒尔茨从这个角度确定了“海德格尔在哲学史上的地位”，载：《哲学通览》（*Philosophischer Rundschau*），1953，第 65 页以下；O. 珀格勒（编）：《海德格尔》（*Heidegger*），Köln，1969，第 95 页以下。

史存在，并将它们提高为哲学考察的对象——这些超越先验主体建构能力之外的经验领域，不管如何，都打破了古典意义的先验主体概念。狄尔泰、柏格森和西美尔等用带有活力论色彩的模糊的生命力或意识流代替了先验综合的创造功能；但他们在这样做的时候，并没有摆脱意识哲学的表现模式。对他们来说，主体性观念已经具有决定意义：主体性把自己外化出来，目的是想把对象化重新融入到自身的体验当中。[①] 海德格尔受到了他们的启发，但他意识到了意识哲学的基本概念并不适用。他所面临的问题是：消灭从康德开始投入使用的先验主体性概念，而又不抹杀主体哲学（最近的就是胡塞尔的现象学）所探讨的分化的丰富性。

海德格尔自己在《存在与时间》第10节提到了他所面对的问题语境，并且还提到了胡塞尔和舍勒：

> 人格不是物，不是实体，不是对象。这里，所强调的就是胡塞尔提示的东西——他要求为人格的统一提供一种建构，它本质上不同于自然物之统一的建构。……人格的本质就存在于意向性行为的施行过程之中……所以，心理存在同人格存在毫不相干。行为被施行，人格是行为施行者。[②]

海德格尔不满意这一态度，他质问道：

---

① 西美尔：《论哲学文化》（'Zur Philosophie der Kultur'），载其：《哲学文化》（*Philosophische Kultur*），Berlin，1983。请参阅我为此书所写的跋：《西美尔作为时代诊断者》（'Simmel als Zeitdiagnostiker'），同上，第243—253页。

② 海德格尔：《存在与时间》，第47页及下页。

> 但"施行"的存在论意义是什么？应当如何在存在论意义上正面规定人格的存在方式？

为了进一步消解先验主体概念，海德格尔使用了新本体论转型的词汇。但他在走向激进的过程中，依然坚持先验立场，主张对人格存在作为在世界中的存在的可能性条件加以反思。否则，大量的结构就会陷入生命哲学的概念漩涡当中。主体哲学也应当用一种先验的实存本体论的抽象性来加以克服，这种抽象性既突出也完整，甚至更加彻底。在这一标题之下，海德格尔用原创的形式把诸多理论方法强行联系在了一起，它们可是一直水火不容，而且，只有在面对彻底替代主体哲学的基本概念时，才展示出一种意味深长的研究视角。

在《存在与时间》的导论中，海德格尔从概念策略上做出了三个重大抉择，为他的基础本体论铺平了道路：

第一，他赋予先验问题以一种本体论的意义。实证科学探讨的是本体问题，它们就自然、文化和世界中的存在提出命题。因此，从先验角度对这些本体论认识方式的条件进行分析，能够澄清作为存在领域的客观领域的处境。在此意义上，海德格尔把康德的《纯粹理性批判》首先理解为"关于自然这一存在领域的先天的事情逻辑"[①]，而不是首先理解为认识论。如果我们注意到，科学本身并非如新康德主义所说，可以还原为自由缥缈的认知活动，而是立足于具体的生活情境，那么，先验哲学的本体化倾向也就很好理解了："科学是此在的存在方式"[②]。胡塞尔称之为科学在生活世界中的奠基。科学的客观领域或存在领域

---

① 海德格尔：《存在与时间》，第11页。

② 同上，第13页。

具有抽象的结构，其意义只有在向存在理解的回溯过程中才能显现出来，而这些领域在它们的日常实存中会与世界中的存在者发生千丝万缕的联系，而且可以把这种简单的交往提高为科学研究的精确形式。对于一个世界的不同理解，属于肉身—历史的具体实存。而存在者的意义在这个世界当中早已得到揭示，因此，存在者在科学中有可能会被客观化。如果我们以先验的立场去追问存在者的抽象结构，而这种结构又是由先验哲学以科学为主导所揭示出来的，那么，我们就会遇到这种前本体论意义上的存在理解。通过对各种世界理解的分析，可以把握住生活世界或"在世界中的存在"的各种结构，而这些结构就是海德格尔所说的实存。由于它们先于整个存在者的范畴，特别是先于科学家可以采取客观立场加以对待的存在领域，因此，对在世界中的存在的生存论分析就获得了基础本体论的名声。这就是说，只有基础本体论才能让用先验立场揭示出来的局部本体论的生活世界基础或实存基础变得澄明起来。

第二，海德格尔赋予现象学方法以一种本体论阐释学的意义。在胡塞尔看来，现象就是从自身出发把自身展现出来的一切。由于海德格尔把"自明"换成"显现"，因此，他所说的是遮蔽、隐藏以及覆盖等对立概念。现象只能间接地显现出来。显现者就是存在者，并同时遮蔽了存在者的定在。现象是不能直接把握的，因为它们在它们的本体显现过程中并没有展示出它们的自身所是。所以，现象学和科学是有区别的。区别在于：现象学探讨的不是一种特殊的现象，而是要解释现象中所隐藏的一切，并由此把现象付诸语词。现象学领域就是被存在者遮蔽的存在领域。因此，要想让现象到场，就必须付出巨大而不懈的努力。但和胡塞尔所说的不同，努力模式已不再是直观，而是对文本的阐释；不是对理想本质的直觉展示，而是对复杂意义语境的解释学理解，以使得现象成为自我定性。这样，海德格尔就为一种突出的真理概念作好了准备，并把本质直观现象学的方法论意义转化为它的对立面——生存论意义上的解释学。对摆脱一切自明性的意义的解释，取代了对直观的描述。

第三，海德格尔最后把对此在的先验分析方法和解释学分析方法同一种存在主义的哲学主题联系起来。人的此在是依据它存在与否的可能性来理解其自身的。它必然要在本真性与非本真性之间进行选择。它是一个“必须存在”的存在者。人的此在必须从它的可能性视界来理解自身，而且也必须把它的生存本身把握在自己的手里。谁如果试图避免这样的选择，他就已经决定选择飘零和堕落的生活状态。海德格尔把这种自我拯救的主题(克尔凯郭尔以一种存在主义的方式强调了这个主题)转换到了对自身生存的烦忧模式当中：

> 此在是一个存在者。它在其他的存在中涉及到了自我。①

但是，海德格尔对这个世俗化的拯救主题的理解是这样的：对自身存在的怕变成了烦，从而为分析人的生存的时间结构提供了主导原则。而同样值得重视的是海德格尔运用这一主题的方法。不仅哲学家在追问存在意义时发现，他被引向了人的肉身——历史生存意义上的前本体论世界观和存在观。毋宁说，在确定这个生存自身的过程中，已经在关心他的存在，并确保他能够通过解释学把握住他“最切身的存在能力”。由此看来，人有史以来就是一种本体论的存在，从而使得存在问题在生存意

---

① 《存在与时间》，第191页。

义上必然要浮现出来。生存论分析源于人的生存最内在的冲动。海德格尔称它是生存论分析的本体根基：

> 如果任务是阐释存在的意义，那么此在不仅是首先要问及的存在者；更进一步，此在还是在其存在中向来已经对这个问题所追问的那一东西有所作为的存在者。于是乎存在的问题不是别的，只不过是把此在本身所包含的存在倾向极端化，把先于存在论的存在领悟极端化罢了。[①]

由此，我们可以把三种概念策略概括如下：首先，为了能够描述作为基础本体论的生存论分析，海德格尔把先验哲学与本体论结合了起来。其次，为了能够把作为生存论解释学的基础本体论贯彻下去，海德格尔把现象学转换成本体论解释学。最后，他让生存论解释学带有存在哲学的动机，目的是为了能够把基础本体论置于兴趣语境当中，否则，这些兴趣语境就会被贬低到纯粹生存的层面上。就在这个地方，本体论差异被遮蔽了，生存性的普遍性与经验存在问题的独特性之间严格的方法论区别也被打破了。

通过这一结合，海德格尔似乎已经成功地剥夺了主客体关系的范式意义。本体论转向打破了认识论的优先性，但又没有放弃先验问题。由于存在者的存在一直都和存在理解保持着内在关系，由于存在只有在人的此在视域之内才有意义，因此，基础本体论并不意味着倒退到先验哲学，而是把先验哲学推向了极端。但与此同时，生存论解释学转向又结束了自我反思方法，这种方法曾迫使胡塞尔采用先验还原。对前本体论存在理解的

---

① 《存在与时间》，第 15 页。

阐释和对日常生存意义语境的解释,取代了认知主体(即自我意识)的自我关系。最后,海德格尔对存在主义的主题做了深入的探讨,从而使得对"在世界中的存在"的结构分析取代了客观经验的条件,并成为对好的生活这一实践问题的回应。真理的启示概念决定了判断在本真存在中的意义,并先于一切科学而与存在者发生关系。

这个真理概念是一条主线,由此,海德格尔引入了基础本体论的核心概念,即世界概念。世界构成了意义的显现视界,在这个视界里,存在者摆脱了生存论意义上围绕着存在而烦忧的此在,并把自我显示出来。世界总是先于通过认知和行为而与对象发生关系的主体。因为不是主体与在世界中的事物建立联系,而是世界首先建立起了一种语境,为存在者提供了一种前理解。有了这种前本体论的存在理解,人从一开始就被放到世界关联当中,并优先于世界当中的一切存在者。作为存在者,人并不只有在世界中才会被遭遇到。由于人在世界中有着特殊的存在方式,因此,他和解释世界的过程紧密联系在一起,而这个过程受到时间和空间的约束,并建立起了语境。因此,海德格尔把人的生存描述为此在,它"使"一切存在者通过与它发生关联而获得存在。此在的"此"就是存在变得澄明的地方。

相对于主体哲学而言,这一策略概念的优势是很明显的:认知与行为不再一定要被设想为主—客关系。

> 认识并不首先创造出主体同一个世界的交往,这种交往也并非从世界对主体的作用中产生出来。认识是此在根植于在世的一种模式。[①]

---

① 《存在与时间》,第 62 页及下页。

主体通过认知和行为而出现在作为事态总体性的客体面前；在这个主体的位置上，我们可以把用客观立场完成的认知活动和行为活动理解为源于生活世界的内在基本模式，而生活世界在直觉上被看作是语境和背景。海德格尔结合生活世界内在方式的时间结构而把它描述为烦的诸种模式。比如，

> 对某种东西有所行事，制作某种东西，安排照顾某种东西，利用某种东西，放弃或浪费某种东西，从事贯彻、探查、询问、考察、谈论、规定，诸如此类。[①]

《存在与时间》第一部分的核心是对世界概念的分析。海德格尔从操劳的角度把（和实用主义联系在一起的）世界概念解释为因缘关系，而所谓操劳，就是在生活实践中用非客观化的立场对待生活世界中的物体。随后，海德格尔指出，因缘关系超越了可以上手的一切而获得普遍意义，并成为一种指设关系。只有依赖于远距离的立场转换，自然才能从生活世界的视域中脱离出来并被对象化。只有当存在者领域的世俗化过程被看作是纯粹表现的世俗化过程时，才会出现一个对象和实践的客观世界，而（意识哲学意义上的）主体则可以通过认知和行为与这个世界建立起联系。

4

我在这里没有必要详细讨论海德格尔的分析（14—24 节），

---

① 《存在与时间》，第 56 页及下页。

因为它们并没有偏离从皮尔斯到米德和杜威的实用主义路径。而海德格尔的原创之处在于用世界概念来批判意识哲学。但这样做很快也陷入了困境。这在第 25 节(“此在为谁的问题”)中看得很清楚。海德格尔先是对这个问题作了如下回答:

> 这个“谁”的问题是用“我”自己、用“主体”、用“自我”来回答的。这个“谁”就是那个在变动不居的行为体验中保持其为同一的东西,就是那个从而同这种多样性发生关系的东西。①

当然,这一回答本身也会很容易就倒退到主体哲学当中。所以,海德格尔才把他对工具世界的分析(从孤立的行为者的角度来看,这个世界表现为因缘关系)扩展到诸多行为者之间的社会关系世界:

> 在世的澄明曾显示出:无世界的单纯主体,并不……是……给定的。同样,无他人的绝缘的自我归根到底也并不首先存在。②

海德格尔借助主体间的关系(自我与世界的相遇),大大深化了他的世界分析。

换个角度,我们会看到,从孤立的目的行为视角向社会互动视角的转变,实际上阐释的是一种沟通过程,而不是一种理解过程。在这个沟通过程中,世界作为主体间共有的生活世界背景

---

① 《存在与时间》,第 114 页。

② 同上,第 116 页。

始终处于在场状态。从用于交往的语言中,可以发现这样一种结构:它告诉我们,生活世界(本身并没有主体)是如何通过主体以及他们的沟通行为而得以再生产的。这样,此在是“谁”的问题就可以得到解决,而海德格尔却把这个“谁”还原成一个主体,他用本真的此在可能性设计来勾画“在世界中的存在”的世界。也就是说,介入人的生存的生活世界绝不是由此在的生存努力所创造出来的,因为这个此在已经悄悄地占据了先验主体性的位置。先验主体性仿佛是强行置于语言主体间性的结构当中,并通过一个中介而得以持存下来。而有了这个中介,具有言语和行为能力的主体就可以就世界中的事物相互达成共识。

但海德格尔并没有开创这样一条道路,即从交往理论的角度来回答“此在为谁”的问题。因为他一开始就把超越单个主体的生活世界背景结构贬低为一种日常生存结构(即非本真的此在的结构)。他者的共在最初表现为“在世界中的存在”的构造性特征。但生活世界的主体间性优先于此在的属我性,它摆脱了一种依然与胡塞尔现象学的唯我论有着千丝万缕联系的抽象概念。胡塞尔现象学当中并不包括这样一种思想:主体的个体化和社会化是同一个过程。海德格尔在《存在与时间》中所建立起来的主体间性同胡塞尔在《笛卡尔的〈沉思录〉》中所构思的主体间性没有什么两样。属我的此在构成了共在,犹如先验的自我建构了自我和他者共有的世界的主体间性。所以,海德格尔无法把对“共在”的分析有效地运用到这样一个问题当中:世界本身是如何构成和维持的。他把他的分析转移到另一个方向上去之后,才开始讨论语言。[①]

日常交往实践只能促成一种“他者统治”模式中的自我存

① 《存在与时间》,第 34 节。

在：

> 人本身属于他人之列，并巩固着他人的权力。……这个"谁"不是这个人，不是那个人，不是一些人，不是一切人的总数。这个"谁"是个中性的东西："常人"。[①]

"常人"在这里是一个背景，在这个背景面前，需要拯救的人在面对死亡的时候就变成了克尔凯郭尔所说的彻底个体化的生存，并且可以把他的本真性明确为此在的"谁"。只有作为"永远属我"，存在才有能力向本真性或非本真性敞开。但和克尔凯郭尔不同，海德格尔再也没有在"存在神学意义上"从与最高存在者或所有存在者的紧密联系来思考有限存在的总体性，而是仅仅从自我出发把此在理解为由于缺乏根基因而充满悖论的自我捍卫。舒尔茨正确地指出，《存在与时间》的自我理解就是关于一种无力而又有限的此在自我捍卫的虚无主义。[②]

虽然海德格尔在第一步摧毁了主体哲学（目的是为了建立一个使主—客体关系成为可能的参照结构），但到了第二步，他又回到了主体哲学的概念束缚之中。他所关注的是：从世界自身出发把世界把握为一个世界事件的过程。因为唯我论意义上的此在再一次占据了先验主体性的位置。先验主体性虽然不再表现为全能的原始自我，但它依然是"人类生存的原始活动，存在者的一切生存行为都必须扎根其中"。[③] 此在被认为是世界的筹划者。此在的本真全能存在或自由——海德格尔在《存在

---

① 《存在与时间》，第126页。

② 关于海德格尔在哲学史上的地位，见《哲学通览》，第115页。

③ 海德格尔：《论根据的本质》（*Vom Wesen des Grundes*），Frankfurt am Main，1949，第37页。

与时间》的第二部分讨论了自由的时间性结构——在存在者的超越性敞开过程中得到了落实：

> 已成为一切自发性之基础的自我的自身性是包含在超越性中的。自由就是通过对世界的筹划和使之沦为存在物而支配世界。[①]

源始哲学追求自我论证和终极论证的古典要求并未遭到拒绝，而是在已被修订为筹划世界的费希特式行为的意义上找到了答案。此在在它自己身上找到了根据："此在只有从在存在中为自己建基的范围中为世界建基。"[②] 海德格尔又一次从自我捍卫意志的主体性角度来把世界理解为一个过程。这一点在《存在与时间》之后的两部著作《何谓形而上学》和《论根据的本质》中得到了证明。

基础本体论理应走出主体哲学的死胡同，却反而深陷其中，其原因是很容易找到的。那就在于完成先验转向的本体论和传统认识论犯了同样的错误。在究竟是存在问题还是认识问题享有优先性这一点上，两者都认为认知的世界关系和陈述事实的言语、理论和命题真实性属于人的本真的垄断权利等需要进一步加以解释。二者要么从本体论要么从认识论上强调存在者优先于可以认知的对象，它们为了和客观世界建立起一种特殊的联系而把复杂的世界关联给简单化了。而世界关联集中在自然语言各种不同的以言行事力量当中。对于实践来说，与客观世界之间的联系也具有决定性意义；意图的独白或目的行为被认

① 海德格尔：《论根据的本质》，第 41 页。

② 同上，第 43 页。

为是行为的原始形式。[①] 客观世界虽然被认为是因缘关系的派生物，但依然打着一切存在者的旗号而成为基础本体论的核心。此在分析参照的是胡塞尔现象学的建筑术，具体表现为：它用认知关系模式来把握存在者的自我关系，正如现象学根据对客观对象基本特性的感知模式来分析所有直觉活动一样。在这一建筑结构当中必然要为主体留有一席之地，而主体通过超越认知条件的途径来建构对象领域。海德格尔用另一种机制代替了主体，这种机制通过揭示世界以创造意义，从而发挥自己的积极作用。如果说康德和胡塞尔把先验和经验对照起来，那么，海德格尔则把本体与实体、存在与生存区分开来。

海德格尔意识到了他走出主体哲学怪圈的努力失败了。但他没有意识到，这是他所探讨的存在问题的必然结果，因为只有在不断转向先验的本体论视野当中才能提出存在问题。海德格尔自己为主体哲学提供的出路正是他常常批判的：尼采对"柏拉图主义"的颠覆。海德格尔把源始哲学搞得一塌糊涂，却丝毫也没有从源始哲学自身的问题当中摆脱出来。

我们已经对预示着海德格尔思想转向的修辞术有所了解。人不再是无的占位者，而是存在的看护者。向虑而生让位于存在的荣耀所带来的欣喜和感激；拒不服从命运让位于对存在宿命的屈从，自我捍卫让位于自我奉献。海德格尔立场的转变表现为以下三个方面：

(a)海德格尔放弃了形而上学所提出的自我论证和终极论证的要求。基础本体论应当通过对此在观念的先验分析而确定

---

① 此外，这点也表现在命题形式当中，借助于这些命题，图根哈特从语义学的角度重构了《存在与时间》第2节的内容。请参阅图根哈特：《自我意识与自我决定》(*Selbstbewußtsein und Selbstbestimmung*)，Frankfurt am Main，1979，第8—10讲。

一个基础,但这个基础由于一种偶然的此在事件而失去了意义。此在事件只能通过沉思而获得体验,并在叙述中呈现出来,而不能依靠论证得到重现和阐释。

(b)海德格尔拒绝存在本体论的自由概念。此在不再是世界的筹划者,在这种筹划当中,存在者在自我呈现的同时又自我隐遁。相反,展示世界以创造意义的创造性进入了存在自身。此在屈从于无法控制的存在意义的权威,并且摆脱了被怀疑具有主体性倾向的自我捍卫意志。

(c)最后,海德格尔否定了还原到第一原则的基础主义思想,不管它是出现在传统形态的形而上学当中,还是出现在从康德到胡塞尔的先验哲学当中。当然,海德格尔并未否定建立在根本基础之上的认识等级,而只是否定了源始的超时间特征。海德格尔把起源时间化,而起源依然保有第一原则的权威性,具体表现为一种深不可测的宿命。此在的时间性现在只是时间化的存在天命的光环。源始哲学意义上的第一原则被时间化了,这一点反映在存在的非辩证本质当中:神圣之物——存在作为神圣之物应当借助诗人的语词而表达出来——和在形而上学中一样,被认为是绝对无中介的。

颠覆基础主义的后果就是改变了海德格尔在未曾完成的《存在与时间》第二部分中预告的计划。根据《存在与时间》的自我理解,这个部分的内容应当是现象学对本体论历史的分解、打破僵化的传统、唤醒当代人对古代本体论经验的问题意识。亚里士多德和黑格尔对待哲学史都是一样的,都把它当作是其体系的前历史。海德格尔转向之后,开始只是计划性的工作就带上了普世历史的意义,因为形而上学——以及对其背景进行解码的诗人语词——的历史,已经成为惟一可以上手的存在天命的中介。由此,海德格尔继承了尼采对形而上学批判的反思,目的是要把尼采作为形而上学历史的模糊的终极者而安置到形而上学历史当中，并继承其酒神弥赛亚主义遗产。

但是，如果海德格尔在把存在历史化的过程中不想导致命题真实性的丧失和话语思想的贬值，他就不应该把尼采的激进理性批判转变为对本体论历史的分解，不应该从《启示录》意义上把尼采的酒神弥赛亚主义投射到存在当中。正是由于这个原因，从存在历史的角度对理性进行批判，虽然有些激进，但还是会造成一种幻觉，让我们以为它能够避免自我关涉的理性批判所遭遇的矛盾。它为一种所谓的真实性事件保留了真理的头衔，但它与超越时空的有效性要求再也没有了任何关系。这种被历史化的原初哲学主张真理以复数形式出现，而这些真理永远都既具有褊狭性，又具有总体性。它们更像是一种带有真理光环的神圣力量的绝对表述。《存在与时间》(第 44 节)阐明了一种断言的真理概念，就此，恩斯特·图根哈特早已指出，海德格尔是如何"通过把'真理'一词转化为一个基本概念，而转移了真理问题"。[①] 就在这个地方，展现意义的世界筹划逾越了一切批判机制——世界筹划要么像在洪堡那里一样被铭刻在语言世界观的总体性之中，要么像在维特根斯坦那里一样，被置于语言游戏的规则当中。语言揭示世界的光芒被实体化了。它不必坚持用为世界中的存在者带来光明的能力来证明自己。海德格尔的出发点在于，存在者在其存在当中对任何一种把握方式都保持敞开状态，而且没有丝毫的反抗。但海德格尔没有看到，投射到存在者身上的意义理解视域并不先于真理问题，而是属于真理

---

① 图根哈特：《海德格尔的真理观念》('Heideggers Idee von Wahrheit')，载 O. 珀格勒：《海德格尔》；及其：《胡塞尔和海德格尔的真理概念》(*Der Wahrheitsbegriff bei Husserl und Heidegger*)，Berlin，1967。

问题。

当然，当语言的规则系统发生变化时，语言命题的有效性条件也会出现变化，不过，有效性条件是否真的能够得到充分满足，从而让命题发挥作用，这就不取决于语言解释世界的力量，而是取决于语言实践在世界内部的效果。写作《存在与时间》的海德格尔仍是一个十足的现象学家，这就使他回避了这样一个想法，即：他通过论证所阐述的生存解释学抛弃了一切论证要求。而对他构成障碍的是他所主张的本真存在能力观念，因为其中充满了强烈的规范色彩，而且和对个体良知的生存阐释联系在一起(第 54—60 节)。

这是一种决心的控制机制，它的确存在很多的问题，因为它的决定论色彩太浓，也徒有形式。但就是这种控制机制也由于转向而失去了力量。也就是说，先于命题真实性的显现从关注自身生存的个体的筹划转向一种存在的天命，这种天命是无以名状的、偶然的、要求绝对服从的，并预先决定了具体的历史发展轨迹。海德格尔转向的核心在于，他让一种融化在时间当中的源始力量的元历史性权威带有了真实性事件的特征。

5

海德格尔的这一步非常缺乏说服力，以致他根本无法用迄今为止所说的主题来阐明自己的举措。按照我的猜想，海德格尔只有和国家社会主义运动暂时联起手来，才能为他后期时间化的源始哲学找到一条进路——他在 1935 年的时候甚至还认为国家社会主义运动具有内在的真理和伟大。

并不是海德格尔“对阿道夫·希特勒及纳粹运动的效忠宣言”(1933 年 11 月 11 日，海德格尔在莱比锡德国大学选举集会上的讲话就是以这个标题流传开来的)需要后来人做出评判——后来人无从得知,在同样的情形下,他们能不能避免这样的错误。令人困惑的是,纳粹垮台之后,这位哲学家还不愿意承认自己的错误,也缺乏承认错误的能力。他不承认他犯有导致严重政治后果的错误。相反,海德格尔推崇这样一种法则:有罪的不是凶手,而是受害者。

> 当然,当人把罪恶施加于或归因于他人时经常都是专横的。但当人们找出其罪行并衡量其罪恶时,这不也是遗漏本质的过失吗?那些人如此具有预言天赋,以至于他们看任何事都如同它就是如此一般——我不是这种智者——那为什么他们要等到近十年后才反对这场罪恶呢?为什么那些认为他们通晓一切的人在1933年却不知道呢?为什么他们不起而将这一切彻底地转向善呢?[①]

令人困惑的是一个人对所犯罪行的压制。在一切都尘埃落定之后,他写了一封辩解信,认为自己之所以选择法西斯主义,纯粹是属于大学校园政治的小伎俩。海德格尔把担任校长和由此引发的争论归咎于"科学的形而上学本质"[②],同样,他也把他的行为和言论同他作为一个经验人的自我分离开来,并归因于无法承担责任的命运。他正是从这一视角来审察他自己的理论

---

① 1983年,海德格尔的儿子第一次发表了他在1945年写的文章:《德国大学的自我主张》('Die Selbstbehauptung der deutschen Universität'), *Das Rektorat*, 1933/34, Frankfurt am Main, 1983, 26。结合这篇文章,M. 施赖伯在《法兰克福汇报》上报道了弗莱堡大学历史学家H. 奥特新近研究所获得的"海德格尔传记新细节"。

② 同上,第39页。

发展。他并不把所谓的转向(Kehre)理解为一个解决问题的思想努力的结果,一个研究过程的结果,而是把它当作存在自身克服形而上学的客观事件。

到现在为止,我一直都是把从基础本体论到虔诚的存在思想的转变当作走出主体哲学死胡同和解决问题的出路而加以重建的;对于我的这种做法,海德格尔肯定会断然拒绝。因为我试图阐明的是,这一抵抗中也包含着某种真理。事实上,海德格尔的转向是他和国家社会主义相处经验的结果,也是他和他偶然遇到的历史事件相处经验的结果。只有这样一种处于形而上学自我理解中的真理环节,才能让我们清楚地看到,这样一种理论发展在处理问题的时候所暴露出来的是一种内在主义的视角,由此势必要留下许许多多的含混:比如,海德格尔为何会把存在的历史理解为真理事件,并使之不受任何简单的历史主义世界观或世界阐释的影响呢? 也就是说,我在这里想要追问的是,法西斯主义是如何渗透到海德格尔理论发展过程当中的。

海德格尔直到1933年都在坚持的立场,在《存在与时间》中已经形成了,后来他也曾多次作过阐明,但他丝毫也没有意识到他的立场是有问题的;因此,在权力更替之后,他发挥了坚持终极性的此在在主体哲学上的意义,这就使得生存论分析的内涵和原始意义发生了重大转变。1933年,海德格尔为基础本体论的基本概念注入了新的内容。如果说海德格尔此前始终都是把"此在"当作向死而生的个体的名称而加以使用的话,那么现在他为"永远属我"的此在找到了一个替代物,那就是"永远属我们"的民族的集体此在。[①] 所有存在主义的范畴都保持不变,发

① 我在读书的时候,O. 贝克尔就已提醒我注意到了这一点。我要感谢 Victor Farias,他把他尚未发表的关于国家革命阶段海德格尔的成果提供给我参阅。

生改变的只是它们的意义——而且,不只是它们表达意义的视角。源于基督教(特别是克尔凯郭尔)的内涵,由于当时新的异教主义的盛行而发生了改变。[①] 海德格尔用语义学来掩饰自己,这样做是很可耻的,这一点我们在耳熟能详的一段材料中可以看得非常清楚。1933 年 10 月 10 日,作为大学校长,海德格尔在弗莱堡大学《学生报》上发表文章,呼吁人们选择希特勒。其中有这样一段话:

> 元首呼吁德国人民做出选择。但元首对人民别无所求。他反而给予他们最大可能性,做出自由的抉择:他们(德国人民)是否渴望他们自己的此在……这次选举与此前所有的选举都不能相提并论。其独特之处在于其中做出的抉择是非常伟大的……这是最终的抉择,它远远超出了我们民族的此在边界……德国人民现在所进行的选举,已经是国家社会主义德国的诞生事实,也是最强有力的见证。自我负责的我们希望每个人都能发现其抉择的伟大和真理……但国家有着一种总体此在的意志。元首已经唤醒了全体人民对这种意志的认识,并将它融合成一种独一无二的抉择。[②]

---

① 此外,海德格尔对于一个天主教学生组织重新获得允许的反应也说明了这一点。他在一封写给帝国学生领袖的信中谈到了"天主教的公开胜利"。他警告说:"我们还不了解天主教的策略。总有一天,我们会自食其果。"施内贝格:《海德格尔拾遗》(*Nachlese zu Heidegger*),Bern,1962,第 206 页。关于"新的异教主义",请参阅 W. 布罗克:《辩证法,实证主义,神话》(*Dialektik*, *Positivimus*, *Mythologie*),Frankfurt am Main,1958,第 2,3 章。

② 施内贝格:《海德格尔拾遗》,第 145 页及下页。

如果说先前的本体论是扎根于个体的生活历史当中,[①] 那么现在,海德格尔则把一个团结在元首周围而成为集体意志的民族的历史存在突现了出来,并以此作为此在真正能够获得总体存在的场所。第一次帝国议会选举笼罩在集中营的阴影之下,而集中营中充满了共产党人和社会民主党人。所以,这次选择具有了某种终极生存抉择的味道。海德格尔把实际上已经堕落为空洞的欢呼塑造成一种抉择,并用《存在与时间》的概念框架,赋予它筹划一个民族新的本真生活方式的特征。

在前面提到的科学效忠元首的"宣言"当中,《存在与时间》再次为他的一次演说提供了底本,在这次演说当中,他认为应该受到鼓动的不是个体的生存,而是整个民族,并且还鼓吹一种崇高的真理:

> 民族重新赢得了他们的此在意志,因为真理就是一个民族在其行为和知识中所捍卫、澄清并加强的东西的显露。

这种抉择的形式规定性从1927年开始就一直在向学生灌输,现在则爆发为国家革命,并且与西方理性主义世界彻底决裂:

---

① 早在《存在与时间》第74节中,海德格尔对历史性作了分析,而且深入到足以把个体命运与民族命运纠缠在一起的层面揭示出来的程度:"但若命运使然的此在作为在世的存在本质上在共他人存在中生存,那么,它的历事就是一种共同历事,并且被规定为天命。我们用天命来标识共同体的历事、民族的历事。"(第384页)就后来的"存在天命"一词而言,海德格尔把"天命"引入"民族"语境也并非偶然。个体此在之于共同体的集体此在在生存论意义上具有优先性,而到后来却刚好颠倒了过来。这种优先性无疑是有语境的。烦的结构是从"永远属我"的此在那里揭示出来的。对于"最本真的能在"的决心,是个体的事情,个体首先必须做出决定,然后才能"在他那一代并和他那一代一起"经历天命。也就是说,下不了决心,也就不会"有运"。

> 我们已经彻底与那种既无基础又无权力的偶像崇拜思想决裂了。我们已经看到为之服务的哲学终结了。我们可以肯定——我们可以坚定地、确定地、公正地对待与存在的本质相关的问题所特有的成就。原始勇气是自然科学的最内在动机。……这种质询命令我们不要把自己挡在野性的恐怖和黑暗的混乱之外……所以我们——那些从此将被托付维持人们对认识的渴望的人——宣布：纳粹革命并不是简单的由另一个能胜任这一任务的政党对这个国家中既存力量的篡夺。相反，这一革命带来的是我们德国人此在的彻底剧变。[①]

海德格尔 1935 年的夏季讲座表明，他一直都在恪守着他那短暂校长生涯中的誓言。一旦他不再受纳粹统治本质的蒙骗，他在哲学上就陷入了困境。因为他把“此在”等同于民族的此在，把真正的存在能力等同于权力的攫取，把自由等同于元首的意志。因为他在国家社会主义革命连同劳役、兵役及学术服务中读出了存在问题。他还在他的哲学和时代历史事件之间建立起了一种不易改变的内在联系。从政治和道德的角度对国家社会主义进行重新估价，势必会对重建的本体论基础构成冲击，并使理论命题成为问题。相反，如果对国家社会主义的失望能超越负责任的判断和行为领域，并且可以被概括为一种客观错误，一种不幸出现的错误，那么就不会危及到与《存在与时间》的出发点之间的连续性。海德格尔处理了他国家社会主义的历史经验，具体方法是这样的：他没有质疑哲学家所提出的优先进入真理的精英主张。他分析了他所投身到其中的运动，但根据的不

① 施内贝格：《海德格尔拾遗》，第 159 页及下页。

是主体在生存意义上堕落为"常人"的概念,而是认为这场运动是真理的客观缺席。最具有决断力的哲学家也只是逐步才认识到这种政权的本质——对于世界历史的这种迟钝解读,同样也应当由世界进程自身来承担责任,当然不是具体的历史,而是理想化到本体论高度的历史。由此诞生了存在历史的概念。

在这一概念框架中,海德格尔的法西斯主义错误获得了一种与形而上学史有关的意义。[①] 1935 年,海德格尔认为,国家社会主义运动的"内在真理和伟大"在于"决定整个星球技术与现代人的照面"。[②] 当时,他对国家社会主义革命坚信不疑,认为它可以把技术力量用来为筹划新的德意志此在服务。只是在后来探讨尼采权力理论的过程中,海德格尔才把技术在本体论历史上的概念当作一种框架(Gestell)概念加以阐明。从此,他才会把法西斯主义自身当作一种征兆,并把它和崇美主义(Amerikanismus)、共产主义一道归为形而上学技术统治的表现形式。正是在这一转变之后,法西斯主义才像尼采哲学一样,被归属于克服形而上学的模糊阶段。[③] 随着这一意义的转变,自

---

① W. 理查德森提醒我注意这个概念在《论真理的本质》一文中的出发点。文章的第 7 节讨论的是"作为迷误的非真理"。迷误和真理一样都是属于此在的观念:"迷误乃错误的敞开之所。所谓错误,并非个别的差错,而是那种其中交错了所有迷误方式的历史的领地(即统治地位)。"《论真理的本质》(*Vom Wesen der Wahrheit*),Frankfurt am Main,1949,第 22 页。当然,迷误作为一个客观活动空间的概念也只是一个出发点,别无其他,因为错误和真理之间的关系犹如存在者自身的遮蔽与解蔽之间的关系(同上,第 23 页)。我认为,这篇最早发表于 1943 年的文章,其草稿是 1930 年的一篇"经过多重审查"的演讲稿,我们不能用海德格尔后期哲学对它做出明确的解释。

② 海德格尔:《形而上学导论》(*Einführung in die Metaphysik*),Tübingen,1953,第 152 页。

③ 请参阅 R. 舒曼的精彩描述:《海德格尔的政治思想》('Political Thinking in Heidegger'),载:《社会研究》,第 45 卷,1978,第 191 页。

我捍卫的此在的激进主义和决定主义的两种版本,即存在主义版本和国家革命版本,失去了它们揭示存在的功能。这样,自我捍卫的激情才成为一种主宰现代性的主体性的基本特征。在海德格尔后期哲学中,放任自在和百依百顺的激情取代了主体性。

海德格尔的转向具有鲜明的时代历史动因,这一动因的终结也就证明了我们重建其内在理论发展线索的结果。海德格尔只是在宣扬要把主体哲学的思维模式颠倒过来,其实,他仍然局限于主体哲学的问题而不能自拔。

七
超越源始哲学：德里达的语音中心论批判

1

自从海德格尔战后在法国以《关于人道主义的通信》的作者闻名之后，德里达就声称自己是海德格尔的嫡传弟子，并批判性地继承和创造性地发挥了这位大师的学说。德里达这样认为是有其道理的。1968 年 5 月，学生运动如火如荼；然而，就在此时，德里达提出了上述观点，这对于当代历史环境的“气象”(Kairos)并非无足轻重。[①] 和海德格尔一样，德里达考察的是“西方的整体性”，并使之与其“他者”对照起来，而他者的莅临借助的是“激变”——在经济和政治上表现为欧洲与第三世界之间新的格局，在形而上学上表现为人类中心论思想的终结。人，作为面向死亡的存在，总是生活在与其自然归宿的关系当中。当然，这里说的是其人道主义自我理解的终结：在虚无主义的荒野上，盲目游荡的不是人，而是人的本质。而且，这一终结在海德格尔所开创的存在思想中被揭示了出来。海德格尔为一个在历

---

① 德里达：“人类的边界”(‘Fines Hominis’)，载其：《哲学的边界》(*Randgänge der Philosophie*)，Frankfurt am Main，1976，第 88 页以下。

史本体论意义上或许永远都不会终结的时代走向终结作好了准备。[1] 我们所熟悉的形而上学自我克服的旋律，也为德里达的研究奠定了基调；分解（Destruktion）变成了解构（Dekonstruktion）：

> 在此范围内，由于我们要通过迂回的、始终危险的行动，不断冒重蹈它所解构的东西的覆辙的危险，我们应该对这些评论的概念进行仔细而全面的阐述……严格确定它们与它们所解构的机体的附属关系，同时表明那难以名状的一线光芒所透过的缝隙。[2]

就此而言，德里达的观点并不新颖。

但德里达摆脱了海德格尔的晚期哲学，特别是海德格尔的隐喻学。他反对那种通过倒退而低估一切的“关于临近、直接在场的隐喻……把存在的临近与亲近、庇护、掩护、滋养、防范、表达及倾听的价值糅合在一起”。[3] 如果说，海德格尔以舒尔茨－瑙姆伯格的风格，用其前工业时代农民生活世界那种感伤而富有田园色彩的图景来装扮他的存在历史宿命论的话[4]，那么，德里达则首先是生活在游击斗争的混乱世界中——连存在的寓所他也想予以拆除，并“在《论道德的谱系》所说的残暴节日的自由天地里载歌载舞”[5]，我们想要搞清楚的是，这种存在历史概念

---

① 德里达：《论文字学》（*Grammatologie*），Frankfurt am Main，1974，第 28 页。

② 同上，第 28 页以下。

③ 德里达：《哲学的边界》，第 115 页。

④ 布迪厄：《海德格尔的政治本体论》（*Die politische Ontologie M. Heideggers*），Frankfurt am Main，1976，第 17 页以下。

⑤ 德里达：《哲学的边界》，第 123 页。

的基本内容是否也会发生变化,抑或是,同样的观念到了德里达手里,仅仅是换了一副面孔而已。

海德格尔为了使历史哲学历史化,付出的代价是提出了一种真理概念,它具有历史动力,却失去了历史根基。如果我们像海德格尔那样深受当代历史状况的影响,却依然在本质概念范围内阔步前进,那么,遭到颠覆的基础主义的真实性要求就会僵化为一种先知的姿态。至少,我们无法知道,在不可把捉的真理事件的变动过程中,一个超越时空的真实性要求的规范核心如何才能得到维持。尼采毕竟用他的酒神概念为我们指明了一个规范性的经验领域。而作为存在主义者的海德格尔,还会把一种本真此在的规范内涵作为自己的基本取向。相反,远古存在的慈爱却缺乏任何一种上述结构。神圣的概念最终和生命的概念一样混乱不堪。我们的有效性意义所关涉的区分,在缺乏确证的存在天命中找不到任何根据。只有宗教内容才提供了一些根据,然而,宗教内容却随即又被当作本体神学的残渣余孽而遭到抛弃。

德里达同样也对这一境况表示不满。结构主义似乎提供了一条出路。对海德格尔来说,语言构成了存在历史的中介。语言世界图景的法则主导着时刻都占据统治地位的前本体论的存在理解。当然,海德格尔仅仅满足于宽泛地把语言描述为存在的寓所。尽管他赋予语言以优越地位,但他从未对语言进行过系统的研究。而这正是德里达的着手点。索绪尔的结构主义所掀起的学术风气激励着德里达把语言学用于形而上学批判。于是,他在方法论上也从意识哲学转向语言哲学,并用他的文字学开辟了一片研究和分析领域,而这是海德格尔在存在历史水平上所无法获得的。然而,由于多方面的原因,德里达并未运用盎格鲁—撒克逊世界的日常语言分析;原因我们后面还会详细讨论。此外,德里达也没有深入研究语法及其运用逻辑。相反,他一反结构主义语音学的做法,试图阐明文字学的基础,即书写科学的基础。他从“Littré”一词中引申出“文字学”——“一种关于字母、字母表、音节、阅读以及书写的学术”,并认为格尔伯的著作是一部筚路蓝缕之作。[①]

文字学自认为是形而上学批判的科学导言,因为它深入到了模仿声音的文字的根源。书写与形而上学思想不仅和平共处,而且有着同样的起源。德里达坚信:

> 声音的书写,是西方伟大的形而上学、科学、技术和经济学发展的媒介,它在时空两方面都被规定了。[②]

如今,它达到了极限。早期德里达试图用文字学来研究形而上学的自我克服问题,这种研究一直追溯到了语音文字的起源。任何一种书写,只要它一直都只是声音形态在语音系统中的定格,它就要进行追问。相反,文字学应当阐明的是,语言的本质为何必须用书写的模式而不是言语的模式来加以把握:

> 理性支配着被大大推广和极端化的文字,它不再源于逻各斯——也许正因为如此,它应当被抛弃。它开始拆毁所有源于逻各斯的意义,但不是毁坏,而是清淤和解构。对真理的意义尤其如此。真理的一切形而上学规定,甚至包括海德格尔提醒我们注意的那种超越了形而上学的本体-

① 格尔伯:《从楔形文字到拼音文字:一种书写学的基础》(*Von der Keilschrift zum Alphabet. Grundlagen einer Schriftwissenschaft*),Stuttgart,1958。

② 《论文字学》,第23页。

神学的规定，或多或少不能直接与逻各斯的要求或与逻各斯谱系中的理性要求相分离。①

正如我们将要看到的，由于逻各斯始终都是处于说出的言词当中，所以，德里达想到语音中心论中去寻找西方的逻各斯中心论。

德里达转向文字学，可谓发聋振聩；回顾一下关于自然之书或世界之书的隐喻，可以帮助我们理解他的这一转向。这些隐喻指向的是很难读懂但逐步可以破解的上帝的手笔。德里达引用了雅斯贝尔斯的说法："世界是一个从未得到彻底理解的他者世界的手笔。只有存在才能逐步破译出世界的意义。"由于远古的文本已经失传，所以才会出现大量的书本。德里达用弗朗茨·卡夫卡的方式把失传文本的思想推向了极端，这样，他就消除了这一图景当中的一切乐观主义特征。记载上帝笔迹的书从未出现过，出现的只是它的踪迹，但即便是这些踪迹也已经烟消云散。最迟从十九世纪开始，这种意识就构成了现代性自我理解的典型特征：

认为每一本书的任何一页本身就紧紧维系着独一无二的真理文本……维系着谱系学的选集。这一次是维系着理性的《圣经》，维系着上帝（据说他以或多或少被推延了的方式教会我们写作）所阅读的无尽的手稿，但这种神学上的确定性注定已失落了。不仅如此，这种已失落的确定性，这种神圣文字的缺席，即首先是犹太人的上帝（在必要时他自己也写作）的缺席，并没有全然地含糊其辞地规定某种像"现

① 《论文字学》，第 23 页及下页。

代性”这样的东西。如同神圣符号的缺席及其幽灵一般的出没，它调节着现代的批评和美学。[1]

现代性就是对一种书写踪迹的寻找，这种书写不再像自然之书或神圣之书那样能展示出一种总体性的意义语境。

在充满灾难的传统语境中，只有书写符号的基础才能经受得住历史的侵蚀。书写的文本让语词得以长久，而声音是一种脆弱的媒介，很容易就让语词失传。破译必须先于解释一步。在通常情况下，文本会遭到损坏，成为断片，让后来的解释者无法理解其中的内容。但即便是晦涩难懂的文本中，也留存着诸多的符号——留存着一种已经失传的精神实质。

很显然，德里达继承了列维纳斯的观点，受到了犹太教对传统理解的启发。犹太教比基督教更加远离书的观念，因而也就更加强调博学。一种书写学纲领如果带有形而上学批判的要求，就会有宗教的源头。尽管如此，德里达并不想提出一种神学思想。作为海德格尔主义者，他不允许自己去思考一个最高的存在者。相反，他和海德格尔都认为，现代状况是由逃避现象造成的，这些现象在理性历史和神圣启示视域中无法得到理解。他在《论差异》一文的开头向我们保证，他并不想从事神学研究，更不会从事否定神学研究。同样，他也不想去追寻逃避的一切，不想把它们当作充满悖论的存在历史的内在特征。

正是由于这一原因，书写的媒介提供了一种模式：它应当从真理事件那里获得灵韵，并且赋予真理事件一定的灵活性和牢固性。所谓真理事件，就是指同一切存在者乃至最高存在者区

---

① 德里达：《书写与差异》(*Die Schrift und die Differenz*)，Frankfurt am Main，1972，第21页以下。

别开来的存在。在此过程中,德里达根本没有考虑到"书写文字的牢固性",而是首先关注这样一种情况:书面形式把文本从发生语境中分离了出来。书写使言词独立于作者的精神,也独立于接受者和言语对象的在场性。书写媒介赋予文本一种冷漠的自主性,使之脱离了一切生动的语境。它消除了文本与单个主体以及具体语境之间的特殊联系,而且让文本具有可读性。书写保证了一个文本在任意一种语境下都能反复得到阅读。德里达所着迷的,就是这样一种"绝对可读性"观念:即便是所有可能的读者都不在场,即便是一切智能生命都已灭绝,书写依然还用高度的抽象性,让读物超越一切内在的东西,而不断得到阅读。由于书写消除了言词的生动关联,因此,即便有朝一日所有能说能写的人都惨遭屠杀,书写也能挽救语义学内涵①:"一切书写在本质上都具有遗嘱的特征。"②

当然,这种思想仅仅动摇了这样一种观点:生动的言语依赖于语言的自足结构。德里达用作为书写科学的文字学取代了作为语言科学的语法学,由此,他试图把结构主义的基本观点进一步推向极端。海德格尔缺乏的就是这种自我稳定的语言媒介概念。因此,在《存在与时间》中,海德格尔不得不首先把对世界的构建和捍卫追溯到筹划世界和自我立基的此在的创造性那里,换言之,追溯到先验主体的创造性活动的等价物那里。德里达没有像《存在与时间》那样绕弯子。他背靠着结构主义,这样,他就可以直接在胡塞尔早期的意识哲学与晚期海德格尔的语言哲学之间建立联系。我想要考察的是,德里达用文字学来与存在历史

---

① 德里达:"符号、事件与语境"('Signatur, Ereignis, Kontext'),载其:《哲学的边界》,第 124 页以下,特别是第 133 和 141 页。

② 《论文字学》,第 120 页。

的观念保持距离，他这样做，能否躲避得了海德格尔针对尼采所提出的疑义，而海德格尔本人后来也没有摆脱掉这样的疑义：

> 像所有的颠覆一样，尼采式破坏力对摇摇欲坠的形而上学大厦仍有迷惑力。[①]

这里我想先说说我自己的观点：德里达未能摆脱主体哲学范式的束缚。他想超越海德格尔，但无法回避那种失去一切真实性要求的真理事件的疑难结构。德里达超越了海德格尔所颠覆的基础主义，但未能走出海德格尔的窠臼。而历史化的源始哲学却呈现出一个比较清晰的轮廓。对犹太教神秘主义救世思想的回忆，对《旧约》之上帝一度占有、虽被遗弃却得到很好描述的场景的记忆等，所有这些都使得德里达既没有在政治和道德层面上陷入麻木不仁，也没有在审美层面上对荷尔德林所描述的新异教徒不闻不问。

2

1967 年，在出版《论文字学》的同时，德里达发表文章，批判胡塞尔的意义理论。[②] 通过这一文本，我们可以看得很清楚，德里达是如何逐步开始打破主体哲学的。就解构意识哲学的策略而言，德里达的最佳选择是《逻辑研究》第二卷《表述与意义》

---

① 《论文字学》，第 37 页。

② 德里达：《声音与现象》（*Die Stimme und das Phänomen*），Frankfurt am Main，1979；也请参阅其论文：《形式与欲言语言：现象学笔记》（‘La Forme et le voulour-dire. Note sur la phenomenology du language’），《国际哲学杂志》（*Rev. int. philos.*），LXXXI，1967；此文收入《声音与现象》英译本（Evanston，1973）。

（'Ausdruck und Bedeutung'）一章。[1] 因为在这一章，胡塞尔极力捍卫纯粹意识领域，反对语言交流的中介领域。而且，胡塞尔断然认为，意义属于理想的本质和知性领域，其目的是要消除语言表达的经验成分；而离开语言表达，我们又将无法把握意义。

众所周知，胡塞尔明确区分了表达一种语言意义的符号（Zeichen）和纯粹的信号（Anzeichen）。化石骨骼表明太古时代的动物是存在的。旗帜和徽章证明的是所有者的民族属性。在手绢上打结，是要提醒人们有些意图尚未实现。在所有这些例子当中，信号所唤起的都是对一种事态的意识。至于信号与所标示的事态之间是通过因果关系还是通过逻辑关系、描绘关系或纯粹的常规关系建立起来的，则无关紧要。就拿手绢上的结来说吧，作为信号，如果对符号的感知通过心理联想唤起人们对一种并不在场的事件产生想法，那就是信号在起作用。语言表达则用一种不同的方式来展示其意义（或对象，当语言表达具有指示功能时，它便针对一个对象）。不同于信号，语言表达之所以具有意义，不是依靠联想，而是根据一种理想的语境。值得我们注意的是，胡塞尔把模仿和姿势都看作是记号，因为他忽视了这些自发的身体动作中所含有的意志或交往意图——简言之，即言语者的意向性。当它们代替语言表达时，它们就获得了意义。语言表达可以通过它们先天的语言结构而与信号区分开来："一个表达不仅具有意义，而且还涉及到某些对象物。"[2] 换言之，一个表达永远都可以扩充成一个命题，并把所说的内容与陈述的对象联系起来。相反，信号没有区分开关涉对象与预设

① 胡塞尔：《逻辑研究》（*Logische Untersuchungen*），第 2 卷，Tübingen，1913/1980，第 23 页以下。

② 同上，第 46 页。

内容,因而也就无法摆脱对语境的依赖;而同语境保持独立,正是语言表达的重要特征。

胡塞尔的意义理论和索绪尔的一样,所采用的也是符号学方法,而不是语义学方法。他没有把符号学对于不同符号类型(信号和表达)的区分扩展成为对符号语言与命题语言之间的语法区分。[①] 德里达的批判也仅限于对符号学的思考。他首先针对的是胡塞尔关于符号与信号的独特区分,其目的是要贬低对应于严格意义上的语言表达的交往表达。因为,胡塞尔提出了这样一种观点:语言表达看起来似乎是仅仅出现在"独立的心灵生活"当中,但一旦它们用于实际的交流目的,并进入言语的外部领域,它们就会额外地承担起信号的功能。在交往言语中,语言表达与信号是"交织"在一起的。即便是分析哲学,一般也认为,我们必须撇开命题当中表达的实用方面,而单纯去把握命题以及命题各个部分的语义学结构。这种抽象的划分,我们可以用从主体间的对话到内心独白的转换过程来加以阐明——语义学的考察方式同样也是针对独白式语言表达的结构层面。决定选择形式语义学的分析层面,并不一定就会导致语义主义的立场:这种立场否定语义学所描述的语言与言说之间有着内在联系,而且认为,语言的实用主义功能完全是外在的。就现象学而言,胡塞尔所持的也正是这样一种立场。当然,在意识哲学前提下,他别无选择。[②]

胡塞尔把单子论的先验自我作为出发点,这就迫使他不得

---

① 图根哈特:《语言分析哲学导论》(*Vorlesungen zur Einführung in die sprachanalytische Philosophie*),Frankfurt am Main,1976,第 212 页以下;哈贝马斯:《交往行为理论》,第 2 卷,第 15 页以下。

② 由此我们也可以看到,语言分析哲学所说的语义主义依然是从意识哲学前提出发。

不从针对意向对象的个体意识出发，去重建交往过程中所建立起来的主体间性关系。沟通过程分为言语者“发出信息”——言语者发出声音，并把它们与产生意义的行为联系起来——和听众“接受信息”（对于听众来说，他们对声音的感知所表明的是“发出信息”的心理经验）：

> 最初使得精神交往成为可能，并使言语成为言语的东西，存在于以言语的心理因素作为中介的相互关系当中：一边是交往主体的肉身体验，一边是交往主体的心理经验。[1]

由于主体最初是在没有中介的情况下直接照面，而且，相互从外在出发，把对方当作客体加以感知，所以，他们之间的交往只能按照经验内容信号化的模式来加以设想，或者说，只能从表现主义的角度去加以设想。中介符号在这里只是作为行为的信号，而他者最初是在孤独的精神生活中完成这些行为的：

> 如果我们考察一下这些内在关联，我们立刻就会发现，交往言谈中所有表达的功能都类似于指示。对听众而言，它们是说话者“思想”的符号，是其提供感觉的内在经验的符号。[2]

胡塞尔认为，相对于以语言为基础的沟通的主体间性而言，意义赋予行为的主体间性更加具有原发性，这样，他就不得不按照提供经验符号和破解经验符号的模式来设想主体沟通的过

---

① 《逻辑研究》，第33页。

② 同上。

程。借助于表达与信号之间的区分，胡塞尔认为，符号在交往过程中的具体运用是这样的：它们所承担的是从外在指明言语者内在行为的功能。可是，如果语言表达只有在交往当中，也就是说只是后来才与信号发生联系，那么，表达自身就必然会被归属于孤独的精神生活领域——只有在离开这一内在领域之后，它们才进入指示范围。但这样一来，相对于语言表达的意义，符号的物质基础大大贬值了，被驱逐到了一种虚假的状态当中，仿佛并不存在。一切外在因素都被归入信号的范围。表达摆脱了一切交往功能，并卸掉了一切肉体的意义，而升华为纯粹的意义，致使我们无从得知，意义为何还要用语词的符号和命题的符号来加以表达。在内心独白中，主体在与自身进行交流时没有必要就自己的内心世界给出信息：

> 难道我们可以说，在某人自言自语的独白中，他可以把词当作是他内在经验的符号或指示吗？我无法想像这一观点是可以接受的。[①]

在内心独白中，表达意义的符号基础成了一种"无关紧要的东西"。

> 表达似乎把兴趣从其自身转向其含意，并指向了后者。但这一指向过程并不是早先所讨论的意义上的指示……首先必须是一个存在物，我们才会将之当作一个指示。这也包括交往中使用的表达，不过不包括独白中的表达……在想像中，似乎我们眼前总是飘动着说出的或刻印的字，虽然

① 《逻辑研究》，第 35 页。

实际上它并不存在。[1]

这种内在符号源于主体哲学，其虚拟化具有一种重要的内涵。因为，胡塞尔发现，他有必要到其他的地方，而不是到符号运用规则当中去寻找意义同一性的基础。胡塞尔的这一观念后来在维特根斯坦那里得到了进一步的发展，它假定在意义同一性和意义规则的主体间有效性之间存在着一种内在联系。胡塞尔也把我们用于计算的符号和我们根据象棋规则走棋的步骤进行比较。但和维特根斯坦不同，胡塞尔必须假定纯粹意义具有优先性。只有借助于对那些原初意义的了解，我们才知道怎样走棋子：

> 因此，除了其独有的意义之外，数字符号还具有所谓的游戏意义……如果我们将算数符号仅仅当作是规则意义上的计算符号，那么，要完成计算游戏的任务就会产生数字符号和公式。对它们原来所具有的真正的算术意义进行阐释，同时也就是对相应算术问题的解决。[2]

一种表达的意义建立在意义意向行为以及这一意向的直观满足之上——当然，这不是心理学意义上的基础，而是先验意义上的基础。意义的内涵是一种理想的自在之物，胡塞尔试图从意义赋予行为的意向本质当中，说到底就是想从相关的理想直观满足意义行为的本质当中获得意义的内涵。然而，“在实际上作为意义的理想同一性与它们所关涉的符号之间，并不存在什

---

① 《逻辑研究》，第 36 页。

② 同上，第 69 页。

么必然的联系。也就是说，借助于这些符号，它们不过是在人的心灵生活中获得了实在化。”[①] 正是这种“意义柏拉图主义”(Bedeutungsplatonismus)把胡塞尔和弗雷格联系到了一起，并最终允许他们把“自在的”意义同仅仅是“表达出来的”意义区分开来，这就让我们想到了波普尔对第三世界和第二世界所作的类似区分。表达如果出现在作为“符号想像”的内心独白当中，它就是要用认知来把握理想的同一性，而理想的同一性只有表达出来才为认知主体所掌握：

> 只有当一个新的概念形成，我们才会明白，一个先前未变成现实的意义是如何变成现实的。[②]

我已经逐步梳理了胡塞尔的意义理论，我的目的是要准确阐明德里达的批判起点。德里达要做的是反对“意义柏拉图主义”，反对语言表达的内在化，并由此主张概念与其符号表达基础之间有着牢不可破的联系，甚至主张在先验层面上符号先于意义。但值得注意的是，他的疑义针对的不是意识哲学的前提，而是意识哲学使得我们无法把语言确立为主体间的中间领域。这一中间领域具有双重特征：解释世界的先验特征和内心体验的经验特征。德里达并未把语言哲学和意识哲学的区分作为自己的出发点；换言之，德里达的出发点并不在于：语言哲学的范式摆脱了意识哲学的范式，并使意义的同一性依赖于意义规则在主体间的实际运用。相反，德里达沿袭胡塞尔的老路子，从先验哲学的角度，把主体性的一切内在因素与构建世界的能力割

---

① 《逻辑研究》，第104页。

② 同上。

裂开来,以便在主体性的最深处反抗理想直观的本质统治。

3

德里达对胡塞尔真理确定性概念的批判,和海德格尔对胡塞尔现象概念的批判如出一辙。为了巩固超越一切具像而“自在”存在的意义的地位,胡塞尔不得不求助于一种直观:在这种直观当中,这些本质可以“从自身出发”,把自己展现出来,并作为纯粹现象而获得规定性。胡塞尔把这种直观看作是对意义意向的满足,是语言表达所指向的“对象”的自我规定性。意义指向行为与意义实现行为之间的关系,犹如关于对象的观念与关于对象的实际感知之间的关系。直观履行了表达意义所做出的不同承诺。然而,胡塞尔却由此从先天的角度把一切语言表达的意义都纳入认知维度。

德里达反对把语言化约为对认知或确定事实有用的成分,他这样做是正确的。逻辑先于语法,认知功能先于沟通功能。在胡塞尔看来,这是不言而喻的:

> 如果我们问,表达意味着什么?我们很自然地会举例说,它实际上是有助于知识的获得。①

胡塞尔自己注意到了,比如单称名词,就不能随便按照这种模式来加以解释——有些“主观表达”,其意义随着言语环境的变化而变化。但面对这样的困境,胡塞尔依然断言,

① 《逻辑研究》,第56页。

> 每个主观表达都可以被客观表达(它将保证每一瞬间的意义意图的确定性)所代替。①

单个名称应当能够用说明来替代,场景和时间的直接表达则应当可以用时空位置等来替代。正如图根哈特所说,这种把主观表达转换成独立于语境的客观表达的计划是行不通的。单称名词和记述式表达一样,都是实用主义意义的范例,它们要想得到解释,就必须依靠规则在主体间的具体运用。而德里达对这一事态的解释则截然不同。胡塞尔不得不把所有的语言意义与涉及真实性的客观表达联系起来,而客观表达立足于对现实直观的满足,并且只强调认知功能。在德里达看来,胡塞尔这样认为,是逻各斯中心主义的症候,它源远流长,决非语言分析所能诊治:

> 当然,事实上,说每一个主观表达都可被客观表达替代,只是在断定客观理性的无限的边界。②

唤起德里达反抗情绪的,就是这种用理性限定语言,用知识限定意义的形而上学方法。在胡塞尔自明性的真理概念中,德里达发现,有一种形而上学依然在活动,它迫使我们把存在看作是在场或现实性。

正是在这个地方,德里达认为有必要激活在胡塞尔的论证中被当作无足轻重的因素而被悬隔起来的符号的外在性——这是一种符号学的观点,而绝非一种语用学的观点。在德里达看

① 《逻辑研究》,第 90 页。

② 德里达:《声音与现象》,第 90 页。

来，在场证明经验具有同一性，而正是在这种同一性思想当中，暴露出了现象学的形而上学实质——之所以说现象学具有形而上学特征，是因为在直观中得到落实的意义意向消除了时间的异性和他性，而这两者对于同一对象的直观行为，以及对于语言表达意义的同一性都是重要的构成因素。在胡塞尔看来，自我给定的在场具有一种感应作用，而在这种感应作用当中，重复结构消失了，一旦没有了这种重复结构，一切也就无法从时间的洪流和经验的潮流中解脱出来，无法让自己在场，进而获得表现。

《声音与现象》一书的核心是第五章。在这一章，德里达回过头来考察了胡塞尔对内在时间意识的分析，其目的是要用胡塞尔的矛来攻胡塞尔的盾，并把握住直观现实此在的不同结构；而直观之所以成为可能，依靠的则是先行或回归。一旦我们意识到囊括一切实际经验的记忆循环时，一种具有自我同一性的对象的彻底在场也就被瓦解了。“当下的”经验源于一种再现行为，源于对一种可以重复的认识的感知：时间间隔的异性环节和他性环节是瞬间自发性内在固有的。直觉定在的内在同一性，事实上证明自己是构成的和造成的。由于胡塞尔在写作《逻辑研究》时心中想到的只有先验主体性，而没有注意到时间化和变化是一个源始过程，因此，他也就无法搞清楚符号在建构自我同一的对象和意义时所发挥的作用。任何一种表现都联系着过去和现在，而对于任何一种表现来说，符号都是必不可少的：

> 每当一个音素或一个字母在一个公式或一种感知中出现时，这个音素或字母必然在某种程度上总是另一个。但是，只有当一种形式的同一性使它得以重印出来，并且被承认时，它才能够作为符号和一般语言进行活动。这种同一

性必然是一种理想。[1]

胡塞尔把自在意义的理想性与意见行为和交往行为以及表达和指涉的符号基础严格区分开来，相反，德里达所依靠的则是“能指的感知形式的理想性”。[2] 然而，他没有从实用主义的角度，根据规则的具体运用来解释这种理想性，而是仅仅追求与胡塞尔的所谓在场形而上学划清立场。

德里达反对胡塞尔的核心观点在于：胡塞尔放任自己被西方形而上学的基本观念所蒙蔽——自我同一的意义的理想性只能由活生生的在场来加以保证。这是一种摆脱一切经验内涵的先验主体性的内在经验的实际在场，对此，通过直觉就可以直接加以把握。否则，他就不会对如下事实视而不见：在看起来具有绝对性的当下之初，出现了一种时间差异和他性，德里达认为，它们既是被动的差异，又是制造差异的延缓。现在隐而不现。这种“尚未”构成了参照系，没有它，任何东西都无法被当作在场的事物来加以体验。德里达所怀疑的是，一种意义意向任何时候都能进入现实的直觉当中，并一道获得保障，进而融为一体。直觉永远都无法保证在表达当中显示出来的意义意向的变化能够得到实现。相反，时间的异性和他性对于如下二者都具有建构意义——无论是语言表达的意义功能，还是对象经验的结构。即便是在意指和言说的对象缺席的情况下，语言表达也必须能够获得领会；而对象结构只有在预先把握住了一种解释性的表达(即超越实际经验因而并不在场的表达)时，才能被明确和保持为一种现实的感知物。

---

① 《声音与现象》，第103页。

② 同上，第106页。

任何一种感知都构成了胡塞尔用延展和记忆的概念所研究的重复结构的基础。胡塞尔没有认识到,这种再现结构只有借助于符号化的力量或符号的替代功能才会成为可能。表达具有外在的符合特征,这种外在性是基础性的,无法进一步升华。也只有表达,才会必然导致它自身与它的意义之间的差异;这是一方面的差异,另一方面的差异在于语言意义领域与内在领域,带有自身经验的言语者和听众以及言语还有其对象等,都属于这个内在领域。德里达把表达、意义和经验之间的内在分化关系解释为一种闪耀着语言光芒的裂缝,只有在这道光芒当中,事物才能作为世界中的事物第一次呈现出来。只有把表达与意义结合起来,才能再现某种事物——德里达认为,这种符号的再现是一种时间化的过程,一种推延,一种积极的缺席和隐蔽——它们具体体现在直观行为的呈现和敞亮过程当中。

胡塞尔错误地理解了语言符号的重复性结构与再现功能之间的内在关联。为了阐明这一点,德里达引证了胡塞尔的一条附论:

> 我猜想那种伴随和支持我无声的思想的文字表象,有时也包含了那些用我自己的声音说出的词的形象。①

德里达坚信,胡塞尔之所以忽视了语言符号的基础特征,并把它当作是无关紧要的因素,其原因在于,在西方传统中,声音形式先于书写形式,语音表现先于象形表现,虽然这种优先性值得怀疑。声音的透明性是瞬间的,从而促使语词与表达意义之间的同化。赫尔德已经告诉我们,自言自语过程当中有着一种

---

① 胡塞尔:《逻辑研究》,第 97 页。

独特的自我关系。同赫尔德(和盖伦)一样,德里达也强调,通过我的气息和我的意义意向而活跃起来的表达具有内在性、透明性和绝对的亲近感。

言语者在自言自语的时候,同时完成了三个几乎无法区分的行为:他产生了声音形式;通过自我影响,感觉到了语音的感性形式;同时,他还理解了意指的意义:

> 一切其他自我影响的形式应该或者跨越陌生领域,或者放弃普遍性要求。①

这种特性不仅表明口语的优先性,而且也暗示,概念的存在似乎无需肉身就可以在场,而且,可以通过在场者切身的自明性来加以证实。就此而言,语音中心主义与逻各斯中心主义是相互勾连的:

> (声音)能够指出理想的对象或理想的意义……而不会在理想性、在自我在场生命的内在性之外丧失自我。②

这就成了作为形而上学批判的文字学的起点:

> 在这种体验中,语词作为所指、声音、概念以及一种明显表达实体的不可分解的单元而存在。③

---

① 《声音与现象》,第 135 页。
② 同上,第 134 页。
③ 《论文字学》,第 39 页。

然而,如果语音中心主义正是形而上学强调在场优先性的基础,如果这种在场形而上学自身能够解释清楚,胡塞尔为何一直局限于从符号学的角度去考察符号的替代功能及其揭示世界的力量,那么,不再从自言自语的角度去解释语言表达的符号特征及其替代功能,而是选择书写作为分析的出发点,就是明智之举。因为,这种书写的表达反复提醒我们,“尽管主体完全缺席,尽管主体死了”,语言符号依然可以让一个文本得到解读,而且,虽然不能保证它能得到理解,却可以使它有可能获得理解。书写就是希望通过遗嘱而获得理解。德里达对胡塞尔意义理论的批判,针对的正是这一充满策略性的环节:直到胡塞尔(甚至海德格尔),形而上学一直把存在当作是在场而加以思考——存在就是“作为知识和控制而在场的存在者的产生和聚集”。[①] 因此,形而上学的历史在现象学的直觉主义中达到了高潮,而现象学的直觉主义消除了时间落差及他性等源始性差异,然而,恰恰正是这些差异才使得对象与意义的同一性成为可能。现象学直觉主义所采取的手段,是用自身没有延异的声音通过暗示而对自我施加影响:

> 无延异的声音,无书写的声音,同时就是绝对鲜活的和绝对死寂的。

在这句话中,德译者用了一个人造词“Differänz”,来概括德里达的文字游戏,即法语中的同音异义词语:“différence”和“différance”。符号结构奠定了经验的重复结构,并与推延、犹疑、在权衡中保持克制、有所保留以及对后来兑现内容的暗示等

---

① 《声音与现象》,第163页。

所具有的时间意义是联系在一起的。这样,替代、再现或一方与另一方之间的相互代替等所具有的参照结构,也就获得了一种时间化的维度和一种差异化的让步维度:

> 在这一意义上,延异即是时间化,是有意识或无意识地诉诸时间性及时间化的迂回中介,它悬置了“欲望”或“意志”的完成或满足。[①]

德里达希望借助于“延异”这个充满时间动力的概念,遏止胡塞尔思想中的极端化趋势:胡塞尔试图得出“自在”含义摆脱一切经验内涵之后所具有的理想意义。德里达追究胡塞尔的理想化,一直深入到先验主体性的核心地带。其目的是要弄清楚在自我在场的经验的自发性源头当中所具有的差异,这是一种无法消除的差异。如果按照书写文本的参照结构模式来设想这种差异的话,它就会被看作是一个脱离主体性的操作活动,即无主体的事件(subjektloses Geschehen)。书写成了原始符号,它摆脱了一切实用的交往语境,并独立于作为言语者和听众的主体。

书写是后来确定下来的一切声音形式的前提,是一种“原始书写”,有了它——无需任何先验主体的帮助,并处于主体的努力之前——也就有了意义和概念在其范围内表现出来的经验因素之间的差异性,也就有了世界和内心世界之间的差异性。“成为可能”是一个在区分中不断推延的过程。由此看来,区别于感性的知性,同时也是延宕的感性;区别于直觉的概念,同时也是延宕的直觉;区别于自然的文化,同时也是延宕的自然。这样,德里达就完成了对胡塞尔的基础主义的颠覆,因为主体性的先

---

① 德里达:“论延异”(‘Die Différance’),载其:《书写与差异》,第 12 页。

验源始力量变成了书写所具有的无名的历史创造性。现实直观中从自身出发而表现出来的在场,完全依赖于符号的再现力量。

但值得注意的是,在这一思路当中,德里达并没有彻底打破主体哲学的基础主义。他不过是让主体哲学所说的基础依赖于一种贯穿在时间当中的源始力量的基础——这个基础虽然更深厚一些,但也已经摇摇欲坠。德里达回过头来,彻底依靠这种没有主体的无名源始力量,而且是以一种源始哲学的方式:

> 要想思考和表达这样一个年代,要想从"规范"和"前源始"的角度来思考这样一个年代,我们就需要有一个不同于符号和再现的名称,胡塞尔认为,可以把它作为一种特殊的、偶然的、附属的和次级的经验而孤立起来:这是符号的变化经验,它四处漂荡,没有定所,没有开始,也没有终结,它的在场充满神秘色彩。①

所谓第一或终极,并非存在历史,而是拼图游戏:古老文本中迷宫式的反映效果,其中每一个文本都指向更加古老的文本,而且,我们根本没有指望去把握住原始书写。谢林曾深入思考过这个世界在过去、现在及将来之间非时间化的时间性重叠关系;同样,德里达也坚持认为存在一个从未出现过的过去,他的这个思想让人难以捉摸。

4

德里达认为,原始书写先于一切可以识别的记载;为了让这

---

① 《声音与现象》,第164页以下。

个想法便于理解，德里达根据索绪尔的《普通语言学教程》[1] 阐明了自己的观点：书写在某种程度上是语言表达的首要媒介。他总是不断地向看起来非常庸俗的观点发起挑战，这种观点认为，语言就其结构而言强调言说，而书写只是对语音的模仿。当然，德里达所主张的，并不是一种经验主义的观点，认为书写在年代上要早于言说。他甚至把他的论证建立在一种普遍的观点之上，即：书写是出色的反思符号。尽管如此，书写也不是寄生性的。相反，言说就其本质而言是对书写的补充，所以，语言的本质，即意义在符号的常规基础中的固定化和"制度化"，可以根据书写的建构特征来加以阐明。一切语言符号都是独断的，与它所象征的意义之间保持着一种常规性的联系：

> 在书写的可能出现之前，在这一视野之外，约定的观念是难以想像的。[2]

德里达借用了结构主义语音学的基本概念。结构主义语音学认为，每个语音的关键特征都只能由一个语音与其他所有语音之间的系统关系来加以确定。但这样一来，单个的声音模式就不是由它的语音本质所构成，而是由大量相互关联的抽象的系统特征所构成。德里达颇为得意地引用了索绪尔《普通语言学教程》中的一段论述：

> 语言能指……（从本质上说）并非语音，而是一种非物

① 请参阅索绪尔：《普通语言学教程》（*Grundlagen der Sprachwissenschaft*），Berlin，1967。

② 德里达：《论文字学》，第 78 页；请参阅 J. 卡勒的出色评述：《论解构》（*On Deconstruction*），London，1983，第 89—109 页。

质的东西——它不是由物质材料构成的，而是由从研究其他声音形象中分离出来的差异形象构成的。[①]

德里达考虑到的是符号的结构性能，无论在墨汁或气体当中，它都能表现出来。在这些抽象的表达形式中，德里达发现了语言的书写特征。面对语音形式或书写形式的表达媒介，这些表达形式都保持一种漠然的态度。这种原始书写是言语和文字的共同基础。

原始书写所占据的是一个无主体的结构创造者所享有的位置，而在结构主义看来，这些结构不属于任何一个作者。原始书写在诸多符号因素之间造成了差异。这些符号因素相互关联，构成了一种抽象的秩序。德里达不无武断地把结构主义所说的这些"差异"，与根据胡塞尔的意义理论所得出的"延异"拼合了起来，按照德里达的理解，"延异"应当能够超越海德格尔的本体论差异：

(延异)使得说和写有可能结合起来——在通常的意义上——正如它发现感性与理智之间，然后是能指和所指、表达和内容等相互之间的形而上学对立一样。[②]

一切语言表达，无论是语音形式的还是文字形式的，在某种意义上，都是在一种自身并不在场的原始书写的推动下才运作起来的。由于原始书写先于一切交往过程和一切参与主体，因此，它履行的是揭示世界的功能。而且，它自己相当矜持，拒绝

① 索绪尔：《普通语言学教程》，第141页以下。
② 《论文字学》，第110页。

现身，只在制造出来的文本的参照结构（即“普通文本”）中留下踪迹。在关于原始书写及其踪迹的隐喻当中，再次出现了上帝的酒神动机：上帝通过痛苦的缺席让他的西方子女看到了在场的希望，而由于他痛苦地缺席，他的在场反而变得更加触手可及：

> 但踪迹的运动必然是隐蔽的，它的出现就是对自身的一种隐蔽。当他者宣称自己莅临时，他实际上是通过遮蔽自己而让自己到场。①

德里达的解构忠实地遵循海德格尔的思路。他只是迫不得已才揭开了这种遭到颠覆的基础主义思想的短处，为此，他用书写的延异去克服本体论的差异和存在，而书写不过是把源始运动推向了深入而已。因此，德里达希望从文字学以及存在历史表面的具体化和文本化过程中得到的收获，就不那么可观了。作为现代性哲学话语的参与者，德里达继承了形而上学批判的弱点，即没有摆脱源始哲学的意图。尽管变换了姿态，但说到底他不过是把显而易见的社会病理给神秘化了。德里达也区分了本质的思想（即解构的思想）与科学的分析，并且借助于空洞的诺言而获得了一种不确定的权威。当然，这不是遭到存在者扭曲的存在的权威，而是一种书写的权威，它不再神圣，而是处在流放之中，四处游荡，自身的意义也发生了异化，用遗嘱的形式证明了神圣的缺席。德里达首先用一种看起来具有科学主义特征的要求把自己和海德格尔区别了开来，接着他又主张一种新的科学，而对普通的科学和特殊的语言学所遭受的不力批判不

---

① 《论文字学》，第 82 页。

理不问。①

德里达用一种不同于海德格尔的方法，阐明了具有书写印迹的存在历史。但他又和海德格尔一样，把政治和时间历史推到本体和前景的位置，以便在本体论—原始书写领域中更加游刃有余。然而，在海德格尔那里，修辞学是用来掌握存在命运的，到了德里达那里，则让位给了另一种立场，而且是一种颠覆性的立场。德里达脑子里更多的是想打破历史连续性的无政府主义想法，而不是向命运低头的权威主义观念。②

这样一种对立的态度也许与德里达一直亲近犹太教神秘主义有着某种关联——尽管他矢口否认。德里达无意从新异教主义的角度回到一神论的开端，回到一种传统的概念，这个传统追寻着消失的神圣书写的印迹，通过提供关于书写的异端注释把自己进一步推向前进。德里达引用了列维纳斯转述的埃利泽拉比(Rabbi Eliezer)的一段话：

> 如果以海水为墨，芦苇为笔，天地为纸，如果人人习字，亦写不尽我学过的犹太经文，只要瀚墨不涸，经文本身就无穷无尽。③

喀巴拉信徒(Kabbalisten)关心的一直都是提高口传经文的

---

① 《论文字学》，第169页。也可以参阅他与克里斯蒂娃的谈话，载德里达：《立场》(*Positions*)，Chicago，1981，第35页以下。

② 关于“延异”，德里达说过这样一段话：“它既不统治什么，也不主宰什么，没有施加过任何一种权威。它没有通过任何大写的字母来宣告自己的出场，不仅没有什么延异的王国，而且，延异要颠覆任何一个王国。”(德里达：《哲学的边界》，第29页)

③ 《论文字学》，第31页。

价值，认为它们是人的语言的源头，高于《圣经》中假设的神圣文字。一代一代的人，通过新的注释而接受新的启示，他们认为这些注释非常重要。因为真理不是固定的，也没有在大量完整的陈述中成为永恒的实证之物。这种喀巴拉主义的观念，后来又一次被推向极端。甚至于，书写的经文也只是在用人的语言对圣言进行翻译，而且是一种成问题的翻译——书写的经文不过是一种值得推敲的解释。一切都是口传经文，没有任何东西是本真的，一切似乎只是在原始书写中流传了下来。智慧之树的经文是一种一开始便遭到遮蔽的经文。它不断地变化外表，而外表就是传统。

索勒姆向我们描述了一次争论。引发争论的问题是：十诫经过摩西之口，是不是完整地传达给了以色列人。一些喀巴拉信徒认为，只有前两诫是上帝亲口所说，它们可以说构成了一神教的基础。而另一些信徒则认为，甚至这两条戒律也出自摩西之口，其真实性也值得怀疑。里曼诺夫的孟德尔拉比（Rabbi Mendel of Rymanow）把迈蒙尼德的思想进一步推向了极端：

> 按照他的说法，即便前两条戒律也不是经直接的启示而抵达以色列人的团契。以色列人所听见的一切，不过是希伯来语圣经文本中第一条戒律的第一个字母……

索勒姆补充说道：

> 在我看来，这是一句十分值得重视和认真思考的一句话。因为，在希伯来语中，当一个单词以元音开始时，第一个辅音字母所代表的仅仅是咽喉所处的位置。这样，这第一个辅音字母就成了所有发音清晰的声音的根源。……听

> 第一个字母即是听无。它为所有能听见的语言作了准备，而在其自身当中，又没有明确(具体)的意义。这样，孟德尔拉比就以其大胆的陈述……把西奈山的启示转译成了神秘的启示，其中虽然充满了无限的意义，但终究没有明确的意义。为了给宗教权威以基础，它不得不表达出一些可以翻译成人话的内容，这就是摩西所提出的要求。据此，每个权威所依据的陈述，都将变成人对超越他的某物的阐释，无论其多么合法与高贵。①

孟德尔拉比的第一个字母近似于“différance”中那个无法发音的“a”，只是在书写中没有受到重视而已。其相似性在于，这种零碎而多义的不确定符号中积聚着无穷的希望。

德里达的文字学所提出的原始书写概念，其踪迹越是模糊不清，就越是多解；它复活了作为永远延异的启示事件的神秘主义传统概念。宗教权威只有在遮蔽自己真正的面目并激发起解释者破译的热情时，才能保持住力量。急于解构，是一种继承传统的悖论工作，其中，救赎的力量只有在枯竭之后才能重新释放出来。解构工作使解释的垃圾堆越来越高，而解构本来恰恰想要清除这个垃圾堆，以便揭示其飘摇不定的基础。

德里达以为超越了海德格尔；但值得庆幸的是，他又回到了海德格尔。犹太教和基督教传统中的神秘主义经验之所以能够发挥破坏力，发挥冲击力，威胁其制度和教义，仅仅是因为，它们在这些语境中始终与一个隐匿的、超越世界的上帝保持着联系。一旦与中心光源切断联系，一切阐发也就变得散乱不堪。他们

---

① G. 索勒姆：《论喀巴拉及其符号》(*Zur Kabbala und ihrer Symbolik*)，Frankfurt am Main，1973，第47页以下。

所坚持的世俗化道路指向了由先锋艺术所开辟的激进经验领域:尼采从主体性的纯粹审美迷狂经验当中寻找自己的出路,而处于迷狂状态的主体性已经无法自我控制。海德格尔正在半路上,他想在不付出世俗化代价的同时,保持住失去方向的启示的力量。所以他在和失去了神圣性的灵韵进行博弈。存在的神秘主义让启示堕落为巫术。在新异教的神秘主义当中,既无法从超验的无限卡里斯玛中生发出一种解放的力量,如同在审美中那样;也无法生发出革命的力量,如同在宗教中那样;至多只能出现一种新鲜好玩的江湖骗术。而德里达消除了存在神秘主义中的这一骗术,并使之回到了一神论的传统语境之中。[①]

---

① 我的这个观点在苏珊·亨德尔曼的文章中找到了证据。我是后来才看到这篇文章的,这要感谢J. 卡勒对我的提醒:"德里达与异教解释学"('Jacques Derrida and the Heretic Hermeneutic'),载M. Krapnik (编):《置换:德里达与后来者》(*Displacement, Derrida and After*),Blommington, Indiana, 1983,第98页以下。亨德尔曼提醒我们注意列维纳斯的一段重要引文,而德里达在他讨论列维纳斯的文章中也提到了这段引文:"更爱的是经文而不是上帝,表明人们反对与神圣建立直接联系的狂妄念头。"亨德尔曼还强调了德里达与拉比传统特别是喀巴拉激进化传统以及异教激进化传统之间的亲和性(第115页)。亨德尔曼同时还谈到了这样的问题:口传经文在流传过程中要求不断获得权威,甚至要求享有绝对的权威,于是,便贬低了圣言的原始传统(第101页)。此外,亨德尔曼把作为语音中心主义的西方逻各斯中心主义明确放到了宗教历史语境当中,而在宗教语境当中,人们不断捍卫文字,而反对精神。这样,德里达就在犹太教的辩教传统中赢得了一席之地。保罗的基督教则突出基督在现实中的"生活精神",而贬低口传经文的解释历史,认为它们是"僵死的字符"(《哥林多书》,2,3,6)。保罗反对犹太人,因为他们咬文嚼字,不愿意为了基督启示的"逻各斯"而放弃"书写":"德里达选用书写来反对西方的逻各斯中心主义,是换了一种方式复现了拉比的解释学。德里达想破坏希腊—基督教神学,让我们从本体论回到文字学,从存在回到本文,从逻各斯回到经典。"(第111页)在这个意义上,值得我们重视的是,德里达没有像海德格尔那样从浪漫派所接受的酒神那里获得通过缺席和隐遁而施加影响的上帝的主题。相反,德里达通过列维纳斯所引用的是犹太教传统当中积极缺席的上帝主题(第115页)。这样,形而上学批判在德里达那里就获得了一种不同于在海德格尔那里的意义。解构工作是用来复兴与上帝的对话的,

当然,如果上述说法不无道理的话,那么,德里达实际上是回到了神秘主义转向启蒙主义的历史时刻。这个转向是在十八世纪完成的,而这也是索勒姆毕其一生所追寻的对象。正如阿多诺所指出的,在二十世纪语境中,神秘主义与启蒙主义在本雅明那里“最后一次”走到了一起,而这一次依靠的是历史唯物主义的手段。至于这种独特的思想运动是否可以用一种消极的基础主义来加以重复,在我看来是很成问题的。无论如何,它都只会让我们在尼采及其追随者试图超越的现代性当中越陷越深。

而在现代条件下,上帝已经脱离了一种没有任何约束性的本体神学。因此,德里达的意图或许并不在于用远古的资源来克服现代性,而是要充分关注现代的后形而上学思想条件,因为在这些条件下,本体神学所遮蔽的与上帝之间的对话再也无法继续进行下去。

附:论哲学和文学的文类差别

1

阿多诺的“否定辩证法”和德里达的“解构”可以说是对同一问题的不同回答。总体化的自我批判陷入了一种明显的矛盾当中:以主体为中心的理性,只有求助于它自己的手段,才能明确自己的权威本质。然而,这种思想手段虽然忽视了“非同一性”,并且依然停留在“在场形而上学”之中,却是惟一能够用来揭示其自身不足的有效手段。海德格尔从这一困境中逃到了一种神秘的特殊话语的光辉境界;这种话语一般都摆脱了推论言语的束缚,用不确定性来抵挡一切特殊的质疑。海德格尔从形而上学批判的角度借用形而上学的概念,把它们当作阶梯,但一旦上去,便过河拆桥。不过,即便是到了顶点,后期海德格尔也没有像早期维特根斯坦那样,倒退到神秘主义者的沉默直观。相反,他以一种先知的姿态和大量的言词要求拥有知情人所享有的权威。

阿多诺则不然。他并未逃避自我关涉的理性批判的困境。他把这一不可避免的显著矛盾——尼采以来的思想路线一直都在这一矛盾当中运行——当作间接交往的组织形式。转而反对自身的同一性思想,被迫不断地进行自我否定,并在自己身上和对象身上留下累累伤痕。这种做法有个恰当的名称,叫否定辩证法;因为,即便是具体的否定在黑格尔逻辑学范畴中也失去了所有的根基。但阿多诺坚持把具体的否定付诸实践,仿佛它是解神秘化的拜物教。阿多诺(与海德格尔不同)没有从精英的立场出发蔑视推理思想,这就可以解释清楚,他为什么会坚持一种再也无法保证其基础的批判方法。我们迷失在推论之中,如同遭到放逐。然而,只有一种不断针对自身的无根的反思力量,才能保证我们和认知乌托邦之间的联系,而这种没有任何强制的直觉认知早已失落,它属于遥远的过去。[①] 推论思想无法把自己明确为自身的堕落形式,它必须借助于审美经验,而这种审美经验是在同先锋派艺术的接触中培养起来的。流传下来的哲学传统已经失去了预言的力量;预言已经退缩到了神秘的艺术创作的镜像书写中,它需要的是一种否定性的破解行为。从这种破解行为中,哲学获得了对理性的信念。这种信念虽然是残剩的,而且充满悖论,但有了它,否定辩证法就可以在双重意义上彻底解决其显著的矛盾。

阿多诺用审美来论证对残存理性的信念,而理性已经被赶出了哲学领域,成了一种荒诞的乌托邦。德里达不愿意支持阿多诺的这个观点。同样,德里达也不认为,为了"消除形而上学"而使用形而上学概念的海德格尔真的已经摆脱了主体哲学的概念束缚。当然,德里达还想沿着既有的形而上学批判路径继续向前。他也想打破这一困境,而不愿意在其中苦思冥想,找不到任何出路。不过,他和阿多诺一样,也反对海德格尔毫不犹豫地从其对手源始哲学那里模仿过来一种深层姿态。由此看来,德里达与阿多诺之间也有着相似的地方。

阿多诺和德里达在思维方式上的相似性需要进一步加以分析。阿多诺和德里达都对确定性、总体化以及囊括一切的模式,

---

① 施耐德巴赫:"辩证法作为理性批判"('Dialektik als Vernunftkritik'),载弗里德堡、哈贝马斯(编):《阿多诺讨论文集》,第 66 页以下。

特别是对艺术作品中的有机结构保持高度的敏感。因此,他们都强调寓言先于象征、转喻先于隐喻、浪漫先于古典;他们都把断片当作表现形式,并对一切体系提出质疑。他们都从临界状态出发来推测常规状态。他们都是否定的极端主义者。他们在边缘和偶然中发现了本质,依靠颠覆和抛弃来寻找正义,在边缘和非本真性中寻找真实性。他们对一切直接性和实质性都抱着不信任,与此相应的,则是对中介化、潜在的前提以及依赖性的不懈追踪。他们一边对源始、本源以及第一性加以批判,一边则是狂热地揭露一切制造、模仿以及次要的东西。阿多诺著作中贯穿着一个唯物主义的主题——比如,对唯心主义命题的揭露、对虚假的结构关系的颠覆,以及有关客体优先性的观点等,在德里达的补充逻辑中找到了其对应物。解构是一种革命活动,其目的是要打破基本概念之间隐蔽的等级秩序,推翻基础关系和概念的统治关系,诸如言语与书写、理智与感性、自然与文化、内在与外在、精神与物质、男人与女人等。逻辑学和修辞学也构成了这样一对概念。从亚里士多德开始,人们就强调逻辑学优先于修辞学,而德里达特别关注的就是如何颠覆这种经典的优先性。

德里达似乎没有从我们所熟知的哲学史的角度来讨论这个有争议的问题。果真如此,他就应当用从但丁到维科所形成、并由哈曼、洪堡、德洛伊森、狄尔泰及伽达默尔加以发扬的传统来明确他自己研究计划的历史地位。因为,这个传统一直都高举大旗,反对柏拉图—亚里士多德主义所强调的逻辑学之于修辞学的优先性,而德里达不过是又一次提出这样的反抗而已。德里达力图把修辞学的主权扩展到逻辑领域,以便解决总体化的理性批判所面对的问题。正如前面所讲到的,无论是阿多诺的否定辩证法,还是海德格尔的形而上学批判,都不能让德里达觉得满意,因为前者依然沉湎于辩证法理性的极乐世界,而后者则陶醉于形而上学对源始的狂热之中。海德格尔要想走出自我关涉的理性批判的困境,就必须为“怀念”(Andenken)争取到特殊的地位,即摆脱推论的束缚。对于进入真理的特殊途径,海德格尔始终保持沉默。德里达说到底试图追求的也是一种通向真理的神秘途径,但他不承认这是一条享有特权的途径——不管为谁或为什么。德里达并没有傲慢地把关于实用主义不一致的疑义置之不理,而是让这种疑义变得无的放矢。

一致性要求失去了其权威性,至少在面对其他的要求比如审美要求时低人一等。如果说逻辑学失去了其相对于修辞学所具有的原始优先性的话,那么,只有在一致性要求的意义上才有可能出现“矛盾”。如此一来,解构主义者就可以把哲学著作当作文学著作来对待,并把形而上学批判与没有遭到科学主义曲解的文学批评等同起来。一旦我们认真考察尼采著作的文学特征,我们就必须根据修辞的恰当性而不是根据逻辑的一致性来判断其理性批判的可靠性。这样一种切合对象的批判,并不直接针对建立论据的话语关系网络,而是针对形成风格并对文本的启发作用和修辞效果具有决定性影响的修辞手段。文学批评在某种意义上仅仅是对批评对象的文学过程的延继,如果说文学批评很少会成为科学的话,那么,在广泛意义上采用文学批评方法对伟大的哲学著作加以解构,也难以遵守纯粹认知研究解决问题的标准。

也就是说,德里达遇到了这样一个问题:阿多诺认为它无法回避,并把它作为具有自我反思意识的同一性思想的起点。对于德里达,这是一个毫无意义的问题,因为解构研究不能立足于哲学和科学的推理义务。德里达认为解构是他的方法,因为解构要打破的是哲学在以主体为中心的历史过程中建立起来的本体论结构。但在做这样的解构工作时，德里达并没有采取分析的方法，像识别潜在的前提或内涵那样。因此可以说，后来的每一代人都是在批判性地检讨前人的作品。相反，德里达以一种批评风格展开解构，为此，他从非文学文本在文学层面上所剩余的意义读解出了诸如间接交流这样的东西——而文本自身正是通过这些东西来否定其表面内容的。这样，德里达就强迫胡塞尔、索绪尔以及卢梭等人的文本反对其作者的公开阐述，而坦白他们的过错。有了修辞内容，这些与自身格格不入的文本也就与它们所陈述的内容发生矛盾，比如，含义之于符号的优先性、声音之于书写的优先性、直观给定和直接呈现之于再现和延迟的优先性等。哲学文本和文学文本一样，其中的盲点不能用表面内容来加以确认。“盲点与洞识”(Blindness and Insight)，在修辞学层面上是相互交织在一起的。因此，只有当一个解释者把一部哲学文本当作它不愿意充当的东西——当作文学文本时，他才能认识到这个哲学文本的界限之所在。

然而，如果哲学文本(或学术文本)被异化成为貌似文学文本的东西，那么，解构也就只是一种恣意妄为。如果哲学文本真的是一种文学文本——如果我们可以证明，经过仔细的考察，我们会发现哲学与文学之间不存在文类上的差别——那么，德里达只要依靠一种修辞学的手段，就可以实现海德格尔的目标：从内部打破形而上学的思维模式。这种证明应该由解构行为自身来完成。不管在什么情况下，我们都一再看到，哲学语言和科学语言根本无法被严格局限于认知目的，从而消除其中的一切隐喻因素和修辞因素，消除其中的一切文学因素。在解构实践中，哲学与文学之间的文类差别显得十分微弱。最终，所有的文类差别在一种无所不包的文本语境中消失得无影无踪。通过假设，德里达提出了一种“普遍文本”。剩下的是作为中介的自我刻写的书写——其中，每个文本都和其余所有的文本交织在一起。任何一个文本，任何一种文类，它们在出现之前，都已经失去了对包容一切的语境以及无法控制的文本发生事件的自主性。这就是修辞学优先于逻辑学的基础之所在：修辞学涉及到的是文本的品质；而逻辑学是一种规则系统，只能用来指导论证的话语类型。

2

"分解"转变为"解构"，在哲学传统上起初并不显眼，但这种转变让激进的理性批判渗透到了修辞学领域，由此指出了一条走出自我指涉困境的路径：转型之后，谁如果还想解释清楚形而上学批判的困境，他就会从科学主义的角度误解形而上学批判。只有当下列命题为真时，这种论证才会具有说服力：

(1) 文学批评并非从来都是一种科学研究，而是同文学对象一样，遵守修辞学标准。

(2) 哲学与文学之间几乎没有文类差别，因此，我们可以用文学批评的手法来揭示哲学文本的本质内涵。

(3) 修辞学优先于逻辑学，意味着修辞学要对无所不包的文本语境的一般性质承担全部的责任——在这个语境中，所有的文类差别都彻底消失了：哲学与科学无法构成自足的空间，同样，艺术与文学也无法成为虚构的王国，并像普遍文本那样要求具有自主性。

命题(3)消除了"文学批评"的专业化特征，并由此对命题(2)和命题(1)进行了阐述。文学批评是一种解释模式，有着悠久的传统。虽然如此，文学批评也可以作为一种普遍的模式，或者说，一种适用于日常话语及非日常话语的修辞性质的批评模式。解构方法把这种普遍化的批评用于自己的目的：针对哲学文本和科学文本的表层意义，揭示其中遭到压抑的修辞学意义。德里达要求“解构”成为一种手段，用于把尼采的激进理性批判带出其充满悖论的自我指涉性的死胡同，所以，德里达的观点和命题(3)是一致的。

德里达的著作在美国著名大学文学系之所以受到特别的关注，正是因为这一观点。[①] 长期以来，文学批评在美国一直都是一门学科，也就是说，在科学研究系统中获得了制度化。而文学批评是否具有科学性这个自我折磨的问题，从一开始就一道被制度化了。的确，美国本土的自我怀疑构成了美国大学广泛接受德里达的背景，同时还有“新批评”的瓦解；新批评在美国几十年来一直占据着统治地位，它坚持语言艺术作品的自主性，并从结构主义的科学激情中汲取了营养。在这样一种背景下，“解构”思想流行了起来，因为它在完全相反的前提下为文学批评提供了一种具有绝对意义的使命：德里达竭力反对语言艺术作品的自主性以及审美表象的独特性，认为批评根本不可能获得一种科学的地位。与此同时，对他而言，文学批评是这样一种典范的方法，它通过克服在场的形而上学思想和逻各斯中心论时代，承担起了一种普世性的传教使命。

消除文学批评与文学之间的文类差别，也就把批评活动从伪科学标准的压制下解放了出来，同时又让它超越了科学，急剧上升为一种创造性的活动。批评再也不必认为自己低人一等，

---

① 主要有耶鲁的批评家希利斯·米勒、杰弗里·哈特曼、保罗·德·曼和哈罗德·布鲁姆。请参阅J. 阿拉克、W. 戈泽克、W. 马丁(编)：《耶鲁批评家：美国的解构主义》(*The Yale Critics: Deconstruction in America*)，University of Minnesota Press, Minneapolis, 1983。除了耶鲁大学之外，解构主义的中心还有马里兰大学、巴尔的摩大学以及纽约的康奈尔大学等。

它获得了文学的意义。从希利斯·米勒、杰弗里·哈特曼以及保罗·德·曼等人的作品中,我们可以找到这种自我意识的明证:

> 那些批评家和他们所阐释的文本一样,都是一些寄生虫。因为他们都存在于早已存在的语言的文本寓所中,这种早已存在的语言自身也是寄生性地从它们寓所接纳的东西中吸取养料。

解构主义者打破了阿诺德的传统观点,反对认为批评只有附属的功能:

> 现在,批评正逐渐化为文学,它拒绝其从属性的、阿诺德式的地位,并以无比的热情呈现出一种阐释的自由。①

因此,德·曼在他或许是最出色的著作中用处理文学文本的一般方法和策略来对待卢卡奇、罗兰·巴尔特、布朗肖以及罗曼·雅各布森的批评文本:

> 批评文本不是科学文本,因此,必须用那种研究非批评性文学文本的矛盾态度来加以解读。②

把文学批评作为形而上学批判活动的一个组成部分,和把文学批评与文学创作相提并论,同样都具有重要的意义。提高

---

① Ch. 诺里斯:《解构:理论与实践》(*Deconstruction. Theory and Practice*),London,New York,1982,第93页和第98页。

② 德·曼:《盲点与洞识》(*Blindness and Insight*),Minniapolis,1983,第110页。

形而上学批判的地位，这就要求对德里达有关消除哲学与文学之间文类差异的阐释进行反向补充。乔纳森·卡勒提醒我们注意德里达用文学批评的方式处理哲学文本具有一种策略意义，其目的在于建议文学批评自身也把文学文本当作哲学文本加以对待。

> 对阐释而言，两种类型差异同时维持联系是至关重要的。对哲学文本要尽可能地从哲学角度来阅读；而对文学文本，则应将之看作是一种虚构的、修辞性的结构。它的要素和秩序是由各种突发性的文本事件构成的。①

这样，命题(2)就变成了以下这个样子：

(2′)哲学与文学之间不存在文类上的差别，因此，我们可以从形而上学批判的角度来揭示文学文本的本质内涵。

当然，命题(2)和(2′)都和命题(3)所主张的修辞学优先于逻辑学有着关联。所以，美国的文学批评家们也想阐明一种修辞学意义上的普遍文学概念，作为对德里达"普遍文本"的回应。传统的哲学概念否定了哲学思想的隐喻基础，随着这种哲学概念的瓦解，虚构的文学概念同时也遭到了解构：

> 文学或文学话语这些概念都包括在了解构所对准的几组等级对立之中：认真与非认真、字面的与隐喻的、真实与虚构……解构所说明的是，这些等级都被那些打算改变文学语言地位的文本的运作给消解掉了。

---

① J. 卡勒：《论解构》，第150页。

接着是一个用条件句表达出来的观点:它是一切的出发点,包括新的形而上学批判所强调的文学批评的自我理解和解构主义对自我关涉的理性批判的显著矛盾的解决等等:

> 如果严肃语言只是调侃语言的一个特殊案例,如果真实只是一种其虚构性被遗忘掉的虚构,那么,文学就不是一种偏离正道的、寄生性的语言。相反,其他话语却可以被看作是一种普泛化了的文学,或原初文学。①

由于德里达不属于喜好争论的哲学家,因此,比较可行的方法是,通过考察他的那些在盎格鲁—撒克逊论争氛围中成长起来的文学批评界的弟子们,来看看他的这个论点能否站得住脚。

乔纳森·卡勒非常清楚地勾勒出了德里达与约翰·塞尔之间隐蔽的争论,他想通过奥斯丁的言语行为理论来说明,任何企图把常规语言的日常领域与偏离常规的语言运用划分清楚的做法都要以失败告终。卡勒的这个观点在普拉特的言语行为理论研究中得到了补充和确证。普拉特试图通过结构主义诗学理论来证明,即使是想在虚构言语的非日常领域与日常话语之间划清界限,也是要失败的(请参阅本章第 3 节)。但我们首先还是来看一看德里达与塞尔之间的争论。②

德里达和塞尔的争论非常复杂,卡勒强调指出,其核心问题

---

① 卡勒:《论解构》,第 181 页。

② 德里达在其论文"符号、事件与语境"('Signatur, Ereignis, Kontext')的最后部分讨论了奥斯丁的理论,载其:《哲学的边界》,第 142 页以下。塞尔在其"重申差异:答德里达"('Reiterating the Differences: A Reply to Derrida')中对此做了回应,载:《雕刻》(*Glyph*),1977,第 1 期,第 198 页以下。德里达的答辩文章发表在 1977 年第 2 期的《雕刻》上,题为"Limited Inc"。

在于：奥斯丁是否像看起来的那样成功地迈出了可靠、权宜而又有条理的一步。奥斯丁想要分析的是有能力的言语者通过直觉所把握的规则：根据这些规则，典型的言语行为可以取得成功。奥斯丁从日常生活实践中所使用的命题展开分析，这些命题非常严肃，也非常简单、非常明了。把规范的言语行为作为分析单元，也就需要一定的抽象概念。作为言语行为理论家，奥斯丁集中关注的是规范语言表达的范本，并且剔除了一切复杂的、派生的、寄生的以及非正常的表达。奥斯丁这样做，所依据的是一种"常规的"或规范的语言实践概念，一种"日常语言"概念，但德里达对其完整性和一致性提出了质疑。奥斯丁的意图很明确：他想分析"许诺"的一般特征，他所列举的例子都是真正把相应命题的表达作为许诺来对待的。而在某些语境中，同样的命题却失去了许诺的以言行事力量。在奥斯丁看来，演员在舞台上许诺、诗歌中的许诺或独白中的许诺就是"特例，它们毫无效果，也不值一提"。引文中出现或只是顺便提及的许诺也是如此。这些语境没有严肃认真地去运用完成行为式的命题，而是从派生或寄生的角度使用命题。正如塞尔反复提到的，这些虚构的、模拟的以及间接的使用方式之所以是寄生的，原因在于，从逻辑上讲，它们都假定，可能会运用一种合乎许诺语言的命题，这个命题严肃、明了而又有约束力。卡勒从德里达的论著中归纳出了三条重要的反对意见，它们的目的是要揭示这样做是行不通的，并且还要进一步指出，严肃与模拟、字面与隐喻、日常与虚构、规范与派生的言语方式的一般区分已经被打破了。

(a)德里达用他的第一个论据在可引证性和可重复性与虚构性之间建立起一种并不十分清楚的联系。相比于直接做出的许诺，引用许诺明显是一种派生行为，因为引文只是间接地给出一种完成行为式的表达，而且，由于可引证性预先设定了重复的可能性,也就是说,预先设定了常规性,所以,它是一切依照常规而产生的命题(也就是完成行为式命题)的本质。这种命题是可以引证的,在更宽泛的意义上讲,则是可以用虚构模仿的:

> 如果戏剧中的演员不可能做出许诺,那么现实生活中也同样不能,因为正如奥斯丁告诉我们的,使许诺成为可能的是惯例程序的存在,是可重复的形式的存在。我之所以能在现实生活中许诺,就是因为必然存在着像在舞台上使用的可重复程序和形式。严肃行为只是角色扮演的一个案例。[①]

很显然,德里达在论证中预先假定的就是他要证明的东西:一切允许重复示范行为的惯例不仅具有符号特征,而且从一开始就具有虚构特征。他还必须指出的是,游戏惯例最终是无法同行为规范区分开来的。奥斯丁把对许诺的引证当作是一个派生性形式或寄生性形式的例子,原因在于,间接引用形式消除了引证许诺的以言行事力量:许诺会因此而离开它“发挥作用”的语境——所谓发挥作用,就是调节互动参与者的行为,并带来重大的行为后果。只有实际完成的言语行为才是一种有效行为。从语法上来说,引证中提及或传达的许诺都离不开这种言语行为。这种失去了以言行事力量的环境也构成了引证与虚构陈述之间的桥梁。即使是舞台行为,也是建立在(演员、导演、舞台设计以及雇员的)日常行为基础上的。在这种框架语境中,许诺就可以以一种不同于“舞台上”的方式发挥作用,而且肯定会对行为产生约束力。德里达并不想“解构”日常语言在交往行为中所

① 卡勒:《论解构》,第 119 页。

具有的这种杰出的功能模式。奥斯丁在语言表达的以言行事效果中发现了一种调节行为的机制，它把日常生活实践中的规范言语置于一种不同于虚构言语、模拟言语以及内心独白的束缚之下。以言行事行为就是在这些束缚下发挥一种调节行为的作用，并带来了重大行为后果，而这些束缚也划定了“常规”语言的领域。我们可以把它们当作是交往行为中必不可少的理想假设来加以分析。

(b)卡勒根据德里达所提出的反对奥斯丁和塞尔的第二个论据就和这种理想化有关。任何一种对言语行为的一般分析，都肯定能明确标准的言语行为取得以言行事效果所具有的一般语境条件。塞尔所承担的就是这样一种使命。[1] 然而，语言表达随着语境的不同，也会改变其意义。而且，这种语境始终对进一步的明确化保持敞开的状态。我们语言的一个特点就在于，我们能够把命题从其原生语境中分离出来，并将之移植到其他的语境中——这就是德里达所说的“嫁接”。这样，我们就可以为诸如“结婚誓言”这样的言语行为设想更新也更朦胧的语境。明确一般的语境条件，不会遇到什么本质上的限制：

> 假如一场婚礼万事俱备，可是新人的一方却处在催眠状态；或者婚礼在任何一方面都无懈可击，然而却是一场“排演”；或者说话人虽是一位主持婚礼的全权牧师，新人也拿到了结婚证书，但这三人这一回是在演戏，碰巧戏中有一场婚礼呢。[2]

---

① 塞尔：《言语行为》(*Speech Acts*)，Cambridge，1969(德文版，1971)；及其：《表达与意义》(*Expression and Meaning*)，Cambridge，1979(德文版，1982)。

② 《论解构》，第 121 页以下。

语境作为变量可以改变意义，对于这个变量，我们既无法彻底遏止，也无法彻底控制，因为语境生生不息，即是说，要把握语境，在理论上我们无法做到毕其功于一役。卡勒明确指出，奥斯丁也无法通过求助于言语者和听众的意向而避免这一困境。不是新郎、新娘或牧师的思想决定仪式的有效性，而是其行为和行为语境在发挥决定性的作用：

> 起作用的是场景描述的可信程度：被引证语境的特征是不是产生了一个改变以言行事力量的框架。①

为了摆脱这个困境，塞尔做出了限定：一个命题的字面意义不能完全决定使用命题的言语行为的有效性条件，而是依赖于一种潜在的补充行为——用一系列关于一般世界状态的背景假设所做出的补充。这些前反思的背景确定性具有一种整体性特征，我们无法在有限的范围内把它们明确下来。因此，命题意义不管如何透彻，它们所涉及到的也只是对语言共同体生活世界具有构成意义的共同背景知识。不过，塞尔明确指出，进行限定，绝不会带来德里达试图克服的意义相对论。只要语言游戏发挥作用，构成生活世界的前理解未被破坏，参与者显然就会考虑到世界状况，而且，这些世界状况在其语言共同体中被认为是"规范的"。一旦单个的基本信念出了问题，他们还可假定他们可以达成一种具有合理动机的共识。这是两种高度理想化的立场。但是，这些理想化不是逻各斯中心论意义上的武断行为——理论家把它们应用于无法控制的语境，以便从外表上控制这些语境；相反，这些理想化是一些预设，如果交往行为在任

① 《论解构》，第123页。

何情况下都想成为可能的话，那么，参与者就必须做出这样的预设。

(c)这种理想化假设的作用，同样可以在相同事实所导致的后果中看得清清楚楚。由于语境是变化的，可以向任意方向延伸，因此，同一部文本也就可以有不同的解释。正是文本自身使其无法控制的效果历史成为可能。这是一种可贵的解释学观点，然而，由此并不会得出德里达故意带有悖论的观点：任何一种解释难免都是一种错误的解释，任何一种理解难免都是一种误解。卡勒对“任何阅读都是一种误读”这一命题做出了如下论证：

> 如果一个文本能被理解，原则上它便能被不同的读者在不同的场合下重复理解。当然，这些阅读或理解行为是各不相同的。它们涉及修正和差异，但是这些差异是无伤大雅的，因此我们可以说，在一个较其倒置更为可信的形式中，理解是误解的一个特殊例子，误解之一特定的偏离或确认。正因其为误解，故其疏忽也无伤大雅。[①]

然而，卡勒忽视了这样一种情况。只有当所有参与者都坚信能够真正达成沟通，而且在沟通过程中他们赋予同样的表达以同样的意义时，理解过程的创造性才不会受到质疑。正如伽达默尔所指出的，解释学试图努力克服时间差异和文化差异，并一直都把一种可能实现的共识作为行动指南。

在日常交往实践的决断压力下，参与者依赖的是一种协调行为的共识。解释越是远离这种“关键环节”，就越是可以真正

① 《论解构》，第 176 页。

摆脱关于达成共识的理想化假设。但它们永远也无法脱离这样一种观点：根据一种在理想中实现的共识，肯定可以对错误的解释做出彻底的批判。解释者并没有把这种观念放到他的对象身上。相反，他以一种参与观察者的完成行为式的立场，从直接参与者那里获得了这一观念，而后者只有在主体间赋予同一意义的前提下才能做出交往行为。所以，我不想用维特根斯坦的语言游戏实证论来反对德里达的观点。并不是我们习以为常的语言实践在决定文本或命题的意义。[①] 相反，语言游戏之所以发挥作用，仅仅是因为它们预设了超越一切语言游戏的理想状态，作为实现沟通的必要条件，这些理想状态带来了一种可以根据有效性要求加以批判检验的共识的视角。语言在这些限定条件下运作，实际上就是在不断地接受检验。在日常交往实践中，行为者必须就世界中的事物达成沟通，但日常交往实践自身却面临着自我证明的压力，也正是理想化的假设才使得这种自我证明成为可能。而有了日常交往实践当中的自我证明压力，"常规的"语言运用与"寄生的"的语言运用才会像奥斯丁和塞尔所主张的那样区分开来。

3

上文对德里达的第三个观点（也是他的基本观点）进行了批判，具体方法在于：我反对卡勒对德里达的重建，坚决主张可以把常规形式的语言与派生形式的语言区分开来。但我还没有阐明如何才能把虚构言语与规范的（即日常的）语言运用区分出来。在德里达看来，这是至关重要的一点。如果"文学"和"书

---

① 请参阅：《论解构》，第 130 页以下。

写”构成了一般文本语境的模式，而且，在这种语境当中，一切文类差别最后都消失不见了，那么，它们就不能作为一个自主的虚构王国而脱离其他的话语。上文提到过，对于德里达在美国文学批评界的追随者来说，主张语言艺术作品的自主性之所以难以接受，是因为他们想摆脱新批评和结构主义美学的形式主义。

最初，布拉格结构主义者想根据诗性语言与超语言实在性之间的关系把诗性语言与日常语言区分开来。只要语言表现出交往功能，它就必然会在语言表达与言语者、听众以及所表现的事态之间建立起联系。卡尔·毕勒在他的符号学中称之为符号的表达功能、请求功能和表现功能。[①] 然而，只要语言具有一种诗意功能，它就会在语言表达与自身的关系当中实现这种功能。因此，对象关涉、信息内容以及真理价值等有效性条件，都外在于诗性语言。一个表达只有在指向语言媒介自身、指向其语言形式时，才具有诗性意义。雅各布森把这一定义吸收到了他更加广泛的功能图式中。除了毕勒所说的基本功能——诸如表达言语者的意图、建立人际关系、表现事态以及其他两个与建立联系和代码相关的功能——之外，雅各布森赋予语言表达一种诗性功能，它把我们的注意力吸引到“对待信息自身的立场”上面[②]。根据选择和联系可以等量交换的原则，诗性语言还有另一个重要的特征，但它不是我们在这里关注的内容，相反，我们更加关注的是一个对我们的划界问题具有重要意义的后果：

> 任何把诗性功能领域还原为诗歌或把诗歌还原为诗性

---

① K. 毕勒：《语言理论》（*Sprachtheorie*），Stuttgart，1965，第 24 页以下。

② 雅各布森：《语言学与诗学》（‘Linguistik und Poetik’），载其：《诗学》（*Poetik*），Frankfurt am Main，1979，第 92 页。

> 功能的做法，都有失简单，具有欺骗性。诗性功能不是语言艺术的惟一功能，而是一种主导功能和决定结构特征的功能，但一旦到了其他语言活动中，它所发挥的就是一种次要的和补充的作用。由于它把注意力集中到符号的可感知性上，所以，这种功能加深了符号与对象之间的根本区分。因此，语言学在研究诗性功能时，就不能局限于诗歌领域。[①]

所以，诗性语言只有依据一种特定功能的优先性和结构力量才能凸现出来，而这种特定功能永远都是和语言的其他功能一起得到满足的。

理查德·奥曼借用奥斯丁的理论，对这种诗性语言进行了认真的考察。在他看来，语言艺术作品的虚构性，也就是审美表象的发生，是需要解释的现象，而有了审美表象，在不断进行的日常生活实践基础上，就会出现第二个非现实的层面。诗性语言的特点在于它具有“创造世界”的能力：

> 一部文学作品创造一个世界……并为读者提供了一种受损且不完整的言语行为，而读者则通过补充一种合适的环境来完成这一言语行为。[②]

言语行为如果真的失去力量，就会造成虚构，这就意味着，言语行为被剥夺了以言行事的力量，只有在间接复述或引证中才能维持其以言行事的意义：

---

① 雅各布森：《诗学》，第 92 页以下。

② R. 奥曼：《言语行为与文学的定义》（‘Speech-Acts and the Definition of Literature’），载：《哲学与修辞学》（*Philosophy and Rhetoric*）4，1971，第 17 页。

> 文学作品是这样一种话语：它的句子缺乏正常情况下都附着在它们身上的以言行事力量。其以言行事力量是一种模仿……特别值得注意的是，文学作品故意模仿一系列的言语行为，实际上，这些言语行为没有其他的存在形态。由此，它们引导读者去想像一位言说者，一种情景，一系列的相关事件以及其他一些东西。①

把以言行事力量悬隔起来，也就激活了一系列的世界关联，而言语行为正是因为有了以言行事的力量，才得以进入这些关联；此外，还使互动参与者无需从理想化的立场出发就世界中的事物达成共识，并协调相互的行为计划，约束相互的行为后果。

> 由于文学作品的准言语行为不从事世界事务——描述、敦促、立约，等等——读者就可以以一种非语用学的方式来注意它们。②

约束力的中立化把失去效力的以言行事行为从日常交往实践的抉择压力下解脱了出来，并使之远离了日常话语领域，使它能够通过游戏的手法创造新的世界——甚至于，单纯来演示崭新的语言表达所发挥的阐释世界的力量。把语言的功能单纯明确为解释世界，也就揭示了雅各布森所指出的诗性语言所特有的自我关涉性，这一点也促使哈特曼提出了修辞学问题：

> 难道文学语言不是我们给予一种措辞的名称吗？——这

① 奥曼：《哲学与修辞学》，第14页。
② 同上，第17页。

种措辞的参照框架是这样的：词语更多地是作为词语（甚至作为声音）凸现出来，而不是同时也作为可被吸收的意义。[①]

为了用言语行为理论来反驳德里达所主张的文学艺术作品自主性的观点，普拉特利用了奥曼的相关研究成果。[②] 她认为，虚构性、以言行事力量的悬隔以及诗性语言脱离日常交往实践等，不能算是明确的范畴，因为虚构的语素，比如玩笑、讽刺、狂想、叙述以及寓言等，充斥着我们的日常话语，而且绝不会构成一个脱离“世界活动”的自主领域。相反，非虚构性作品、回忆录、游记、历史传奇以及影射小说和恐怖小说等，比如 T. 卡波特的《冷血》，都是以文献为根据，因此，绝不会成为一个完全虚构的世界，虽然我们一般都把这些创作称作“文学作品”。普拉特利用 W. 拉波夫的社会语言学研究成果来证明[③]：自然叙事，即日常生活中偶然讲述或希望讲述的“故事”，和文学叙事一样，同样遵从一种修辞学的结构法则，并表现出相似的结构特征：

> 拉波夫的论据使得有必要根据并非完全是文学性的语言来解释叙事修辞；虚构的或模仿性地组织的言语几乎能在任何超文学的话语中产生，这一事实要求我们对待虚构性或模仿。换言之，作品的虚构性与其文学性之间的关系是间接的。[④]

---

① 哈特曼：《拯救文本》（*Saving the Text*），Baltimore，1981，XXI。

② 请参阅奥曼：“言语、文学与空间”（‘Speech, Literature and the Space between’），载：《新文学史》（*New Literary History*）5，1974，第 34 页以下。

③ 拉波夫：《城市中心的语言》（*Language in the Inner City*），Piladelphia，1972。

④ 普拉特：《文学话语的言语行为理论》（*Speech Act Theory of Literary Discourse*），Bloomington，1977；我要感谢卡勒提醒我注意到这部重要的著作。

规范语言中充满了虚构因素、叙事因素、隐喻因素，也就是说充满了修辞因素，但这一事实尚不足以推翻这样一种观点，即通过悬隔以言行事力量来阐明语言艺术作品的自主性。因为在雅各布森看来，只有当语言解释世界的功能压倒了其他功能而占据绝对主导地位，并决定语言艺术作品结构时，虚构性特征才可以用来区分文学与日常生活话语。在一定意义上，的确是对以言行事的有效性要求的破坏和部分省略，把故事与目击者的陈述、侮辱与戏弄、反讽与误导、假设与断言、狂想与感知、军事演习与战争行为、报道与实际发生的灾难等区分了开来。但无论在何种情况下，以言行事行为都没有失去其协调行为的约束力。即便在那些不同的例子中，言语行为的交往功能也丝毫没有受到损伤，因此，虚构因素无法脱离生活实践语境。语言揭示世界的功能，无法独立于语言的表达功能、协调功能以及信息功能。相反的情况则是卡波特对众所周知且经过仔细调查的事件的文学加工。这就是说，诗性语言之所以具有优先性和建构的力量，所依靠的不是虚构陈述对事件如实复原的偏离，而是一种成功的加工，它把事例从其语境中解脱出来，使之成为一种崭新的陈述，揭示世界，开阔眼界；在此过程中，陈述的修辞方式从交往陈规中分离出来，获得了自己的独立性。

看看普拉特是如何被迫违背自己的意志而把这种诗意功能凸现出来，是非常有意义的。她的社会语言学理论从分析诗意话语与其他话语所共有的言语情境入手：叙述者或言语者面对公众，并要求他们关注一个文本。文本在提交报告之前，完成了一定的加工和选择程序。一个文本要想让观众有耐心和判断力，最终必须满足相关标准：它必须具有讲述的价值。是否值得讲述，可以根据某些重要的经验来加以衡量。就其内容而言，一个值得讲述的文本超越了言说情境所设定的局部语境，能够永远保持开放状态：

> 可以肯定，两种特征——阐述语境的可分性和敏感性，都是文学的重要特征。

当然，文学文本与一般的“复制文本”都有这样一些特征。这在其特殊的交往功能中得到了集中体现：

> 它们旨在满足我所说的一字不差地再现事态与经验的目的，这些事态与经验在下述意义上被认为是不寻常的或值得探询的：听者将按期望的方式做出充满感情的反应，接纳预期的评价与阐释，他们乐于这么做，而且在总体上感到整个这一切是值得的。[①]

由此，我们可以看到，这位实用主义语言分析学家是如何从外部接近一个文学文本的。当然，文学文本必须满足一种关键的条件。就文学文本而言，值得讲述必须压倒其他功能：“最终，可讲性才会优先于确定性。”[②] 只有在这种情况下，（普拉特用格里斯的会话假设所明确的）日常交往实践的功能要求和结构性约束力才会失去其意义。每个人都努力提供信息，说出重要的内容，坦率直言，抛弃一切模糊、含混及冗长的表述等，所有这些都是规范性语言交往行为的理想前提，而非诗性语言的理想前提：

---

① 普拉特：《文学话语的言语行为理论》，第 148 页。
② 同上，第 147 页。

在对待可讲述内容时我们对于阐述的宽容(实际上是偏好)表明——用格里斯的话来说——展示文本的数量、质量及方式的标准,不同于格里斯在他的基本原理中为陈述言语所提出的标准。

这种分析最终的结论是对它本来想要反驳的论点提供了确证。如果说,语言的诗性功能和揭示世界的功能获得了优先性和结构力量,那么,语言也就摆脱了日常生活的结构束缚和交往功能。虚构的空间是随着语言表达形式的反思过程而逐步展现出来的,它源于以言行事约束力量和理想化的失效,而正是以言行事的约束力量和理想化才使一种以沟通为取向的语言运用成为可能——进而使协调行为规划成为可能,它超越了主体间对可以批判检验的有效性要求的承认。我们可以把德里达与奥斯丁的争论理解为对具有自身独特结构的日常交往实践领域的否定,相应的则是对自主虚构空间的否定。

4

德里达既否定了日常交往领域,也否定了虚构领域,所以,他会用诗性语言模式来分析任何一种话语,而且,在他的分析中,语言似乎完全受制于诗意的语言运用和解释世界的语言运用。由此看来,语言与文学或"书写"趋于一致。语言的审美化所付出的代价是对规范话语和诗性话语的本质特征的双重否定,由此,我们也就可以看出,德里达为何会对充满紧张的两极麻木不仁:一边是语言揭示世界的诗性功能,另一边是语言内在的散文功能;而对卡尔·毕勒的功能模式加以修正,则可以解释清楚语言的内在散文功能。[①]

语言的中介过程,诸如知识传承、文化传统、认同结构以及社会化和社会一体化等,克服了世界上的问题。德里达无法认识的学习过程,其独立性得益于这些问题的独特性以及应对这些问题的语言媒介。对德里达来说,世界中的语言中介过程扎根于一个预设一切的世界观语境当中。它们被宿命般地交付给了难以控制的文本创造过程,并淹没在原始书写所展示出来的诗性—创造性的变化语境当中,注定具有局部性。审美语境主义使得德里达无视如下事实:依靠交往行为中的理想化,日常交往实践使得学习过程成为可能。而解释性语言必须依靠这些学习过程才能持续释放出揭示世界的力量。学习过程显示出了一种超越一切局部约束的独特意义,因为经验与判断只有依靠可以批判检验的有效性要求才能构成。德里达忽略了以沟通为取向的行为的有效性基础所具有的否定力量。他让语言创造世界的能力先于语言解决问题的能力。而语言解决问题的能力属于作为媒介的语言,有了这种能力,如果交往行为者相互之间就客观世界的事物、共同的社会世界或各自所特有的主观世界中的事物达成共识,他们就与世界建立起了关联。

理查德·罗蒂也主张消除文类之间的差异,但他和德里达的区别在于他并没有从唯心主义角度出发,顽固地捍卫作为决定内在世界的超越事件的形而上学历史。按照罗蒂的理解,科学与道德、经济与政治以及艺术和哲学等,都离不开一个语言创造出来的美妙过程。和托马斯·库恩的科学史一样,解释在语言革命化与语言规范化之间有节奏地变换。在一切文化生活领域,罗蒂都发现了两种不同语境的上述变换:

---

① 请参阅哈贝马斯:《交往行为理论》,第1卷,第374页以下。

> 一种情形是当人们就所想要的东西几乎达成共识，并正在商谈如何以最佳的方式获得时碰上的。在这种情形中，无需去谈论任何非常陌生的东西，因为争论一般是涉及断言的真实性，而不是词汇的效果。另一种情形是任何事物在其中都可立即得到——在其中，讨论的动机与术语是争论的核心主题……在这些阶段，人们开始对旧词进行翻新，插入偶然性的新词，由此锻造出一个新的用法，这一用法起初引起对它的关注，然后才开始投入使用。①

由此，我们可以看到，一种经过语言学转向的生命哲学所具有的尼采式的激情是如何遮蔽实用主义的冷静洞察力的。在罗蒂所提供的图景中，语言揭示世界是一个不断更新的过程，它在内心世界的自我证明过程中找不到对应面。交往行为者的"肯定立场"和"否定立场"早就被语境预定了，在修辞上则遭到了否定，以致在衰竭阶段出现的失范只能表现为生命力衰退的征候，表现为类自然的过程——而不是表现为错误地解决问题和无力回答问题所导致的后果。

内在世界的语言实践从超越一切现有语境的有效性要求中获得了其否定力量。然而，具有生命哲学背景的语境主义的语言观念，丝毫也没有受到反事实因素的实际影响，而这种实际影响表现在交往行为的理想化前提当中。因此，德里达和罗蒂也就忽视了从日常交往中分离出来的话语的真正地位，这种话语

① 罗蒂：《解构与圈套》(*Deconstruction and Circumvention*)，手稿，1983；也请参阅其《实用主义的后果》(*Consequences of Pragmatism*)，Minneapolis，1982，特别是该书的导论和第6，7，9章。

针对的是各种不同的有效性层面(真实性或规范正确性),以及各种不同的复杂问题(真实性问题或正直性行为)。围绕着这些论证形式,现代社会中形成了科学领域、道德领域和法律领域。相应的文化行为系统掌握着解决问题的能力,这和艺术研究、文学研究掌握着揭示世界的力量是相似的。由于德里达把语言的这一种功能——诗性功能——过度普遍化,所以,他再也注意不到规范语言的日常实践与另外两个沿着相反方向分化开来的超验领域之间的复杂关系。揭示世界和解决问题是紧张的两极,存在于日常语言的功能系统当中;而艺术和文学以及科学、道德和法律则专门针对经验和知识类型,这种经验和知识类型只有在一种语言功能领域和一种有效性维度当中才能形成并得到加工。德里达从整体论出发,把这些复杂关系一刀切,其目的是要把哲学和文学以及批评等同起来。他未能意识到哲学和文学批评各自作为专家文化和日常世界的中介所具有的独特地位。

自十八世纪以来,文学批评在欧洲便制度化了,并参与到了艺术的分化过程中。它用一种专门讨论趣味问题的话语来回应语言艺术作品的自主性问题。在此过程中,和文学文本一道出现的诸种要求都要接受检验——包括"艺术真实性"要求、审美和谐要求、典范性要求、创新要求以及本真性要求等。就此而言,审美批评类似于专门针对命题真实性和规范正确性的论证形式,即理论话语和实践话语。但它并非仅仅是专家文化的内在组成部分,而是还承担着作为专家文化和日常生活世界之中介的使命。

艺术批评的这种中介功能在音乐和造型艺术中比在文学作品中表现得更为明显,因为,文学作品是用语言媒介——哪怕是一种自我关涉的诗性语言——表达出来的。从这种次要的外部角度来看,批评完成的是一种独特的翻译工作。它把艺术作品的经验内容转换成规范语言。只有通过这种启发式的途径，艺术和文学才能为生活方式和生活历史释放出一种革新力量，而生活方式和生活历史是通过日常交往行为完成自身再生产的。于是，艺术和文学的革新力量表现为评价词汇的不同组合，表现为价值取向和需求解释的不断更新，并通过感知模式的变化来改变生活方式。

和文学批评一样，哲学也具有这样一种中介地位，至少现代哲学是这样，它不再许诺以理论的名义去满足宗教的要求。一方面，它所关注的是科学、道德和法律的基础，并将理论要求与其陈述联系起来。由于哲学通过普遍主义的问题和强大的理论策略把自己展现出来，因此，它与科学保持着一种紧密的联系。虽然如此，哲学并不仅仅是专家文化的内在组成部分。它同样也和总体性的生活世界以及人的健康理智保持着紧密的联系，即便它彻底动摇了日常生活实践的确定性。针对不同有效性层面上分化开来的知识系统，哲学思想开始从生活世界的角度关注整体性的功能和结构（这些功能和结构在交往行为中融为了一体）。当然，哲学思想一直都维持着总体性与反思性之间的联系，而生活世界的直观背景却缺乏这样一种反思性。

以上只是扼要地阐述了批评和哲学与日常生活以及艺术和文学、科学和道德等专家文化之间的关系。认真思考一下这种关系，我们就会清楚地看到，哲学和文学之间的文类差别，以及命题(2)和(2′)所主张的把哲学和文学等同起来等，究竟意味着什么。这么做打乱了这样一种格局：语言的修辞因素承担着不同的功能。纯粹的修辞只会出现在诗性表达的自我关涉当中，即出现在专门用来揭示世界的虚构语言当中。即便是日常生活规范语言也无法彻底排除修辞因素。但在复杂而不同的语言功能中，修辞因素就不那么突出了。在机械性的日常生活实践中，建构世界的语言框架几乎是处于凝固状态。科学和技术、法律和道德、经济、政治等专业语言也是这种情况。它们都依赖于隐喻的解释力量，而根本无法彻底清除的修辞因素仿佛被控制了起来，专门用于解决问题。

在文学批评语言和哲学语言中，修辞发挥的是一种不同但十分重要的作用。两者都面临着同样充满悖论的使命。它们应当把专家文化的内容输入日常生活实践——在专家文化中，知识在各种不同的有效性层面上获得累积；而在日常生活实践中，所有的语言功能和有效性层面相互渗透，构成了一种综合体。尽管如此，文学批评和哲学还是应当用表达手段来履行这种中介使命，而这些表达手段来自专门针对趣味问题和真理问题的语言。它们要想消除这样一种悖论，就必须从修辞学层面上尽可能地拓展它们的特殊语言，最终把间接中介与陈述的表面内容结合起来。由此，我们也就明白了，为何文学批评家和哲学家在他们的研究中都表现出强烈的修辞学特征。杰出的文学批评家和伟大的哲学家通常也是著名的作家。就其修辞学成就而言，文学批评和哲学都与文学有着密切的联系；文学批评和哲学相互之间的亲和性也表现在这一点上。因为每种研究的修辞学工具都属于一种完全不同的论证形式原则。

如果我们听从德里达的建议，剥夺掉哲学思想解决问题的义务，并把哲学思想转变为文学批评，那么，哲学思想所失去的就不仅仅是其第一性，而且是其创造性和积极性。相反，如果像德里达在美国大学文学系的追随者所做的那样，让文学批评不再关注如何掌握审美的经验内涵，而是关注形而上学批判，那么，文学批评将失去其判断力。把一种研究错误地等同于另一种研究，使双方都失去了实质性内涵。这样，我们就回到开初提出的问题。谁如果为了减少自我关涉的矛盾，而把激进的理性批判转移到修辞学领域，就会削弱理性批判自身的尖锐性。消除哲学和文学之间的文类差别，是一种错误的要求，并不能把我们带出困境。①

① 无论如何，我们的考察都让我们清楚地看到，阿多诺和德里达为何会陷入这一困境。他们都摆出抵抗的姿态，好像第一代黑格尔弟子一样，都生活在"最后的"哲学家的阴影之下；他们反对任何一种"强大的"理论、真理和系统概念，因为它们一百五十年来已经成为过去。他们还认为，必须把哲学从德里达所说的"心灵之梦"中唤醒。他们认为，必须让哲学摆脱幻想，必须创立一种具有基础性意义的理论。这是一种包容、封闭和终极的陈述体系，它必定要用一种语言来加以表达：这种语言自己阐释自己，无需或不允许做进一步的评述，以便最终让解释不断自行累积的历史效果进入静止状态。因此，罗蒂认为我们需要这样一种语言，"它不会接受注释，不要求解释，不会被间离，不会被后来的世代嘲笑。那是对于一种内在而自明地具有终极性的语言的企冀，而不只是迄今为止我们已经提供的最广泛和最有成效的语言。"（罗蒂，《实用主义的后果》，第 93 页以下）

倘若理性在惩罚起堕落时依然坚持从巴门尼德到黑格尔所追逐的形而上学的目的，倘若理性自身在黑格尔之后依然面临选择，要么像它在伟大的传统中普遍所做的那样坚持顽强的理论概念、真理概念以及体系概念，要么干脆自我放弃，那么，一种适当的理性批判肯定会真的深入到其根基，以致它根本无法忽视自我关涉性悖论。尼采表现得就是这样。在海德格尔、阿多诺和德里达看来，更为不幸的是把哲学中保存着的普遍主义问题与早就遭到遗弃的地位要求混为一谈；哲学当初提出这种地位要求，只是要回应其问题。但现在我们看得很清楚，普遍主义问题虽然必须体现在一般命题的语法形式之中，但不能体现在绝对的有效性或针对它及其理论框架的"终极论证"之中。科学对自己容易出错的意识早就深入到了哲学内部。

虽然有了这种容易出错的意识，我们，特别是哲学家和非哲学家，决不会放弃真实性要求。在第一人称记述式立场当中，我们只能这样来提出真实性要求，使得它们作为要求看起来超越了空间和时间。但我们清楚地知道，对于真实性要求来说，没有什么无足轻重的语境。我们可以随处提出真实性要求，但它们立足于批判。所以，我们知道，它们迟早要在别的地方得到修正。哲学一如既往地把自己看作是合理性的守护神，而这里所说的合理性就是生活方式内在所固有的理性要求。但在运作过程中，它强调强大的陈述与微弱的地位要求之间有着一种联系。由于地位要求并不武断，因此，根本不必对它做出一种总体化的理性批判。请参阅哈贝马斯：《哲学作为占位者和解释者》（'Die Philosophie als Platzhalter und Interpret'），载其：《道德意识与交往行为》（*Moralbewusstsein und kommunikatives Handelns*），Frankfurt am Main，1983，第 7 页以下。

八
在爱欲论与普通经济学之间：巴塔耶

1

1962年，巴塔耶去世。他的多年好友莱里斯对他有这样一段描述：

> 在他变成不可思议的人之后，他沉迷于他从无法接受的现实当中所能发现的一切……他拓展了自己的视野(按照他原来的观念，放弃一个急得跺脚的孩子所说的“不”)。并且意识到，人只有在这种没有标准的状态下找到自己的标准，才会真正成人。只有当他达到这样的境界，在狄奥尼索斯的迷狂中让上下合一，消除整体与虚无之间的距离，他才成为一个不可思议的人。[①]

巴塔耶作为“不可思议的人”，其公认的特征在表面上是他作为

---

① M. 莱里斯：《从不可思议的巴塔耶到不可思议的文献》(‘Von dem unmöglichen Bataille zu den unmöglichen Documents’，1963)，载其：《人种学家的眼光》(*Das Auge des Ethnologen*)，Frankfurt am Main，1981，第75页。

“色情作品”的作者，继承了萨德的黑色写作风格；但同时也是指他作为哲学家和学者，试图继承尼采作为一个意识形态批评家所遗留下来的难以想像的遗产。

巴塔耶早就开始阅读尼采的作品（最早可能是在1923年），这比莱里斯把他引进安德烈·马森的圈子和结识主要的超现实主义者还要早上一年。虽然巴塔耶给现代性的哲学话语所指出的方向和海德格尔的比较相似，但他选择了另外一种完全不同的途径来告别现代性。巴塔耶根据人类学对基督教的批判，阐明了他的“神圣”概念，而人类学对基督教的批判，与尼采的《论道德的谱系》遥相对应。巴塔耶丝毫也没有触及内在的形而上学批判。巴塔耶作为国家图书馆的管理员和巴黎知识分子圈子里放荡不羁的作家，过着双重身份的生活，从表面上看，他和来自马堡和弗莱堡的哲学教授（海德格尔）生活在两个不同的世界里。把他们区别开来的主要是两种经验：超现实主义的美学经验和激进左翼的政治经验。

二十世纪二十年代末，围绕着《超现实主义革命》（*La Revolution surrealiste*）杂志组成的团体解散了。布勒东在他的《超现实主义第二次宣言》中对变节者提出了尖锐的批评，引起他们的猛烈反击。从此，布勒东的“协会”和巴塔耶的“共产主义民主团体”之间不共戴天。同一时期，巴塔耶和莱里斯、卡尔·爱因斯坦等一同创办了著名杂志《文献》（*Documents*），发表他们重要的研究成果。在这个杂志上，巴塔耶第一次提出了“异质”（Heterogene）概念；巴塔耶认为，所谓异质，是指一切拒绝与资产阶级生活方式以及日常生活同化的东西，这些东西也在方法论上反对科学。巴塔耶的“异质”概念是超现实主义作家和艺术家基本经验的结晶：他们用令人震惊的方式宣扬醉、梦和本能的迷狂力量，以此来反对功利性、规范性和客观性的命令，目的是为了打破常规的感觉模式和经验模式。异质领域只有在瞬间的震惊中才会把自己敞开。而且，其前提在于，确保主体与自我和世界维持联系的一切范畴统统遭到击破。当然，巴塔耶从一开始就把异质概念应用于社会团体，应用于被放逐者和边缘人，应用于反面世界。这个世界由一切被驱逐的东西构成，这一点自波德莱尔以来已广为人知：包括贱民和不能接触者、妓女或平民无产者、疯子、起义者和革命者、诗人和放荡不羁的人等。因此，这个美学领域的概念也可以用来分析意大利和德国的法西斯主义：巴塔耶认为，法西斯元首就是一种异质的存在。

巴塔耶和海德格尔有着不同的人生取向和不同的政治选择，一个是色情作家和学者，另一个则是哲学家和存在神秘主义者；如此巨大的差异，让我们很难一眼就看清他们的共性之所在。巴塔耶和海德格尔一样，致力于打破现代性的牢笼，打破西方理性的封闭空间，尽管它在世界历史范围内取得了巨大的胜利。他们都试图超越主体主义，因为主体主义用它那纯熟的暴力来把握世界，使整个世界僵化为一个个的客体：在技术上可以掌握，在经济上则可资利用。巴塔耶和海德格尔在他们的设计中有着高度的一致，以致福科对巴塔耶跨界思想的论述同样也适用于海德格尔后期的超越概念：

> 今天，界限与僭越的游戏已经成为衡量一种源始思想的基石。而尼采从一开始就在他的作品中向我们展示了这样一种源始思想——这是一种把批判和本体论融为一体的思想，一种追究终极性和存在的思想。①

① 福科："超越的前言"（'Vorrede zur Überschreitung'），载其：《论知识的颠覆》，第 40 页。

下一段话中的巴塔耶完全可以换成海德格尔：

> 我们或许可以用巴塔耶的研究作为例子，来反击一切努力捍卫"哲学家"之语法功能统一性的做法：巴塔耶竭尽全力，坚持不懈地从内部去打破哲学主体的自主地位。因此，他的语言和他的经验是一种折磨，是对哲学语言所表达的一切的曲意肢解；犹如划过夜空的流星，无声的语词由此得以诞生。①

然而，巴塔耶和海德格尔之间之所以形成巨大的差异，原因在于，巴塔耶在攻击理性的时候并没有触及认知合理化的基础，或者客观化科学和技术的本体论前提。相反，巴塔耶关注的是伦理合理化的基础，按照马克斯·韦伯的看法，有了这种伦理合理化，资本主义经济制度也就成为可能，而社会生活也就完全服从于异化劳动和积累过程的绝对命令。巴塔耶没有把现代性原则明确为一种走向极端权威主义而又缺乏根基的自主的自我意识，而是明确为一种功利行为的成功取向，这种行为是用来实现主观目的的。海德格尔和巴塔耶虽然对历史趋势有着清楚的认识：客观化的思想和目的理性行为发挥了它们的历史力量。但是，应当对准要害的批判却各自采取了不同的路线：海德格尔从形而上学批判入手，在先验主体性的牢固基础上向前挺进，目的是为了找到一个贯穿在时间当中的源始的真正基础。相反，巴塔耶从道德批判入手，关注的不是主体性的深层基础，而是主体性的越界问题，即主体性的外化形式，它使单子化的自我封闭主

---

① 《论知识的颠覆》，第 44 页。

体重新回到了内在生活领域，虽然这个领域已经变得陌生，也遭到限制、切割而变得非常零散。在巴塔耶看来，越界问题为他开启了一种完全不同于海德格尔的视角：不能为了一个超基础主义的存在天命而剥夺自我超越的主体性的权威和权力；而应当重新赋予主体以本能的冲动（这些冲动一度遭到指责）。向神圣领域开放，并不意味着要臣服于一个显示出灵韵的不确定的命运权威；超越界限，奔向神圣，也并非意味着主体性要屈尊并放弃自我，而是意味着主体性要获得解放，并获得真正的自主权。

发挥决定作用的不是存在，而是自主权（Soveränität），这一点并非偶然——相反，由此我们还可以看到，巴塔耶与尼采之间有着亲和性，主要表现为审美的自由概念和超人的自我捍卫，而这对海德格尔来说是不可思议的。无论是巴塔耶还是尼采，他们都认为，在自我膨胀的权力意志与满足意义的权力意志之间有着共通之处，它们都带有永恒回归的宿命论色彩。巴塔耶和尼采的共同之处在于一种无政府主义；由于这种思想反对任何权威，甚至反对神圣权威，因此，关于上帝已死的学说在严格意义上具有无神论特征。相反，对海德格尔来说，他用严肃的语调不断重复这一观点，从而使它失去了尖锐性。上帝作为一种本体的存在遭到了否定，但本体论意义上的启示事件依然占据着废黜上帝后所遗留下来的语法空位，从而引起人们的无限思索。似乎我们一时无法用语言来命名难以名状之物。因此，福科的如下问题只适用于巴塔耶，而不适用于海德格尔：

> 假如上帝不存在，假如上帝从来没有存在过，那么，杀死上帝意味着什么呢？[①]

① 《论知识的颠覆》，第35页。

福科认识到，巴塔耶必须在色情的经验领域中寻求自我超越而又毫无节制的主体性，因为，巴塔耶严格地从无神论角度来思考神圣概念。神圣的世俗化的确是一种超越的模式；但巴塔耶并没有忽视如下事实：现代性当中已经没有什么值得世俗化的了，而且，哲学家的使命也不在于创造一个存在神秘主义替代物。巴塔耶在性的经验视野与上帝的死亡之间建立起一种内在联系：

> 不是要赋予古老的姿态以新的内容，而是要实现没有对象的世俗化，这是一种虚空而又面向自我的世俗化，其工具针对的就是它自己。①

接下来，我想首先阐明巴塔耶用社会的同质因素和异质因素分析法西斯主义对于现代性的结构具有怎样的意义。巴塔耶认为，现代性植根于理性历史之中，其中，自主的力量与劳动的力量相互冲突。理性历史从古代神圣社会一直延续到彻底物化的超级大国苏联。在苏联这个超级大国，封建社会最后残余的自主权都被消除了。然而，同质因素和异质因素的彻底分离，开启了一个新的视角，可以由此来考察一种把社会平等和个人自主融为一体的社会形态。而巴塔耶从人类学的角度把异质解释为遭到隔绝和遭到歧视的部分，这就违背了一切辩证法思想。于是，出现了这样的问题：巴塔耶到底想怎样来解释从僵化和物化的社会向个人自主权的复兴的革命性转变？普通经济学把自己关注的对象扩大到了整个自然界的能量守衡问题，因此，普通

---

① 《论知识的颠覆》，第33页。

经济学可以看作是对上述问题的一个回应。但普通经济学研究陷入自我指涉的理性悖论当中。因此,巴塔耶最终依然摇摆不定:究竟是重新继承黑格尔的启蒙辩证法设计,还是直接依靠科学分析和语言神秘主义。

2

法西斯主义在意大利的胜利和国家社会主义在德意志帝国的掌权——远早于奥斯维辛——都是一些特殊现象,由此引发的不仅有误导,也有迷惑和惊喜。没有一种对时代保持高度敏感的理论,没有受到过法西斯主义的深刻影响,值得一提的主要有在二十世纪二十年代和三十年代初处于成型阶段的理论——比如海德格尔的基础本体论,正如我们所看到的,还有巴塔耶的异质理论和霍克海默的批判理论。[①] 1933 年 11 月,海德格尔发表了选举演说,支持"元首",而与此同时,巴塔耶出版了他的研究著作《法西斯主义的心理结构》。和马克思主义的解释不同,巴塔耶关注的不是从理论上可以阐明的经济原因和社会结构原因,而是新的政治运动的现象,特别是其显而易见的社会心理学的表现形式。他首先关注的是被动员起来的大众对卡里斯玛型元首的依赖,即法西斯主义统治作秀的一面——把元首推崇为圣人,这是一种精心设计的大众仪式;一种明显的暴力和催眠,对合法性的破坏,以及对表象民主和表象博爱的抛弃:

---

① 请参阅杜比尔:《科学组织与政治经验》(*Wissenschaftsorganisation und politische Erfahrung*),Frankfurt am Main,1978;及其:《阿多诺社会理论的现实意义》('Die Aktualität der Gesellschaftstheorie Adornos'),载弗里德堡、哈贝马斯(编):《阿多诺讨论文集》,第 293 页以下。

> 那种以道德认同的方式联系元首与其追随者的情感流……起到了一种产生增强力量并发展起一个过度暴力国家的公共意识的作用，它正以元首的名义无限制地集聚着，而且唾手可得。①

当时的巴塔耶是个十足的马克思主义者，他充分认识到了这场危机的客观前提——在这场危机中，法西斯主义是惟一的受益者。而早在把一种与现存社会结构毫无亲和性的暴力投入到这种功能缺口之前，资本主义经济及其生产机器就已经“由于其内在矛盾”而发生了崩溃。自由选择原理已经深入到民主的工业资本主义社会当中，也就是说，无论是私人业主，还是生产者或(投票箱前的)公民，都享有一种主观的选择自由：

> 国家社会主义运动及其最终获胜，不能简单地归因于如下事实：一些德国的资本家意识到了，对他们而言，这种个体自由原理在一种危机状态下是多么的可怕。②

当然，彻底消除这一原理作为一种功能上的要求，其本身依然是“一种空洞的愿望”。我们无法用功能主义来解释法西斯主义所汲取的资源，即“耗之不尽的情感生活方式”。法西斯国家所汲取的统治力量，显然是源自现实社会的异质领域，这就促使巴塔耶去认真研究这些异质因素。他对有些学者从弗洛伊德的

---

① 巴塔耶：《法西斯主义的心理结构》(‘Die psychologische Struktur des Faschismus’)，载其：《自主权》(*Soveränität*)，München，1978，第 19 页。

② 巴塔耶：《自主权》，第 38 页。

精神分析出发研究大众心理与自我分析① 表示不满。相反，他坚持认为，法西斯主义的根源比自我反思的分析力量所能触及的无意识要更深一层。巴塔耶思考异质因素发生分裂的模式，不是弗洛伊德的压抑模式，而是排斥和对界限的强化，而我们只有用暴力才能打破这些界限。巴塔耶试图建立一种关于总体社会冲动守恒的经济学。他要阐明的是，现代性为何一定要排斥各种危及生活的事物，直到西方马克思主义的现代性设计都还在坚持的启蒙辩证法为何会落空：

> 同质社会无法在其自身内部发现行为的意义和目的。这样，它就不得不依赖于它所排斥的强制力量。②

巴塔耶是涂尔干学派的传人。他把社会生活、精神生活以及道德生活的异质层面还原为神圣因素，而对于这种神圣因素，涂尔干通过与世俗世界进行对比来加以界定：神圣客体具有一种魔力，在诱人和迷人的同时，也发出恐吓和拒绝。一旦爆发，它们会产生惊人的效果，并表现出一种更高层次的现实性——它们与世俗之物不可化约，并避开了一种同质化的考察方式，这种考察方式把“异”与“同”混为一谈，用熟知的东西来解释意外的事件。

巴塔耶还进一步明确了这种非生产性支出的特征：异质成分对世俗世界而言是多余的——从垃圾、排泄物到梦境、色情诱惑和性倒错，再到容易传染的颠覆性思想；从奢侈到满腔希望和

---

① 请参阅 A. 米切利希：《大众心理学与自我分析》（‘Massenpsychologie und Ich-Analyse’），载其：《全集》（*Gesammelte Schriften*），第 5 卷，Frankfurt am Main，1983，第 83 页以下。

② 巴塔耶：《自主权》，第 23 页。

神圣的先验性等。相反，日常生活中的同质因素和同构因素，则是与外部自然进行新陈代谢的产物。资本主义社会主要是用时间和金钱来抽象地衡量劳动，即作为同质化力量的雇佣劳动的。一旦融入科技，这种力量就会急剧增长。技术是科学与生产之间的纽带。和阿多诺一样，巴塔耶曾说过这样一句话：

> 科学所创立起来的规则，在一个可以计算的生产世界的不同因素之间建立起了同一性关系。①

现在，法西斯元首和被迷惑的大众闯进了这个合理化的世界。巴塔耶说到异质存在时不无赞赏。在他看来，希特勒和墨索里尼是作为"彻底的他者"而出现在以利益为取向的大众民主背景下的。他被希特勒和墨索里尼的暴力所吸引：

> 他们(希特勒和墨索里尼)用暴力来压制人民、政党甚至法律——这种暴力打破了事物的正常发展，这是一种平静却令人生厌的同质性，它无法依靠自己的力量来维持自身。②

在法西斯统治下，同质因素和异质因素奇特地融合到了一起——一方面是诸如奉献、纪律和爱好秩序，它们属于同质社会的功能要求；另一方面却是大众的迷狂和元首的权威，它们显示了真正的自主权。法西斯国家融合了异质因素和同质因素。它是一种国家化的自主权。它继承了自主权的遗产，而这种自主

① 《自主权》，第 10 页。
② 同上，第 18 页。

权在传统社会中具有宗教形态和军事形态。但在元首的自主权中，这两种因素却没有什么区别。法西斯主义的本质说到底就是人对人的统治。元首的光芒保证了大众的忠诚，并摆脱了任何一种合法性的要求。和卡尔·施米特一样，巴塔耶对无条件接受法西斯主义的解释是：主人的暴力就其核心而言具有卡里斯玛特征，并根植于异质因素之中：

> 人统治人是一个简单的事实，它囊括了统治者的异质性，至少就他作为统治者、就他为其权威的合法性而求助于他的本性或人格特质而言是这样，他把这种本性称为整体的他者，却不能给予合理的解释。①

法西斯元首在行使权力时具有迷人的特征，调动了人们的每一根神经；巴塔耶把这种特征还原为一种具有本真性的自主权——由此，巴塔耶的分析与霍克海默和阿多诺的法西斯主义理论之间的差异也就一目了然了，虽然他们的出发点是一致的。

和巴塔耶一样，霍克海默和阿多诺关注的也是法西斯主义的心理层面——至少在《反犹太主义要素》中是这样。② 从精心设计并且高度仪式化的大众示威当中，霍克海默和阿多诺解读出了“可怕的模仿所提供的错误图像”，也就是对一种古老反映

---

① 《自主权》，第22页。

② 霍克海默、阿多诺：《启蒙辩证法》，第199页以下；关于法西斯主义在政治和经济层面上表现为“国家资本主义”的研究，请参阅H. 杜比尔、A. 索尔纳（编）：《国家社会主义的经济、法律和国家：社会研究所研究报告1939—1942》（*Wirtschaft, Recht und Staat im Nationalsozialismus, Analysen des Instituts für Sozialforschung*），Frankfurt am Main，1981；M. 威尔逊：《社会研究所及其法西斯主义研究》（*Das Institut für Sozialforschung und seine Faschismusanalyse*），Frankfurt am Main，1982。

模式的复活和操纵。法西斯主义利用这种在文明当中已经消失的模仿行为来达到自己的目的。逃避与奉献、恐惧与神迷自古就是一对矛盾，压制这样的矛盾所导致的反思具有反讽意义：

> 在现代法西斯主义社会当中，合理性已经达到了这样一种程度：它不再满足于单纯地压抑本性。现在，合理性通过将本性的反叛潜能融入自身的系统来加以利用。[1]

就此而言，巴塔耶的分析与批判理论的概念还是共通的：法西斯主义最终的目的仅仅在于使得内在自然对工具理性的反抗服从于工具理性的命令。而巴塔耶与霍克海默和阿多诺的主要不同则在于：如何来定义被压抑或被禁止的主观自然。对霍克海默和阿多诺而言，模仿的冲动带有一种承诺："没有权力的幸福"[2]。而在巴塔耶看来，幸福和暴力在异质因素中是难分难解的。巴塔耶颂扬色情和神圣当中的"基本暴力"[3]。借助于同样的思想框架，巴塔耶论证了法西斯主义中毫无根基的或"纯粹"的统治因素（卡尔·施米特语），针对这种统治因素，霍克海默和阿多诺却提出了一种模仿的力量。

本雅明在他早期的一篇文章中引用了索雷尔的总罢工神话，似乎预示了巴塔耶的纯粹自主权概念。但即便如此，本雅明也坚持把一种没有暴力的沟通主体间性作为出发点。革命的立法行为注定是一种暴力行为，就其本质而言具有无政府主义色彩，但它又奠定了一切自由制度的基础，而且必须在这些制度当

---

① 霍克海默：《工具理性批判》(*Kritik der instrumentellen Vernunft*)，Frankfurt am Main，1967，第118页。

② 霍克海默、阿多诺：《启蒙辩证法》，第204页。

③ 巴塔耶：《神圣的爱欲》，第89页。

中保持在场状态。它促使本雅明去构想一种作为“纯粹手段”的政治。这种政治差一点就和法西斯主义暴力区分了开来。但在本雅明看来，这种暴力具有自我目的，没有从工具的角度去调节正义，而是处于显现和行使过程之中，因此始终和一个没有暴力的一体化领域保持着联系。对本雅明来说，这是一个“暴力绝对无法接近的”人类共识领域，那就是“语言——真正的沟通领域”。[①] 本雅明在他的救赎批判中十分关注这个观念，甚至想用无产阶级总罢工作为例子，来说明没有暴力的“纯粹手段”。

如果没有这样一种超越暴力的出发点，巴塔耶肯定难以阐明在他那里奠定一切的区分：对社会主义革命和法西斯主义掌权的区分，二者只是表面上有些相似。本雅明坚持认为，整个超现实主义事业“想为革命赢得狂喜的力量”[②]，这一点巴塔耶也想到了：这是一个摆脱了一切道德因素的审美政治梦想和诗化政治梦想。实际上，这也是法西斯主义吸引他的地方：

> 法西斯主义这一例证今天甚至使工人运动的存在也成了问题，但它足以告诉我们应当怎样顺利地获得一种更新的情感力量。[③]

于是，问题出现了：这些力量颠覆性的自发表现与法西斯将之纳入自己的轨道，这之间究竟有怎样的区别。如果我们赞同巴塔耶的立场，认为区别在政治形式上会有所反映，而根本不必到结果中去寻找，那么，上述问题无论如何都会让人觉得难堪。

---

① 本雅明：《暴力批判》（‘Zur Kritik der Gewalt’），载其：《新天使》（*Angelus Novus*），《选集》（*Ausgewählte Werke*），第2卷，Frankfurt am am Main，1966，第55页。

② 本雅明：《超现实主义》（‘Surrealismus’），《选集》，第212页。

③ 巴塔耶：《自主权》，第42页。

在 1933 年的著作中，巴塔耶试图在异质世界本身当中划定崇高与低俗之间的界线。这一意图收效甚微，巴塔耶最终仅仅满足于提出他所极力反对的法西斯政治的功能变化。他建议创立一种异质性的科学：

> 它让我们能够预见到掠过上层建筑的社会情感反应——或许在某种程度上还能控制住它们。……一旦形成对立的不是法西斯主义和共产主义，而是激进的命令形式与颠覆，那么，一种有关吸引和排斥（即由异质因素引起的矛盾情感）的社会运动的系统知识就会成为一种武器。①

在接下来的三十年中，巴塔耶详细阐述了当时他所设想的这门科学的基本要点。我想首先来考察一下他的历史哲学告别现代性的方式，以便深入讨论其普通经济学。巴塔耶希望这种普通经济学能为一个悬而未决的问题提供答案，这就是：究竟应当如何来思考从物化到自主权的转换。

3

早在 1933 年初，巴塔耶就发表了一篇讨论浪费概念的文章，从中可以看到其带有摩尼教色彩的历史哲学轮廓。② 作为共产主义者，巴塔耶的活动范围是马克思主义实践哲学：劳动，

---

① 巴塔耶：《自主权》，第 42 页以下。

② 请参阅《社会批判》（*La Critique Sociale*）7，1933；德译文收入巴塔耶：《理论著作》（*Das theoretische Werk*），第 1 卷，München，1975，第 9 页以下。

即社会生产,是人类特有的一种再生产模式。起初,巴塔耶完全是用青年马克思在《1844 年经济学—哲学手稿》中的观点来描述现代阶级对立的:

> 工人的目的是为了生存而生产。而企业家的目的则是为了把劳动生产者置于凄惨的困境而生产。①

然而,巴塔耶随即又否定了这种众所周知的结论:为了自己而不断生产的“生命”,在劳动自身内部是一种合理的目的。相反,在巴塔耶看来,生产目的超越了劳动力的生产性消费与对使用价值的消费性占有(在这些使用价值当中,劳动过程获得了对象化)之间的循环。巴塔耶推动了他所依赖的人的活动的表现主义模式发生转向,从而消除了其实践哲学基础。也就是说,他在消费当中看到了一种深刻的矛盾:一边是生命所必需的劳动力再生产,另一边则是奢侈消费;这种奢侈消费让劳动产品摆脱生活必然领域,进而摆脱新陈代谢过程的主宰,而用于浪费。这是一种非生产性的消费形式,从单个商品占有者的经济视角来看,它是一种损失,但它同时能够实现和证明人的自主权以及人的本真存在。

当然,马克思也曾提到过一个自由领域:它超越了必然领域,也超越了由外部自然的新陈代谢所决定的生产领域。但是,马克思把创造性地运用休闲时间纳入个体本质力量的外化和重新获得的模式之中——马克思的参照点一直都是正在进行自我实现的完整个体。然而,巴塔耶非常现实地觉察到了其中的危险:劳动成为一种必然习性,只是打着自主自由的幌子在不断进

---

① 巴塔耶:《理论著作》,第 25 页。

行而已。他担心,在一个物质丰富的世界里,真正的自主权也会受到压制,如果按照收支均衡原则,合理利用物质财富和精神财富没有为一种极端不同的消费形式留下空间,即没有为消费主体可以外化自身的浪费留下空间。这种非生产性的消费形式把巴塔耶推到了自我放弃、自我超越以及暴怒等病态的边缘。这种自我膨胀在奢侈消费中也留下了经济学的踪迹,

> 人的活动不能全部归结为生产和再生产的过程,消费必须分为两个不同的领域,一个能够还原和化简为最小的必需量,以便一个社会的成员能够维持生活并继续其生产活动……另一个是非生产性消费:奢侈、仪式、战争、崇拜、豪华建筑、游戏、戏剧、艺术以及与生殖无关的性表现活动等,它们都有着自己的目的。①

上层社会的这种自我满足行为,按照亚里士多德的定义,已经成为了一种自我目的,但它多少还显示出了某种原始的自主权。

然而,资本主义的特征却是把一切剩余都重新投入生产。积累过程服从的是资本自我实现的命令。由此,马克思批判交换价值的生产脱离了使用价值的生产。巴塔耶指责的却是,生产的赢余越来越脱离非生产性的利用。资本家"有义务积极地消费财富"。所以,现代社会缺乏公开展示的奢侈——"按照漫长而又压抑的传统,展示财富现在发生在屋檐底下。"② 封建社会的浪费所特有的慷慨、纵欲以及毫无节制等特征,现在统统不见了。

---

① 《理论著作》,第 12 页。

② 同上,第 22 页以下。

巴塔耶的理论代表作就是以消费概念为主线而展开论述的。经过长达十八年的准备之后，其第一部分以《遭到排挤的部分》（'La Part mandite'）为题，于1948年正式发表。1956年，巴塔耶又以《自主权》为题，发表了第三章的部分内容。他与实践哲学的问题和概念之间的距离可谓越来越大。在某种意义上，巴塔耶的理论可以说是卢卡奇、霍克海默和阿多诺等沿着韦伯—马克思主义路线所发展起来的物化理论的一种对立物。自主权与物化的工具理性原则是相对立的：后者源自社会劳动领域，并在现代社会占据了统治地位。获得自主权，也就意味着，不要像劳动中那样把自己还原到物的状态，而是要释放出主体性：主体从劳动中摆脱了出来，在瞬间中获得满足，并转向自我消耗。自主权的本质就是无用的消费和"我所喜欢的一切"。不过，这种自主权沉湎在解神秘化和物化等世界历史过程所做出的判断之中。这种统治的本质在现代社会中被精神化，并从一个空间中被驱逐了出去：这个空间把一切都归结为可以利用和可以支配的对象形式，即私有财产的对象形式，它的构成要素只有物：

> 工业社会的基础是强调商品（物）的优先性和自主性。在工业社会开始的时候，就存在着一种反抗意志，一种外在于行为世界和客体世界的本质——正是它使我们在恐惧和诱惑面前剧烈地颤抖。[①]

这和早期卢卡奇的观点有着惊人的相似之处。因为，这个观点看起来是主张：排斥神圣的过程似乎是资本主义生产方式

---

① 《理论著作》，第164页。

的一种必然后果：

> 在为了进一步扩张工业生产而进行的财富积累基础上，资本主义社会是一个物的社会。与封建社会形态比较而言，它不是人的社会。……那些可以转换为金钱的客体，对于那种不再自为存在并且不再真正有价值的主体来说，更具有价值，因为主体依赖于他所占有的客体。①

然而，事实上，商品拜物教形式只是用来推广在劳动结构中具有人类学基础的理性统治。社会物化趋势可以追溯到远古时代，它远远超出资本主义，一直延续到官僚社会主义的未来，而官僚社会主义将执行世界历史解神秘化过程的遗嘱。

这种观点更接近于晚期批判理论，而不是早期卢卡奇。但无论是和批判理论还是和卢卡奇比较，都不足以揭示巴塔耶理论的实质。因为巴塔耶所思考的，根本就不是什么物化理论，而是一种关于排挤的历史哲学，一种关于不断剥夺神圣的治外法权的历史哲学。他想描述的是自主权在世界历史上的命运，那种彻底自由的历史命运，即："消耗那些应该能够与有用的工作保持联系的一切，但不会获得任何好处。"②

巴塔耶发现，祭祀牺牲是最纯粹的自主权，而且还可以用经验来加以把握。他根据有关阿兹特克活人牺牲的描述仔细分析了祭祀牺牲：

> 牺牲即是要消灭用于祭祀的东西。它无需像熄灭火焰

---

① 《自主权》，第57页。

② 《理论著作》，第88页。

那样去消灭，而只需斩断把祭品捆在实用行为世界上的束缚即可。但这一断裂具有一种终极消费的意义。被用于祭祀的牺牲无法再回到现实秩序。这一原则为摆脱束缚打开了出路。它为暴力提供了一个可以自由支配的领域，从而使暴力获得了释放。①

当然，像一切宗教意义一样，牺牲的意义也暴露出神圣仪式就其本质而言不是什么源始之物，而是对人与自然的内在同一性的丧失所做出的反应。只有当我们还记得，人类双手的劳作，即第一个目的性的对象化行为，给无辜的自然到底带来了些什么，我们才能把握住这种内在同一性。巴塔耶对失乐园有过如下的描述：

> 由于劳动的介入，从一开始，内在性、深层欲望及其自由放纵等都被一系列合理事物给代替了。在这当中，瞬间的真实不再重要，重要的是操作的最终结果——简言之，即最初的劳动创建了一个物的世界。……由于物的世界的建立，人自身也成了这一世界中的一个物，至少在劳动时是这样。人一直都在寻求逃脱这一命运。因此，在各种神话和恐怖的宗教仪式中，人一直都在追寻其失去了的内在性。……问题的关键始终都在于从现实秩序和客体的贫乏中拿走一些东西，重新归还给神圣秩序。②

如果说，宗教已经遭到劳动的诅咒，因此，只有在主体自我外化

① 《理论著作》，第 88 页。
② 同上，第 87 页及下页。

的瞬间,遭到破坏的事物秩序才会得到恢复,无言的交流才会成为可能,那么同样,只有在狂喜的瞬间,才能重新获得纯粹的自主权。

历史上一度显赫的自主暴力,最初表现为牧师的神圣权力,后来又表现为贵族的军事权力以及建立在国家机器基础上的绝对主义王权;这种自主暴力只是一种派生的自主权,由于混杂了世俗权力,因而已经不纯了。自主权的所有历史形式都可以从它们导致社会分化、建立社会等级的力量中被辨别出来。统治者以及参与统治的人,作为一个社会阶层,是一种混杂现象,从中可以分出两个层面:它的超越劳动领域和客观领域的起源,以及统治在社会劳动制度中的压迫性和剥削性。当然,自主权在世界历史上的形式变换,也显示出一种消除等级分化的趋势:

> 在远古社会,社会地位是与主体的神圣在场联系在一起的,这种主体的自主权并不依赖于物体,而是把物体纳入其活动之中。而在资产阶级社会,主体仅仅依赖于对既不自主也不神圣的物体的占有。①

但这并不意味着,自主权从资产阶级社会中彻底消失了。生产资料的私人占有不仅在客观上把社会分裂为不同的阶级,而且建立了一种特权制度,对生活机会(包括获得承认的机会)作了不同的分配。这个事实已经表明,自主权在资产阶级社会中还是存在的。等级差异仅仅失去了其政治特征,但本身并未因此

---

① 巴塔耶:《哈利路亚;爱欲与死亡的魅力;人类的摇篮;负荷的星球》(*Der Halleluja*; *Die Erotik und die Faszination des Todes*; *Die Wiege der Menschheit*; *Der belastete Planet*),München,1979,第 60 页。

而彻底消失:它不再是源于对政治统治的参与,而是源于在生产过程中占有的地位。

西方民主政治家们借助于(公共劳动所建立起来的)个人魅力,依然保持着统治本质的特有光辉,即使这种形象依靠的仅仅是对传媒所操纵的官僚权力的占有,而不是卡里斯玛品质。民主政治家处在中间状态:一边是表现在统治者、特别是法西斯元首身上的存在的主体性,一边则是权力的客观性:

> 共产主义政客的严肃性让我们明白了,只有资产阶级社会才会允许不断地表示反对立场:不断增长的物所激发出来的权力,和人们为了消耗物而追求的社会地位毫无关系。①

二十世纪五十年代初,巴塔耶描绘了一幅斯大林主义的肖像,虽然和现实有些出入,但从中我们还是可以看到,苏联官僚社会主义的社会应当已经结束了解分化的过程。而随着社会等级的消除,自主权从社会劳动领域中最终也被驱逐了出去。

在统治的一切历史形式中,自主权总是和权力联系在一起。只有在苏维埃统治下,才出现了一种纯粹而"客观的"权力,它消除了一切自主权,也摈弃了仅有的宗教特性。这种客观权力没有任何真实的卡里斯玛作为保证;在功能上,则依靠社会劳动系统,简言之,依靠生产力的发展目标而获得界定:

> 谁如果掌握了一种客观的最高权力,他都会把阻止自

① 巴塔耶:《哈利路亚;爱欲与死亡的魅力;人类的摇篮;负荷的星球》,第67页以下。

> 主权对物的统治作为自己的目标：他必须把物从所有特殊的压迫中解放出来；它们只能属于那些尚未分化的人。

——这意味着属于绝对平等的社会的集体意志。[①] 那种揭开了解神秘化的自主权面纱的客观权力，也把自己融入一个彻底物化的社会——或者说，融入一个凝聚成为系统的社会。这是一种虚构的苏维埃统治图景，与恩格斯从圣西门那里继承过来的思想有些相似之处：对物的统治，取代了人对人的统治。更加惊人的是，巴塔耶曾抱怨资产阶级否定了封建社会的奢华、排场和浪费，而这听起来像是对圣西门著名寓言的彻底颠倒。[②] 当然，圣西门在巴塔耶那里也并非无懈可击。

军事共产主义把人的一切情感波动都纳入工业化的社会目标，同时还对一种英勇的唯物主义大加颂扬："解放活动将把（人）完全还原为物。"[③] ——巴塔耶对这种军事共产主义的称颂是一种充满悖论的转向；我们如果注意到巴塔耶对资产阶级社会的文明批判潜能的蔑视，也就不难理解他为何会有这样的转向。对现代物化世界的反抗以及对传统自主权的浪漫美化，同支持异质存在的颠覆性冲动有着不可调和的矛盾——所谓颠覆性冲动，就是"在一切方向上探究世界之终极可能"的审美先锋派所特有的激进性。[④] 法西斯主义仅仅是泄漏了资本主义的秘密：只有依靠神圣统治和军事统治在世俗领域的残余力量，资

---

① 巴塔耶：《哈利路亚；爱欲与死亡的魅力；人类的摇篮；负荷的星球》，第 68 页。

② 关于圣西门的寓言，请参阅 J. 道特里编：《圣西门文选》（*Saint-Simon, Ausgewählte Texte*），Berlin，1957，第 141 页以下。

③ 《理论著作》，第 179 页。

④ 同上，第 169 页。

本主义才能建立起合理化的奴役大厦。这些前资本主义自主权的残留物虽然遭到遮蔽，但在功能上却非常必要，它们最终在苏联马克思主义那里被彻底消除了，因为苏联马克思主义把人完全等同于其产品：

> 只有当与非生产性支出联系在一起的古老价值——如在宗教改革期间的天主教价值——遭受谴责和摧毁的时候，物的完善才会发挥出一种解放的作用。[①]

于是，巴塔耶认为，物化实践领域和摆脱一切实践功能的纯粹自主权领域正在逐步分离开来，而斯大林主义就是这一分离过程的最后一个阶段。斯大林在有意无意之间，追随着一种神秘消息，而巴塔耶从马克思的通俗教义中听到了这样一种神秘消息：

> 由于马克思认为劳动主要就是改变物质状况（把实践还原为劳动，还原为目的理性行为结构），所以他强调，物（经济）独立于其他一切努力（宗教的或一般情感的），而这在加尔文主义那里只是一笔带过。不过，马克思又暗地里认为，人性回归（回归内在世界和内在本质）独立于一切生产活动。不过，只有在实现解放之后，这种回归才有可能；也就是说，只有在行为终止时，回归才开始。[②]

这就是实践哲学所提出的关于一个自成总体性的劳动社会

---

① 《理论著作》，第 177 页。

② 同上，第 171 页。

的设计。

世界历史的发展过程在物化和自主权之间摇摆，它本应随着同质因素和异质因素、劳动和牺牲等不同领域的分离而走向结束，却再也不能从辩证法的角度来加以思考——至少再也无法按照主体哲学的启蒙辩证法模式来加以思考，因为启蒙辩证法坚持的是一种由不同理性环节组成的星丛。自主权是理性的他者。巴塔耶无法通过给他的现代性结构披上辩证法外衣而使之令人信服。他必须着重阐明两点：一是社会合理化这一世界历史过程的动力；二是来世论对彻底物化转变为自由的期待。巴塔耶用他的科学抱负来回答了这两个问题。

4

从其人类学研究开始，巴塔耶就一直不断地在探讨“炫财冬宴”(Potlatsch)和奢侈的节日：“炫财冬宴”期间，北美印第安人会把大量的礼物赠予对手，故意炫耀自己的财富，以此向对手发出挑战，羞辱对手，或让对手担负责任。[①] 实际上，巴塔耶对交换礼物所具有的社会一体化功能(相互承担的责任)并不感兴趣。他忽略这一层面，目的是为了突出挥霍、消耗和故意损失自己的财产而又不追求任何对等回报这一更加值得重视的层面。“炫财冬宴”是部落社会中非生产性消费的一个例子。但必须看到，馈赠者并不是在无私地挥霍财产。通过比富而击败对手，馈赠者保住了自己的声望和权力，并在集体中赢得或加强了自己

---

① 巴塔耶在这里援引的是马赛尔·莫斯的经典研究：《论礼物》(‘Essai sur le Don’)，载：《社会学年鉴》(*Annee Sociologique*)，1923/24，第 30 页以下。德文版：《礼物》(*Die Gabe*)，Frankfurt am Main，1968。

的地位。这样,主动放弃的使用价值,就被通过计算所获得的权力给弥补了。这种实践的内部隐藏着自主权与目的合理性之间的矛盾:它用“生命的价值、声望以及真理来否定有目的的使用物品,而同时又出于一定的实际目的来运用这种否定”①。由于这种矛盾深深地扎根于一切历史形式的自主权结构当中,所以,巴塔耶用它来阐明浪费行为中所表现出来的自主权为何越来越被用于剥削劳动力,真正权威的源泉为何堕落成为“利益的可耻源头”。

然而,事实上,自主权与权力从一开始就融合在一起,而且,这种融合可以用来占有剩余价值。但这一事实绝不能解释清楚,历史上为何会出现世俗领域的扩张趋势和物化趋势,以及神圣领域为何会享有治外法权。巴塔耶不会采用历史唯物主义的政治经济学解释,因为,这种解释关注的依然是社会劳动系统内部的变化,而不是经济与暴力之间的互动关系。这种暴力既不是建立在经济基础上,也不是建立在计算理性基础上,而是作为理性的他者,一开始就超越了人与外部自然的物质交换过程。所以,巴塔耶继承了马克斯·韦伯对资本主义的宗教伦理解释,并根据宗教史,把资本主义一直追溯到最初道德对冲动的管制,认为它先于历史上一切统治形式和剥削形式。巴塔耶这样做,显然是合乎逻辑的。我想分三步来归纳巴塔耶的有关观点:

第一步像《圣经》一样简明扼要。在人的发展过程中,主体从动物的生存环境中脱颖而出,依靠的不仅仅是劳动,还有禁律。人和动物的区别,也就在于人的生命冲动受到种种约束。与劳动一起形成的,还有性的羞耻和死亡意识。葬礼、服装及乱伦禁忌等,都说明死亡和性——尸体和裸体——是最古老的禁

---

① 《理论著作》,第105页。

忌。如果我们注意谋杀禁律的话,就会发现一种更加普遍的意义:与死亡和性相关的暴力都被禁忌化了——这种暴力在节日和宗教牺牲的仪式高潮中也有所表现。生殖上的无度和导致死亡的无度,与祭祀上的无度是联系在一起的,由此,巴塔耶从字面上把"无度"理解为对个体化边界的僭越。最原始的规范如同堤坝,用以防止陷入奢侈浪费的泥潭。而这种奢侈浪费实属本性,它把个体的存在连为一体,确保生命的丰盈性和存在的连续性:

> 如果我们在基本禁忌中发现存在一种倾向,拒绝把个体与浪费生命能量和毁灭性的放荡本性对立起来,我们就再也无法把死亡与性区别开来。死亡与性都是自然和无数的大众一起庆祝的节日的高潮。它们都意味着一种毫无节制的饕餮,而这与每个个体追求自我持存的深层愿望是相违背的。①

我们必须用规范来划定劳动领域,而规范把一种带有纵欲性质的暴力行为从"日常事务"中驱除了出去。②

因此,到了第二步,巴塔耶指出,如果我们考察的仅仅是对于社会劳动保障系统而言,社会生活的规范基础究竟具有怎样的意义,我们就会发现,社会生活的规范基础是保持不变的。这种功能主义视角无法解释清楚禁律的约束力来自何处。涂尔干早就指出,我们不能从经验主义的角度把规范的有效性化约为与禁律有着传统(即外在)联系的制裁行为。相反,规范的约束

---

① 巴塔耶:《神圣的爱欲》,第 57 页。

② 同上,第 59 页。

力来源于一种神圣的权威,我们会带着恐惧而又激动的心情去接近这个神圣之物,但我们永远也无法接触到这个神圣之物。巴塔耶从他的审美经验出发对上述事态作了解释,让我们认识到古老的规范都包含着深深的歧义:规范的有效性要求是建立在僭越规范的经验之上的,僭越越是遭到禁止,就越是充满诱惑。换言之,这是一种亵渎神圣的经验,其中,恐惧、厌恶和惊愕与迷恋和麻木的幸福等交织在一起。巴塔耶指出,法律和违法有着内在的紧密联系。合理化的劳动世界由于禁律而明确了界限并得以奠基,然而,这些禁律本身绝不是理性的法则。相反,它们为世俗世界打开了朝向神圣的大门,从中获得了迷人的光芒:

> 开始的时候,(禁律)对(内在本质的)暴力的平静反抗,并不足以分裂两个世界。如果这种反抗自身不具有暴力的话……那么,理性也就没有足够的权威来界定逾越的界线。只有不假思索的害怕和恐惧,才能抵抗毫无节制的放纵。这就是禁忌的本质:它带来了一个平静而理性的世界,但它自身在其原则中却是一种震颤,触动的不是理智,而是情感。①

色情经验和宗教经验有着一致的地方,那就在于,它们都把关于原始禁律的共识与世俗化之后出现的强烈恐惧联系在一起。

> 色情的内在经验要求色情者无论是对作为禁律基础的恐惧还是对僭越禁律的要求都保持高度的敏感。正是这种

① 《神圣的爱欲》,第51页。

> 宗教敏感把欲望与恐怖、极度享乐与极度恐惧永远联系在了一起。[①]

巴塔耶在其他地方还描述了一种极度放纵的不同阶段：首先是恶心，然后是对恶心的克服，接下来就是陶醉了。[②]

最后一步也是第三步。到了这一步，巴塔耶作了道德批判，从而与韦伯的宗教社会学建立起了联系。他认为，宗教的发展过程（从古老的祭祀仪式到世界宗教，从犹太一神教的发生到新教）是一个伦理合理化的过程。路德和加尔文构成了发展史上的分水岭，在这一发展过程当中，宗教的基本概念被道德化，宗教经验则相应地被精神化。神圣概念导致的是一种矛盾的感受，又是恐惧，又是兴奋，它在被驯服的同时又发生了分裂。大

---

① 《神圣的爱欲》，第 35 页。

② 巴塔耶所说的内在色情经验，莱里斯（1931）在巴塔耶主编的《文献》中曾根据一幅照片作了详细的描写，这幅照片展现的是一个戴着皮革面具的裸体女郎；这副面具是根据 W. 西布鲁克提供的样本制作的，而西布鲁克本人曾在象牙海岸从事多年的研究。莱里斯的文章阐明了，人类学的田野研究与艺术中的异国主义以及色情主义在个人经验和文学中是如何融为一体的。莱里斯描述的是亵渎的快乐和撒旦的愉悦，而这是拜物教徒在观看一个戴着面具从而成为类本质的女郎肉体时所产生的感受："由于大脑完全处于面具的符号压迫之下，于是便有意识地把爱还原为一种自然的和邪恶的过程，我们所遭受的不幸终于成为过去。最后，由于面具在我们手里，所以，这位女郎就成了一种自然本身，塑造她的是盲目的规则，没有灵魂，也没有个性；这种本性攫住了我们，就像它攫住女郎那样。目光是人的主要表达方式，它一直炯炯有神，让女郎带上了地狱的色彩。双唇微开，让我们看出这是她的樱桃小口，要不然还以为这是动物的伤口。各种首饰在头上排列得井然有序。身体是裸露的，而头部却被包裹着。所有这些东西都是一些皮革制品，制造的工具闻所未闻。它们才真正是色情：这是一种手段，用以打破道德、理智和德行所施加的枷锁；这同时也是一种祛除邪恶力量的方法，由此来对抗上帝和他在冥府的看门狗，为此，人们占有了他的财富，占有了他的重要而又难以分割的部分，并臣服于他的强制。"莱里斯：《炼丹女郎》（'Das "caput mortuum" oder die Frau des Alchemisten'），载其：《人种学家的眼光》，第 260—262 页。

天使也被逐出了天堂。一边是对天堂的祷告，一边却又是人世间的罪恶。色情与神圣的邪恶一道，被归属于尘世，并被谴责为肉欲之罪。当神圣概念不再有歧义时，原罪意识获得了一种纯粹的道德特征。但是，如果宗教的放纵和感官的放纵不再构成通往神圣的途径，那么，法律的规范有效性也就脱离了放纵的经验基础(也就是说，脱离了对法律的试探性僭越)，而法律的权威正是来自于这种放纵的经验基础。犹太教—基督教传统中之所以会出现一种自主的道德，原因在于，禁律与僭越的辩证法一旦消失，神圣之光再也不会普照尘世。巴塔耶的道德批判针对的不是道德自身——因为道德是宗教世界观合理化的结果，而宗教世界观允许我们进入神圣之物，然而，这一神圣之物已经被剥夺了复杂性，并被精神化和简单化、个体化，还被认为是彼岸的上帝。信徒如果被迫放弃了关于迷狂般自我超越的宗教经验和色情经验，就会形成一种道德意识。在这一意义上，道德的发展揭示了宗教领域与经济领域、牺牲领域与劳动领域之间不断分化的趋势——它还揭示了世俗生活领域在暴力遮掩下的扩张趋势和物化趋势，当然，这种遮掩已经越来越脆弱，而暴力本身也越来越远离自主权的源头。韦伯对新教伦理的解释和这种视角就很吻合：

> 通过同一种运动，宗教和经济都从曾经束缚它们的事物中解放了出来，即，宗教从世俗计算中解脱了出来，而经济则从经济之外的束缚中解脱了出来。[①]

即使我们认为这一解释策略对于资本主义卓有成效，我们

---

① 《理论著作》，第 164 页。

也很难看出,它如何才能有效地用于分析专制统治之下的苏联的工业企业,因为这些企业可谓彻底世俗化了。因此,按照巴塔耶的诊断,彻底合理化的劳动社会领域与极端不受管辖和不可接近的自主权领域之间完全分离了开来,并导致了这样一种状况:在发达工业社会,这种状况重新释放出了原始的自主力量,可是,其原因何在,至今依然是个问题:

> 如果斯大林企图让共产主义制度下所塑造的完人名副其实的话,那么,这一完人就会在一个物质文明产品不会被抛弃的时代里非常接近那种自主权,它与对其他自主权的尊重一道勾画出了原始牧人和猎人的特征。当然,当后者尊重其他人的自主权时,他们也只是出于事实考虑。[①]

——肯定要补充一条:获得解放的人同时会使对个人自主权的相互尊重成为共同生活的道德基础。巴塔耶必须对斯大林主义冒险转向自由社会主义做出解释,而且不能借助于理性辩证运动的思想模式。他用其普通经济学设计回应了上述挑战。

迄今为止,经济学——包括政治经济学及其批判——都是从一个狭隘的视角考察有限的资源在社会生活再生产的能量循环过程中如何才能得到有效的利用。而针对这种特殊的视角,巴塔耶提出要从普遍的视角来考察宇宙当中的能量利用问题。巴塔耶把这种视角转变同从产业经济系统到宏观经济系统的视角转变相提并论,认为在此基础上,经济学的基本问题也发生了变化:不再是如何利用有限的资源,而是如何无私地消耗过剩的资源。也就是说,巴塔耶把生物学的观点作为自己的出发点:生

---

① 《理论著作》,第 282 页。

命有机体吸纳的能量比生命再生产所需要的能量要多得多。多余的能量被用于发育生长。一旦生长停滞下来,没有得到充分吸收的剩余能量就必须通过非生产的渠道释放出去——能量必然要白白地消耗掉。消耗的方式原则上可能很“荣耀”,也可能是一场“灾难”。社会文化生活同样也处于剩余能量的压力之下。

当然,可以用不同的方式来排遣剩余能量,比如扩大集体的人口范围、空间范围或社会范围,还有提高生产水平和生活水平等,总之一句话,就是增加复杂性。这样,有机体的成长过程就找到了一种社会等价物。比较明显的是死亡和生殖、个体存在的消亡与新一代的诞生等对剩余生命能量的吸收,而新一代又将重归消亡。与这种自然的奢侈相对应的,是社会统治阶层的奢侈。自主的浪费有不同的形式,诸如经济领域里的非生产性消费、色情的纵欲形式以及宗教的纵欲形式;无论是哪一种形式,都在以生命哲学为基础的普通经济学中占有核心的地位。反之,生产力的提高和资本主义的增长,即工业的发展,又增加了生产所无法消耗的剩余财富。道德的规训力量、对奢侈的憎恨、对统治暴力的禁止以及对异质成分的排斥等,都是在相同的方向上发挥作用。然而,一旦剩余财富不能以荣耀的方式(即增强和激发生命的方式)被消费掉的话,那么,灾难性的浪费形式就是惟一的替换方案了——诸如帝国主义的冒险、世界大战等,今天我们或许还可以补充进生态污染和核毁灭等。

通过对宇宙和世界社会中能量平衡的推测,巴塔耶希望能把彻底的物化转变为对纯粹自主力量的复活。因为,已经具有普遍性的劳动社会将不断增加无法吸收的剩余能量,于是,肯定要上演以浪费和消耗为主题的盛宴,要么是可以预测的灾难,要么是自由的社会,后者将其财富随意地用于自主消耗,这就意味着放纵,意味着主体的自我超越以及主体性的彻底解放。

巴塔耶提供给我们的是一种消极的形而上学世界观,表现为用人类学扬弃经济学。对于这种形而上学世界观的内涵,我无须进一步加以探讨。但巴塔耶认为,无论是在科学还是在纯粹的形而上学替代物当中,自己所面对的困境和尼采在进行科学—意识形态批判时所遇到的都是一样的。如果自主权及其神圣起源与目的理性行为世界之间一直都有一种异质的关系,如果主体和理性自我建构的途径仅仅在于排斥暴力,如果理性的他者并不只是非理性或没有得到承认的东西,即不可通约的东西(除非理性主体发生破裂,否则,理性就无法接触到理性的他者),那么,我们就没有条件去设想一种理论,用来超越理性所能把握的视界,并揭示理性与一种先验的源始力量之间的互动;分析这种互动也就更是无从谈起了。巴塔耶清楚地意识到了这一困境,却没有着手解决。他对一种非客观化的科学作了认真而透彻的思考,而按照他的极端看法,认知主体不但参与了对象领域的建构,不但通过先天的结构而与对象领域建立起联系,不但通过干预而深入了对象领域,而且,认知主体在"兴头上"必须放弃自己的同一性,以便再一次恢复在狂喜中所展示出来的经验——犹如在波涛汹涌的情感海洋中撒网捕鱼。另一方面,巴塔耶又坚决主张"内在"科学以及对"内在经验"的分析都具有认知上的客观性和方法上的中立性。于是,这一核心问题就这样悬而未决。

在许多地方,巴塔耶不知不觉地陷入了启蒙辩证法的漩涡之中——一旦他把他的哲学研究和科学研究用于追求反思的认识,并通过把无辜的当事人转换成自觉的参与者而获得实际权力,他就更是如此。这样,他就又一次认识到了一种总体化的和自我关涉的理性批判所具有的悖论特征:

> 如果那种把人还原为附属物和有用物的知识没有自行消解的话，我们就无法了解到知识的终极对象。……没有谁会在认识对象的同时，又要保护自己免于毁灭。[①]

巴塔耶在他生命的最后时刻感觉到可以动用他的双重身份——作为作家和哲学家，让哲学和科学后退一步。色情主义使他认识到，对本质的认识属于神秘主义经验，属于闭目缄默。话语知识依然滞留在语言序列中而无望得到表现：

> 语言为我们聚集了全部意义，但同时又驱散了它们……我们的注意力一直集中在整体上面，而整体从我们这里滑入一系列的命题当中。我们无法把捉到命题在逐步闪现时所发出的灿烂光芒。[②]

无论如何，这位色情作家的用语都非常独特，让读者感到满眼所见都是淫词秽语，更让读者对那些出乎意料和出乎想像的东西震惊不已，陷入了厌恶和愉悦的矛盾之中。但哲学不能以同样的方式来打开语言世界："哲学对语言的使用是这样的：哲学之后永远不会是沉默。所以，高潮时刻必然会超出哲学追问的范围。"[③] 巴塔耶一直想用理论的手段来贯彻激进的理性批判，然而，这句话却让他自己的努力付诸东流。

---

① 《理论著作》，第 106 页。
② 《神圣的爱欲》，第 269 页。
③ 同上。

九
理性批判对人文科学的揭露：福科

1

福科并不是巴塔耶的信徒和继承者，一如德里达不是海德格尔的信徒和继承者。福科和巴塔耶根本就不是在一个专业传统中成长起来的。巴塔耶研究的是人种学和社会学，从未在学院内获得一席之地。而福科一直都是法兰西学院的思想史教授。尽管如此，福科还是尊巴塔耶为他的导师之一。巴塔耶反对的是启蒙的性话语的非自然化洪流，他试图恢复性放纵和宗教放纵所特有的色情意义。巴塔耶这样做，自然也就深深地吸引了福科。但福科主要敬佩的是，巴塔耶在虚构文本与分析文本、小说与反思之间游刃有余，用浪费、放纵、越界等词汇丰富了语言，并以此打破了占据主导地位的主体性语言。针对谁是他精神导师这个问题，福科做了耐人寻味的回答：

> 很长一段时间里，我既极度喜欢布朗肖和巴塔耶，又对杜梅泽尔和列维-斯特劳斯的所谓的实证研究充满兴趣。我在这两者之间摇摆不定，难以自拔。但实际上，这两条路线——其惟一的共性可能就是在宗教问题上——以同样的

方式，促使我思考主体消失的问题。[①]

和许多同代人一样，福科深深地卷入了结构主义革命运动当中。这使他和德里达一样，对从科耶夫到萨特一直占据主流地位的现象学—人类学思想进行了批判，而且暂时明确了他所选择的方法。列维-斯特劳斯所引用的"主体的否定话语"，被福科理解为对现代性的批判。但尼采的理性批判主题不是经过海德格尔，而是经过巴塔耶才传到福科这里的。说到底，福科不是作为哲学家，而是作为巴什拉的学生，作为一位科学史家来处理这些主题的。与这个专业里的其他人截然相反，福科感兴趣的是人文科学，而不是自然科学。

列维-斯特劳斯、巴塔耶和巴什拉，分别代表了上述三种不同的思想传统；福科在他的第一部著作《疯癫与文明》(1961)中把这三个传统糅合在了一起。这本著作也使福科在专业圈之外获得了巨大的声誉。《疯癫与文明》研究的是精神病的史前史。很显然，这种结构主义人类学的研究模式，由于其话语分析方法和对自身文化采取陌生立场的方法而成为样板。该书的副标题是《理性时代的疯癫史》，表明福科将要对理性进行批判。福科力图阐明的是，自十八世纪末以来，疯癫现象是如何成为一种精神疾病的。冲着这一目标，福科重构了话语产生的历史，因为十九和二十世纪的精神病学家就是用这种话语来讨论疯癫的。这是一部由科学史专家撰写的文化史研究著作，如果说它有什么特殊的地方，那就在于把疯癫当作一种理性的补充现象，并从哲学的角度加以探讨。一种已经变成独白的理性天生就与疯癫之间保持着一定的距离，以便可以很安全地把疯癫当作一个清除

① 福科:《论知识的颠覆》，第 24 页。

了合理化主体性的客体掌握在自己手里。福科认为,临床医学的诞生导致了医学意义上精神病的出现。福科把临床医学的诞生过程当作一种排斥、限制和隔绝的过程来加以分析;而沿着同样的思路,巴塔耶曾解读了西方理性的历史轨迹。

在福科那里,科学史扩大成了理性史,因为他把疯癫的形成过程看作是理性建立的过程。福科曾经宣称,他想要"书写边界的历史……有了这些边界,一种文化就可以拒绝某些外在的东西"①。福科把疯癫归入临界经验——在这些临界经验中,西方的逻各斯发现自己面对着一个异质的东西,因而充满了矛盾。越界经验包括与东方世界的接触并沉浸于其中(叔本华)、悲剧乃至整个古典的再发现(尼采)、深入到梦境(弗洛伊德)以及对古老禁律的破解(巴塔耶),甚至还包括人类学报告中所提供的异国情调。除了曾有一次提及荷尔德林之外,福科完全忽视了浪漫派。②

---

① 福科:《疯癫与文明》(*Wahnsinn und Gesellschaft*),Frankfurt am Main,1969,第9页。

② 谢林和浪漫派的自然哲学家早先把疯癫看成是由于驱逐而导致的理性的他者,当然,他们所使用的调和视角对于福科是很陌生的。由于疯子(或罪犯)与公共生活关系的合理总体性之间的交往纽带被一刀两断,因此,双方都会发生畸变。那些回到理性的强制规范之中的主体所受的损害并不比那些被规范驱逐在外的少。疯癫与邪恶以两种方式来否定规范性,为此它们不断威胁规范性:看起来规范性由于受到阻碍,因而秩序成了问题;或者通过剥夺规范性把它自身的局限性展示出来。当然,疯子和罪犯只有在理性颠倒的时候才能发挥这种积极的否定作用,也就是说,在从交往理性中分离出来的时候。

和巴塔耶和尼采一样,福科摈弃了这种唯心主义的思想框架,因为它要把握的是理性自身内在地固有的辩证法。对福科来说,理性话语总是扎根于独白理性的不同层面上。这些意义基础处于默默无闻状态,但奠定的是西方理性的大厦,不过,它们自身毫无意义。假如理性要通过与他者的交往或冲突来显示自身的话,就必须把这些意义基础挖掘出来,如同对待史前沉默的文物一样。从这个意义上讲,考古学家然而,《疯癫与文明》中还是出现了一个浪漫主义的主题,当然,福科后来放弃了这个主题。巴塔耶发现,在迷狂的自我越界和放荡的自我毁灭的规范经验中,异质力量已经进入了一个具有强制规范的同质化的日常生活世界;同样,福科则认为,在精神病学意义上的精神疾病现象背后,即在疯癫的各种表象后面,还存在着一种需要我们去揭示的本真性:

人们不得不洗耳倾听这世界的低语,并尽力去感知那些从未写入诗歌的诸多形象和从未获得清醒状态所特有的色彩的诸多幻想。[①]

但是,福科很快就意识到,想要"在疯癫被博学的知识捕获之前的爆发阶段"把握住疯癫的真实性,是一个充满悖论的使命:

试图在其无拘无束的状态下去感知这些语词的行为,必然属于一个早就控制住它的世界。

堪称是研究理性历史的科学史学的楷模,他们接受了尼采的观点,认为理性只有排除了异质因素,只有沿着单子式的自我中心化的道路才能把自己建立起来。独白理性之前,没有理性可言。因此,疯癫不是分裂的结果:在分裂过程中,交往理性开始僵化为以主体为中心的理性。疯癫的形成过程就是理性的形成过程,而理性仅仅以西方自我关涉的主体性的形式表现出来。德国唯心主义所主张的"理性"想要比欧洲文化中所体现出来的一切都更加原始,然而这不过是一种虚构,借助这种虚构,西方确立了自己的特殊性,确立了一种带有妄想色彩的普遍性,既遮蔽又实现了理性统治一切的要求。

① 福科:《疯颠与文明》,第13页。

不过，福科在这里想到的还是一种话语分析，他试图用一种深层解释学的方法去探索疯癫与理性分道扬镳的起点，以便从表达中揭示出没有言说出来的一切。[①] 这一意图指向的是一种否定辩证法：它试图用同一性的思想手段来打破同一性思想自身的魔力，以便在工具理性的发生史中追溯单子化理性最初僭越和脱离模仿的场所，然后哪怕是用一种悖论的方式也要把这个场所确定下来。如果说这就是福科的意图之所在的话，那么，他就必然要用考古学的方法在一个已经遭到破坏的客观理性的废墟上四处摸索，而通过追忆，从这些无言的证据中，一直都会出现一种充满和解希望的视角，尽管这种和解的希望长期以来始终未能如愿。不过，这是阿多诺的视角，而非福科的视角。

谁如果只是想揭露以主体为中心的理性的真实形象，他就不能让自身沉湎于理性的"人类学睡眠状态"所滋生出来的梦境之中。三年过后，福科在《临床医学的诞生》一书序言中自己开始呼唤秩序。他想在将来放弃对语词的论述和关注，放弃深入文本内部的解释学。他不想再到疯癫话语背后去寻找疯癫本身，也不想再到像医生目光一样犀利的考古学背后去寻求身体与先于任何一种话语的目光的无言碰撞。与巴塔耶不同，福科不想再借助回忆进入遭到排斥和遭到排挤的事物——他再也不指望异质因素了。解释学不管多么具有揭示的力量，都要把它

① "既然我们缺乏最初的纯粹性，对结构的探讨就必须做出这样的抉择：同时把理性与疯癫区分开来和联系起来。我们必须努力发掘它们之间稳定的交互关系、模糊的共同基础以及原初的对立状态，从而使理性与疯癫之间的同一性和对立性具有意义。因此，这样瞬间做出的抉择肯定还会出现：在历史时间中，它属于异质因素，但一旦超出历史时间，它又变得无从把捉。它把那种神秘昆虫的窃窃细语与理性的语言和时间的诺言区分了开来。"福科：《疯癫与文明》，第13页。

的批判和某种预言联系在一起。而一种冷峻的考古学却要摆脱这样的预言：

> 难道就不能进行一种话语分析，假设被说出的东西没有任何遗留，没有任何过剩，只是其历史形态的事实，从而避免评论的覆辙？话语的种种事件因而就不应该被看作是多重意指的自主核心，而应被当作一些事件和功能片断，能够逐渐汇集起来构成一个体系。决定陈述的意义的，不是它可能蕴含的、既揭示它又遮盖它的丰富意图，而是使这个陈述与其他实际或可能的陈述联结起来的那种差异。其他那些陈述或者与它是同时性的，或者在线性时间序列中是与它相对立的。由此就有可能出现一个全面系统的话语史。①

从二十世纪六十年代末期开始，在尼采的影响下，福科把历史学作为一种反科学和隐藏在理性历史当中并因而遭到贬斥的人文科学对立起来。这种历史学的概念在上述引文中已经露出端倪。有了这个概念，福科认为，他早期有关疯癫（和治疗心理学的诞生）以及疾病（和治疗医学的发展）的著述，有些是“盲目的努力”。在深入考察福科之前，我想还是先来指出一些贯穿于其早期著作和晚期著作的主题。

---

① 福科：《临床医学的诞生》（*Die Geburt der Klinik*），München，1973，第 15 页。

2

早在《疯癫与文明》中，福科就对话语与实践之间的特殊关系做了研究。这里说的不是大家熟知的他企图从科学的外部条件来阐释如何重构科学发展的问题。(在福科那里，)对精确话语的结构性描述，从一开始就替代了充满问题的理论历史的内在视角。这些话语最初出现在一些遭到精神史和问题史遮蔽的断裂之中，也就是说，这些话语发端于新的范式开始反对旧的范式之际。而且，科学家的话语与其他话语非常相近，比如哲学话语以及其他学术话语，诸如物理学家、法官、行政官员、神学家和教育者的话语。当然，人文科学——构成了福科研究的基本出发点——并不只是处于其他话语语境之中。对于人文科学的发生历史而言，更为重要的是它们被纳入其中的无言实践。福科把这些实践理解为对行为方式和习俗的调节，它们有着制度上的保障，通常还有着完整的结构，甚至凝固成为仪式。福科把对其他互动参与者行为自由的强制性影响或不对称性影响等因素纳入"实践"概念。法律判决、治安措施、教育方法、拘留、惩罚、控制、肉体和精神的操练方式等，都是社会化的组织力量强行侵入生命机体的例证。福科接受一种彻底的非社会学的社会概念。福科在开始的时候还对人文科学抱有兴趣，只是因为它们作为一种媒介在现代性中加强和促进了上述神秘的社会化过程，即以肉体为中介的实际互动的权力化过程。但有一个问题始终没有得到澄清：话语(科学话语和其他话语)与实践之间是怎样一种关系？是一方主宰另一方？还是要把它们之间的关系看作基础与上层建筑之间的关系，或是要根据因果循环模式来加以理解，或看作是结构与事件之间的互动关系？

福科始终坚持他对于疯癫史的划分。中世纪盛期是一个模糊不清的背景,并又指向古希腊逻各斯的开端;① 在此模糊背景下,文艺复兴的轮廓比较清楚地显示了出来。而文艺复兴本身又成为古典时期(从十七世纪中期到十八世纪末)的一个衬托,福科对古典时期的描述是清晰而充满同情的。这样,十八世纪的终结也就成了理性史这一出戏的转折点。现代性由此发轫,其核心内涵是康德主义哲学和新人文科学。传统上都是从文化史或社会史的角度来命名这些时代,福科却根据理性与疯癫之间的转换关系而赋予这些时代以一种更深的意义。福科指出,十六世纪在处理疯狂现象时充满了某种自我批判式的焦虑和坦率。理性依然还是可以渗透的——疯癫与悲剧和先知之间依然保持联系,是虚假真理的所在;疯癫具有一种镜像功能,用一种反讽的方法揭露出理性的脆弱。容易产生幻觉是理性自身的特征。文艺复兴时期尚未彻底消除理性与其他者之间关系中的一切可逆性。由此来看,有两个过程成为理性史上的重大转折点:一是十七世纪中叶出现的隔离浪潮,1656 年,短短几个月里,每一百个巴黎市民中就有一个遭到拘捕,被关进收容所。二是十八世纪末,这些隔离场所和收容场所变成了封闭性的机构,由医生像对待精神病人一样加以照看——这就是精神病院的诞生,今天,它们依然存在,但反精神病学运动一直在呼吁要消灭它们。

先是对疯子、犯人、流浪汉、浪荡子、穷人以及一切怪人毫无选择地加以隔离,然后又建立起诊疗机构处置精神病患者;这两个事件代表着两类不同的实践,都是为了把异质因素从逐步稳

① 《疯颠与文明》,第 8 页以下。我未能考虑到最近已经出版的《性史》第 2 卷和第 3 卷。

固下来的独白当中隔离出去。而这场独白是在主体与其自身之间展开的:主体通过把自己周围的一切都变成客体,最终把自己提升为人类的普遍理性。和福科的后期研究一样,对古典时期与现代加以比较,也构成了这些著作的核心。两类隔离实践有一点是一致的:强行做出区分,从疯癫现象中严格清除掉那些与理性相似的特征。但是,对一切异常事物一律加以监禁,意味着要在空间上对孤立的处女地和想像空间加以分割,而不是要有克制地直接面对导致恐惧的混乱;这些混乱必须作为苦难和病理而被融入自然秩序和人类秩序:

> 古典时期所禁闭的不仅仅是把疯子、浪荡子、病残者和罪犯混在一起的抽象的非理性,而且还有一大批怪诞者,一个蛰伏的怪物世界……被博斯的作品的晦暗色调所淹没。[1]

只有到了十八世纪后期,人们对疯癫的恐惧才不断高涨,因为人们担心收容所一旦被冲破,疯癫随之会蔓延开来;同时,人们对神经失常的人的同情也与日俱增,并且谴责自己把他们与肮脏的犯罪联系在一起,而对他们不理不睬。收容所先前一直都是为病人准备的,而现在对收容所病人的临床医治,也就逐步与把疯子作为科学对象以及把精神错乱者作为精神病理学处理对象一致了起来。这种临床医治同时也意味着苦难的人性化和疾病

---

① 《疯颠与文明》,第 367 页。

的自然化。[①]

这样就涉及到了另外一个问题,这也是福科越来越关注的问题:人文科学与隔离监控实践之间的积极关系。精神病机构的诞生,即一般诊所的诞生,是规训化的一个典型形式。福科后来干脆称规训化为现代统治技术学。这种封闭机构的原型——福科最早是在临床改造的收容所中发现的,现在又重新呈现为工厂、监狱、军营、学校和军校。这些全景式的机构消灭了古代欧洲生活中原发的差异性,并把作为特例的监禁变成了一种正常的“寄宿”形式,福科认为,这说明监管理性取得了彻底胜利。这种理性不再仅仅是征服了疯癫,而且也征服了单个有机体的需求本性和全人类的社会机体。

对这些机构来说,一种客观化的审视目光具有一种建构力量,因为它通过分析看破了一切,并施展控制的力量,渗透到一切事物当中。这是理性主体的目光,这个主体失去了与周边环境的所有直觉联系,摧毁了主体间沟通的一切桥梁,陷入了独白式的孤立,其他主体只有在处于冷漠的观察客体的位置上才会向他开放。这种目光在边沁所勾画的“全景监狱”中似乎形成了

---

① 福科细致地描述了一家收容所,它在十八世纪末的改革时代里发生了巨大的变化,无论是外表,还是功能,可以说是在精神病科医生的眼皮底下发生的变化:“这个村庄曾经意味着,应该将疯子禁闭起来,保护有理性的人免受其害;此时,它却显示,疯子获得自由,这种自由使他处于一种相当于自然法的状态,因此他和有理性的人和好如初……在这些制度机构中没有任何实质变化,但隔离和禁闭的意义却开始发生变化,逐渐具有积极的价值。这里原来是一个晦暗冷寂的黑夜王国,在这里非理性回归到其虚无状态。现在这里则开始被一种获得解放的疯癫必须遵从的自然状态所填充。”(《疯颠与文明》,第 343 页)

具体的建筑结构。①

同样的结构也出现在了人文科学的诞生过程中。人文科学,特别是临床心理学,以及教育学、社会学、政治学和文化人类学,与权力技术学之间有着一种联系,似乎天衣无缝,这点并非偶然。权力技术学在封闭机构中找到了其建筑上的表达。人文科学被转换成了疗法和社会技术,构成了主宰现代性的新的规训力量的有效中介。之所以如此,要归因于人文科学家的穿透性目光能够占据全景监狱的核心位置——在这个位置上,可以看到别人,但不会被别人看到。早在《临床医学的诞生》一书中,福科就把解剖学家的目光——拿人的尸体做实验——看作是人学的"具体先验性"。在疯癫史中,福科继续探讨收容机构与医生—病人关系之间的原始亲缘关系。无论是在监视机构的组织结构中,还是在对病人的诊断观察中,都区分开了看与被看,这样也就把诊所的观念与人的观念联系了起来。这是一种与以主体为中心的理性一同获得统治地位的观念:对对话关系的破坏,使得主体——他们通过独白而与世隔绝——互为客体,而且仅仅成为客体。

精神病机构和临床心理学是改革的结果,福科以此为例,最

---

① "四周是一个环形建筑,中心是一座瞭望塔。瞭望塔有一圈大窗户,对着环形建筑。环形建筑被分成许多小囚室,每个囚室都贯穿建筑物的横切面。各囚室都有两个窗户,一个对着里面,与塔的窗户相对,另一个对着外面,能使光亮从囚室的一端照到另一端。然后,需要做的就是在中心瞭望塔安排一名监督者,在每个囚室里关进一个疯子或一个病人、一个罪犯、一个工人、一个学生。通过逆光效果,人们可以从望塔与光源恰好相反的角度,观察四周囚室里被囚禁者的小人影。这些囚室就像是许多小笼子、小舞台。在里面,每个演员都是茕茕孑立,各具特色并历历在目。"福科:《规训与惩罚》(*Überwachen und Strafen*),Frankfurt am Main,1978,第256页以下。"全景敞视建筑是一种分解观看/被观看二元统一体的机制。在环形边缘,人彻底被观看,但不能观看;在中心瞭望塔,人能观看一切,但不会被观看到。"(同上,第259页)

终阐明了人道主义与使得现代性批判变得尖锐和无情的恐怖之间的内在联系。精神病机构诞生于启蒙的人性观念之中，福科由此第一次证明“解放与奴役是一种双重运动”，后来，他从惩戒系统、教育体系、保健机构、社会福利等改革中再次看到了这一运动的大规模出现。从人道主义出发把疯子从被废弃的监禁场所中解放出来，从医学的角度建立保健机构，对精神病人的精神病学处置、精神病人争取到了心理学理解和治疗学照顾权利等等，所有这一切由于管理机构的建立而成为可能，这些机构把病人当作需要不断监视、控制和隔离管制的对象，当作医学研究的对象。在机构的内部组织结构中获得制度化的治疗方法，是认识疯癫的基础，它赋予成熟的病理学以客观性，并进而将它纳入理性世界。精神病学知识在解放和排斥意义上意味着一种模棱两可的解脱，对病人如此，对医生以及实践中的实证主义者同样如此：

> 疯癫的知识假定了那些拥有这种知识的人以一种特定的方式让自己摆脱了疯癫，让他们自己从一开始就摆脱了它的危险与魔力……从起源上这就意味着确定了某种不变得疯癫的方法。①

我不想详细讨论上述四个观点。相反，我想探讨的是：福科用一种人文科学的历史写作方式——始于考古学，后来扩展为谱系学——是否成功地完成了对理性的彻底批判，而又没有陷入这种自我关涉性研究的困境。如果说历史学家本人必须在理性视野之内展开研究活动，那么，福科早期著作中的方法论问题

① 《疯颠与文明》，第480页。

(如何才能描述清楚理性与疯癫之间错综复杂的关系史),也就和话语与实践之间的关系一样悬而未决。在二十世纪六十年代初期出版的著作前言中,福科提出了这一问题,但未加回答。然而,在他1970年就任法兰西学院院士的演说中,这一问题似乎已经有了答案。理性与疯癫之间的划界作为三种排斥机制之一在此又一次出现了,而这些机制是理性言语构成的依据。对疯癫的排斥处于一种中间状态:一方面采取一些显著的行动,让难以驾驭的言语者远离话语,压制那些令人不快的话题,对表达进行审查等;另一方面又采取一些根本无法注意到的行动,在习惯性的话语中把有效命题与无效命题区分开来。福科承认,按照隔离疯癫和排斥异质因素的模式来构想排除错误命题的规则,初看起来是难以置信的:

> 人们如何能够合理地把对真理的限制同其他的那些区分加以比较呢?——这些区分如果不是出自历史的偶然,以起源上说明是武断的,它们处于一种持续的流动之中,为一个支持和操纵它们制度体系所支持,这种体制在运作时并非不带限制,并非不至少带有一点暴力的因素。①

当然,福科不会由于强制性的论据明显缺乏强制性而受到丝毫影响(强制性论据是真实性要求乃至一切有效性要求的基础)。一旦我们"进入另一个层面",从考古学家的立场出发,我们就会发现,更好论据的非强制性表象消失不见了,因为考古学家关注的是隐藏着的意义基础,关注的是需要费力挖掘的基础

① 福科:《话语的秩序》(*Die Ordnung der Diskurse*),München,1974,第10页以下。

结构,而只有它们才会真正告诉我们,任意一种话语中什么是真、什么是假。真理是一种隐伏着的排斥机制,因为它只有在求真意志隐藏起来的时候才会发挥作用:

> 尽管求真意志被真理本身及其必然展开所遮盖……由其形式的本性而从欲望和权力中解放出来的真的话语能够认识渗透于其中的求真意志;长期以来被强加于我们的求真意志是这样的:它寻求揭示的真理不可能不遮盖它。[①]

判断任何一种话语真假的内在有效性标准,依然保持一种独特的透明性和先天性。有效性必须排除掉考古学家所揭示出来的一切纯粹的源始因素,甚至包括在话语的基本构成规则中的源头。真实之所以成为可能,依靠的是一些结构,而这些结构本身很难说是真的或假的,以至于我们只能追问它们所表达的意志的功能,以及从错综复杂的权力实践角度追问这种意志的谱系学。于是,从二十世纪七十年代初开始,福科开始把知识考古学与研究相关实践的谱系学区分开来。知识考古学揭示的是话语所具有的构成真理的排除规则。而谱系学研究的是:话语是如何形成的,话语为何会出现,又为何会消失,为此,谱系学一直在寻找随着历史而不断变化的有效性条件发生的制度根源。如果说,考古学的风格在于博学而不拘一格,那么,谱系学推崇的则是一种"幸运的实证主义"。[②] 但是,如果考古学能够做到博学,谱系学能够坚持实证主义,那么,一种试图描述以彻底理性批判为鹄的的人文科学历史的科学在方法论上的悖论也就迎

① 《话语的秩序》,第 14 页以下。

② 《论知识的颠覆》,第 48 页。

刃而解了。

3

福科的这种博学-实证主义史学概念以反科学的形式出现，而且接受的是尼采的观念，这在《知识考古学》(1969)导言和《尼采、谱系学、历史》(1971)一文中有所反映。从哲学角度看，这一概念似乎提供了一种前途广阔的替代方案，取代海德格尔和德里达的理性批判，因为他们的理性批判表现为一种时间化的源始哲学。当然，关键还在于权力这一基本概念，因为有了这个概念，考古学的挖掘工作和谱系学的阐释研究才有了一种现代性批判的维度。权力作为一个彻底的非社会学概念，依靠的就是尼采的权威性，但尼采的权威性显然不足以支持其系统运用。福科接受尼采的政治语境，对1968年学生运动的失望，使得人文科学具有理性批判意义的历史学概念虽然能够得到人们的直观理解，但无法为福科在其充满悖论的思想活动中对权力概念的独特运用提供论证。相反，当福科在《事物的秩序》中仅仅采用话语分析的手段来揭示人文科学的时候，他转向权力理论也就必然会被认为是对所面对问题的一种内在解决。但我们还是先来看看福科是如何吸收"谱系学"这一概念的。

谱系学的历史写作只有在走出以历史为取向的人学视野之后，才能承担起一种反科学的理性批判功能，而福科就是要用权力理论来揭露这种人学所具有的虚伪的人文主义。新的历史学必须彻底否定十八世纪以来建构起现代历史意识、历史哲学思想以及历史启蒙的一切前提。由此我们也就不难理解，尼采的《不合时宜的思考》对福科而言为何会成一个宝藏。因为尼采出于相似的目的，无情地批判了当时的历史主义。

福科试图抛弃现代性的在场主义时间意识(a)。他想打破当下的优先性。在未来问题的压力下，当下显得非常突出，在自我陶醉过程中与过去建立起联系。福科对一种历史写作的在场主义进行了清算，因为这种历史写作并未超越其解释学的发生语境，而对长期以来处于四分五裂状态的同一性加以确证。因此，谱系学不应当去寻找起源，而是要揭示话语形态的偶然性开端，分析实际发生历史的多样性，消除同一性的幻象，特别是消除书写历史的主体自身及其同代人所幻想的同一性：

> 正是从灵魂假装是统一的，或自我编造一种同一性的地方出发，谱系学家开始研究那一开端……对血统的分析，促成了对自我的拆解，在这个空洞的综合之处，代之以大量稍纵即逝的事件的繁衍滋生。[①]

由此也就导致福科在方法论上告别解释学(b)。新的历史学不是利用理解(Verstehen)，而是利用解构和消除效果历史的语境——这种语境假定性地把历史学家与一个对象联系了起来，而历史学家为了从中重新发现自我，与对象处于沟通之中：

> 我们必须把历史从图像中解脱出来……由此它找到了自己的人类学证据：这是一种有着上千年历史的集体记忆，……其基础是历史文献，目的是要唤醒人们的记忆。[②]

① 福科：《尼采、谱系学、历史》('F. Nietzsche, Die Genealogie, die Historie')，载其：《论知识的颠覆》，第 89 页。

② 福科：《知识考古学》(*Archäologie des Wissens*)，frankfurt am Main，1973，第 14 页及下页。

解释学追求的是对意义的把握,它怀疑在每一份文献背后都隐藏着一种沉默的声音,需要我们去唤醒它们。这种关于文献充满意义的想法,和解释活动自身一样需要加以质疑。因为,对"作品"和作为文本原创者的"作者"的评论和相关虚构,把派生的文本还原为原初的文本,或者说,建立思想史的因果性等,所有这些都是一种不足为据的复杂的还原工具,都是抑制自发兴起的话语的程序,而后来的解释者则想从自己出发来使用这些话语,使之合乎自己本地的理解视界。考古学家则不然,他们把对话式的文献重新转变成无言的文物(Monumente),转变成对象,而这些对象要想从结构主义的角度得到描述,就必须脱离其语境。谱系学家从外部接近考古发掘出来的文物,目的是要根据偶然不定的斗争、胜利和失败来阐明这些文物的来源。只有历史学家才会十分鄙视向意义阐释彻底敞开的一切,才会暗中消除认知主体的创造功能。他识破了这是一个十足的骗局:

> 保证把历史学家所失去的一切都归还给历史学家……保证终有一天可以用历史意识把所有那些被差异遥控的东西重新据为己有。①

主体哲学的基本概念不仅控制着把握客体领域的途径,而且也控制着历史自身。所以,福科主要是想把普遍性的历史学推向终结(c),因为它很隐蔽地把历史构想为一种宏观意识。独特的历史必须重新分散在不规则出现和不断消逝的多元话语之中,而不是分散在历史叙事的多样性之中。批判的历史学家将

---

① 《知识考古学》,第23页。

首先打破虚假的连续性，而充分关注断裂、转折以及转向。他不会建立任何目的论的联系，也对伟大的因果性毫无兴趣。他不依靠综合，拒绝诸如进步和进化等断代原则；他不把历史划分为不同的年代：

> 总体历史旨在重建一种文化的整体形式，一个社会的物质原则和精神原则，一个时期全部现象所共有的意义，能够阐明这些现象的凝聚力的规律，人们常常形而上学地称之为时代“风貌”。①

相反，福科从年鉴学派的“有序历史”概念那里借用了结构主义的发展观念，用以处理非共时性系统历史的多元性，并根据远离意识的标志来建立其分析单元，至少是抛弃了一种假定的意识在做出综合活动时所使用的抽象手段，也就是说，放弃建立总体性。② 这样也就排斥了调和的观念，这是历史哲学的一份遗产，而发轫于黑格尔的现代性批判不带任何成见，依然把它当作资源。任何一种历史学都会遭到断然拒绝：

> 只要这种历史学试图把时间的多样性引入一个封闭的总体性；只要这种历史学在一切推延之中看到了和解；只要这种历史学从终极世界的角度看待过去的一切。③

这种历史学没有摆脱人类学思想和人文主义的基本观念，

---

① 《知识考古学》，第 19 页。

② 霍内格：《福科与有序历史》（‘M. Foucault und die serielle Geschichte’），载：《水星》36，1982，第 501 页以下。

③ 《论知识的颠覆》，第 96 页。

从福科对这种历史学的解构中,我们可以看到一种似乎带有先验色彩的历史主义的轮廓。这种历史主义既继承又超越了尼采的历史主义批判。由于福科把历史解释学意义理解的对象理解为建构的产物——理解为一种用结构主义方法把握的基本的话语实践的对象,所以,他的激进的历史学具有微弱的先验色彩。旧的历史学探讨的是从参与者的内在视角所揭示出来的意义总体性,这样就会忽视话语世界的构成因素。只有考古学才对话语实践追根溯源,认为事物从内部看虽然是一个总体,从外部看却不过是一个特例,或许还会是别的东西。参与者把自己看作是主体,根据普遍有效的标准而与一切对象建立联系,但无法超越自身世界的视野;考古学家则不然,他们从外部接近对象,并把这种自我理解悬搁起来。通过追溯话语的构成原则,考古学家弄清了各种不同话语领域的界限;也就是说,话语领域的形式是由无意中被当作异质因素而排斥了的成分来加以界定的——由此看来,话语的构成原则也发挥一种排斥机制的功能。正是那些从话语中排斥出去的因素,使得话语中普遍有效的、即话语所特有的主客体关系成为可能。就此而言,福科的知识考古学继承的是巴塔耶的异质学(Heterologie)。福科和巴塔耶的区别在于冷酷的历史主义,即便是统治权的前话语参照系在它面前也变得异常透明。如果说,从文艺复兴一直到十九世纪的实证主义精神病学所使用的"疯癫"一词很少提供一切疯子话语中真实而潜在的经验的话,那么,理性的他者,作为遭到排斥的异质因素,也很少能够充当前话语的主体,告诉我们失去的源头很快就会再次出现。[①]

相反,现在看起来,历史空间充满了新的话语形态,它们来

---

① 请参阅福科的自我批判,《知识考古学》,第 29 页。

无踪，去无影，非常偶然，没有规律可循。这些杂乱而多元的话语空间稍纵即逝，任何一种总体性的意义在其中都不会找到自己的立足之地。先验历史学家像是在看万花筒：

> 这个万花筒很少让人想到一种渐进的辩证发展形式。无论是意识的发展或衰退，还是欲望和压抑两种原则之间的斗争，都无法对它做出解释——任何一种花饰之所以会呈现出斑驳陆离的形态，都是因为连续的实践赋予了它一定的空间。①

考古学家的目光是斯多葛式的，在这种目光的凝视下，历史凝聚成为一座冰山，覆盖着晶莹剔透而又变幻万千的话语形态。但是，由于任何一种话语形态都具有一种没有发端的空间所特有的自主性，因此，历史学家要做的就是谱系学家的工作，从边缘邻近形态的空洞形式出发，即从最近的周边环境出发，解释这些奇特形态的偶然发生。在谱系学的犬儒主义目光下，冰山开始移动了：话语形态发生了变动，相互渗透，上下翻腾。谱系学家在无数事件和特定假设的帮助下对此做出解释：惟一保持不变的是权力，在无名的来回征服过程中，权力总以一种新的面孔出现：

> "事件"所指的不是一个抉择、一项条约、一种统治或一场战斗，而是指权力关系的颠倒、权力的颠覆、以子之矛攻子之盾、一种使自身软弱并毒化自身的统治，一种戴着面具

---

① P. 韦纳：《历史的冰山》(*Der Eisberg der Geschichte*)，Berlin，1981，第42页。韦纳的这一隐喻与盖伦的"结晶"形象有着一定的联系。

出现的他者统治等。[①]

到目前为止，先验意识的综合力量应该说一直是服务于惟一而一般的经验对象领域；然而现在，这种综合已经分解成无主体的意志，充斥在真正发挥作用的权力话语形态偶然而无序的起伏过程之中。

4

柏格森、狄尔泰和西美尔曾经把“生命”提升为哲学的先验概念（它还构成了海德格尔分析此在的背景），同样，福科也把“权力”提升为从事理性批判的历史学的先验—历史主义概念。这一特征绝非微不足道，也肯定不能单纯用尼采的权威性来加以论证。我想把存在历史概念当作一个反衬的背景，首先来探讨一下这一混乱的基本概念在福科的理性批判中所承担的角色。

海德格尔和德里达想沿着解构形而上学的思路把尼采的理性批判纲领推向前进，福科则想通过解构历史学来实现这一目的。海德格尔和德里达用一种超越哲学的回忆思想来超越哲学，而福科则用一种以反科学形式出现的历史学来超越人文科学。双方都使他们所探讨的哲学话语和科学话语提出的有效性要求失去了意义，为此，他们要么回到一种划时代的存在观念，要么回到一种话语的构成原则。双方首先应当使存在者的意义和命题的有效性在一种既定的世界视域或一个熟悉话语的视域内成为可能。双方也一致认为，世界视域或话语形态处于不断变化之中，但在变化过程中，对在它们所构成的范围内出现的一

① 《论知识的颠覆》，第 98 页。

切仍然保持着一种先验的力量。这样就排除了本体事件甚至参照物的辩证效果或循环效果对本体论条件或话语构成条件的影响。先验历史和揭示世界的视域的变化,都要求一种不同于本体和历史的概念。正是在这一点上双方分道扬镳了。

海德格尔把源始哲学的思维结构推向了激进,而对于这种哲学,他还是有些信心的。他把真实有效性的认识权威转移到了揭示世界的视域的形成与转变过程之中。真实性条件本身既不可能为真,也不可能为假,但是,其变化过程则具备一种附加的有效性,而且应当根据命题的真实有效性把这种附加的有效性设想为真实性的历史化上升形式。严格说来,海德格尔用作为真实事件的存在历史概念所取得的是如下奇特的混合:存在历史的权威取决于无强制性的有效性要求和命令式的权力要求之间的意义混合。这种权力要求赋予认识的颠覆力量以一种使人屈服的强制性。福科回避了这种伪宗教的转向,为此,他对人文科学所抱的信心微乎其微,并重新激活了巴塔耶异质性的隔离思想,把它用来实现自己的目的。福科剥夺了话语构成规则历史的一切权威性,对先验权力话语形态做了认真的考察,一如人们在传统的历史学中对政治制度的兴衰所做的考察。如果说,知识考古学(类似于对形而上学史的解构)重建了话语构成规则的基础,那么,谱系学则试图:

> 对(并非建立在自身之上的)符号制度的非连续性做出解释,这些符号制度迫使人们进入解释世界的语义学框架之中。①

---

① 霍耐特:《权力批判》(*Kritik der Macht*),Frankfurt am Main,1985,第142页以下。

实际上,谱系学是从不同的权力实践出发来阐明话语形态的起源,而这些权力实践"在危险的征服游戏"中相互纠缠在了一起。

福科在后期的研究中更加明确地阐明了这种抽象的权力概念;他把权力看作是战斗双方的互动关系,看作是面对面直接冲突的解中心化的网络关系,最后还看作是对对手的积极渗透和主动征服。但就我们这里所探讨的问题而言,值得注意的是福科如何把权力的明确含义与综合能力的先验意义结合起来加以考察的。在康德那里,综合能力还被归于主体,而结构主义把它理解为无名的事件,也就是说,理解为彻底解中心化的操作活动,它受到规则的左右,对付的是一个超越主体的系统的有序组成因素。[①] 在福科的谱系学中,"权力"首先是这种纯粹结构主义活动的同义词,类似于德里达思想中的"延异"。但这种构成话语的权力同时又被认为是一种先验的创造力量和经验的自我捍卫力量。和海德格尔一样,福科也把不同的意义混合到了一起。但在福科这里出现的是一种新的混合,结果使得福科沿着巴塔耶的足迹,继承了尼采的意识形态批判思想。海德格尔试图用作为时间化的源始力量的存在概念来坚持对世界的先验解释所具有的有效性意义,并同时消除先验概念中所包含的唯心主义意义——它们超越了一切历史,超越了一切纯粹的事件,而成为永恒。福科阐明其具有先验—历史主义特征的权力概念,依靠的并不仅仅是这一充满悖论的步骤:从先天的角度把综合活动重新纳入历史发生领域。福科为此还展开了三个步骤的论

---

① 芬克-艾特尔:《福科的权力分析》('Foucaults Analytik der Macht'),载基特勒:《对精神科学中精神的驱逐》(*Austreibung des Geistes aus den Geisteswissenschaften*),Paderborn,1980,第 55 页。

证，而且同样都充满悖论。

具有讽刺意义的是，权力隐藏在作为真理意志的话语当中，同时又要把自己显示出来。一方面，福科要让权力概念保持住真理条件的先验意义，另一方面，针对康德的唯心主义概念，福科没有单纯迫使先天概念的时间化——使得取代旧话语形态的新话语形态能够像事件一样浮现出来；相反，福科还剥夺了先验权力的一些内涵，而这些内涵是海德格尔经过审慎考虑而赋予充满神秘气息的存在历史的。福科并不仅仅走向历史，他的思想当中同时也带有唯名论、唯物论和经验论的色彩，因为他把先验的权力实践理解为反对所有普遍性的特殊事物，进而理解为消解一切理智的和低级的东西、肉体—感官的东西，最后理解为偶然性；要是不属于统治秩序的话，这种偶然性或许还会成为他者。在海德格尔后期哲学中，要想搞清楚充满歧义的基本概念所导致的矛盾后果，并不是一件容易的事情，因为它不允许根据可以批判检验的标准来判断对远古存在的沉思。相反，福科让自己遭受了有力的质疑，因为他的历史写作，撇开其反科学的姿态不论，试图同时做到"博学"和"实证"。因此，正如我们将要看到的，谱系学的历史写作也很难遮蔽同样充满歧义的权力概念所导致的矛盾后果。这样也就更需要解释一下，福科为何决意要把他建立在理性批判基础上的科学理论彻底引上权力理论的路径。

从生平来看，福科接受尼采权力理论的动机，可能和巴塔耶是不一样的。在一定意义上讲，他们二人开始都是政治左派，都不断远离马克思主义正统派。但只有福科突然对政治冲动失去希望。在二十世纪七十年代早期的一次采访中，福科讲述了他彻底告别先前信念的过程。至少，福科当时是强调了对 1968 年毛主义者的失望，而且还受到了新的情绪的影响；我们如果想对法国新哲学家的巨大成功做出解释的话，就必须要到这种新的情绪那里去寻找原因。[①] 当然，我们如果以为可以把福科的核心思想还原到这一语境之中，那就肯定会低估福科的原创性。无论如何，这些外来的政治影响并不能使理论的核心发生丝毫的改变，如果不是理论的动力自身促使（早在他经历 1968 年学生运动失败之前）这种思想产生的话：话语排斥机制不仅反映出了具有自足结构的话语，而且还执行着加强权力的命令。这一思想源于福科在完成人文科学考古学著作之后所面临的困境。

在《事物的秩序》中，福科考察了现代知识型（Epistemen）。这些知识型为各种科学确定了无法超越的基本概念视域，或许可以说确定了理解存在的历史先天性。同在疯癫史上一样，在现代思想史中，两个历史转折点——从文艺复兴到古典时代和从古典时代到现代——都处于核心位置。这种天才的研究本身也出现了许多困难，由此可以看到福科转向一种权力理论的内在动因。

5

如果说文艺复兴时期的思想依然还受到一种宇宙学世界观的主宰，而且，有了这种世界观，就可以根据相似性的关系从相面术的角度对事物做出归整，因为在自然这部大书中，每一个符号都与其他符号之间有着指涉关系；那么，十七世纪的理性主义带来的则是一种完全不同的事物秩序。Port Royale 的逻辑具

① 请参阅 Ph. 里佩尔：《话语与权力》（'Der Diskurs und die Macht'），载：《政治季刊》（*Politische Vierteljahresschrift*）23，1982，第 115 页以下；关于法国知识分子的转变过程，请参阅 W. v. 罗苏姆：《空洞的胜利》（'Triumph der Leere'），载：《水星》，1985 年 4 月，第 275 页以下。

有基础意义，它提出了一种符号学和一种普遍联系的系统。对笛卡尔、霍布斯和莱布尼茨而言，自然变成了能够得到双重“表现”的一切之总和——所谓双重表现，意味着能够得到表现并且作为一种表象也能用传统符号加以表现。福科认为，主要的范式既不是自然的数学化，也不是机械论，而是有序符号系统。这个系统不再是建立在事物自身的先在秩序上，而是随着事物的表现而产生一个分类秩序。整体符号，或语言，构成了一个完全透明的媒介，由此可以把表象与被表现的事物联系起来。能指退到了所指的背后，像是一个无力的表现工具，没有自己的生命：

> 古典语言的深刻使命总是创立“图表”：或是作为自然话语、真理的汇集、事物的描述、精确的认识体系，或是作为一部百科全书字典。于是，古典语言存在着，只是为了透明……在古典经验中，认识事物及其秩序的可能性通过词的独立自主而产生了：确切说来，词既不是将被破译的记号（如同在文艺复兴时期那样），也不是……可控制的工具（如同在实证主义时期那样）；词形成了一张毫无色彩的网络：从这张网络出发，……表象得到了整理。①

由于这种自主性，符号便无私地服务于对事物的表现：在符号中，主体的观念与被表现客体遇到了一起，并通过一连串的表现而构成一种秩序。

今天我们或许会说，语言完全投入到了描摹事实的功能当

---

① 福科：《事物的秩序》（*Die Ordnung der Dinge*），Frankfurt am Main，1971，第376页。

中,而且,它在同一个层面上重新给出能够表现的一切——想像主体的自然与被想像客体的自然没有什么区别。也就是说,在这样一种图景中,人的自然并不优先于事物的自然。内在自然和外在自然以同样的方式被区分、分析和组合——普遍语法意义上的语词以及政治经济学意义上的财富和需求,与林奈系统中的动植物分类没有什么区别。当然,这一点也揭示出古典时期非反思知识形式的局限性:知识完全依赖于语言的表现结构,而无法把表现过程自身(想像主体自身的综合能力)囊括进去。福科在他对委拉斯凯兹的名画《宫娥》所做的惊人阐释中分析了(古典知识形式)的局限性。[①]

这幅画描绘的是一位画家站在一幅画布面前,而观众看不到画布的存在。画家和他身边的两个女士一样,显然是在朝着两个模特的方向看去:菲利普四世和他的妻子。这两个模特处于画面空间之外。观众只有借助于挂在背后的镜子才能辨认出他们。对于委拉斯凯兹来说,重要的一点显然在于观众通过推断能够明了一种混乱状况:观众无法站到国王夫妇以及委拉斯凯兹本人的位置和视角上去;国王夫妇作为模特,却缺席,而绘画上的画家又在盯着他们;而委拉斯凯兹就是创作这幅绘画的画家本人。相反,在福科看来,关键在于古典的绘画空间过于狭隘,无法呈现这样一种表现行为自身——委拉斯凯兹已经清楚地表明了这一点,因为他指出了缺乏对表现过程自身的反思在古典绘画空间中所留下的不足。[②] 绘画里的国王夫妇是主权者,表现他们的场景中的任何一个人,都不会成为描摹过程中能

---

① 请参阅德雷福斯、拉比诺:《米歇尔·福科:超越结构主义与阐释学》(*Michel Foucault: Beyond Structualism and Hermeneutics*),Chicago,1983,第 23 页以下。

② 请参阅:《事物的秩序》,第 31—25 页,第 372—377 页。

够自我表现的独立主体,也就是说,都无法同时既作为主体,又作为客体;既是表现者,又是被表现者;都不会是一个表现过程自身中的在场者:

> 在古典思想中,我们从未……发现这样的人:表象为其而存在,并且他在表象中表现自身,把自己确认为意象或反映。……在十八世纪末以前,人并不存在。……当然,我们可以说,普通语法、自然史和财富分析,在一定意义上都是确认人的方法。……但是,并不存在关于人本身的认识论意识。[1]

康德拉开了现代的大幕。一旦语言和世界之间关系中的形而上学印记消失了,语言自身的表现功能也就成了一个问题:想像的主体必须把自己变成客体,才会清楚地认识到表现是一个充满问题的过程。自我反思的概念占据了主导地位。而想像主体与自我的关系成了终极确定性的惟一基础。形而上学的终结,也就意味着对事物与观念的客观协调的终结,这种协调是依靠语言默默进行的,因而一直被认为是没有任何问题。人在自我意识中认识到自己处于在场状态,一旦他意识到自己是惟一自主和有限的存在,他就必须承担起超人的使命,建立起一种事物的秩序。因此,福科注意到了,现代知识型从一开始就充满了这样的疑难:认知主体把自己从形而上学废墟中树立了起来,目的是要用有限力量的意识来算清无限力量所要求的一切。康德干脆把这一疑难当作其认识论的构成原则,为此,他把认识能力的有效性转换成无限发展的认识的先验条件:

---

① 《事物的秩序》,第 373 页。

> 现代性始于这样一种不可置信并且最终也无法运用的存在者的观念，他恰恰通过被奴役而成为君主，他的有限性让他可以据有上帝的位置。①

福科绕了一个大弯子（从康德和费希特一直到胡塞尔和海德格尔），阐述了他的基本思想：现代性的特征在于主体具有一种自相矛盾和人类中心论的知识型。而主体是一个异常复杂的结构，虽然有限，却又向着无限超越。意识哲学受到了概念策略的强迫：迫使主体具有双重性，并从两个矛盾而不相容的方面来考察主体。这种强制源于自我表现在不可调和而又不可缺少的不同方面之间的不断摇摆，从而使得自身表现为追求知识和追求更多知识的放纵意志。这种意志傲慢不羁，超出了在结构上处于超负荷的主体的能力范围之外。这样，现代知识型被一种独特的求真意志所主宰，对于这种求真意志而言，任何一种挫折都不过是在促使新的知识产生。但对福科来说，这种求真意志是揭示知识与权力之间内在联系的关键。人文科学占据了认知主体充满悖论的自我表现所开拓的一切领域。人文科学用它们傲慢却永远也得不到兑现的要求，建起了一座普遍有效知识的丰碑，其背后隐藏的则是认知意志十足真实的自我权力化——一种使知识不断累积的意志，而主体性和自我意识首先就是在这种意志的漩涡中逐步建构起来的。

福科根据三种矛盾关系追溯了迫使自我关涉的主体无奈形成"两重性"的过程：先验与经验之间的矛盾，意识的反思活动与反思所无法挽回和无法预料的一切之间的矛盾，总是在先的源

① 德雷福斯、拉比诺：《米歇尔·福科：超越结构主义与阐释学》，第30页。

始的先天完美性与尚未再次出现的源始的未来性之间的矛盾。福科应当能够根据费希特的知识学(Wisseschaftslehre)来阐明这些矛盾;因为这里涉及到的只是意识哲学的概念强制问题,它们在绝对自我的实际行为中有着集中的反映。自我只有通过无意识地设定一个非我,并力图逐步把非我恢复为自我的设定物,才能把握住自身,也就是说,才能自我"设定"。这种自我设定的中介行为可以从三个不同的方面来加以理解:自我认识的过程、意识的过程以及教化的过程。在每一个维度上,十九和二十世纪的欧洲思想都在互不相容的理论命题之间摇摆不定,而每当人们试图走出这种尴尬选择时,都会卷入主体的自我折磨之中,而主体自我折磨是由于主体自我神化并在行动中徒劳追求自我超越所导致的。

自康德以来,自我占据了双重位置:既是世界上的一个经验主体,表现为众多客体中的一个;又是一个面对世界的先验主体,并把世界作为一切经验对象的总和加以建构。由于占据双重地位[1],认知主体认为自己被迫把同样的能力一会儿通过反思当作一种先验综合能力;一会儿又从经验的角度被当作自然规律所主宰的过程——无论是从心理学或文化人类学、生物学或历史学的角度来解释我们的认知机制。思想当然无法容忍这些不可调和的抉择。从黑格尔到梅洛-庞蒂,人们一直都在努力用一种综合两个方面的原则来克服上述两难处境,把先验形式的具体历史理解为精神或人类的自我创造过程。由于这项狂妄的事业追求的是一种试图彻底认识自我的乌托邦,所以它们一

① 亨利希:《逃遁路线》(*Fluchtlinien*),Frankfurt am Main,1982,第 125 页以下。

次又一次地落入了实证主义。[1]

福科在自我设定的第二种维度上揭示出了同样的辩证关系。从费希特开始，作为反思主体的自我具有双重经验：一方面，在世界中总是作为偶然出现的事物，作为不透明的事物。另一方面，又恰好是通过这种反思而使得自在之物变得透明起来，并将它提高到“自为”的意识高度。从黑格尔经弗洛伊德再到胡塞尔，他们都试图把给定事物的自我意识过程向前推进一步，并寻找到方法论的起点，使得拒绝意识而坚持作为一种外在事物的东西通过反思变得不再陌生和透明起来：要么是肉体，要么是需求本性；要么是劳动，要么是语言。按照弗洛伊德的要求，自我必然源于他我；胡塞尔为纯粹现象学所设定的目标是：阐明并有意识地掌握一切纯粹内在性、先在性、积淀性、非现实性——一句话，主体的隐蔽基础。这些狂妄的尝试都是要从无意识的背景中摆脱出来，然而，它们都陷入了追求自我透明的乌托邦，并进而陷入了虚无主义和极端怀疑主义。

试图回避第三种双重性——同时作为源始的创造主体和远离源始的主体，最终带来的是同样的辩证关系。人把自己看作是历史的产物，而历史非常悠久，一直可以追溯到远古时期；面对历史，人无能为力，尽管历史本身表明，具有创造力的人是历史的缔造者。现代思想越是竭力追寻源始，源始就越是后退到现代思想够不着的地方。“具有悖论色彩的是，前进的方向正是后退的方向，而且越陷越深。”一方面，从谢林经马克思到卢卡奇的历史哲学对此做出了回答，而且使用的都是一种发迹者从他乡回家的思想结构，一种精神领域里的奥德赛故事；另一方面，

---

① 由此也可以看出，实在论在分析哲学中为何会保持着强大的生命力，而且是在面对身—心难题的情况下。

从荷尔德林经尼采到海德格尔的酒神思想则用不断隐遁的上帝的观念对此做出了回应:“他在隐遁过程中把源始揭示了出来”。[①] 但这些狂妄的历史观念只能以恐怖、自我控制和奴役的形式付诸实践,因为它们依靠的是错误的末世论冲动。

人类中心论思想始于康德,带着其解放的乌托邦而卷入了奴役实践。福科把人文科学也归为这样一种思想。对待经验型的自然科学,福科比较谨慎,赋予它们一种特殊的地位。它们显然已经能够从它们所发端的实践网络(而且主要是法庭审讯实践)中摆脱出来,获得一定的自主性。人文科学则不然。人类学转向首先涉及到的是语法学、自然史和经济学。在古典时代,它们是作为分类学出现的。普遍语法学让位于民族语言史,自然历史图表让位于物种进化论,财富分析让位于把使用价值和交换价值追溯到劳动力消费的理论。这样就形成了一种观点,认为人是会说话和会劳动的生物。人文科学利用了这一观点,认为人作为一种存在物与他自身(作为会说话和会劳动的生物)所创造的对象处于互动之中。由于心理学、社会学、政治学以及文化科学和精神科学都立足于客观领域,而对这些领域而言,具有经验能力、行为能力和言语能力的人在自我关系意义上建立起来的主体性具有建构意义,因此,它们陷入了求知意志的漩涡,走向了追求知识生产和知识增长的不归路。比起历史学,特别是比起人种学和精神分析理论,它们是彻底地献身于解放和奴役的辩证法,因为历史学至少还能对历史相对化保持一种怀疑的立场,而人种学和精神分析理论(在列维-斯特劳斯和拉康那里)一直都通过反思而活跃在结构和个体的无意识领域里。

由于人文科学(主要是心理学和社会学)通过借用的模式和

---

① 《事物的秩序》,第403页。

陌生的客观性理想而从事对人的探讨，而人只是在有了现代知识型之后才成为科学研究的对象，所以才会在它们背后悄悄出现了一种冲动，如果不危及到它们的真实性要求，它们就不会对自己承认这一冲动，即知识、自我控制和自我膨胀在不断施压。借助于这种压力，后古典时代自我神圣化的主体试图走出其自我表现的困境——在形而上学中，主体是孤单的，在结构上处于超负荷状态：

> 我们易于认为，自从人发现自己并不处于创造的中心，并不处于空间的中央，甚至也许并非生命的顶峰和最后阶段以来，人已从自身之中解放出来了；当然，人不再是世界王国的主人，人不再在存在的中心处进行统治，人文科学是危险的中介。①

人文科学之所以仅仅是中介，是因为它们不同于哲学和反思学科，并不直接加强自我设定的主体自我毁灭的动力，而是在无意识之中成为了工具。人文科学之所以是而且一直是伪科学，原因在于它们无法看清自我关涉的主体被迫双重化所面对的困窘；无法承认自我认识和自我物化的结构性意志——因此，它们也就无法把自己从推动它们的权力中解脱出来。福科在《疯癫与文明》中以精神病学实证论为例阐明了这一点。

于是，问题出现了：福科把这种（对于一般的现代知识型和特殊的人文科学具有积极意义的）独特的求知意志和求真意志（求知意志和自我控制意志）加以普遍化，把它们解释成一种权力意志本身，并推定一切话语（并不只限于现代话语）都隐藏着

---

① 《事物的秩序》，第418页。

一种权力特征,都源于权力实践。那么,福科这样认为的根据是什么呢?正是这一点标志着福科从一种知识考古学转向了谱系学:谱系学阐明的是那些充满历史空间——无处不在,也毫无意义——的话语形态的发生、发展和衰落的过程。

十
权力理论的困境

1

人文科学考古学用知识生产的自我强制作为动力，不仅仅是促使知识和求知意志纠缠到了一起；《事物的秩序》也提出了一些问题，对于这些问题，福科多年后作了回答：他用求知意志来阐明作为其谱系学历史写作基础的权力概念。请允许我在这里指出福科所遇到的三个难题。

(1) 首先，福科没有认识到他的人文科学考古学与海德格尔的现代形而上学批判之间明显存在的亲和性。文艺复兴、古典时期以及现代的知识型或知识形态，既是一种划时代的标志，同时也表现为以主体为中心的存在概念的不同发展阶段；海德格尔曾用类似于从笛卡尔经康德直到尼采而发展起来的概念对存在作了分析。但福科无法选择一条用形而上学批判来克服主体哲学的途径。因为，他已经明确指出，即使是存在历史的概念，也没有走出自我关涉的主体的第三种自我表现的怪圈，即主体依然企图把握住一个不断退缩的起源。这就是海德格尔晚期哲学的主题，它依然是一种奇怪的游戏，对此，福科曾以“起源的退缩和回归”为题作了探讨。由于这个原因，福科后来不得不彻底放弃知识型概念。

(2) 如果说福科与海德格尔之间的亲和性成问题的话,那么,福科与结构主义之间的亲和性也是有问题的。对于那些“不想通过人类学化而实现形式化、不想通过解神秘化而实现神话化的人”,即所有捍卫“骗人的和笨拙的反思形式的人”,福科在《事物的秩序》中想报以一种哲学式的开怀大笑。[①] 福科这样做,让我们想起查拉图斯特拉的笑声,他试图把所有那些“不想思考他作为一个思考的人所要思考的东西的人”从人类学的睡梦中惊醒。[②] 可见,福科当时还认为,只有当代结构主义(如列维-斯特劳斯的人种学和拉康的精神分析学)能够思考“消失的人的空洞性”。福科最初打算给这本书取一个副标题,叫“结构主义考古学”,但这绝没有什么批判的意味。然而,一旦结构主义暗中已经为描述符号学表现主义的古典知识形态提供了模式,福科的视角也就必然要化为乌有。[③] 这样,结构主义对人类中心论思想的克服,也就并不意味着对现代性的超越,而不过是对古典时期原始结构主义知识形态的一种更新。

(3) 福科在研究人文科学发生时所使用的仅仅是知识考古学的手段,这就最终给他制造了尴尬。如何才能把这种对科学话语的分析与早期著作中对相关实践的研究结合起来,而又不会对自成一体的知识形态的自足性造成危害呢? 福科用《知识考古学》(1969)的考察方法探讨了这个问题。在这本书中,福科并未形成一种非常明确的立场,而是倾向于把话语凌驾于奠定

---

① 福科:《事物的秩序》,第 412 页。

② 同上,第 388 页。

③ M. 弗朗克指出,福科没有系统地论证表现模式的优先性,请参阅其:《何谓新结构主义?》(*Was heißt Neostruktualismus*?),Frankfurt am Main,1984,第 9/10 讲。

其基础的实践之上。按照结构主义的要求，任何一种话语形态都必须严格从自身出发来获得理解；而要想满足结构主义的这一要求，建立话语的规则就必须让自己来决定自己的制度基础。根据这样一种观点，有了话语，技术条件、经济条件、社会条件和政治条件才组成一个实践的功能网络，而实践随后便会进行话语的再生产。

这种话语摆脱了语境的约束和功能的制约而彻底获得了独立，换言之，这种话语主导着基础性的实践，然而，它在概念上依然陷入重重困境。考古学能够把握的规则使得各种话语实践成为可能，而这些规则是基础性的。但是，这些规则只有在话语的可能条件下才会使一种话语得到理解。这些规则不足以解释话语实践的实际功能。因为，并不存在能够调节自身的实际运用的规则。规则所引导的话语自身不能控制它的应用语境：

> 因此，尽管社会与制度实践、技巧、教学实践及具体模式（如边沁的全景监狱）等等形式的非话语影响不断闯入福科的分析……他必须为话语实践在这些实践的规律性中所揭示的生产性力量定位。结果就是一种奇怪的概念，即自我调节的规律性。[①]

如果福科放弃知识型的自主性，转而捍卫其权力技术的基础，并使知识考古学从属于一种用权力实践解释知识发生的谱系学，那么，他就可以避免这一困境。

这种权力理论也可以用来解决其他两个问题：福科以此可以超越主体哲学，而不必依赖结构主义模式或存在的历史模式。

---

① 也请参阅霍耐特：《权力批判》，第133页以下。

根据福科自己的分析,这些模式依旧没有摆脱古典的或现代的知识型。谱系学的历史写作清除了自我调节话语的自主性以及普遍知识型的时代顺序。从不偏不倚的谱系学角度来看,话语如同五光十色的气泡从无名的征服过程中浮现出来,随即发生爆裂;只有在这个时候,我们似乎才能消除人类中心论的危险。福科彻底颠倒了知识型与权力实践之间的依赖关系,并由此针对严格的结构主义知识体系史提出了社会理论的问题,针对关于存在观念的形而上学批判历史提出了自然主义的问题。科学话语,广而言之,即一切不断生成知识的话语,都失去了其优先性。它们与其他话语实践一起,构成了具有自身独特对象领域的权力关系。深入考察这些话语型和知识型,有助于我们揭示征服的技术;而正是通过这些技术,才形成了一种主导型的权力关系,它获得了统治地位,并最终被另一种权力关系所取代。权力技术把知识系统工具化,甚至深入到了有效性范畴当中。从历史的角度来探究这种权力技术,应当可以立足于一种自然主义社会理论的坚实基础之上。当然,只有当福科不再从谱系学角度思考他的谱系学的历史写作,并让他的先验历史权力概念变得无从识别时,他才能获得这样一个自然主义社会理论的坚实基础。

正如上文所说,福科根据人文科学所研究的是这样一种知识型:它一出现,就要从一切经验事物、偶然事物和特殊事物中清除掉知性因素,而且,由于它预先把有效性和发生区别了开来,因此特别适合于充当权力的媒介:现代知识就用这种方式把自己设定为绝对者,所以,它会在自己和他者面前把主体的冲动隐藏起来,这是一个形而上学意义上的孤立主体,也是一个通过反思而回归自身的主体,正是因为有了这样一种冲动,他才不断地自我克制。这种求知意志理应进入科学话语的制度当中,并解释清楚，经过科学主义加工的人的知识，为什么会以治疗、专家意见、社会技术、教学计划、试验、研究报告、资料库、改革方案等形式直接变成规训权力。现代求知意志决定了“一切的规则，这些规则区分了真理和谬误，而真理具有了特殊的权力作用”。[①] 但是，随着向权力理论的转变，福科把这种求知意志与形而上学的历史语境隔离了开来，并把它彻底融入权力范畴。这一转换需要两个步骤。首先，福科设定了一种适用于一切时代和一切社会的真理构成意志：

> 任何一个社会都有其自己的真理秩序，有自己的真理政治学；也就是说，任何一个社会都接受了一种被它当真的话语。[②]

除了在时空层面上加以普遍化之外，福科还推行一种具体的中立化：他没有把这种求知意志与权力意志区分开来，后者应当是一切话语所固有的，而非仅仅属于特殊的真理话语，就像现代主体性的自制意志是一切人文科学所固有的一样。只有在消除掉这种转型的踪迹之后，求知意志才会再一次显示出来（《性史》的副标题，1976）。当然，它现在已经沦落为一个特例——“真理统治”现在只是诸多“权力统治”的一种。

权力概念与形而上学批判意义上的求真意志和求知意志之间有着一种隐蔽的渊源关系，由此我们也就可以看到，“权力”范畴在使用过程中为何非常的模棱两可。也就是说，一方面，“权力”作为一个描述性的概念，它是纯洁的，主要用于对权力技术

---

① 福科：《规训与惩罚》，第 53 页。

② 同上，第 51 页。

的经验分析;从方法论角度看,这种经验分析与功能主义和历史主义的知识社会学之间并不存在显著的区别。另一方面,"权力"范畴从其隐蔽的发生历史中获得了一种制度理论基本概念的意义,从而赋予对权力技术的经验分析以理论批判的意义,并且确保谱系学的历史写作具有一种揭露效果。

2

这种模糊性虽然可以解释实证主义态度与批判要求之间充满悖论的联系,却无法证明这种联系,而这是福科二十世纪七十年代以后著作的一个显著特点。在《规训与惩罚》(1976)中,福科(主要是根据法国文献)探讨了古典时期(宽泛而言,就是绝对主义时期)和现代(即从十八世纪末以来)的统治技术。相应的规训形式则形成了《监狱的诞生》的主线。在古典时期,围绕着垄断暴力的国家主权,形成了错综复杂的权力关系。这种权力关系在现代自然法的法学语言游戏中表现了出来,而契约和法律的基本概念则是这些法学语言游戏的基础。专制国家理论的实际任务与其说是为了捍卫人权,不如说是为将一切暴力集中到君主手中提供论证。对君主而言,关键在于建立一个中央集权的公共管理机构和获得有利于行政管理的组织知识。知识的新的需求对象不是享有权利和义务的公民,而是拥有肉体和生命的臣民,而且最初仅仅满足于一些财政知识和统计知识,诸如出生率和死亡率、疾病与刑事犯罪、劳动与贸易、大众的福利与贫困等。福科从中已经看到了一种生命政治学的萌芽,它是打着关于国家主权的法学话语的旗号而逐步发展起来的。同时还产生了一种摆脱了规范语言游戏的规训权力。一旦人文科学成了这一规训权力的媒介,而全景式的监视形式渗透到一切遭到控制的肉体和物化的灵魂当中,那么,这种规训权力就会凝聚为一种新型的现代权力结构。

把惩罚形式从拷问转为监禁,这在福科看来是一个典型的过程,由此他要指出的是,现代人类中心论思想的源头在于现代统治技术。在古典时期,犯人遭受的是滥无节制的惩罚和折磨,福科认为,这种惩罚和折磨是骄纵的君主权力的无情展示,民众对待这种场面则抱着一种复杂的心理。到了现代,这种表演性的肉体折磨被剥夺自由(不许与外部接触)的监禁所取代。福科认为,全景式监狱是一部机器,不仅要驯服囚犯,而且要改造囚犯。规训力量无所不在,并发挥着规范化的作用;它通过驯服肉体而渗透到了日常行为之中,并形成了一种不同的道德立场。无论如何,它都促使人们要遵守劳动规则,服从生活秩序。这种惩罚技术之所以会在十八世纪末迅速扩散开来,是因为监禁只是五花八门的肉体规训的一个因素。各种肉体规训在工厂和车间、军营和学校、医院和监狱中同时得到贯彻。随后,人文科学用高雅的方式把这些肉体规训的规范化效果延伸到个人和集体的内心深处,这些个人和集体由于科学主义而变成了对象,同时还被赶回到了其主体性之中。① 人文科学就其形式而言应该说就是表现为知识和权力的一种融合。权力形态和知识形态构成了一个难分难解的统一体。

---

① “关于人的科学在过去一个多世纪里曾使我们‘人类’感到欢欣鼓舞,但它们的技术母体乃是这些卑微、恶毒、繁琐的规训及其调查。这些调查对于心理学、精神病学、教育学、犯罪学以及其他许多奇怪的科学的重大意义,与可怕的调查权力对于有关动物、植物或地球的冷静知识的意义是相同的。不同的权力产生不同的知识。在古典时代的开端,培根为经验科学制定了一种调查方法论。有哪一个伟大观察家会给人文科学提供检查的方法论呢?当然,这种事情是不可能有的。因为虽然

当然，如此坚决的观点不能只用功能主义的论据来加以论证。福科所阐明的仅仅是：随着人文科学知识在治疗技术和社会技术中的应用，我们怎样才能获得一种类似于权力技术效果的规训作用。而要想实现他的论证目的，他就必须证明（比如在一种先验—实用主义认识论框架范围内），特殊的权力策略转变成了相应的科学策略，以便把日常语言经验对象化，进而预先明确关于这些对象领域的理论命题的实际意义。[①]福科的早期思想就是沿着这样一条思路展开的，他所讨论的是临床视角的认识论意义，但福科没有把他的早期思想贯彻下去。否则，他就会注意到，在二十世纪七十年代的人文科学当中，占据主导地位的早就不再是客观主义方法，而是解释学方法和批判主义方法均分天下；就知识形式而言，解释学和批判主义的运用方法不同于操纵和自我操纵。在《事物的秩序》里，福科把人文科学归结为一种形而上学历史所阐明的求知意志的建构力量。上文说过，权力理论必须把这层关系隐藏起来。只有这样，才能保持建构理论的领域不被占领。《性史》（1976）第一卷再次出现“求知意

调查在成为经验科学的一种技术的过程中脱离了作为自身历史根源的审问程序，但是检查始终是与规训权力极其紧密地相连的。它是由后者塑造的。它一直是而且依然是纪律的一个内在因素。当然，它似乎曾经将自己与心理学和精神病学结合起来，从而经历了一种思辨的洗礼。而且，实际上，它以考试、面谈、询问和会诊的形式出现，显然是为了矫正规训的各种机制：教育心理学被认为是用于矫正学校的严厉刻板，医疗或心理谈话被认为是用于矫正工作纪律的后果。但是，我们不要产生误解。这些技术仅仅是把个人从一种规训权威转交给了另一种规训权威，而且它们以一种集中的或程式化的形式复制每种规训特有的权力—知识图式。促成自然科学出现的伟大调查已逐渐脱离了它的政治—法律原型，而检查依然被束缚在规训技术中。”（福科：《规训与惩罚》，第290页以下）

① 请参阅哈贝马斯：《认识与兴趣》（*Erkenntnis und Interesse*），Frankfurt am Main，1968；阿佩尔：《解释与理解之争》（*Die Erklären/Verstehen - Kontroverse*），Frankfurt am Main，1979。

志”,不过,已经遭到了权力理论的彻底改造。它失去了作为一种具有创造性结构的自知意志和自制意志所具有的先验意义,而具有了一种特殊的权力技术的经验形态,这种权力技术和其它权力技术一道,使得有关人的科学成为可能。

很显然,这样一来,真理意志和求知意志就变得实证化了,这在福科(1980年的伯克利演讲)所作的自我批判中有着清楚的表达。福科承认,《规训与惩罚》对统治技术的分析是片面的:

> 要想分析西方社会中的主体谱系学,就必须要充分考虑到统治的技术和自我统治的技术。也就是说,必须要考虑到两种技术类型的相互作用。个体统治他人的技术依赖于个体统治自身的过程。[①]

这些技术促使个体对自己做出明确的检验,并由此找到关于自我的真理。众所周知,福科把这些技术追溯到忏悔实践,追溯到基督教的良知研究。到了十八世纪,具有相似结构的实践渗透到了一切教育领域,围绕着对自我和他者的性冲动的感知而构成一个自我观察和自我质疑的工具库。这些真理技术并未打开个体的内心世界,而是用一种越来越密集的自我关系网络预先创造了内在性;它们最终在精神分析理论那里获得了一种建立在科学基础上的治疗方式。[②]

一句话,福科的人文科学谱系学具有两面性,因而容易引起

---

① 福科:《关于真理与主观性的演讲》(‘Howison Lecture on Truth and Subjektivity’),1980年10月20日,Berkeley,手稿,第7页。

② 在《性史》中,福科探讨的是适用于精神分析的发生语境和运用语境。这里肯定又要用功能主义的论据来论证它们所无法论证的内容,即:权力技术构成一个科学的客观领域,因而也就为科学话语内部的真和假预先设定了有效性标准。

误解。一方面,它所发挥是一种经验作用,对权力技术展开了分析,目的是要阐明关于人的科学的社会功能语境。在这个意义上,人文科学谱系学关注的是作为科学知识的发生前提和社会效果的权力关系。另一方面,人文科学谱系学发挥的是一种先验作用,分析的是权力技术,所要阐明的是:关于人的科学话语如何成为可能。在这个意义上,它所关注的是作为科学知识构成条件的权力关系。但这两种认识论作用不再被分为不同的方法,而是涉及到同一个对象,即处于其生活表现之中的人类主体。相反,谱系学的历史写作则同时扮演着双重角色——既作为功能主义的社会科学,又作为历史学的制度研究。

福科用权力这个基本概念强行把先验综合的唯心主义思想与经验主义本体论的前提联系了起来。但这种方法依然不能提供走出主体哲学的途径,原因在于,权力概念应当为对立的意义提供共同的基础,但它却完全来自意识哲学。意识哲学认为,主体与可以想像、可以操纵的对象世界可以建立起而且仅仅可以建立起两种基本关系:由判断的真实性所决定的认知关系和由行为效果所支配的实践关系。权力是主体用成功的行为对客体施加影响的工具。在此过程中,行为能否取得成功,主要取决于行为计划中的判断的真实性;通过行为效果范畴,权力始终依靠真实性。但福科笔锋一转,随即把权力对真理的依附变成了真理对权力的依附。于是,具有决定意义的权力无需再依靠具有行为能力和判断能力的主体——权力成了无主体的权力。然而,仅仅把主体哲学的基本概念颠倒过来,是无法摆脱主体哲学概念策略的强制的。福科无法用从主体哲学自身获得的权力概念,来消除他所批判的主体哲学的种种困境。因此,同样的困境再次出现在其作为反科学的历史学之中,也就毫不足怪了。他的这种历史学建立在一种同样充满悖论的基础上。由于福科没有在方法论上阐明这些非一致性，因此，其经验研究的片面性根源还有待我们做进一步的挖掘。

这就是说，福科转向权力理论，其目的是想让他的研究摆脱人文科学在其中徒劳挣扎的循环。人类学中心论思想由于反思主体无限的自我扩张而陷入了客观主义旋涡之中，即陷入了人的客观化漩涡之中，因此，知识谱系学应当取得真正的认识客观性。我们已经注意到，以权力理论为基础的谱系学的历史写作应该完成三重替换程序：对毫无意义的自身结构的分析替代对意义语境的解释学阐释；有效性要求只能作为权力关系的功能；价值判断乃至论证批判的难题，都被抛到了一边，以便做出价值中立的历史解释。“反科学”这一名称不仅可以用与占据主导地位的人文科学的对立关系来加以解释；同时也表明，它抱有超越这些伪科学的野心。谱系学研究占据了这些伪科学的位置，但没有仿效自然科学的错误模式，不过，终有一天，它的科学地位会与自然科学的地位相提并论。我认为，保罗·韦纳领会了他的友人福科的真正意图，因为他称福科是“纯粹的历史学家”，除了像斯多葛派那样叙述客观历史之外，别无他求：

> 一切都是历史……所有的“主义”都应该丢开，历史中只有个别的或独特的结构，而每个结构都可以从它自己的情境中得到充分的说明。①

然而，如果说激进历史主义的冰冷表面没有遮蔽住审美现代主义的激情的话，那就根本无法解释清楚，福科为何会获得累累声名，为何会获得反偶像崇拜的声名。福科认为，人文科学有

① 韦纳：《历史的冰山》，第 52 页。

着一种无可克服的命运，而同样的命运也落到了谱系学的头上：谱系学的历史写作倒退到了对变换无穷的权力实践做客观描写的地步，而且缺乏反思、缺乏投入，也缺乏激情。于是，谱系学的原形便暴露了出来，它恰恰就是它所反对的虚假科学，带有在场主义、相对主义和潜在的规范主义等诸多特征。如果说，按照福科的诊断，人文科学的运作颇具反讽意味的话（因为它陷入了科学主义的自我扩张逻辑之中，最终陷入了无望的客观主义），那么，谱系学历史写作的命运也同样具有反讽意味——它继承了激进历史主义的做法，彻底消灭了主体，最终却落入主观主义而无可救药。

3

福科觉得自己是个“幸运的实证主义者”，因为他提出了三种卓有成效的还原方法：从人种学观察者的视角出发，把参与话语的解释者的意义理解还原为对话语的解释；从功能主义的角度，把有效性要求还原为权力效果；从自然主义角度，把应然（Sollen）还原为实然（Sein）。之所以说这些都是“还原”，是因为意义、真理有效性和评价的内在性并没有真正彻底融入权力实践的外在性。那些遭到排斥或压制的因素还会再次抬头，并捍卫自己的权利——主要是在元理论层面上。福科一旦试图说明我们应该如何理解谱系学的历史学家自己的所作所为，就会身陷困境而无法自拔。也就是说，所谓的知识客观性成了问题，原因在于，（1）历史学停留在原始情境当中，因而在无意之中具有了一种在场论的特征；（2）针对现实的分析只能把自己看作是依赖语境的实践，因而难免会具有一种相对论的特征；（3）批判无法阐明其规范性基础，因而具有任意的偏颇性特征。福科本人并没有正视这些矛盾——自然也就更没有从中汲取教训。

(1)如上所述,福科所要解决的是解释学难题,进而解决自我关涉问题,而自我关涉问题是和对客体领域的意义理解过程一道出现的。谱系学的历史学家在操作方法上不能步解释学家的后尘:前者并不想从与行为者的自我理解紧密联系在一起的传统关系出发,解释行为者的各种行为和思想。相反,应当从基本的实践出发,阐明行为者的视界,以便让这些命题富有意义。因此,他不会把晚期罗马禁止格斗的法规归因于基督教人文精神的影响,而是要归因于新的权力形态对旧的权力形态的瓦解[①]:在后君士坦丁时期,罗马帝国形成了新的权力关系,在这种情况下,统治者自然不会再把民众当作需要呵护的羊群,而是把民众当作一群需要教育的孩子——而孩子是不可以随便目睹血流成河的场面的。无论是主张格斗还是反对格斗,所提供的理由都不过是一种伪装,背后隐藏的是一种无意识的统治实践。这种实践是一切意义的源泉,但本身却毫无意义;历史学家必须从外部来探讨它,以便把握住其内在的结构。因此,根本不需要任何解释学的前理解,所需要的只是一种历史概念——这种历史概念是话语的总体变化形态,虽然光怪陆离,但毫无意义。而话语之间只有一个共同之处,那就是充当权力的美丽光环。

福科自以为在坚持客观性。但随手翻翻他的任何一部著作,我们都会发现,即便是激进的历史学家也只能通过比较来阐明各种权力技术和统治实践,而无法把其中任何一种当作独立的总体性来加以阐明。于是,历史学家的比较视角也就不可避免地会与其自身的解释学出发点联系在一起。这一点主要表现为如下事实:福科无法摆脱在划分历史过程中与现实紧密相关

① 韦纳讨论了这个例子,见《历史的冰山》,第6页以下。

的压力。无论是就疯癫史、性史或惩罚史而言,中世纪、文艺复兴和古典时期的权力形态无不指向规训权力、生命政治——而这些福科认为是我们时代的俗命。在《知识考古学》的结尾部分,福科自己提出了疑义,当然,他是为了避免这样的疑义:

> 目前,并且在我能够看见的将来,我的话语是在避免它能够找到支撑的基础,而远不是确定它在其中说话的地点。①

福科自己意识到了,他的方法既要坚持客观主义,又要诊断时代,这就必然要带来困境,但福科并没有指明走出困境的途径。

只是到了解释尼采的时候,福科才开始认同一种带有信仰色彩的非理性主义。激进的历史学家为了纯粹结构分析的客观性而不得不要求自己消灭自我,或者说,"牺牲认识主体"。但在讨论尼采的文章中,福科对他的这种做法作了具有反讽意义的反向解释:

> 在表面上,或者说,根据它所戴的面具,历史意识是中立的,没有激情,只信奉真理。但如果它检视自身,或者更一般地说,如果它质疑在其历史中的各种形式的科学意识,它就会发现,所有这些形式和变形都是求知意志的各个方面:本能、激情、审判官的忠诚、残酷的奥妙和恶意。它发现一种反对无知者之快乐的立场所带有的暴力……对这种恶毒的求知意志的分析揭示出,所有知识都依赖于正义(甚至

① 福科:《知识考古学》,第292页。

在知的行为中，也没有拥有真理或真理之基础的权利)。[①]

于是，福科的如下企图也就适得其反：从一个来自保持距离且不怀任何成见的分析者的客观视角出发，而且仅仅就其自身来解释话语形态和权力形态。任何一种求知意志都具有客观主义的幻象，通过揭示这些幻象，可以帮助我们就一种建立在自我陶醉的历史学家立场上的历史学达成共识——为了现实的需要而把历史研究工具化："真正的历史学从其自身立场出发把触角伸向深处。"[②]

(2) 如果说福科的历史学无法避免在场主义的话，那么，它同样也避免不了相对主义。他的研究陷入了自我关涉的窠臼，而这正是他从自然主义的角度探讨有效性难题所要消除的东西。按照福科的话语研究，谱系学的历史写作应当通过一种经验分析来把握权力实践。由此，真实性要求并不仅仅局限于它们从中形成的话语。它们的意义集中体现为它们对各种话语体系的自我捍卫所发挥的功能。也就是说，有效性要求的意义在于它们能够发挥权力作用。另一方面，权力理论的基本立场又具有自我关涉特征。权力理论要想成立的话，就必须摧毁由它自身所建立起来的研究的有效性基础。然而，如果福科本人把真实性要求与知识谱系学联系起来，而这种真实性要求实际上是虚假的，只能在理论的圈子里发挥作用，那么，对人文科学的批判和揭露也就失去了其意义。当然，福科主张一种谱系学的历史写作，其目的是严肃的，就是要建立一种科学，超越已经破产的人文科学。但是，如果这种超越性不能表现为用更加令人

---

① 福科：《论知识的颠覆》，第 107 页。

② 同上，第 101 页。

信服的观点取代已经被证明是错误的伪科学，如果这种超越性仅仅表现为对迄今为止占据主导地位的科学话语的驱逐，那么，福科的理论也就不过是一种理论政治，不过是为了实现一种理论政治的目的，它远远超出了个人研究的能力范围。福科对此心知肚明。于是，他试图让谱系学与其他一切人文科学相比显得别具一格，为此，他把谱系学与自己理论的基本立场协调起来。为了实现这个目的，福科还把谱系学的历史写作方法运用到其自身当中；从谱系学自身的发生历史当中，可以看到一些特殊的地方，它们足以证明谱系学优越于其他一切人文科学。

知识谱系学所使用的是被现有科学所摈弃的各种知识；知识谱系学为"底层知识"的造反提供了媒介。按照福科的理解，这里所说的"底层知识"，主要不是指既遭到遮蔽却又处于在场状态的专家知识，而是指下层群体所具有的从未成为官方知识也从未得到充分明确的经验。这里涉及到的是"大众"的潜在知识，大众在权力系统中处于最下层，无论是作为受难者，还是作为折磨机制的执行者，他们都能切身地感受到权力技术——比如，精神病人和护士、犯人和看守、集中营的囚犯与狱卒、黑人与同性恋者、妇女和巫师、流浪汉、儿童以及妄想症患者等所具有的知识。谱系学立足于局部性的知识、边缘性的知识以及或然性的知识，完成了它的挖掘工作。谱系学所立足的这些知识，"其长处仅仅在于它们坚决反对它们周围的一切"。这些知识"通常被认为是不符合事实的，没有得到充分的加工，因而是浅薄的，处于知识等级的下层，是一些低于必要的知识水平和科学水平的知识类型"①。但这类知识中包含着"关于斗争的历史知识"。谱系学把这些"地域性的记忆"提升到"专家知识"的高度，

① 福科：《权力/知识》(*Power/Knowledge*)，1978，第 60 页以下。

于是，便对各种权力实践的对立面产生了影响。从这样一种反权力的立场出发，谱系学赢得了一个超越一切掌权者视角的视角；而从这个视角出发，谱系学就可以超越一切只有在权力范围内才能形成的有效性要求。由于与大众的不成熟知识有着紧密的联系，这就为谱系学创造了优势，“进而赋予近十五年来的话语批判以本质力量”①。

这让我们想到早期卢卡奇的一个论点。因为，按照卢卡奇的看法，马克思主义理论在意识形态上之所以不偏不倚，原因就在于它具有一种经验视角，可以优先获得知识；这个经验视角和雇佣工人的立场一道，是在生产过程中形成的。当然，卢卡奇的这个论点只有在一种历史哲学范围内才站得住脚——这种历史哲学试图从无产者的阶级利益中寻找普遍利益，从无产者的阶级意识中发现人类的自我意识。这种历史哲学主张一种享有认识优先性的反权力概念，而这是福科的权力概念所不容许的。任何一种反权力都是在权力范围内活动，而这个权力正是它所反对的；一旦反权力取得胜利，它就会进入一种权力关系，导致新的反权力。即便知识谱系学也无法打破这一循环：它激发起遭到摈弃的知识类型的反抗，动员次要知识起而“反抗理论话语、统一话语、形式话语和科学话语的压迫”②。谁如果在今天征服了理论先锋，并打破了知识的现有等级秩序，明天自身就会成为理论先锋，并建立起一种新的知识等级秩序。无论如何，他都无法根据超越局部共识的有效性要求来确立自己知识的优越性。

因此，谱系学的历史写作根本无法用他自身的手段来防止

---

① 《权力/知识》，第61页。

② 同上，第65页。

相对主义的自我否定。由于谱系学根据专家知识与边缘知识的结盟来把握自身的来源,因此,它只不过是证明了,反话语的有效性要求恰恰就是权力话语,反话语的有效性要求不过就是它们所发挥的权力效果。福科看到了这一两难,但他同样未作解答。而且,他又一次坚持他只是在接受尼采理论时才主张的一种好斗的视角主义:

> 历史学家们异常艰苦地想要从他们的著作中抹除那些表明他们在一个特定时期中的根基的因素,那些表明他们在一场论争中的偏好的因素——他们的激情不可逾越的障碍。尼采式的历史意义表现在其视角中,并且承认其不正义体系。它的视角是有偏向的,是故意的赞成、肯定或否定,它遍寻那些缠绵而有毒的踪迹,以便开出解毒药方。[①]

(3)最后需要考察的是,福科是否成功地回避了潜规范主义,按照福科的看法,这种潜规范主义是坚持价值中立的人文科学所特有的。福科认为,谱系学的历史写作应当用一种严格的描述性立场深入到话语体系内部——而在这些话语体系内部,遇到争论的只有规范和价值。谱系学的历史写作把规范的有效性要求和命题的真实性要求一起悬搁起来,并且放弃了这样一个问题:话语结构和权力结构是否比其他的结构更加容易论证。福科反对亮明立场;对于认为权力是邪恶的、丑陋的、没有结果也没有生命力这样一种“愚蠢的教条”,福科付之一笑:“权力的基础是美好的、纯洁的和了不起的。”[②] 对福科而言,不存在“正

---

① 福科:《论知识的颠覆》,第101页。

② 《权力/知识》,第191页。

确的一方”。而这背后隐藏的是他的一种信念：1789年以来打着革命旗号的政治已经走到了尽头，那些力图明确理论与实践之间关系的理论已经过时。

为第二级价值中立所提供的这种论证就不会是价值中立的。福科自视为异端，在造现代思想和披着人道主义外衣的规训权力的反。他的学术论文从文风到修辞都显示出了他的这一不凡抱负；无论是他的理论，还是他对自己作品的总体定位，都显露出一种批判的姿态。这样，福科一方面让自己同马克斯·韦伯的实证主义区别了开来：韦伯想把决定论所选择的公开的价值基础与从价值中立的角度所进行的分析区分开来。福科的批判更多地是立足于一种后现代的修辞风格，而不是其理论的后现代立场。

另一方面，福科也把自己同马克思的意识形态批判区别了开来；马克思通过批判资产阶级理想的规范内涵而揭露了现代性的人文主义的自我理解。福科的意图并不在于继承并发挥现代性内部从一开始就固有的反话语；福科不想把现代政治理论的语言游戏（及其基本概念，诸如自律与他律、道德性与正当性、解放与压迫等）进一步加以完善，以便用于揭示现代性的症候——福科要做的是从暗中破坏现代性及其语言游戏。福科的反叛不能说是对现实权力的反映。他在回答伯纳德-亨利·列维的相关问题时曾说过这样一段话：

> 如果真是这样，那就谈不上什么反叛了。因为反叛必须像权力一样：必须像权力一样有创造力、活动力和生产力；必须像权力一样有组织，一样牢固；必须像权力一样来

自低层，一样有策略地对自己进行分配。[①]

福科的异端立场所得到的惟一证明就在于，他没有依靠人文主义话语，而是放弃了人文主义话语；福科用现代权力形态的特征本身来对这种策略性的自我理解做了说明。福科不厌其烦地描述说现代规训权力是有限的，永恒的、创造性的，无所不在，而且形成网络；他认为，这种权力更多地是体现在肉体而非大脑当中。规训权力具有一种生命权力的形态，更多占领的是肉体而非心灵，它使肉体臣服于一种无情的规范化强制——而无需任何规范基础。规训权力直接通过一种错误的意识而发挥作用，这种错误意识是在人文主义话语中形成的，因而必然会遭到反话语的批判。相反，人文科学话语和它的应用实践一起融合成为一种不透明的权力关系，面对这种权力关系，任何一种意识形态批判势必都会束手无策。人文主义批判和马克思以及弗洛伊德的批判一样，都立足于合法权力和非法权力、有意识的动机与无意识的动机之间的对立，并反对一切压迫制度、剥削制度和排挤制度；这种批判自身也处于危险之中，危险就在于它会进一步加强人文主义，而这种人文主义在过去已经从天上降到了人间，并汇聚成为规范化的暴力。

这一论点足以让我们不再把谱系学的历史写作当作批判，而是当作战胜规范的权力形态的策略和手段。但是，如果它仅仅为了动员起反权力，仅仅是为了策略性的战斗和对抗，就会出现这样的问题：我们为何要全力以赴去反抗现代社会躯体的血液循环中的权力，而不干脆去适应它呢？果真如此的话，知识谱系学作为一种斗争的手段，同样也是多余的。对于愿意接受挑

① 《权力/知识》，第195页。

战的对手的长处和弱点进行客观的分析，无疑是有用的——但问题在于，斗争究竟是为了什么呢？

> 为什么要斗争而不是服从呢？为什么要抗拒支配？只有通过引入某种规范性概念，福科才能回答这个问题。只有通过引入规范性概念，他才能告诉我们现代权力知识政体出了什么错，以及我们为什么应该反对它。[①]

在一次访谈中，福科再也无法回避这个问题了。也就是在这个地方，福科含糊地提到了后现代的公正标准：

> 如果想要……同规训和规训权力作斗争，不应该转而求助于古代的主权，而应该求助于一种新形式的权利，这种权利必须真正是反规训的，但同时也从主权原则中解放了出来。[②]

康德以后，已经出现了一些道德概念和法律概念，它们不再是用来为垄断权力的国家的主权提供辩护，而福科对此却视而不见，三缄其口。然而，如果我们努力从福科对规训权力的批判中归纳出他所使用的潜在标准，我们就会遇到规范主义的语言游戏所做的种种明确的定义，而这种规范主义的游戏是遭到福科公开拒绝的。因为，在福科看来，权力的拥有者与权力的服从者之间的不对称关系，以及权力技术（破坏了具有言语和行为能

---

① N. 弗雷泽：《福科论现代权力：经验认识与规范混乱》（'Foucault on Modern Power: Empirical Insights and Normative Confusions'），载：《国际实践》，第1卷，1981，第283页。

② 福科：《权力/知识》，第95页。

力的主体的道德完整性和肉体完整性）的物化后果，都是要不得的。南茜·弗雷泽对此做出了解释。她虽然没有找到走出这一困境的出路，但告诉我们，这种自称是价值中立的历史写作的隐规范论源于何处。[1]

很显然，尼采的权力意志概念和巴塔耶的自主权概念或多或少都吸收了审美现代性的规范经验内容。相反，福科的权力概念依靠的是经验主义传统——他剥夺了权力概念的经验潜能；这种经验潜能有一种吸引力，既可怕又迷人，美学先锋派（从波德莱尔到超现实主义者）所依赖的都是这种经验潜能。尽管如此，"权力"在福科手里依然和肉体感知以及遭到折磨的肉体的痛苦经验保持一种审美关系。这个环节对于现代权力形态甚至具有决定意义。现代权力形态之所以称得上是一种生命权力，原因在于，它通过科学客观化和真理技术所制造的主体性的微妙途径，渗透到了物化肉体的深处，并占有了整个有机体。所谓生命权力，是一种社会化形式，它克服了一些自发性，并把一切生物的生命都转化为权力化的基础。福科发现，权力关系中存在着充满规范内容的不对称性，而且，主要还不在于权力意志与强迫服从之间，而是在于权力过程与卷入这一过程的肉体之间。遭到虐待的总是肉体，肉体成了主权复仇的舞台；肉体受到规训，遭到机械力量的分解并被操纵；肉体被人文科学对象化和玩于股掌之中，肉体的欲望既受到刺激，同时又遭到压制。如果说福科的权力概念还保留着某些审美内涵的话，那是由于它对肉体的自我经验作了活力论—生命哲学的解释。《性史》的结语异乎寻常：

---

① 请参阅弗雷泽的一部手稿：《福科的身体语言：一种后人文主义的政治修辞》（*Foucault's Body-Language: A Posthumanistic Political Rhethoric*），1982。

我们肯定会想到，或许有一天，人们将无法用一种不同的肉体经济学和享乐经济学准确地理解，我们怎么会接受性的专断统治。①

我们暂时所能想到的不同的肉体经济学和享乐经济学，不再是一种权力经济学，而是一种后现代理论——这种理论能够阐明批判的潜在标准。而在这一天到来之前，反抗从肉体语言信息中如果说无法获得论证的话，那至少也能获得其动机。这里说的是饱受折磨的肉体所具有的无声语言，它拒绝在话语中实现自我扬弃。②

当然，福科本人是不会接受这种解释的，尽管我们可以从他的某些说法中找到解释的根据。否则，福科就会和巴塔耶一样为理性的他者留有余地，而自《疯癫与文明》以来，福科一直用充分的理由拒斥理性的他者。他反对自然主义的形而上学，因为这种形而上学把反权力吹捧为一种前话语的化身。1977 年，福科在回答伯纳德-亨利·列维时说道：

您所说的自然主义是这样一种观念：人们必须到权力及其行动和狡诈背后去重新发现事物的原始活力——在疯人院的高墙后面是疯癫的原发性，劳改场中弥漫着罪犯不

---

① 福科：《性史》，第 190 页。

② 彼得·斯洛特迪耶克以犬儒主义者的无言的肉体抗议形式为例阐述了这种可能性，请参阅其《犬儒理性批判》(*Kritik der Zynischen Vernunft*)，2Bde.，Frankfurt am Main，1982。当然，福科自己的研究走的是另外一条路子。请参阅其为德雷福斯和拉比诺的著作所撰写的第二版后记，1983，第 229 页以下。

安的创造力，性禁忌背后隐藏的是纯粹的欲望。[1]

由于福科无法接受这样一种生命哲学的观点，因此，他肯定不会理睬有关他的批判的规范基础问题。

4

有些棘手的问题是和对客观领域的意义理解、对普遍有效性要求的自我指涉的否定以及对批判的规范论证一起出现的，而福科对这些问题的处理并不令人满意。但是，意义、有效性和价值等范畴在元理论层面和经验层面上都应当加以消除：谱系学的历史写作与一个对象领域有关，而权力理论则从这个对象领域中消除了生活世界语境所固有的一切交往行为特征。基本概念能够帮助我们把握行为系统的前符号结构，而对这些基本概念的排斥则使经验研究面临重重问题；对于这些问题，福科此次未能做出明确的处理。我想着重考察古典社会理论中两个非常重要的问题：社会秩序之所以成为可能以及个体与社会之间的关系。

我们如果像福科那样只承认克服过程的模式、只承认肉体对抗的模式、只承认多少是有意识的策略行为语境的模式，如果我们拒绝用价值、规范和理解过程来实现稳定，而且不为这些社会一体化机制提供任何（人们在系统理论或交换理论中所熟悉的）等价物，那么，我们就无法阐明，持续不断的局部斗争为何会构成制度化的权力。霍耐特对这个问题做了深入的探讨：福科在描述中假设了制度化的规训、权力实践、真理技术和统治技

① 福科：《权力/知识》，第191页。

术,但他无法解释清楚,“如何才能从一种持续斗争的社会状态下形成一种高度聚合的权力结构”[①]。此外,涂尔干用“制度化的个人主义”一词所概括的现象也带来了类似的基本概念上的困惑,导致话语形态和权力形态的稳定化。

如果我们只承认权力化模式,那么,一代又一代人的社会化也就表现为充满尔虞我诈的对峙。这样一来,具有言语和行为能力的主体的社会化也就不能同时被看作是个体化,而只能说是对肉体的不断抽象,而肉体是权力技术的生命基础。教化过程越来越个体化,它们在具有反思传统和高度抽象的行为规范的社会中不断渗透到广大社会阶层中;对于这些教化过程,需要人为地做出新的解释,以便弥补权力化模式在范畴上的匮乏。在这个意义上,作为权力理论家的福科和作为制度论者的盖伦所遇到的是同样的问题[②]:两种理论都缺乏类似于语言的社会一体化机制(通过把言语者和听众的完成行为式立场结合起来,语言作为一种社会一体化机制可以阐明社会化的个体化效果[③])。和盖伦一样,福科也打破了基本概念上的局限,为此,他从个体性概念中彻底消除了自我决定和自我实现的含义,把个体性还原为一种内在世界,它是在外在刺激下产生的,而且带有可以随意操纵的想像内涵。

这一次,困难不是由于个体与社会之间的关系结构缺乏一种等价物;相反,问题在于,由权力实践所引起的(或由制度解体所导致的)心理膨胀模式,是否会导致对主观自由增长的描写遮蔽住关于自我表现和自主性的活动空间的经验。

---

① 霍耐特:《权力批判》,第 182 页。

② 盖伦:《技术时代的心灵》(*Die Seele im technischen Zeitalter*),Heidelberg,1957。

③ 哈贝马斯:《交往行为理论》,第 2 卷,第 92 页以下。

当然，福科会把这类异议当作“窃取论点”(petitio principii)而加以拒绝。它们难道不是立足于传统的提问方式，而这些传统的提问方式不是和它们赖以发生的人文科学一道，早就毫无意义了吗？不过，只有当我们所认为的基本概念的不足对经验研究的结构和进程产生影响，而且局限于一些或然的解释，充满了以偏概全的盲点时，我们才可以否定福科所提出的这个问题。我在这里只想列举一些观点，因为就是这些观点使得我们可以对福科关于现代惩罚史和性史的研究展开经验的批判。

《规训与惩罚》所阐述的是一种关于科学合理化的刑法条文和科学人文化的刑法实践的谱系学。统治技术在当前表现为规训权力，它们构成了“刑法实践人道化以及关于人的认识的核心内容”[①]。刑法条文的合理化和刑法实践的人文化始于十八世纪末，当时的旗号是一种改革运动，并用法律概念和道德概念对自身加以证明。福科想要说明的是，在这一运动背后，隐藏着权力实践的野蛮变迁——现代权力制度由此而诞生，并产生了“合用而精致的机器，它们决定并监视着个体的日常行为、个体的认同和活动，乃至个体看起来毫无意义的言行举止”[②]。福科完全可以用一些典型的例子对这个观点加以发挥；但一旦把这个观点加以普遍化，就会出现错误。它所表明的仅仅在于：我们从现代惩罚中所揭示出来的全景监狱(Panoptismus)是社会现代化结构的总体特征。但福科只能从一般意义上提出这样一个观点，因为他所依靠的是权力理论的基本概念，而法律阐释的规范结构对于这些概念一无所知。在他看来，道德实践的学习过程必然表现为权力化过程的不断强化。福科的这一还原分为几个

① 福科：《规训与惩罚》，第34页。

② 同上，第99页。

步骤：

首先，福科根据古典时期统治话语的潜在功能分析了理性自然法的规范的语言游戏，而古典时期统治话语的潜在功能是在贯彻和行使绝对主义国家权力过程中发挥出来的。绝对主义国家垄断了暴力，其主权也就体现为惩罚的展示形式——福科根据酷刑过程生动地描述了惩罚的展示形式。接着，福科还是从这个功能主义视角出发，描述了古典语言游戏在启蒙改革时期的延续过程，认为它们分别在康德的道德理论和法律理论以及功利主义那里达到了高潮。值得注意的是，福科并未深入探讨康德和功利主义反过来又用革命的手段贯彻制度化的国家暴力，也就是说贯彻一种政治秩序，在意识形态层面上把君主主权转变为人民主权。因为这种新的政体合乎规范化的惩罚形式，而规范化的惩罚形式正是《规训与惩罚》所要探讨的主题。

由于福科淡化了法律发展的内在方面，所以他才会不动声色地迈出决定性的第三步。如果说古典时期的主权权力是用权利概念和法律概念建立起来的，那么，这种规范的语言游戏就无法适用于现代的规训权力；适用于现代规训权力的，仅仅是一些经验的、至少是非法律的概念。比如对日益受到科学操纵的人们的行为方式和行为动机的实际控制和实际组织：

> 规范化程序越来越对法律程序加以殖民，这一点或许可以说明我所说的规范化社会的全球意义。[1]

---

① 福科：《权力/知识》，第94页。

从自然法理论到自然社会理论的转变表明[①]，现代社会中复杂的生活关系就其整体而言事实上越来越不是用自然法的契约关系范畴来加以建构的。然而，这一事实并不能成为福科做出如下具有重要理论战略意义的抉择的理由：对现代权力形态而言，一切规范结构的发展都无关紧要。福科一旦选择在生命政治层面上贯彻规训权力，也就不会再去关注统治过程在法律层面上的组织形式和统治秩序的合法性。于是，福科在没有任何根据的前提下得出了这样的印象：资产阶级宪政国家似乎是绝对主义时代的残余物，已经毫无意义。

福科把文化和政治简单地混为一谈，并把它们还原到行使暴力这一直接的基础之上；可见福科的阐述存在着明显的不足。福科把现代刑法历史与法治国家的发展过程割裂开来，这样做作为描述技巧还是可行的。比较值得商榷的是他在理论层面上对惩罚系统加以限制。从古典时期转向现代时期之后，福科就不再关注刑法和刑罚程序了。否则，他肯定会用权力理论解释清楚自由和法律安全的获得过程以及法治国家的保障在这些领域中的普及过程。然而，由于福科淡化了惩罚自身历史中的一切法律因素，因此，他的描述也就完全误入了歧途。因为，无论在诊所、学校、集中营中，还是在监狱中，都存在着"特殊的权力关系"——福科本人都对这些权力关系抱着极大的政治热情，法治国家在阔步向前的时候也就不会对这些权力关系置之不理。

福科对权力后果的揭露可谓入木三分，引人入胜；福科在分析对象上虽然有所选择，但这丝毫也没有影响到他的理论的意义。但是，福科有选择地使权力理论普遍化，这就阻碍了他对真

---

① 哈贝马斯："社会学"（词条），载：《新教政治词典》（*Evangelische Staatslexikon*），1966，第210页(8)以下。

正需要解释的现象的认识。在西方社会福利国家的民主制度中,法制化过程中存在着一种两难结构:对假定的受益者的自由构成威胁的,正是保护自由的法律手段自身。福科从权力理论前提出发,彻底抹杀了社会现代化的复杂性,致使他根本无法发现社会现代化过程中令人不安的矛盾。

抹杀矛盾现象的做法在福科对现代性史的研究中同样也有反映。这里涉及到的是反思性内在自然的核心领域,所谓内在自然,就是早期浪漫派所说的具有表现力的内在主体性。遭到抹杀的是内在化和个体化过程中的矛盾结构。内在化和个体化是一个长期的过程,其中伴随着揭示技巧和监视手段,同时又创造了新的殖民化和规范化的领域。马尔库塞认为,当代的性解放现象受到了控制,在社会层面上受到操纵,同时又被商业化并受到了管制,因此是"压抑的反升华"。这种分析对一种解放的反升华视角保持开放状态。

福科的出发点是十分相似的性现象。性遭到了贬斥,沦为控制手段,失去了色情意义。福科却从中看到了终极目标,看到了性解放的公开秘密。表面上是解放,背后隐藏着的却是一种权力,它采用狡猾的手段诱发起裸露癖和观淫癖,从而释放出创造性。对福科来说,"性"和一种话语形态以及权力形态有着同样的意义——这种话语形态和权力形态使人们针对自身所特有的本能、冲动和体验提出无邪的要求,并导致了难以察觉的肉体刺激、不断强化的享乐和精神能量的形成。自十八世纪末以来,一张真理技术的大网就笼罩着有手淫癖的儿童、歇斯底里的女人、性倒置的成人和有生育能力的夫妻——他们周围到处都是从事偷窥的教育家、医生、心理学家、法官和计划生育干部等。

我们或许可以详细阐明福科是怎样把内在自然越来越成为问题这样一个高度复杂的过程简单化为一个单线性历史的。但就本文而言，我们关注的是被福科回避掉的某些方面——有了这些方面，主观自然的色情化和内在化也意味着获得了自由和表达能力。霍内格提醒我们不要把当代的压制的反升华现象投射到历史身上，并再一次去消除过去的压制：

> 在不太遥远的过去，对妇女来说有各种各样的贞操诫律，导致妇女产生性感缺失，对男人则存在双重标准，人们指责越轨性行为，同时贬斥弗洛伊德在其诊室里听到的各种各样的性爱生活。①

福科反对弗洛伊德所提出的关于压制冲动与通过启发而获得解放的模式，表面上看，福科的意见是可信的；之所以可信，仅仅是因为，自由作为现代性的原则，的确不能用主体哲学的基本概念来加以把握。

只要想用意识哲学的手段来把握自我决定和自我实现，即道德和审美意义上的自由，我们永远都会适得其反、南辕北辙。自我的压制是主客体关系中的自主性的反面；自我的丧失（以及对自我丧失的自恋式恐惧），是用意识哲学概念把握的表现性的反面。道德主体自身必须使自己成为客体，表现主体必然会自我放弃，或者出于担心依附于客体，或者自我封闭；所有这些都与关于自由和解放的观念风马牛不相及，而只是揭示出主体哲学的思想强制。然而，福科把一个本来应当用“主体性”来加以概括的观念（和主体以及客体一道）抛到了一边。毫无疑问，只要我们想到的只是主体，想像和处理的只是客体，它们要么完全

---

① 霍内格：《论福科的性史观念》（*Überlgungen zu Michel Foucaults Entwurf einer Geschichte der Sexualität*），手稿，Frankfurt am Main，1982，第 20 页。

沦为客体,要么与作为客体的自身发生关涉,那么,我们就无法把社会化理解为个体化,无法从如下视角出发对现代性史加以描述:主观自然的内在化使得个体化成为可能。福科用意识哲学来消除意识哲学所无法处理的问题。他用一种零碎的权力化概念取代了一直没有得到充分把握的个体化的社会化,而他的这个权力化概念又不足以阐明现代性的矛盾现象。从这个角度来看,社会化的个体只能被看作是样品,是话语形态的标准产物——是一个模子制造出来的。盖伦和福科在政治动机上虽然截然对立,但他们的理论视角却是相似的,盖伦自己对此毫不隐讳:“人格:这是一种同一的制度。”①

① 盖伦:《技术时代的心灵》,第118页。

十一
走出主体哲学的另一条路径：交往理性和以主体为中心的理性

1

权力理论的困境在谱系学的历史写作中有着显著的反映，而谱系学的历史写作涉及到现代的惩罚程序或现代性的特征。悬而未决的方法论问题在缺乏经验的状态中表现了出来。福科的确深入批判了主体哲学对人文科学的约束：这些人文科学摆脱了认知主体在自我表现时所遇到的矛盾和困境，同时却在自我物化的科学主义中越陷越深。然而，对于自身理论的困境，福科看得就不那么清楚了，否则，他应该发现他的权力理论为何会落入同样的命运。他的理论试图超越那些伪科学而达到更加严格的客观性，却越发无望地陷入一种此在主义历史写作的陷阱。这种历史写作模式自以为不得不从相对主义出发进行自我否定；而且，它也无法阐明其修辞学的规范基础。一边是自我克制的客观主义，一边是自我遗忘的主观主义，两者之间是一致的。福科试图用权力作为基本概念，把创造活动中的先验因素保留下来，并在其中消除掉一切主体性。这样做导致了此在主义、相对主义和隐规范主义(Kryptonormativismus)。这种权力概念并没有把谱系学家从充满矛盾的自我表现中解脱出来。

因此,我们有必要回过头来重新考察一下理性批判对人文科学的揭露,但这次我们要注意到一个遭到尼采传人彻底否定的事实。尼采传人没有注意到,从康德开始,现代性的哲学话语中一直就存在着一种哲学的反话语,从反面揭示了作为现代性原则的主体性。[①] 福科在《事物的秩序》最后一章敏锐地诊断出了意识哲学在基本概念上的困境,而席勒、费希特、谢林和黑格尔也曾作过类似的分析。当然,他们提出的解决方案是各不相同的。但是,如果现在权力理论同样也无法找到走出这一困境的途径,那么,我们就有必要回到现代性的哲学话语的起点,以便重新考察当时人们在面临重大选择时所指明的前进方向。这就是我讲演的根本意图。你们或许也记得,我曾经指出过,青年黑格尔、青年马克思,甚至还有作为《存在与时间》的作者的海德格尔,以及研究胡塞尔的德里达,都是有选择余地的,可惜,他们没有做出任何选择。

黑格尔和马克思所关注的是,不要再一次把伦理总体性的直觉重新置于具有认知和行为能力的主体的自我关涉视域之中,而是要根据(面临着合作压力的)交往共同体中非强制性的意志形成模式对伦理总体性的直觉加以阐释。海德格尔和德里达所关注的则是,不要把阐释世界所具有的创造意义的视域归入勇于自我筹划的此在,或构筑结构的背景事件,而是要归入具有交往结构的生活世界(这些生活世界通过以沟通为取向的行为中介进行再生产)。我在其他地方曾提出过这样的想法:客观

---

① 请参阅福科在 1983 年初就康德的《回答一个问题:什么是启蒙?》('Zur Beantwortung der Frage: Was ist Aufklärung?')所做的出色演讲,载:《文学杂志》(*Magazine Litteraire*),1983 年 5 月。

认识的范式必须被具有言语能力和行为能力的主体的理解范式所取代。黑格尔和马克思没有完成这样的范式转换;海德格尔和德里达努力把主体性的形而上学抛到一边,但他们依然沉湎于源始哲学的直觉而不能自拔。福科的出发点同样也在于:他对强迫自我关涉的主体的不断自我重合现象做了三重分析,并由此转向已经证明是死路一条的权力理论。福科跟随着海德格尔和德里达,抽象地否定了自我关涉的主体,简言之,他宣称"人"是不存在的。不过,与海德格尔和德里达不同,福科不再通过历史化的原始力量来弥补已经消失的事物秩序,而孤立的形而上学主体在结构上早就不堪重负,却在徒劳地用自己的力量去恢复这种秩序。不过,先验历史主义的"权力"最终证明自身是话语长河中惟一的恒量,可以作为上文所说的生命哲学的"生命"的等价物。如果我们抛弃所谓形而上学无家可归这样一个充满感伤色彩的前提,如果我们认真思考一下先验的考察方式与经验的考察方式、激进的自我反思与反思所无法复现的远古、自我生成的类的创造性与先于一切生产的源始性之间的关系,换言之,如果我们把所有这些不断重合的神秘现象理解为穷竭的一种症候,那么,我们就可以找到一条切实可行的解决途径。穷竭的是意识哲学范式。果真如此,我们就必须从意识哲学范式转向交往范式,因为只有这样才能消除穷竭的症候。

我在其他地方阐述了以沟通为取向的行为模式。[1] 如果我们暂时可以肯定这种行为模式是成立的,那么,认知主体针对自身以及世界中的实体所采取的客观立场就不再拥有特权。相反,交往范式奠定了互动参与者的完成行为式立场,互动参与者通过就世界中的事物达成沟通而把他们的行为协调起来。一旦

① 关于交往行为概念,请参阅哈贝马斯:《交往行为理论:补充论证卷》。

自我做出行为,而他者采取了相应的立场,他们就进入了一种人际关系。人际关系是由言语者、听众和当时在场的其他人所具有的视角系统构成的,这些视角相互约束、相互作用,并在语法上形成了一种相应的人称代词系统。不管是谁,只要经过这个系统的训练,都能学会用完成行为式的立场来接受第一人称、第二人称和第三人称的视角,并使这些视角相互转换。

但是,语言互动参与者的这种立场也使得主体与自身的关系不同于观察者面对世界中的实体所采取的纯粹客观化的立场。如果在观察者的视角之外没有其他选择可能时,自我关系在先验—经验层面上的强化就是不可避免的;只有在这时,主体才必须把自己看作是对整个世界的主宰,或者把自己看作是一个出现在世界上的实体。在先验自我的超越立场与经验自我的内在立场之间,不会存在任何中介。一旦用语言建立起来的主体间性获得了优势,也就不会再存在这样一种选择了。这样的话,自我就处于一种人际关系当中,从而使得他能够从他者的视角出发与作为互动参与者的自我建立联系。而且,从参与者视角所做出的反思避免了客观化,而观察者视角即便已经具有反思性,也会导致客观化。从第三人称角度来看,不管是向内看还是向外看,一切都必然会成为对象。第一人称用完成行为式的立场从第二人称的角度转而与自身建立联系,这样就可以把刚刚完成的行为再重复一遍。重构一种不断运用的知识,也就代替了一种通过反思而呈现出来的知识,即自我意识。

先验哲学早先所要做的是从直觉的角度分析自我意识,这一点现在也适用于重建科学。重建科学从话语和互动参与者的角度,通过对成功命题或遭到扭曲的命题的分析,努力阐明具有言语能力、行为能力和认知能力的主体所使用的前理论的规则知识。由于这种重建的努力不再针对超越现象领域的知性王国，而是针对一般命题中实际使用的规则知识，所以，先验与经验之间的本体论区分就不存在了。正如皮亚杰的发生结构主义所显示的，重建命题和经验命题可以组成同一种理论。[①] 这样，自我表现不可避免而又互不相容的各个方面之间的复杂联系也就被打破了。于是，再也不需要什么复合的理论来弥合先验与经验之间的鸿沟。

就对无意识的揭示而言，自我关系的重合同样也是如此。按照福科的理解，主体哲学思想在无意识层面上不断摇摆，不是倾向于努力把自在之物改造成自为之物，就是倾向于承认存在一个摆脱了自我意识的透明性的模糊背景。如果我们转向交往范式，自我表现的上述两个方面也就不再互不相容了。由于言语者和听众直接就世界上的事物达成沟通，因此，他们活动在其共有的生活世界视域当中；这个生活世界始终都是参与者的背景，这是一个完整而不可分割的背景，参与者凭着直觉就可以把握住它。言说情境就是各个主题涉及到生活世界的组成部分；对于理解过程而言，生活世界既构成了一个语境，又提供了资源。生活世界构成一个视域，同时预先提供了文化自明性，由此，交往参与者在解释过程中可以获得共识的解释模式。价值共同体的团结以及社会化个体的能力，同文化上根深蒂固的背景假设一样，都属于生活世界的组成部分。

当然，要想提出诸如此类的命题，我们就必须改变一下视角：只能从背后去洞察生活世界。从以理解为取向的行为主体的视角来看，生活世界始终都是一同给定的，它必定要回避把自

---

① 哈贝马斯：《重建的社会科学与解释的社会科学》（'Rekonstruktive vs. verstehende Sozialwissenschaften'），载其：《道德意识与交往行为》（*Moralbewusstsein und kommunikatives Handeln*），Frankfurt am Main，1983，第 29 页以下。

己呈现出来。作为总体性,它使得集体和个体能够建立起自己的认同和生活历史规划,但它只有在前反思阶段才会表现出来。规则知识是在实践中提出来的,并积淀在命题当中,虽然可以从参与者的视角加以重建,但不断后退的语境和始终作为背景的生活世界资源却并不包括在内。我们要想把交往行为作为整个生活世界再生产的中介,就需要有一种理论视角。当然,即便从这个角度来看,也只能提出形式语用学的命题,它们涉及到的是一般生活世界的结构,而不是具有一定历史特征的具体的生活世界。于是,互动参与者也就不再是作为原创者,不再能够借助有力的行为来控制环境,而是作为传统的产物(他们身处传统之中)、团结的产物(他们属于团结的群体)、社会化过程的产物(他们是在社会化过程中成长起来的)。也就是说,只有当这三种超越了行为者视角的功能得到满足的时候,生活世界才会获得再生产:文化传统的延续、集体通过规范和价值实现一体化,以及一代又一代人的不断社会化。这我们所看到的就是具有交往结构的一般生活世界的特征。

要想搞清楚个人的生活历史或一种特殊的生活方式所具有的个别总体性,就必须回到参与者的视角上来,放弃合理重建的意图,而直接从历史的角度展开分析。如果必要的话,可以把叙事手段凝聚成为以对话方式展开的自为批判,医生与病人之间的分析谈话可以说是这方面的一个典型模式。这种自我批判的目的在于消除虚假的本性,即对感知的不自觉的限制和对行为的不自觉的强制所具有的虚假先验性。自我批判涉及到通过叙事而呈现出来的整个生活历史或生活方式。对假设和自我生成的客观表象的分解得益于一种反思的经验。其解放的力量针对的却是单个的幻觉:它无法使个体的生活历史或集体的生活方式整个地变得透明起来。

走出意识哲学范围的自我反思有着双重遗产，它们的目的和意义也各不相同。合理重建致力于启蒙纲领，针对的却是无名的规则系统，而不是总体性。相比之下，自我批判的方法则关乎总体性，而且意识到它永远也无法彻底揭示生活世界背景的潜在意义、前谓词的内涵以及非现实的意义。[①] 因此，通过以交往理论为取向的精神分析学[②]，我们可以很好地看到，重建和自我批判这两种方法处于同一个理论框架之中。即便是认知主体自我表现的两个方面，也并非不可调和；就此而言，强行克服矛盾的复合理论也就显得多余了。

主体的第三种重合同样也是如此：作为一个既具有原创性又远离其源头的行为者。形式语用学所阐明的生活世界概念要想成功地为社会理论所用，就必须转变为一种可以使用的经验概念，并与自我控制的系统概念融为一体，构成一个两层的社会概念。此外，我们有必要严格区分开来发展逻辑问题和发展动力问题，以便从方法论上把社会进化和历史区别开来，并在它们之间建立起联系。最后，社会理论对自身的发生语境以及它在当代语境中的位置有着明确的认识；即便是那些具有十足普遍主义特征的基本概念，也有一个时间上的定位问题。[③] 这样做如果有助于我们成功地克服绝对论与相对论之间的两难境地[④]，我们也就不会再面对这样的选择了：要么作为（无论是精

---

① 请参阅哈贝马斯：《认识与兴趣》，第 411 页以下；达默尔：《利比多与社会》（*Libido und Gesellschaft*），Frankfurt am Main，1982，第 8 页以下。

② 哈贝马斯：《解释学的普遍有效性要求》（'Der Universalitätsanspruch der Hermeneutik'），载其：《论社会科学的逻辑》（*Zur Logik der Sozialwissenschaften*），Frankfurt am Main，1982，第 331 页以下。

③ 请参阅哈贝马斯：《交往行为理论》，第 2 卷，第 589 页以下。

④ R. J. 伯恩斯坦：《超越客观主义与相对主义》（*Beyond Objectivism and Relativism*），Philadephia，1983。

神的还是种属的)自我生成过程的世界历史概念,要么是原始思维的天命概念(它通过撤销和剥夺的否定性而使人们意识到已经丧失的源始力量)。

对于这样一些复杂的联系,我在这里不可能展开详细的论述。我想要阐明的是,范式转变何以能够使得那些困境失去意义,而福科就是从这些困境出发来解释主体性的危险动力(主体性沉湎于认识,并成为伪科学的牺牲品)。从以主体为中心的理性到交往理性的范式转变,也鼓励我们把现代性从一开始就具有的反话语再一次接受过来。无论是在形而上学批判路线当中,还是在权力理论路线当中,都不可能贯彻尼采的激进理性批判,因此,我们要另辟一条走出主体哲学的途径。如果从不同的前提出发,一种正在崩溃的现代性的自我批判的理由就会引起充分的注意,这样,我们就能正确对待尼采以来轻率告别现代性的致命动机。我们必须清楚地认识到,纯粹理性的纯粹主义在交往理性中并没有得到复活。

2

过去十年里,激进的理性批判几乎成了时尚。无论是就主题还是就方法而言,哈特穆特·伯麦和格尔诺特·伯麦的研究在这方面都堪称典型。他们根据康德的著作和生平来理解福科关于现代知识形式发生的观点。他们的研究是一种科学史写作,而且带有文化史和社会史的风格,探讨的是纯粹理性批判和实践理性批判背后到底隐藏着什么。比如说,他们通过探讨康德与通灵者斯维登堡的争论,寻找理性批判的真正动机,认为康德在这个人身上找到了自己孪生兄弟的影子,即遭到压抑的自我形象。哈特穆特·伯麦和格尔诺特·伯麦把这些动机追溯到私人领域，认为康德作为一个学者，其生活方式非常忧郁、非常古怪，也非常幽静；没有性生活，没有肉体生活，也没有幻想，枯燥不堪，这些都和他的理性批判动机有着千丝万缕的联系。两位作者从精神史的角度展示了"理性的成本"。他们用精神分析学的论点来核算成本与收益，并用历史数据来加以证明，当然，他们无法告诉我们，如果他们的观点是成立的，那么，这些论据和数据到底发挥了怎样的重要性。

康德从理性自身的视角出发，对理性展开批判；所谓理性自身的视角，就是说，理性用一种严格的话语方式对自身进行限定。现在，如果要阐明自我限定的理性（把形而上学排除在外）的发生成本的话，我们就需要有一个超越这种划界的理性视域，好让计算成本的先验话语能够自由活动。这种再一次被推向激进的理性批判必然要设定一个更具包容性的理性。当然，伯麦兄弟并不打算以魔驱魔；相反，他们和福科一样，认为从（康德模式的）排他性理性向包容性理性过渡的过程中，所显示出来的仅仅是"用渗透的权力类型来补充排斥的权力类型"①。由此，他们自身的研究自然就要在理性的他者那里获得一个永远外在于理性的位置。可是，一个地方，如果理性话语在先验意义上都无法进入，在这里再坚持理性还有什么意义呢？因此，在这部著作中，尼采以来反复出现的悖论并没有留下明显的印记而让人不安。在方法论上对理性的敌视，也许和一种历史的天真有关，就是因为有了这种历史的天真，诸如此类的研究才在论证、叙事和虚构的乌有乡里任意驰骋。② 新的理性批判压制了现代性本身

① H. 伯麦、G. 伯麦：《理性的他者》（*Das Andere der Vernunft*），Frankfurt am Main，1983，第 326 页。

② 请参阅本书关于德里达的附论（第七章）。

所固有的反话语。这种反话语已有近两百年的历史，我的这些演讲就是要回顾这种反话语的发生和发展历史。

现代性的反话语把康德哲学看作是对现代性的无意识表达，因而也把康德哲学作为自己的发端，目的是要揭示启蒙自身的狭隘性。新的理性批判否认与这种反话语有着连续性，尽管它仍然处于这种反话语之中：

> 关键已不再是完成现代性设计（哈贝马斯）；而是修正现代性设计。启蒙并不是一直都处于未完成状态，而只是没有得到明确而已。[1]

然而，用启蒙的手段来修正启蒙，从一开始就把康德的批判者团结到了一起——包括席勒与施莱格尔，费希特与图宾根神学院的学生。[2]我们继续往下看：

> 康德哲学开始就是用来划分界限的，但它丝毫也没有告诉我们，划分界限是一个动态过程，理性凝聚成为一个稳定的领域，而把其他一切都排斥出去，因此，划界的过程就是明确自身和排除他者的过程。

本章开始的时候已经指出，黑格尔以及谢林和荷尔德林是怎样把反思哲学的划界成就看作一种挑战的（反思哲学设定了许多二元对立：信仰与知识、无限与有限、精神与自然、知性与感性、职责与爱好等）；他们又是如何把主体理性的异化足迹从内

---

① H. 伯麦、G. 伯麦：《理性的他者》，第 11 页。

② 指黑格尔、谢林和荷尔德林。——译注

在自然和外在自然一直追溯到政治生活和日常生活中遭到破坏的伦理的“实证性”那里的。黑格尔认为,一体化力量从人类日常生活中消失了,也正因为如此,才会出现对哲学的客观需要。但是,黑格尔认为,以主体为中心的理性的划界不是一种排除,而是一种分裂,而且认为,哲学能够进入囊括理性和理性他者于一体的总体性。哈特穆特·伯麦和格尔诺特·伯麦对此却表示怀疑,他们认为:

> 然而,如果不把(无法扬弃的)理性他者结合起来考虑,我们就无法搞清楚理性到底是什么。因为理性会自欺欺人,以为自己就是整体(黑格尔),或包括整体。

这正是青年黑格尔派一度质疑他们导师的地方。他们反对绝对精神,提倡一种新的过程,在其中,理性的他者总是先于理性而存在,其自主权利应该得到恢复。这是一个解理想化的过程,由此形成一个具体理性的概念;决定它与时间的历史性、外在自然的现实性、内在自然的解中心的主体性、社会的物质性之间关系的,不是包容和排斥,而是本质力量的想像实践和培养实践,而这种实践是在“不由自主的”有限条件下发生的。社会被想像为一种体现理性的实践。这种实践是在历史时间层面上完成的;它把个体的主观自然与周围世界在劳动中获得客观化的自然协调了起来。理性有着明确的历史定位和肉体体现,并直接面对外部自然;社会实践就是理性与他者实现调和的地方。调和实践能否成功,主要就取决于其内在观念,取决于它在社会制度化的生活语境中的分裂程度和和解程度。席勒和黑格尔所说的自我中心主义体系或分裂的伦理总体性,到了马克思那里,变成了分裂为不同阶级的社会。正如席勒以及青年黑格尔所指出的,没有发生异化的合作和共同生活具有一种团结的力量,并决定社会实践中所体现出来的理性是否会与历史和自然取得一致。死亡的压迫、历史意识的消除以及对内在自然和外在自然的征服等,正是来自分裂的社会自身。

从理性历史来看,青年马克思的实践哲学的意义在于把黑格尔的分裂模式同把理性的他者囊括在自身之中的理性概念分离了开来。实践哲学的理性被认为是有限的;但它仍然以一种社会批判理论的形式,与一种包容理性保持联系,因为它知道不超越它们是不行的;不超越它们,就无法认清资产阶级交往形式中体现出来的以主体为中心的理性的历史局限性。凡是顽固坚持排斥模式的人,都会对黑格尔上述认识视而不见,而从马克思那里我们可以看到,黑格尔的上述认识无需付出把精神绝对化的代价。从这一有限的视角出发,后黑格尔主义理论从一开始就接受了黑格尔的缺陷,而且影响深远:

> 直到理性的工具性、压抑性和狭隘性遭到批判的时候,依然还在发挥作用:在霍克海默和阿多诺那里还有着影响。他们的批判总是打着一种更高理性的旗号,即包容性理性的旗号,这种理性许诺可以提出总体性要求,而总体性要求在现实理性身上是值得怀疑的。并不存在什么包容性理性。我们应该从弗洛伊德或尼采那里汲取教训,认识到理性离开他者便无法存在,而且,就功能上说,正是因为有了他者,理性才必不可少。[①]

伯麦兄弟的上述这段话让我们联想到,尼采曾根据浪漫派

① 《理性的他者》,第18页。

的遗产，用总体化的理性批判来对抗具有辩证风格的启蒙纲领。只有当理性被剥夺掉一切先验力量，只有当理性始终处于疯狂的自主状态和无能状态，到了康德为知性和理智状态所划定的极限，启蒙辩证法才会失去其意义：

> 理性主体想要依靠的不是他者，也不是他物，而是自身，这既是他的理想之处，又是他的疯狂之处。①

只有当理性自身让我们看出它在本质上是一种自恋的权力，把周围的一切都作为征服的对象，仅仅具有表面上的普遍性，坚持的是自我捍卫和特殊的自我膨胀，理性的他者自身才可以被设想为一种能动的力量，它奠定了存在的基础，既充满活力，又识别不透，不再被理性的火花所照亮。理性被还原为作为理智和目的行为的主观能力；只有这样的理性才适合于一种排斥性的理性形象，它走得越高，就越是失去根基，直到最终枯萎凋落，成为隐蔽而异在的源始力量的牺牲品。启蒙辩证法的秘密应该说就表现为自我毁灭的动力。只有当理性自身所产生出来的仅仅是赤裸裸的权力，这种自我毁灭的动力才会发生作用。其实，理性本身是想把它所产生出来的权力作为一种达到更好认识的非强制性的强制力量。

此外，这一强制也充分说明，尼采所开创的康德解释从根本上消解了康德的理性建筑术；它必然要消除纯粹理性批判与实践理性批判以及判断力批判之间的联系，因为只有这样，才能让前者融入一种关于异化的外在自然的理论，也才能让后者融入

---

① 《理性的他者》，第 19 页。

一种关于控制内在自然的理论。[1]

如果说理性的分裂模式揭示出社会团结实践是一种具有历史定位的理性的活动场所，让外在自然、内在自然和社会都集中到了这里，那么，理性的排斥模式所显示出来的这种乌托邦空间则充斥着一种被还原为纯粹权力的不可调和的理性。社会实践仅仅是一个舞台，目的是让规训的权力不断展示出来。由此，一种被剥夺力量的理性会胡作非为，寻找进入先于它而存在的东西的途径。在其所谓的自主性当中，理性变成了主体性，成为各种自然力量的傀儡。这些自然无论是内在的还是外在的，都遭到了排斥，成为了客体，其不同力量直接对理性施加机械的影响。

自我膨胀的主体性的他者已经不再是分裂的总体性——它首先表现为遭到破坏的相互复仇的力量，表现为遭到扭曲的交往关系带有宿命色彩的因果性；其次表现为社会生活总体性遭到扭曲所导致的苦难，既是异化的内在自然，也是异化的外在自然。在排斥模式中，主观理性的复杂结构实际上没有得到分化，它脱离了社会，进而脱离了自然：

> 理性的他者是自然、人的肉体、幻想、欲望和感情——或更确切地说，是理性所无法占有的一切。[2]

---

① 席勒和黑格尔想看到自律的道德思想在一个审美上得到调和的社会里，或在伦理生活的总体语境中得以实现，而伯麦兄弟只看到道德自律中惩戒权力的作用："如果我们要想像在普遍原理方面以道德律法的名义进行的内部司法过程，我们就要诉诸新教式的良心审视，这种审视用人类的内在性取代了巫师审判的模式；确言之，是进而走进了凉爽干净的审讯室，而警察沉默、雅致的电脑武器库也变得精确起来，它的理想是分类命令——对每一特殊和抵抗事物的不间断理解和控制，直到人类的内在性。"（《理性的他者》，第 349 页）

② 《理性的他者》，第 13 页。

因此,理性的他者可以说就是遭到分裂和压迫的主观自然的生命力;就是浪漫派重新挖掘出来的梦幻、想像、疯狂、狂欢和放纵等现象;就是一种解中心化且得到理性他者授权的主体性以肉体为核心的审美经验。不过,早期浪漫派仍然想用一种新的神话形式把艺术确立为社会生活的一个公共机制,想要把由此引发的激情升华为宗教一体化力量的等价物。只是到了尼采,这种激情力量才被彻底转移到现代社会以及历史的彼岸。审美经验在先锋派那里被推向了极端,其现代源头仍然秘而不宣。

这种激情力量被塑造成为理性的他者,既是神秘的,又是匿名的,并在其他名称下表现了出来——诸如存在、异质、权力等。玄学家的宇宙自然和哲学家的上帝变得模糊不清,成为让人着魔的回忆,成为哲学和宗教意义上孤立主体的一个动人记忆。这个主体所摆脱的秩序,即未被异化的内在自然和外在自然,现在只以过去时态出现,在海德格尔那里是古老的形而上学起源,在福科那里则是人文科学考古学上的转折点——当然还有更时髦的说法:

> 与肉体相分离,其利比多力量能够提供快乐的途径;与母性相分离,母性包含着共栖整体和哺育保护的古老形象;与女性相分离,与女性的混合属于原始的幸福图景——被剥夺一切形象的理性哲学只能生成一种了不起的意识,让理智凌驾于自然之上,凌驾于低贱的肉体和女性之上……哲学赋予理性一种全能性、无限性和未来之完善性,相反,

与自然之间的本真关系已经丧失，而且不会再重新出现。[1]

然而，现代主体关于起源的这些回忆都是用来回答坚决追随尼采的人所不愿意回避的问题。理性的他者不管叫什么，只要我们用叙事的形式来谈论它，只要话语思维中的异质因素没有采取进一步的防护措施就以专名的形式出现在哲学表述和科学表述当中，那么，天真就无法弥补康德所开创的理性批判的欠缺。在海德格尔和福科那里，主观自然作为他者的占位者已经消失了，因为主观自然一旦作为弗洛伊德或荣格、拉康或列维-斯特劳斯概念上的个体无意识或集体无意识进入任意一种科学话语，它就不能再以理性的他者自居。无论是以沉思的形式，还是以谱系学的形式，海德格尔和福科都想建立一种特殊话语，要求超越理性视域，而又不会变得彻底非理性。显然，这样做不过是转移了悖论而已。

理性的历史形态可以从被排除在理性之外的他者视角来加以批判考察。这就需要有一种超越自身的自我反思行为，而且是一种理性行为，在这种行为中，原生的主体肯定要被理性的他者所取代。主体性，作为认知主体和行为主体的自我关涉，体现在自我反思的两层关系中。这个格局保留了下来，但主体性只能出现在客体的位置上。海德格尔和福科对这种悖论的讨论在结构上是非常类似的，因为他们都想通过理性的自我放逐(即把理性从其自身领域中驱逐出去)，而创造出一个理性的异质因素。这种方法自认为自己是通过揭示而打倒自我偶像化，一边推动主体性，一边又遮蔽主体性。与此同时，它用支离破碎的宗教—形而上学秩序概念来建立自己的属性。反之，一直寻求的

① 《理性的他者》，第 23 页。

他者异在于理性，但又一直作为理性的异质因素而与理性保持联系；他者源于绝对者的彻底终极化，而主体性错误地取代了这个绝对者。我们在前面已经看到，海德格尔选择时间作为终极范畴，把理性的他者构想为时间长河中一种无名的源始力量；福科则选择集中在自身肉体经验当中的空间范畴，把理性的他者设想为肉身互动的权力化的无名源泉。

由此可见，悖论虽然得到了处理，但绝没有得到了解决。悖论退隐到了处于特殊地位的超验话语之中。如果说沉思属于一种神秘化的存在，那么，谱系学则属于一种权力。沉思应该开创一条通往在形而上学意义上遭到动摇的真理的特殊途径，而谱系学则要取代看起来已经堕落的人文科学。海德格尔对他的特权形式三缄其口，让人们无从得知如何评价他晚期哲学所使用的文类，福科则不事声张，默默写作，但他充分意识到了他在方法上有着无法摆脱的困境。

3

包容性理性和排斥性理性的空间隐喻表明，所谓的激进理性批判仍然立足于主体哲学的前提，而它想要摆脱的正是这些前提。一种理性，只有当我们赋予它绝对权力的时候，它才可能包容或排斥。因此，内和外是与统治和臣服联系在一起的；而克服掌握权力的理性则和砸破监狱的大门、确保进入无拘无束的自由联系在一起的。所以说，理性的他者始终都是权力理性的镜像。献身和命令始终是与控制欲联系在一起的，如同反抗权力依赖于压迫的权力一样。那些想要把一切范式连同意识哲学范式统统抛在一边，而直接迈入后现代性的澄明境界的人，根本无法摆脱以主体为中心的理性概念及其直观形态。

从早期浪漫派开始，就不断要求用审美主义和神秘主义的临界经验来让主体在迷狂中实现超越。神秘主义者在绝对者的光芒照耀下变得盲目了，他们视而不见；审美迷狂者则表现出震惊和眩晕。无论是前者还是后者，其震惊的源头都是不明确的。而这种不确定性中所呈现出来的，正是遭到克服的范式的模糊轮廓——即被解构之物的轮廓。从尼采一直到海德格尔和福科，这种局面都没有什么变化；从中还出现了一种没有客体的顿悟。于是，亚文化出现了，通过没有膜拜对象的膜拜行为，亚文化既平息又保持了对未来不确定真理的激情。这种奇特的游戏带有宗教—审美的放纵色彩，它所吸引的主要是知识分子，他们时刻准备着在需要指点迷津的祭坛上奉献理智。

然而，即便如此，一个范式只有在遭到另一个不同范式的明确否定时才会失去其力量，即是说，在因认识而被剥夺价值时才会失去其力量；任何发誓要消灭主体的做法都会遭到抵制。解构劳动一泻千里，但只有当一个具有认知能力和行为能力的孤立主体的自我意识范式、自我关涉范式被另一个范式，即被理解范式（交往社会化和相互承认的个体之间的主体间性关系范式）取代时，解构才会产生明显的效果。随后才会出现一种对以主体为中心的理性的占有思想的具体批判——对西方“逻各斯中心主义”的批判，它对理性的诊断不是太多，而是太少。它不是克服现代性，而是把现代性内部所固有的反话语重新挖掘出来，并把它从黑格尔和尼采之间毫无意义的对峙当中解脱出来。这种批判抛弃了过分强调回归古代源头的原发性，释放了现代思想自身当中的颠覆力量，其矛头直指从笛卡尔到康德所建立起来的意识哲学范式。

尼采引发的对西方逻各斯中心主义的批判是破坏性的。它表明，依附肉身且具有言语能力和行为能力的主体并不是自己的主人;由此还得出结论认为,通过认知而把自己明确下来的主体实际上依赖于一个先在的、无名的和超主体的事件——或是存在的天命,或是偶然形成的结构,或是一种话语形式所具有的创造力。因此,真正主体的逻各斯看起来似乎是错误的天命,被错误地专门化,虽然效果不凡,但也是错误累累。这种后尼采主义的分析所唤起的希望,总是具有充满期待的不确定性特征。一旦以主体为中心的理性的防御被打破,逻各斯也就轰然坍塌,而逻各斯可是长期以来一直都把受到权力保护的内在性凝聚在自己内部,尽管这种内在性外强中干。不过,逻各斯现在必须听从于其他者,而不管这个他者是什么。

对西方逻各斯中心主义的另一种批判虽然不是这样彻底,但也已经逐步展开;它一上来就攻击关于逻各斯的抽象概念(逻各斯脱离了语言,具有普遍主义特征,而且虚无缥缈)。它把主体间的理解看作是日常语言交往中固有的目的,把被意识哲学推到极端的西方逻各斯中心主义思想看作是对日常交往实践中的一种潜能的全面压缩和扭曲,这种潜能虽然一直都在发挥作用,但只有部分得到了充分发挥。只要西方的自我理解认为人与世界的关系表现为一种垄断关系:面向存在者,认识和处理对象,提出真的命题和实现意图,那么,理性就依然只能在本体论、认知论或语言分析意义上局限于其某个层面。这就是认知主义对人与世界之间关系的还原,而且:在本体论上被还原为一切存在者的世界(即一切可以想像的对象和一切现存的事态的总体性);在认识论上被还原为认识现存事态和从工具理性的角度引用这些事态的能力;在语义学上被还原为用断言命题明确事实的言语——除了内在所把握的命题真实性之外,不允许有任何其他的有效性要求。

就语言哲学(从柏拉图到波普尔)而言,这种逻各斯中心主义集中体现为这样一种断言：只有语言呈现事态的功能才是人的一种垄断能力。由于人和动物一样都有所谓的召唤功能和表达功能（卡尔·毕勒），因此，只有再现功能对于理性具有构成意义。[①] 相对而言，当代动物行为学提供了新的证据，尤其是人工训导大猩猩掌握语言的实验表明，我们的社会文化生活方式所固有的，不是对命题的使用，而是对陈述语言的交往使用；而且，后者还构成了真正的社会生活再生产的一个层面。就语言哲学而言，一旦我们离开判断或命题的分析层面，把分析扩大到言语行为和对命题的交往使用，我们就会发现，语言的三种基本功能具有相同的源头，也具有相同的价值。基本的言语行为展示出一种结构，在这种结构中，三种因素相互交织：表现（或提示）事态的陈述因素、建立人际关系的以言行事因素以及表达言语者意图的语言因素。言语行为理论对语言的复杂功能（表现功能、建立人际关系功能和表达各自经验的功能）做了透彻的阐述，对于(a)意义理论、(b)交往理论的本体论前提、(c)理性概念自身等产生了深远的影响。对此，我在这里只想结合言语行为理论对于(d)一种新的工具理性批判方向的重要意义来加以阐明。

(a)真值语义学是从弗雷格到达米特和戴维森而发展起来的。和胡塞尔的意义理论一样，真值语义学的出发点也是一种逻各斯中心主义：断言命题的真实性关联和用于实现一定意图的意向性命题的间接的真实性关涉，为解释语言观念提供了一个恰当的起点。因此，真值语义学得出了这样一条基本原则：我们要想理解一个命题，首先就要了解使这个命题为真的条件。

---

① 阿佩尔：《人类语言的逻各斯特征：言语行为理论的哲学意义》（*Die Logosauszeichnung der menschlichen Sprache. Die philosophische Tragweite der Sprechakttheorie*），手稿，Frankfurt am Main，1984。

而要想理解意向性命题和命令式命题，相应地，也就要了解“成功的条件”。[①] 经过语用学拓展的意义理论，克服了把语言功能仅仅局限于反映事实的做法。和真值语义学一样，意义理论也坚持认为，意义与有效性之间存在着一种内在联系，但它并没有把这种有效性还原为真值有效性。也就是说，对应于语言的三种基本功能，我们可以从三种不同的有效性角度对任何一种基本的言语行为做出总体性的考察。无论是对命题（及其陈述内涵的现实前提）所坚持的真实性提出质疑，还是对言语行为在规范的表达语境中的正确性（以及先在的语境自身的正当性）提出质疑，或是对言语者表达意向（即意向与言语的一致性）的真诚性提出质疑，都可以让听众从总体上去否定一个言语者的表达。因此，意义与有效性之间的内在联系涉及到的是整个语言意义——而非仅仅针对可以补充成为断言命题的表达意义。任意一种言语行为，而不仅仅是记述式言语行为（Konstative Sprechakte），只要我们了解它在何种前提下能够得到有效接受，我们也就理解了其意义。

(b)但是，如果不仅是记述式言语行为，而且还有调节式言语行为和表现式言语行为，都与有效性要求有着联系，并因承认其有效性而得到接受或因否定其有效性而遭到拒绝，那么，意识哲学的本体论概念框架（除奥斯丁之外，这个概念框架对于语言哲学也有规范意义）也就过于狭隘了。主体可以用他的想像或命题与“世界”建立起联系，而“世界”一直被认为是对象或现存事态的总体。客观世界被认为是一切断言命题的对应物。但是，如果规范的正确性和主观的真诚性被作为类似于真实性的

---

① 图根哈特：《语言分析哲学导论》（*Einführung in die sprachanalytische Philosophie*），Frankfurt am Main，1976。

有效性要求而引入命题的话，我们就必须为正当的人际关系和主观经验设定类似于事实的相应“世界”：不仅要为我们以第三人称立场所遇到的“客观”事物设定一个“世界”，要为我们觉得我们应该以接受者的立场加以服从的“规范”事物设定一个“世界”，还要为我们以第一人称立场在公众面前所暴露或遮蔽的“主观”事物设定一个“世界”。在任何一种言语行为中，言语者都与客观世界、共同的社会世界以及主观世界中的事物建立起了联系。要想用这样一种方式来拓展“世界”的本体论概念，逻各斯中心主义遗产也就暴露出了其术语上的局限。

现象学特别是海德格尔所阐述的生活世界参照关系概念，同样也需要进一步加以拓展，它们在互动参与者背后构成了一个不成问题的沟通语境。参与者从这个生活世界中所汲取的，不再单纯是共识的阐释模式（命题内涵所依靠的背景知识），而且还有规范可靠的关系模式（悄悄设定的团结，用做以言行事行为的基础）以及在社会化过程中获得的能力（言语者的意向背景）。

(c)我们最初认为“理性”是具有言语能力和行为能力的主体的基本品质，以此可以获得和使用容易出错的知识。只要意识哲学的基本概念迫使我们把知识仅仅理解为关于客观世界事物的知识，那么，理性所要衡量的就是，孤立的主体是如何把他的想像内涵和命题内涵作为自己的取向的。以主体为中心的理性在真理和成功的标准中找到了自己的准则，而具有认知能力和目的行为能力的主体与客观世界或客观事态所构成的世界之间的关系，就是由这些真理和成功的标准支配的。相反，我们一旦把知识看作是以交往为中介的知识，那么，理性所要衡量的就是，负责的互动参与者能否把主体间相互承认的有效性要求作为自己的取向。交往理性发现，其标准在于直接或间接兑现命题真实性、规范正确性、主观真诚性以及审美和谐性等有效性要求所使用的论证程序。[①]

因此,我们可以根据不同论证形式之间的相互依赖关系,即用一种语用学的论证逻辑,来明确一种程序主义的理性概念。由于包含了道德—实践内涵和审美—表现内涵,这个理性概念要比局限于工具—认知因素的目的性理性概念更加丰富多彩;它是建立在言语有效性基础上的理性潜能的体现。这种交往理性让我们回想起古老的逻各斯思想,因为它包含着一种话语所具有的非强制性的一体化力量和共识力量,而在这种话语中,参与者为了建立一种具有合理动机的共识,克服掉了其最初的有限的主观观念。交往理性表现在一种解中心化的世界观当中。

(d)由此看来,在认知—工具层面上对客观自然(和社会)的占有和(目的理性意义上)自恋式的自主性都是一些派生因素,它们已经独立于生活世界的交往结构,即独立于理解关系和相互承认关系的主体间性。以主体为中心的理性是一种分化和僭越的产物,而且是一个社会过程的产物。在这个过程中,一个次要的因素占据了整体的位置,却又没有同化整体结构的能力。与福科一样,霍克海默与阿多诺曾把这个超出自身能力的自我物化的主体性过程描述为一个普世过程。但霍克海默和阿多诺以及福科都忽视了这个过程所具有的深刻反讽意义,具体而言:交往理性潜能首先必须在现代生活世界形态中释放出来,才能让获得解放的经济亚系统和行政亚系统的命令回过头来对遭到破坏的日常生活实践施加影响,促使认知—工具因素支配遭到

---

① 维尔默曾经指出,艺术作品的和谐性,即所谓的艺术真实,绝不能还原为本真性或真诚性,请参阅其:《真实、假象与调和:阿多诺对于现代性的审美拯救》('Wahrheit, Schein, Versöhnung. Adornos ästhetische Rettung der Modernität'),载弗里德堡、哈贝马斯(编):《阿多诺讨论文集》,第 138 页以下。

压制的实践性理性因素。交往理性潜能在资本主义现代化进程中既得到了释放,又遭到了破坏。

两个过程之间存在着一种充满悖论的共时性和相互依赖性。马克斯·韦伯曾用实质理性与形式理性的对立来展示这样一种错误的两难选择,而我们只有在克服掉这种错误的两难选择之后,才能正确地把握住上述两个过程之间充满悖论的共时性和相互依赖性。这种错误选择的前提在于,宗教—形而上学世界观的解神秘化剥夺了理性和传统的实质内涵,也使它们失去了一切力量,从而无法超越目的理性组织手段,无法对生活世界发挥建构性的作用。相反,我坚持认为,交往理性尽管具有纯粹程序主义特征,尽管摆脱了一切宗教和形而上学的假设,但它依然直接进入了社会生活过程,具体途径在于:理解行为承担着一种协调行为机制的作用。交往行为网络依赖的是生活世界的资源,但同时又构成了具体生活方式的再生产中介。

因此,交往行为理论可以摆脱意识哲学前提,对黑格尔的伦理生活关系概念加以重建。交往行为理论祛除了一种俗命所具有的难以揣度的因果性,这种俗命由于具有一种无情的内在性而同存在的天命区别了开来。不同于存在事件或权力事件的"不可预测性",遭到损害的交往生活关系所具有的伪自然动力保留着自我负责的天命的某种性质,当然,这里说的是一种主体间性意义上的"责任",也就是说,交往行为者不管自己承担责任的能力如何,都必然要卷入一种集体责任,从而不自觉地造成了后果。自杀在周围人群中引起震惊,这绝非偶然;一个人不管如何铁石心肠,也能从中感知到命运的不可捉摸,从而惺惺相惜。

4

在交往行为理论中，把生活世界和日常交往实践结合在一起的循环过程，占据了马克思和西方马克思主义为社会实践保留的中介位置。在社会实践中，具有历史定位、依赖于肉身并直接面对自然的理性，应该与他者协调起来。现在，交往行为如果想要承担起同样的中介功能，那么，交往行为理论就会让人觉得它只是另一种不同的实践哲学。事实上，两者所要履行的是同一项使命：把理性实践理解为体现在历史、社会、肉身和语言中的理性。

实践哲学如何用劳动来代替自我意识，而自然后来又落入生产范式的窠臼，对此，我在前面已经作了探讨。实践哲学经过现象学和人类学更新，由于可以使用胡塞尔分析生活世界的手段，已经从马克思对生产主义的批判中汲取了教训。实践哲学限制了劳动的意义，参与到了两难的尝试当中，把主观精神的外化、一种具体理性的时间化、社会化和客观化放到不同的主体—客体关系当中；由于使用的是现象学—人类学的思想手段，因此，实践哲学恰恰是在它无能为力的地方放弃了原创性：把实践定义为具有合理结构的中介事件。也就是说，它让自己又一次服从于主体哲学的二元概念：历史是主体筹划和创造出来的，而主体本身又是在历史进程中被筹划和创造出来的（萨特）；社会表现为一个客观的关系网络，要么作为一个规范秩序，笼罩在具有先验前理解能力的主体头上（舒茨），要么作为工具秩序，在相互客观化的斗争中从主体自身那里生产出来（科耶夫）；主体要么集中体现在肉身当中（梅洛-庞蒂），要么与肉身构成离心关系，把肉身当作对象（普莱斯纳）。一种思想只要同主体哲学保持联系,就无法克服这些二元性,而必然会像福科所敏锐诊断的那样,在两极之间无助地摇摆。

实践哲学的语言学转向同样也没有导致范式转型。言语主体要么是语言系统的主人,要么是语言系统的守望者。他们要么使用语言创造意义,以便不断地揭示世界;要么总是在一个揭示世界的不定视域中活动。对他们来说,揭示世界依靠的是语言自身——语言成为一种创造性实践的中介(卡斯托里亚迪斯)或成为一种差异性的事件(海德格尔和德里达)。

卡斯托里亚迪斯用语言哲学的方法阐述一种关于想像制度的理论,大胆地发展了实践哲学。为了重新赋予社会实践概念以革命的爆发力和规范的内涵,卡斯托里亚迪斯不再从表现主义的角度而是从造物的角度,把行为视为绝对新颖、绝对独特的原始创造,而且,每一个创造形式都打开了一个无与伦比的意义视域。对现代性的合理内涵的保障——自我意识、真正的自我实现和团结中的自我决定等,被认为是用语言创造出来的想像力。当然,这就非常接近于没有任何根基的存在,从而引起了人们的质疑。最终,在唯意志论的"自力更生"与宿命论的"听天由命"之间,有的只是一种修辞学上的差别。

按照卡斯托里亚迪斯的理解,社会和先验主体性一样,分为创造者和创造物、建构者和建构物,在此过程中,作为意义源泉的想像之流不断涌入相互交织的语言世界观当中。这是对意义总体性的绝对崭新和不断更新的本体论创造;它的发生犹如存在的天命一般;这种历史真理的创造性发生如何才能转换为个体(他们具有行为意识和自主性,而且能够自我实现)的革命实践计划,对此,我们无从得知。自律性和他律性最终要用一个社会本真的自明性来加以衡量,而这个社会不能用社会外部的投影来遮蔽其想像的源头,并把自己明确为一个自我建构的社会。

可是，谁是这种知识的主体呢？卡斯托里亚迪斯认为，除了存在主义的抉择之外，没有任何其他理由来推动物化社会的革命："因为我们想要这样做"；但他反过来必然又要追问：如果社会化的个体不过是"社会想像"所"设定的"，那么，谁又是这个极端意志的"我们"呢？卡斯托里亚迪斯的结论，正是齐美尔的前提：生命哲学。

这个结论源于卡斯托里亚迪斯从解释学和结构主义那里借用过来的语言概念。同海德格尔、德里达和福科一样，卡斯托里亚迪斯的出发点也在于：在语言与所言说的事物之间、在建构性的世界观与建构起来的内在世界之间，存在着一种本体论的差异。这一差异表明，语言揭示了意义视域，而在这个意义视域中，具有认知能力和行为能力的主体对事态加以阐释，即遭遇到人和物，并在与这些人和物打交道的过程中积累起自己的经验。语言揭示世界的功能，被认为是类似于先验意识的创造功能，当然排除了其纯粹的形式特性和超越特性。语言世界观是一种具体的世界观，具有历史的先天性；它把不同解释视角的内涵严格地固定了下来。构成性的世界观处于变化之中，而且独立于主体根据这种前理解对世界状况的阐释所能积累起来的经验，独立于主体在与内在世界的实际交往中所能学到的东西。无论语言世界观在元历史层面上的变化被认为是存在、延异、权力或是想像，无论它是被赋予神秘的拯救内涵、审美震惊、造物主的痛苦，还是被赋予创造性的迷狂，所有这些概念都有一个共同之处，那就是：语言建构视域的创造性与一种内在世界的实践结果彻底脱离了开来，而这种内在世界的实践在语言系统中已经预先被规定了下来。揭示世界的语言与世界上的学习过程之间的任何一种互动，都被彻底排除在外。

由此看来，实践哲学已经同一切语言学历史主义严格区别了开来。因为,实践哲学把社会生产看作是类的自我创造过程,把劳动对外部自然的改造看作是通过学习而改造自身内在自然的一种动力。社会化的生产者根据这些观念来阐释一个具有历史意义的先在自然,而这些观念世界的变化反过来又依赖于与改造活动息息相关的学习过程。这些建构世界的作用之所以能够获得内在世界的实践意义,决不是由于上层建筑机械地依赖于经济基础,而是由于两个简单的事实:有了观念的世界,才有可能对合作加工的自然做出具体的解释;但它自身又受到社会劳动所驱动的学习过程的影响。语言学历史主义设定语言具有解释世界的力量;相反,历史唯物主义(以及后来的实用主义和发生学结构主义)认为,世界观结构与学习过程之间存在着一种辩证关系,前者依靠对意义的前理解使得内在世界的实践成为可能,后者则表现在世界观结构的变化当中。

这种相互作用可以追溯到意义与有效性之间的内在联系,但它并没有因此而消除两者之间的差异。意义无法穷尽有效性。海德格尔把对意义视域的揭示与富有意义的表达的真实性等同起来,这样做实际上是错误的;而只有命题有效性的条件才随着意义视域的变化而改变——对意义的不同理解必须在经验中、在与出现在视域中的一切交往过程中证明自身。然而,实践哲学无法充分利用它在这方面的优势,因为,正如我们已经看到的,实践哲学用生产范式把真值有效性和效用之外的一切统统排除在理性的有效范围之外。由此,我们在内在世界实践中所习得的东西,只能随着生产力的发展而逐步累积。这是一种生产主义的概念策略,它使我们再也无法获得现代性的规范内涵,至多只能悄悄地关注现代性的规范内涵,以便把一种变成总体性的目的理性限制在一种从事谴责的否定辩证法范围之内。

这种尴尬的结论或许也会促使卡斯托里亚迪斯把社会主义

的合理内涵委托给一个创造意义的造物主;这里所说的社会主义是一种生活方式,它所要带来的是团结中的自主性和自我实现;而创造意义的造物主超越了意义与有效性之间的差异,不再依赖对其创造物的世俗捍卫。如果我们把实践概念从劳动转向交往行为,就会出现一种完全不同的视角。然后,我们就会看到揭示世界的语言系统与内在世界的学习过程在整个有效性范围内所存在的相互依赖关系:学习过程依靠的不再仅仅是社会劳动过程,而是在工具—认知层面上对客观自然的处理。这就是说,一旦放弃生产范式,我们就可以为整个潜在的意义世界去捍卫意义与有效性之间的内在联系——而不仅仅是为了肯定命题和意向命题所表达出来的意义碎片。交往行为用肯定或否定的立场,对正确性要求和真诚性要求提出了挑战,这和对真实性和效用性的反应不相上下;因此,在交往行为中,生活世界的背景知识也要不断接受全面的检验。惟其如此,我们才可以通过与内在世界的交往,而间接地修正揭示世界的语言系统所具有的具体的先天性乃至分散的本体论前提。

这并不意味着,意义与有效性之间的内在联系应该被放到一边。创造意义的潜能今天退回到了美学领域,仍然具有创新的力量。这虽是偶然,却属实。

5

更加关键的问题在于:有了交往行为和普遍有效性要求的超越力量等概念,我们是不是会再创立一种与历史唯物主义的自然主义不相通约的唯心主义呢?生活世界只能通过理解行为这个中介才能获得再生产,但生活世界难道没有被切断同物质生活过程的联系?当然,生活世界在物质上是通过其成员干预世界的目的行为的结果和影响而获得再生产的。不过,这些工具行为与交往行为相互交错,因为它们表现为计划的实施,而这些计划又与其他互动参与者就共同的语境定义和理解过程而提出的计划联系在一起。沿着这样一条思路,在社会劳动领域里获得的解决问题的办法,和以理解为取向的行为的中介联系到了一起。交往行为理论同样也注意到了,生活世界的符号再生产与其物质再生产之间有着一种内在联系。

人们一直都在怀疑,有了一个以有效性要求为取向的行为概念,关于纯粹理性的唯心主义就会蔓延开来,先验领域与经验领域之间的二元对立就会换一种形式死灰复燃。而当年哈曼就曾针对康德批判过"理性的纯粹主义"。并不存在一种后来才给自己披上语言外衣的纯粹理性。纯粹理性从一开始就是一种体现在交往行为语境和生活世界结构当中的理性。[①]

如果不同行为者的计划和行为通过言语的交往运用而在历史时间和社会空间中连为一体,那么,针对可以批判检验的有效性要求所采取的肯定立场或否定立场,不管多么含蓄,在日常生活实践中都会发挥一种核心作用。通过交往而达致的共识,可以用主体间对有效性要求的承认来加以衡量,它使得社会互动和生活世界语境连为一体。当然,有效性要求有其两面性:作为要求,它们超越了任何一个局部语境;但是,如果它们想要让互动参与者通过协调达成共识的话,它们又必须在一定的时空范围内提出来,并切实得到承认。普遍有效性的超越性打破了一切局限性;而接受这些有效性要求又有一定的时空约束,这种约束力就使得它们成为了依附于语境的日常生活实践。由于交往

① 这里我要感谢查尔斯·泰勒对我的启发,请参阅他的《哲学文集》(*Philosophical Papers*),第1和第2卷,Cambridge,1985。

行为者通过言语行为相互提出有效性要求,因此,他们各自所立足的都是一种潜在的理由,而且容易受到攻击。于是,一种绝对的因素就被置于实际的沟通过程之中——所要求的有效性不同于实际发生的实践的社会有效性,然而又是作为实际共识的基础。命题和规范所要求的有效性超越了时间和空间("消灭"了空间和时间);但要求总是在一定的时间和空间范围内、总是在一定的语境中提出的,并且要用实际的行动后果来加以接受或予以拒绝。阿佩尔曾形象地称之为现实的交往共同体与理想的交往共同体的交织。①

日常交往实践自身内部仿佛具有反思性。不过,"反思"已不再是认知主体的事情(认知主体通过客观的方式与自身建立起联系)。这是一种前语言的孤立的反思,取代它的是交往行为中话语和行为的分化。因为,实际提出的有效性要求或直接或间接地针对能够处理或兑现这些要求的论证。围绕着假设的有效性要求所展开的这些争论,可以说是交往行为的反思形式——一种自我关涉性,离开主体哲学基本概念中的强制客观化,它同样也能成立。因为,在反思层面上,主体间性关系的基本形式在支持者和反对者"针锋相对"的过程中获得了再生产,这种主体间性关系一直都用与接收者的完成行为式关系来调节言语者的自我关系。理想与现实之间的紧张关系,在话语自身当中表现得尤其明显。参与者一旦进入论证,就不可能不相互假设,一个理想的言语环境的条件已经得到了充分的满足。但他们清楚地知道,话语永远也无法彻底"根除"潜在的动机和行

① 阿佩尔:《哲学的转型》(*Transformation der Philosophie*),Frankfurt am Main,1973,第2卷,第358页以下。也请参阅我对玛丽·黑塞的回应,载约翰·汤普森、大卫·赫尔德(编):《哈贝马斯:批评争论》(*Habermas - Critical Debates*),London,1982,第276页以下。

为压力。离开假设的纯洁言语,我们将一事无成;而与此同时,我们也必须容忍“不纯”言语的存在。

在第五讲结束时,我曾指出,证明语境与发现语境之间以及有效性与生成性之间有着一种从未彻底中断过的内在联系。论证的使命就在于从参与者的视角对有效性要求进行彻底的批判;但它最终不能脱离生成性的考察方式;生成性的考察方式就是从第三人称视角出发,对权力要求与有效性要求的混合现象作意识形态批判。自柏拉图和德谟克利特以来,哲学史一直为两种对立的观点所左右:一种观点坚决主张抽象理性的超越力量和理智的绝对解放力量,而另一种则试图从唯物主义的角度揭露理性纯粹主义的想像性。

相比之下,辩证法思想利用唯物主义的颠覆力量打破了这些错误的选择。针对把一切经验从观念领域驱逐出去的做法,辩证法思想并没有简单地把有效性关系还原为节节获胜的权力。相反,交往行为理论认为,有知与无知之间的辩证关系,深深地扎根于沟通成功与沟通失败的辩证关系之中。

交往理性在主体间的理解与相互承认过程中表现为一种约束的力量。同时,它又明确了一种普遍的共同生活方式。在这种生活方式中,我们不能像巴门尼德区分无知与知那样,把非理性和理性截然分开(按照巴门尼德的理解,知作为一种绝对的肯定力量,主宰着无知)。谢林继承了J.伯麦和卢里亚的观点,正确地坚持认为,错误、罪过和欺骗不是没有理性,而是理性走向反面的表现形式。对真实性、正确性和真诚性等有效性要求的破坏,直接影响到充满理性关系的总体性。掌握真理的少数人责无旁贷,他们与那些在黑暗中摸索的多数人不可同日而语。对所有人都要求的合理的共同生活结构的破坏,同样也要影响到每一个人自身。青年黑格尔所说的伦理总体性,其意义就在于此。罪犯的行为打破了伦理总体性，因此，只有深刻认识到异化所造成的痛苦是难以分享的，我们才能恢复这种伦理总体性。同样的想法也促使克劳斯·海因里希把巴门尼德与约拿[①]对照起来。

耶和华与以色列人结盟的观念，构成了背叛与复仇的辩证关系的萌芽：

> 履行与上帝的盟约是忠诚的标志；不履行盟约则是背叛。对上帝虔诚，就等于忠实于创造生命的存在自身——在自身与他者身上，在一切存在领域当中。否认任何一个存在领域，也就意味着不履行与上帝的盟约、背叛自身的基础。……因此，对他者的背叛，同时就是对自己的背叛；而对背叛的每一次抵抗，不仅是以自己名义的抵抗，同时也是以他者名义的抵抗。……在反对背叛的斗争中，每一个存在者都是潜在的"盟友"，包括每一个背叛他自己和背叛我的人，这是惟一可与巴门尼德表述的斯多葛式顺从相抗衡的思想。巴门尼德把有知者和无知的大众区别开来。我们大家所熟悉的"启蒙"的概念，如果没有普遍结盟反对背叛这样一个潜在的概念，便是不可想像的。[②]

而直到皮尔斯和米德，才用一种真理的共识理论和社会交往理论把结盟的宗教动机提升到哲学的高度。交往行为理论继承了这一实用主义传统；和黑格尔早期关于犯罪与惩罚的片断论述

---

① 约拿，被鲸鱼吞掉又反胃吐出的《圣经》人物。——译注

② K. 海因里希：《论难以置否》（*Versuch über die Schwierigkeit nein zu sagen*），Frankfurt am Main，1964，第 20 页。也请参阅其《巴门尼德与约拿》（*Parmenides und Jona*），Frankfurt am Main，1966。

一样，交往行为理论的主导观念也可以用《旧约全书》的概念表述如下：在动荡不定的现实生活关系中，形成了一种由于背叛和复仇的辩证关系而导致的矛盾心理。①

事实上，我们不可能总是甚至也不可能经常满足一些不现实的实用主义前提，尽管如此，我们依然还要从这些前提出发去开始我们的日常交往实践——而且是在一种先验必然性的意义上这样做。因此，社会文化的生活方式在结构上受到一种同时遭到否定和肯定的交往理性的约束。

但交往行为中的理性并不仅仅受到外部环境的约束；它自身的实现条件也迫使它分成历史时间、社会空间和以肉身为中心的经验等不同的维度。这就是说，言语的理性潜能与任何一种特殊的生活世界资源都是交织在一起的。只要生活世界承担着提供资源的功能，它就具有一种直观知识的特征。这是一种整体论的知识，明确而不可动摇，我们不能随意加以质疑——就此而言，它不是什么严格意义上的"知识"，而是一种由背景假设、团结和社会技术组成的混合物，构成了一股保守力量，用以抵御通过有效性要求而进行的理解过程中可能出现的异议风险。

生活世界是互动参与者的资源，由此，互动参与者提出了能够达成共识的命题。作为这样一种资源，生活世界相当于主体哲学赋予一般意识的综合活动。当然，这里的创造性活动涉及到的不是形式，而是能够相互理解的内容。因此，具体的生活方式取代了同一性的先验意识。理性表现在交往行为中，并与各

① 布隆克霍斯特：《交往理性与复仇力量》('Kommunikative Vernunft und rächende Gewalt')，载：《社会科学文献评论》(*Sozlalwissenschaftliche Literatur-Rundschau*)，第8/9期，1983，第7页以下。

种自成总体性的传统、社会实践以及切身的复杂经验都保持着紧密的联系，其中介包括文化的自我理解、通过直觉而呈现出来的集体团结以及社会化个体的认知潜能等。仅仅以复数形式出现的特殊的生活方式，无疑并非只是通过家族相似性的网络而建立起相互联系，它们展示出了一切生活世界的共同结构。但这些共同结构只有通过以理解为取向的行为才能对各种特殊的生活方式产生深刻的影响，因为，通过这种以理解为取向的行为，特殊的生活方式获得了再生产。由此，我们也就不难明白，这些普遍的结构何以会随着分化的历史进程而越发显得重要。这同样也是生活世界合理化的关键，是交往行为中的理性潜能得以成功释放的关键。这种历史倾向可以解释清楚一种受到自我毁灭威胁的现代性的规范内容，而不必依赖历史哲学的帮助。

十二
现代性的规范内容

1

为了告别现代性,激进的理性批判付出了昂贵的代价。首先,这些话语无法也不想澄清它们各自的地位。否定辩证法也好,谱系学和解构也好,都用同样的手段来拒绝一些范畴:有了这些范畴,现代知识发生了分化,而且不是出于偶然;此外,这些范畴还决定了我们对文本的理解。它们不能简单地把自己划归哲学或科学、道德理论或法律理论、文学与艺术。同时,它们又反对回归宗教思想的企图,不管是独断论的宗教思想,还是异教徒的宗教思想。因此,虽然“理论”只是提出有效性要求,而目的正是为了否定它们,但在这些理论与它们在科学研究中的制度化之间还是出现了一种不协调。在这些话语为了获得理解而使用的修辞手法与它们在制度层面上(即在学院范围内)所受到的批判之间,也存在着一种不对称的关系。无论是阿多诺用一种充满悖论的方法要求真实的有效性,还是福科拒绝从明显的矛盾中得出结论,或是海德格尔和德里达通过逃向神秘或把修辞学和逻辑学混为一谈来回避论证的义务,最终形成的都是一种难以调和的混合物,在“规范的”科学分析内部都是自相矛盾。

如果我们变换一种参照系统,不再把这些话语当作哲学或科学,而是当作文学,那么,障碍依然存在,不过是换了一个位置而已。自我关涉的理性批判在飘摇不定的话语当中似乎无所不在,又无处立足,这就使得它对各种矛盾的解释几乎失去了免疫力。这些话语动摇了易错论的制度化标准。哪怕根本就没有论据,它们也能找到最后的托词:对手误解了整个语言游戏的意义,并在他的回应中犯了一个范畴错误。

理性批判忽略了其自身的基础,而理性批判的各种变种在其他方面又有着亲和性,主导它们的是一些规范的直觉观念,这些直觉观念超越了间接要求的"理性他者"身上所能容纳的范围。不管是把现代性描述为异化的生活关系,还是描述为可以用技术控制的生活关系,或是描述为权威化和同质化的生活关系,都是由于现代性对错综复杂的损害和暴力特别敏感才导致它遭到揭发。这种敏感性中蕴藏着一种未被破坏的主体间性观念,最初被青年黑格尔称为"伦理的总体性"。这些批判用存在、自主权、权力、差异和非同一性等空洞的"反概念"而指向审美经验内容。但是,由此形成的价值,诸如仁慈和启发、狂欢、肉体的一体性、愿望的满足以及受到精心保护的内在性等,也是合乎要求的,它们并未揭示出道德的转型,而我们在前面所讨论的这些作者,悄悄地把道德转型与一种生活实践联系在一起(这种生活实践不仅与内在自然保持一致,而且丝毫也没有受到损害)。规范性基础有些已经暴露出来,有些则还藏而不露,它们之间存在着一种不对等的关系,对此,我们可以用拒绝主体性的非辨证的做法来加以解释。有了这样一种现代性原则,不仅对象化的自我关系所导致的破坏性后果遭到了谴责,主体性作为一种未能兑现的诺言自身所具有的其他内涵也受到了谴责:比如,对自我意识实践的期待,在这种实践中,所有人团结起来并做出自我决定，应当能够和每个人真正的自我实现一致起来。受到谴责的同样的还有自我确证的现代性用自我意识、自我决定和自我实现等概念一度追求的内容。

这些话语更大的缺陷可以说在于它们对现代生活方式的全面拒绝：尽管它们的基本原则都很有意思，但结论却没有什么差别。黑格尔、马克思，还有韦伯和卢卡奇，都区分了社会合理性的解放—调和内涵和压抑—异化内涵，他们所使用的标准也都变得钝化了。在此过程中，批判把握住了一些概念，也毁坏了这些概念，而有了这些概念，我们就可以把社会现代化的不同内涵彻底区分开来，并揭示出它们之间充满悖论的勾连关系。启蒙与操纵、意识与无意识、创造力与破坏力、表现的自我实现与压抑的非升华、真理与意识形态，以及对自由的保障与对自由的剥夺等，所有这些环节都混淆到了一起。它们不是在一种灾难性的功能语境中，一边相互冲突，一边又相互联系——即在一个充满冲突的矛盾过程中不自觉的共谋关系。现在，差异和对立已经遭到暗中消解和破坏，以至于批判再也无法在一个完全被管制、充满计算和权力的世界中辨别出反差、明暗和不同的声调。阿多诺关于被管制的世界的理论和福科的权力理论的确比海德格尔把技术作为框架(Gestell)和德里达关于政治极权本质的理论更有启发性，也更有说服力。但他们四个人对文化现代性和社会现代性中的各种矛盾内容都缺乏敏感性。他们在历时性层面上把现代生活方式与前现代生活方式相提并论，这种做法清楚地说明了这一点。早先大众(在肉体劳动、物质生活条件、个体选择的可能性、法律保障和惩罚、政治参与以及教育等方面)所蒙受的损失，几乎没有引起注意。

值得注意的是，各种理性批判命题并没有预先为日常生活实践安排好一个完整的位置。实用主义、现象学以及解释学哲学等，都把日常行为、言语和共同生活等范畴提到认识论的高度。马克思甚至认为，在日常生活实践中，哲学的理性内涵应该会进入一个获得解放的社会生活方式之中。然而，尼采把他的继承者都吸引到了超验的现象上面，以致超验用一种鄙夷的态度超越了日常生活实践，并且认为日常生活实践只是派生的和非本真的。正如我们在上文所看到的，在交往行为中，语言建构世界的创造性因素同语言的内在功能（表现、人际关系以及主观表达）所具有的认知因素、道德—实践因素以及表现因素等构成了一个整体。到了现代，从每一个因素中都分化出了一个“价值领域”——一方面是艺术、文学和专门讨论趣味问题的批评，围绕着的是揭示世界这一轴心；另一方面则是解决问题的话语，主要针对的是真理问题和正义问题，围绕着的则是内在学习过程这一轴心。这些知识系统（艺术与批评、科学与哲学、法律与道德）越是严格地把自己局限于某一种语言功能和某一有效性方面，就越是脱离日常交往行为。但它们不能因为有了这种抽象性就把自身当作是一种以主体为中心的理性走向堕落的征象。

在尼采主义看来，科学与道德的分化是一种理性的形成过程，这种理性扼杀和篡夺了艺术揭示世界的诗意力量。尼采主义认为，文化现代性是一个恐怖的领域，充满了以主体为中心的理性的极权特征，而且，这种理性在结构上也不堪重负。但这一图景忽略了三个简单的事实：其一，审美经验与科学、道德一样，也是得益于分化过程，尽管只在审美经验中，一种排他性的理性才能真正得到揭露；其二，文化现代性之所以能够分化为关于趣味问题、真理问题和公正问题的特殊话语，依靠的同样也是知识的不断增长，这一点不容质疑；其三，正是这些知识系统与日常实践的诸种交换模式决定了这种抽象化是否会对生活世界造成破坏性的影响。

从单个文化价值领域来说，日常生活世界作为一个整体，或是表现为“生活”，或是表现为“实践”，或是表现为“精神”，它们与“艺术”、“理论”和“道德”形成鲜明的对照关系。我们在其他地方已经讨论过批判和哲学的中介作用。对批判而言，“艺术”与“生活”的关系充满问题；同样，对哲学而言，“理论”与“实践”的关系以及“道德”与“德性”的关系也充满问题。在没有中介的情况下就把专门知识转移到日常生活的私人领域和公共领域当中，一方面会危及知识体系的自主性和独特性；另一方面会破坏生活世界语境的完整性。仅仅针对某一种有效性要求的知识，如果不安于自己的特定范围，转而针对整个日常生活实践的有效范围，就会打破生活世界交往基础的平衡。这种简单的入侵导致了个体生活领域的审美化、科学化和道德化，并造成了严重的后果，表现主义的反文化、技术官僚的改革运动以及原教旨主义运动等，就是一些极端的例子。

然而，认识到日常文化和专家文化之间的复杂关系，丝毫没有触及到社会合理化的深层矛盾。因为这涉及到日常生活实践系统的物化问题，对此，我还会加以讨论。而在现代社会朦胧而合理化的生活世界中，分化的第一步就使我们意识到了我们在最后一讲中想要讨论的问题。

要想让平面化的理性批判意识到其非分化的特点，就只有依靠在规范直觉的主导下所展开的描述。这种规范内涵如果不想一直都独断专行下去，就必须到日常生活实践内部的合理性潜能中去赢得自身，并替自身辩护。我所提出的交往理性概念超越了以主体为中心的理性，它应当能够摆脱自我关涉的理性批判的悖论和平庸。另一方面，它也必须反对一种系统理论所提出的主张，因为系统理论把合理性难题抛到了一边，摆脱了一切理性概念,认为它们是古老欧洲的障碍,轻而易举地继承了主体哲学(及其最尖锐对手——权力理论)的遗产。交往理性腹背受敌,使得理性概念的复兴遇到双重危险。复兴理性必须在两个方面作好自我保护,以免再次陷入以主体为中心的思维的窠臼。这种思维无法使理性的非强制的强制力量摆脱掉工具理性的权威特征(工具理性使周围的一切包括自身都成为对象)和摆脱掉囊括性的理性的总体化特征(囊括性的理性吞噬一切,最终用同一性克服掉所有的差异性)。实践哲学试图从社会实践的中介过程中所体现出来的理性那里推导出现代性的规范内涵。如果交往行为概念代替了社会劳动概念,那么,交往行为概念内部所具有的总体性视角是否也会发生改变呢?

2

按照马克思的理解,社会实践是在社会空间和历史时间两个层面上展开的,并在(包括类历史的)自在自然的视野里把合作过程中的个人的主观自然与由于肉体的介入而客观化的外在自然调和起来。因此,劳动的调和过程就在三个不同层面上与自然发生了关系:主体亲身体会到的需求自然;作为对象加以把握和加工的客观自然;最后还有在劳动过程中被设定为视域和基础的自在自然。正如我们在第三讲中所看到的,马克思给予劳动的是一种生产美学的解释,并把劳动看作是外化、对象化和占有本质力量的循环过程。由此可见,自然的自我调节过程也包括活跃在这个过程中的主体的自我实现。二者都是一种自我创造过程。但它们不是用自己的产品来从事自我生产。同样,这种实践所创造的社会,也被认为是在实践中并通过实践而被创造出来的生产力和生产关系的产物。实践哲学的这种思维模式迫使马克思把劳动和自然这两个最初有着明确关系的因素纳入到了自我关涉的再生产过程的总体性当中。最终,还是自然本身通过大写的社会主体以及在社会中活动的主体的再生产而让自身获得了再生产。马克思未能摆脱黑格尔的总体性思想。如果不再从一开始就把社会实践看作是劳动过程,情况就大不一样了。

交往行为和生活世界是一对互为补充的概念,有了这对概念,我们就可以看到不同定义之间的区别;它们不同于劳动和自然之间的区别,不再作为一个环节而融入一个更高的同一体。的确,生活世界是交往行为培育的结果,而交往行为反过来又依赖于生活世界的资源。[①] 但是,我们不能根据自我创造的模式,把这个循环过程看作是一个依靠自身产品进行生产的过程,甚至把它与自我实现的过程联系起来。否则,我们就会(像实践哲学对待劳动过程那样)把理解过程设定为一种调解事件,(像反思哲学对待精神那样)让生活世界膨胀为一个更高主体的总体性。生活世界和交往行为的差异性不会融入一个同一性:一旦生活世界的再生产不再仅仅依赖于以沟通为取向的行为中介,而是依赖于行为者自身的解释活动,那么,生活世界与交往行为之间的差异甚至还会不断加深。如果说维持日常交往实践的肯定/否定判断并非源于一种强行指定的规范共识,而是源于参与者自身的相互阐释过程,那么,具体的生活方式和一般的生活世界结构就会出现分裂。以复数形式出现的生活方式的总体性之间的确存在着家族相似性,它们相互重叠,相互纠结,但决不会形成一个新的超级总体性。因为,在抽象过程中出现了多样性和分散化,而通过抽象过程,独特的生活世界内涵在一般生活世

① 请参阅哈贝马斯:《交往行为理论》,第2卷,第217页,图23。

界结构中会显得越来越突出。

根据言语行为“提供”的力量的不同(即陈述力量、以言行事力量和意向性力量),生活世界作为资源,分为三个不同的部分:文化、社会和个性。文化(Kultur)[①] 是一种知识储备,交往行为者通过就世界中的事物达成沟通,并用这些知识储备来做出富有共识的解释;社会(Gesellschaft),就严格意义上的生活世界力量而言,是一种合法的秩序,依靠这种秩序,交往行为者通过建立人际关系而创立一种建立在集体属性基础上的团结;个性(Persönlichkeit)是一个用来表示习得力量的术语,有了这些习得的力量,一个主体才会具有言语和行为能力,才能在各种现成的语境中参与沟通过程,并在不同的互动语境中捍卫自己的同一性。这种概念策略打破了主体哲学和实践哲学所坚持的传统观念:社会是由集体组成的,而集体又是由个体的组成,个体和集体只有在一种隐喻意义上才是一个生活世界的“成员”。

无论如何,生活世界的符号再生产都是一个循环过程。生活世界的核心结构自身依靠的是相应的再生产过程,反之,再生产过程也是因为有了交往行为的贡献才“成为可能”。文化再生产确保新出现的语境(在语义学层面上)能够和现有的世界状态很好地结合起来,即确保传统的连续性和满足日常实践理解所需的知识的一致性。社会一体化确保新出现的语境(在社会空间层面上)能够和现有的世界状态很好地结合起来,它用正当的人际关系来协调行为,并使集体认同趋于稳定。最后,成员的社会化确保新出现的语境(在历史时间层面上)能够和现有的世界状态很好地结合起来,它保证了后代能够获得一般的行为能力,

① 这里的观点请参阅我在《交往行为理论》中的详细阐述,见《交往行为理论》,第2卷,第209页。

并把个体的生活历史和集体的生活方式协调起来。也就是说，在这三种再生产过程中，不断更新的是能够建立共识的阐释框架(或“有效知识”)、正当的人际关系(或“团结”)以及互动能力(或“个人认同”)。

以上所述作为一种理论描述如果适用于生活世界符号再生产的话，那么，我们就可以先尝试探讨如下问题：如果未被扭曲的再生产越来越难以依靠一种完整而经过时间检验的传统生活方式提供保障，而是越来越多地依靠充满风险的共识(即交往行为者自身的合作努力)提供保障，那么，生活世界的结构必然会在何种方向上发生改变呢？

这当然是一个理想化的设计，但绝不是毫无根据的臆想，因为，在这种尝试背景下，现代生活世界的实际发展轨迹反映得一清二楚：把一般的生活世界结构从以复数形式出现的生活方式总体性的各种特殊框架中抽象开来。在文化层面上，确保认同的主要传统同具体内涵分离了出来，而在神话世界观中，它们曾紧密地交织在一起。主要传统浓缩成为一些抽象的因素，比如世界概念、交往前提、论证程序以及抽象价值等。在社会层面上，从特殊语境中形成了一般原则，而在原始社会中，它们曾依附于特殊语境。在现代社会，形成了法律原则和道德原则，它们越来越不是专门针对特定的生活方式。在个性层面上，社会化过程中所获得的认知结构越来越脱离文化知识的内涵，而在“原始思维”中，它们曾是一体的。形式力量所关涉的对象越来越不确定。如果我们在这样一些趋势当中注意到的只是生活世界的结构力量所获得的自由度，就会出现一些盲点：就文化而言，出现了一种不断修正反思传统的状态；就社会而言，产生了一种合法秩序依赖建立规范和论证规范的形式程序(话语程序)的状态；就个性而言，则出现了一种高度抽象的自我认同不顾风险而自我主宰的状态。在结构上则出现了强制力量，要求我们通过批判消除明确的知识，建立普遍的价值和规范，并实现自我主宰的个体化（因为，抽象的自我认同指向的是自主生活规划中的自我实现）。

这种形式与内容的分离，让我们远远想到对一种“理性实践”的传统定义：自我意识重新表现为一种反思的文化；自我决定则出现在普遍的价值和规范当中；自我实现出现在已经完成社会化的主体不断个体化的过程当中。生活世界的核心结构在其分化过程中所遇到的反思性、普遍主义和个体化在不断地增长，现在再也不能用来描述一个主体在自我关系层面上的成长。只有在这样一种主体哲学的描述当中，社会合理化（社会实践的合理潜能的发挥），才会被看作是一个宏观社会主体的自我反思过程。交往理论抛弃了这种思维模式。现在，无论是文化的反思化、规范和价值的普遍化、社会化主体的个体化，还是批判意识、自主意志和个体化的增强——一度被归结到主体实践当中的合理性因素的强化——都是以主体间性网络作为前提条件，而且，这种主体间性是用语言建立起来的，其网络不断扩大，也不断精炼。充满风险的个体化普遍主义来维护社会一体化语境；用极端个体化的社会化手段把谱系学语境中的统治力量升华为一种脆弱而容易遭到破坏的普遍性。发生分化的生活世界结构在不断特殊化的生活方式中越是抽象，交往行为的合理潜能就越是必须用这些手段来加以发挥。对于这一点，我们可以尝试做出如下阐释。

即使文化再生产只有通过批判才能继续进行下去，也不一定会打破义学领域中的连续性。在结构发生分化的生活世界中，语言理解所发挥的否定力量成为了必要条件，用以保证文本相互联系，传统——当然，它依靠的是信仰的力量——得以延续。同样,即便社会一体化只有通过抽象而又具有个体主义特征的普遍主义才能继续进行下去,也不一定会打破社会领域中与相互承认关系紧密结合在一起的主体间性网络。在结构发生分化的生活世界中形成的话语意志建构程序,必须通过同等关注每个人的利益而确保所有人的社会关联。这就意味着,作为话语参与者,个体提出了不可替代的肯定立场或否定立场,但他只有在如下前提下才能保持自主:通过对真理的共同追求而与共同体保持联系。即便社会化过程只有通过极端的个体化潮流才能继续进行下去,历史传承过程中形成的普遍实体也并不一定会化为乌有。在结构发生分化的生活世界中,一开始就在运作的原则本身得到了承认:在同样的语境中,社会化过程就是个体化过程,反之,个体化过程也是社会化过程。随着人称代词系统的形成,在社会化互动过程中,语言沟通当中蕴藏着一种无情的个体化压力。与此同时,同样的语言中介也释放出了社会化的主体间性力量。

因此,主体间性理论的思维模式让我们认识到,批判的检验和可错论意识为何反而会加强一种失去了自发性的传统的连续性;话语意志的抽象普遍主义程序为何反而会增强失去了传统合法性的生活语境中的团结;个体化和自我实现范围的扩大为何反而会巩固和稳定摆脱了僵化的社会化模式的社会化过程。

不过,如果我们用这种方式来对现代性的规范内涵加以补救,而且,即便没有摆脱实践哲学的意图,至少也摆脱了实践哲学的概念,那么,在“启蒙辩证法”中曾集合到一起的三个环节将会分离开来:作为现代性的原则,主体性应当确定其规范内涵;同时,以主体为中心的理性导致了使伦理总体性发生分裂的抽象过程;而只有源于主体性并超越了其狭隘性的自我反思才能证明其自身是调和的力量。实践哲学用自己的方式吸纳了这一纲领。在马克思看来，对阶级斗争的分析、通过革命克服阶级斗争，以及对生产力中解放内涵的释放，是三个相互联系的基本概念。就此而言，源于语言主体间性结构的理性概念虽然在生活世界的合理化过程中得到了具体体现，但并不是历史哲学所运用的理性实践概念的等价物。实践哲学把社会理解为一个自我指涉的大写主体，它囊括了所有的单个主体；一旦我们放弃了这样一种社会概念，诊断和克服危机的相应模式也就失去了意义：分裂与革命。由于交往行为不断释放出来的理性潜能不再被看作是大写的自我反思，所以，它对现代性规范内涵的明确既不能预先断定诊治危机的概念手段，也不能预先断定克服危机的具体方式。

随着生活世界合理化程度的不断提高，再生产过程摆脱冲突的可能性绝不会有所增加——只是冲突可能出现的层面发生变换而已。随着生活世界结构的不断分化，社会病理的表现形式越来越多样化，关键要看究竟是哪些结构因素在哪些方面没有得到充分的满足：最典型的是意义丧失、失范状态以及精神病症等，而不是单一类型的症状。[①] 于是，社会病症的各种原因分解成为不同的历史偶然性，而在大写主体分裂模式中，它们依然还会围绕着阶级斗争。只有当经济合理性和官僚合理性（即认知—工具合理性）明显占据统治地位时，现代社会的病症特征才会暴露出来。合理性潜能没有得到均等释放，使得社会图景支离破碎，从而也把一个分裂的大写主体自我调节的循环过程排

---

① 请参阅哈贝马斯：《交往行为理论》，第 2 卷，第 215 页，图 22。

除到了解释方法之外,而且,这个循环过程已经处于停滞状态。①

很显然,我们的上述思考根本还没有触及到实践哲学的出发点问题。只要我们不考虑生活世界的物质再生产问题,我们就根本没有达到过去的问题高度。马克思之所以选择“劳动”作为基本概念,是因为他注意到了,抽象劳动越来越构成了资产阶级社会结构的典型特征。所谓抽象劳动,就是资本主义所使用的一种以市场为取向的有组织的职业劳动。在过去的岁月里,这种趋势已经有所减弱。② 但马克思根据对异化劳动的现实抽象所分析的社会症候类型并未因此而彻底消失。

3

只要付出唯心主义的抽象代价，交往理论似乎就可以拯救出现代性的规范内涵。质疑再一次落到交往理性的纯粹主义上面——这次针对的是合理化生活世界的抽象描述，认为它没有考虑到物质再生产的压力。而要想打消这一疑虑，我们就必须阐明，交往理论可以解释清楚，以市场形式组织起来的现代经

---

① 被克服的对立所遮蔽的意识形态不能再算作错误的集体意识;它们被还原为一种遭到彻底扭曲的日常交往模式。一旦言语的外在组织形式继续给予言语的内在组织形式以一种压力,并对言语的内在组织形式大加扭曲,致使意义与有效性、意义与意向、意义与行为等失去了其内在联系[请参阅哈贝马斯:《关于交往症候学的思考》(‘Überlegungen zur Kommunikationspathologie’),载其:《交往行为理论:补充论证卷》,第 266 页以下],那么,我们就会看到,黑格尔所说的分裂的伦理总体性和马克思所说的异化实践在扭曲的交往中表现为遭到破坏的主体间性。在这个意义上,福科的话语分析或许也要用形式语用学的手段来加以补充。

② C. 奥佛:《劳动作为社会学的核心范畴?》(‘Arbeit als soziologische Schlüsselkategorie?’),载其:《劳动社会》(*Arbeitsgesellschaft*),Frankfurt am Main,1984,第 13 页以下。

济是如何与垄断权力的国家在功能上相互制约，并针对生活世界独立成为一种没有规范的社会性，用自己建立在捍卫系统基础上的命令来对抗理性的命令。马克思第一个用抽象劳动和具体劳动的辩证法形式分析了系统命令与生活世界命令之间的这种冲突，并根据社会史材料描述了现代生产方式进入传统生活世界的过程。当然，在此过程中，系统合理性也强占了其他的行为领域，并用自己的特殊逻辑第一次明确了资本的自我利用过程。

生活世界的结构会发生激烈的分化，对于文化再生产、社会一体化和社会化的功能领域来说，生活世界会构成高度专业化的亚系统（和亚系统的亚系统）；尽管如此，任何一个生活世界的复杂性都受到理解机制微弱承受力的严格限制。随着生活世界的合理化，交往行为者自身所承担的理解开支也在不断增加。与此同时，交往过程中产生分歧的风险也在不断增加，这种交往只有通过对有效性要求的双重否定才能产生约束效果。常规语言是一种协调行为的机制，它既充满风险，又非常昂贵，并且保持恒定，发挥的作用也是有限的。也就是说，单个言语行为的意义无法脱离生活世界的复杂的意义视域；它与互动参与者通过直觉所呈现出来的背景知识是纠缠在一起的。以沟通为取向的语言运用具有丰富的内涵、功能变化能力，但它只是一种总体性关联的另一面，这种总体性关联不允许随意提高日常实践中的理解能力。

由于生活世界自身只能发挥有限的协调作用和理解作用，因此，在一定的复杂性水平上，就必须用特殊语言来减轻日常语言的负担。对于这种特殊语言，帕森斯曾以货币为例做过深入的研究。如果协调行为的中介再也不必同时满足所有的语言功能，也就达到了减轻日常语言负担的效果。随着日常语言部分被取代，交往行为对生活世界语境的依赖程度也会逐步降低。因此而获得解放的社会进程“失去了世界特征”，即从总体性关联和主体间性结构中解脱了出来，而通过主体间性结构，文化、社会和个性相互交织到了一起。在解脱过程中，物质再生产发挥了一种特殊的功能，因为它们本身无需用交往行为来加以完成。物质状况的概念，可以直接还原为有目的的干预客观世界所造成的结果和后果。这些目的行为的确也需要协调，也必须通过社会而获得一体化；但是，一体化可以通过一种枯燥而标准化的语言来进行，这种语言协调的是具有特殊功能的行为，比如货物和服务的生产与分配，而无需用充满风险、不经济的沟通过程去加重社会一体化的负担，并通过日常语言媒介与文化传统过程和社会化过程建立联系。货币媒介显然满足了一种特殊解码程序的控制语言的条件。货币媒介是从常规语言中分离出来的，是一种针对特定语境（交换）的特殊编码，根据（供给和需求）的特殊结构来决定和协调行为抉择，而无需利用生活世界的资源。

但是，货币不仅使得特殊的互动形式成为可能，而且还形成了一种具有特殊功能的亚系统；这种亚系统通过货币而与周围环境发生联系。在历史上，和资本主义一道形成的是一种经济系统，它用货币作为手段来调节人际交往以及与非经济领域（如私人家政和国家）之间的交换。雇佣劳动的制度化和国家税收的制度化，如同经济系统内部的资本主义企业的组织形式一样，是新的生产方式的构成要素。由于生产过程被转换为雇佣劳动，国家机器通过就业者所提供的税收而与生产建立起联系，于是形成了互补的周围世界。一方面，国家机构依赖于以媒介为主导的经济系统，这就首先导致官方权力和个人权力与控制媒介的结构发生同化，也就是说，导致权力与货币的同化。另一方面，传统的劳动方式和生活方式受到了企业组织的职业劳动的干扰而走向消解。乡村人口的赤贫化和城市中高度集中的劳动力的无产阶级化，成为由于系统而导致日常实践系统物化的典型例证。

随着通过媒介而不断运作的交换过程，现代社会出现了第三个自主功能层面——它位于简单的互动层面之上，也超越了依然与生活世界保持联系的组织形式层面。互动语境作为亚系统而获得了独立，并超越了生活世界的视域，变成了摆脱规范的社会性的第二自然。系统与生活世界的分离，在现代生活世界中被认为是生活方式的客观化。黑格尔用“实证”概念和分裂的伦理总体性观念来回应这种基本经验；马克思则更胜一筹，把异化的工业劳动和阶级斗争作为自己的出发点。但是，他们都把主体哲学作为前提，因而低估了通过系统实现一体化的行为领域的特殊意义。由于这些行为领域从主体间性结构中彻底分离了出来，所以，它们再也无法为在生活世界内部发生分化并完成了社会一体化的行为领域找到任何结构相似物。对黑格尔和马克思而言，需求系统或资本主义社会源于抽象过程，它们依然指向伦理总体性或理性实践，并一直附属于其结构。抽象过程构成了一个更高主体的自我关系和自我运动中的非独立环节，反之，它们又必须融入到自我关系和自我运动当中。在马克思那里，这种扬弃表现为一种革命实践，它打破了资本自我实现在系统中的独特性，把独立的经济过程重新放到生活世界的视野当中，使自由王国摆脱自然王国的支配。在推翻生产资料私人占有的同时，革命还应当触及资本主义经济完成分化所依赖的媒介的制度基础。在价值规律主宰下，生活世界变得僵化了，而革命应当恢复起生活世界的能动性。与此同时，资本的客观表象消失得无影无踪。

正如上文所指出的，把由于系统而物化的行为领域融入精神或社会的自发的自由关系当中，在第一代黑格尔右派那里就遭到强烈反对。他们反对把国家与社会混为一谈，坚持社会系统和国家主体之间的客观区别。新保守主义者继承了他们的观点，而且把他们的观点由否定推向肯定。汉斯·弗莱尔和约阿希姆·里特尔认为，文化和社会的物化动力只是主观自由领域制度化的另一面，而主观自由领域是值得我们追求的。盖伦还批判主观自由领域是一个空洞的主体性领域，认为它摆脱了一切客观的命令。甚至那些追随卢卡奇坚持物化概念的人，在说法上也和他们的对手越来越趋于一致。他们越来越倾向于认为，主体在面对自我关涉系统的循环过程时无所作为，因为这个循环过程不容左右。无论是在指责消极的总体性，还是在欢呼具体化，或是否定物化和从技术统治的角度坚持客观规律，他们相互之间都没有什么根深蒂固的区别了。数十年来，社会理论在对时代的诊断中越来越倾向于系统功能论的核心观点：让主体自身堕落为系统。系统功能论默然指出“个体的终结”，而阿多诺还曾用他的否定辩证法来限制“个体的终结”，反对认为这是自找的命运。卢曼则干脆假定，主体间性结构已经瓦解，个体脱离了其生活世界——个人系统与社会系统相互构成环境。[①] 马克思曾预言，一旦革命实践失败，就会出现野蛮状态；其特征在于生活世界彻底听从于脱离使用价值和具体劳动的资本使用过程的命令。系统功能论则坚持认为这种野蛮状态已经出现，而且不是单纯出现在资本主义经济领域，而是出现在一切功能系统的核心地带。生活世界被边缘化了，它要想维持下去，就必须把自己转换为一个受到媒介控制的亚系统，并且像金蝉脱壳一样

① 请参阅下文有关卢曼的附论。

摆脱日常交往实践。

卢曼的系统功能论一方面继承了主体哲学的遗产,用一种自我关涉的系统代替了自我关涉的主体。另一方面又把尼采的理性批判推向极端,通过与生活世界的总体性建立联系而消除了一切理性要求。①

卢曼充分利用了上述两种对立传统的反思内涵,并把康德和尼采的思想融为一种控制论的语言游戏,表明他的社会系统理论已经达到了相当的高度。福科用先验—历史主义的权力概念赋予话语形态一定的特征,而卢曼把这些特征转移到具有自我关涉性并加工意义的系统头上。② 由于卢曼在使用理性概念的同时抛弃了理性批判的意图,因此,他才会把福科用以揭发并批判的一切命题都转换成陈述命题。就此而言,卢曼把新保守主义关于社会现代性的肯定观点推到了极端,推到了一个反思的高度:在这个高度上,后现代的维护者所能提供的一切都已露

---

① 我们如果从一种主体哲学的角度回想一下尼采对彻底的意识形态批判所作的总体论述,就会更好地看到,和理性批判者一样,卢曼也是尼采的传人。就此而言,迪特·亨利希关于虚构与真实的思考是很有启发性的。其出发点是一个自我关涉的认知主体的想像语境,它的构成具有必然性,而且具有自己的标准,前后保持一致。这个语境对于"认知主体"是合理的,而对于"我们"(外在的观察者)则可能是一个虚构的世界,如果它在一个先定的背景下"不是一种认知,而是一种发挥影响的方式"。当然,从事揭发的批判者会同一个虚构的世界保持距离,为此,他证明这个世界是一个强制构成的意义语境,从内在无法加以批判检验,因而才具有合理性,而且,他还动用了合理性标准:"只要合理性自身的权利要求一发而不可收拾,那么,批判的意图就会占据着主导地位。而对虚构的批判也可以说是最终找到一种非虚构的合理性的途径。但是,这种批判形式也可以反过来针对一切与合理性自身密切相关的期待……于是,它会成为一种新的论证形式,用来奠定虚构自身的基础。"亨利希:《论虚构与真实》('Versuch über Fiktion und Wahrheit'),载:《诗学与解释学》(*Poetik und Hermeneutik*),第10卷,München,1984,第513页。

② 霍耐特提醒我注意到了这一点,请参阅霍耐特:《权力批判》,第214页以下。

出端倪,没有受到任何谴责,而且也不分青红皂白。此外,系统功能论并没有让自己受到质疑,认为自己无法捍卫自己的地位:它毫不犹豫地把自己放入科学系统,并作为理论提出了“专业普遍性”要求。同样,我们也不能指责系统功能论有表面化的倾向。卢曼的理论,无论是就概念化力量和理论想像力而言,还是就操作的力度而言,今天都是无可比拟的;对他最多会提出这样的怀疑:为了“获得抽象”而付出的代价是不是太高了一些。因为,这架不知疲惫的再概念化机器把“不太复杂”的生活世界作为难以消化的残渣而提取了出来——所谓生活世界,正是引起一种社会理论关注的现象领域,这种社会理论尚未彻底中断与前科学危机经验的联系。

就资本主义经济而言,马克思未能区分系统分化的新层面(它是随着由媒介控制的经济系统的出现而形成的)与这种新层面在不同阶级那里所获得的制度化。在马克思看来,消灭阶级结构以及消除功能上发生分化和物化的互动领域的系统意义是一体的。卢曼犯了一个相对的错误。就系统分化的新层面而言,卢曼忽略了,像货币和权力等控制媒介——有了这些媒介,功能系统脱离了生活世界——需要重新在生活世界中获得制度化。所以,把媒介落实到财产法和宪法中具有阶级分配意义,这点根本没有引起卢曼的注意。一切个体都有平等进入所有功能系统的权利,这个意义上的“包容”也就表现为分化过程的必然的系统产物。① 对马克思而言,革命成功之后,独立的功能语境将会烟消云散。而对卢曼来说,在功能发生分化的现代社会中,生活世界现在就已经丧失了所有的意义。从他们俩的角度来

① 卢曼:《社会福利国家的政治理论》(*Politische Theorie im Wohlfahrtsstaat*),München,1981,第25页以下。

看,系统命令和生活世界命令之间的相互关系和相对关系都已经消失不见了,而正是这种关系揭示了社会现代化的矛盾特征。

关于社会合理化的矛盾特征,我在其他地方已经作过阐述①,可以扼要概述如下:货币和权力等媒介要想在生活世界中获得合法的制度化,生活世界的合理化首先就必须达到相当成熟的程度。市场经济和管理国家这两个功能系统超越了阶级社会的整个政治秩序,它们首先破坏的是古代欧洲社会的传统生活方式。然而,一旦货币化过程和官僚化过程侵入文化再生产、社会一体化和社会化等核心领域,这两个在功能上相互交错的亚系统就会回过头来,又对它们所促成的现代社会的合理化生活方式产生影响。通过媒介而形成的互动形式在侵入生活领域时,不会不带来病理性的负面后果,因为生活领域在功能上依赖于以沟通为取向的行为。在发达资本主义社会的政治系统中,出现了一种妥协结构,从历史的角度来看,这种妥协结构可以看作是生活世界对资本主义经济过程和垄断权力的国家机器所具有的系统意义和不断增长的复杂性的回应。今天,社会福利国家的妥协措施虽然陷入了危机,但还是留下了选择的余地,从中依然可以看到资本主义发生阶段的影子。②

选择的余地取决于一种政治的逻辑,这种政治听从于经济的和国家的系统命令。但是,这两个亚系统受制于媒介,互为周围世界,相互应当保持理智,而不只是互为负担,构成一个无法进行自我反思的总体系统。在这种政治范围内,需要讨论的只是如何正确分配国家和经济这两个亚系统所要承担的问题。有

---

① 哈贝马斯:《交往行为理论》,第 2 卷,第 8 章。

② 请参阅奥佛的分析:《关于现代社会福利国家中的一些矛盾》(‘Zu einigen Widersprüchen des modernen Sozialstaates’),载:《劳动社会的危机》,第 323 页以下。

些人认为，危机的根源在于经济所释放出来的动力，另一些人则认为在于强加在经济头上的官僚束缚。而相应的诊治方法则是用社会来约束资本主义，或把问题从政府计划领域转移到市场当中。有些人认为，日常生活受到系统干扰的根源在于劳动力的货币化，另一些人则认为在于官僚统治对于个体创造力的破坏。但双方一致认为，生活世界作为需要保护的互动领域，相对于社会现代化的发动机（国家和经济）而言，所发挥的只是一种消极的作用。

在此期间，社会福利国家的捍卫者普遍处于守势，而新保守主义则充满自信，试图把社会福利国家的妥协推向终结——或至少重新明确其前提条件。为了彻底改善资本的使用条件，新保守主义者付出了一定的代价，在短期内会波及到社会下层或边缘群体的生活世界；他们也冒着一定的风险，对整个社会构成了冲击。随着社会的日益分化，形成了一种新的阶级结构。经济增长是靠不断创新来加以维持的，而创新的动力最初又与国际上失去控制的军备扩张联系在一起。与此同时，合理化生活世界的规范意义不再仅仅表现为分配公正的传统要求，而是有了更广泛的表现，比如所谓的后物质价值、保护高度分化的生活方式所具有的自然基础和内在交往结构。于是，系统命令和生活世界命令之间出现了新的摩擦，并引发了新的冲突，而现有的妥协结构是无法解决这些冲突的。当前的问题在于，根据以系统为取向的政治的古老规则，是否还会出现一种新的妥协——或者说，是否可以通过社会运动来应对危机。我们知道，危机是由系统引起的，并被认为是系统的危机；而社会运动则不再以系统的控制需要作为自己的取向，而是把系统与生活世界之间的界限作为自己的指南。

4

由此，我们触及到了另外一个问题，即在宏大设计中克服危机的可能性问题，为此，实践哲学提供的途径是革命实践。如果整个社会不再被看作是一个更高的主体，具有自我意识，能够自我决定和自我实现，也就不存在什么通道可以让革命者进入自我关系，以便对破碎的宏大主体施加影响。如果没有了一个自我关涉的宏大主体，无论是社会总体性的自我反思认识，还是自己施加影响的社会，都是不可思议的。一旦在公共舆论和公共意志形成过程中，更高的主体间性代替了更高层次的社会主体，这种自我关系也就失去了意义。但问题在于，如果前提发生了改变，我们来讨论一个"对自己施加影响的社会"，到底还有没有意义。

一个社会要想对自己产生影响，一方面要有一个反思的中心：在这里，社会在自我理解过程中形成了关于自己的知识；另一方面要有一个行政系统，它作为整体的一个部分要能对整体施加影响。那么，现代社会能否满足上述两个条件呢？关于现代社会，系统理论设计出了一幅"没有中心机构"的分散图景。[①]按照系统理论的理解，生活世界彻底瓦解为各种具有不同功能的亚系统，诸如经济、国家、教育、科技等。这些系统单子用功能关系取代了枯萎的主体间性关系，但无法从整个社会的角度去调节它们复杂的平衡关系。它们必须相互制衡，因为，和它们一道形成的整个社会功能中没有一种可以获得优先性。没有一个亚系统可以处于等级秩序的顶端，并像阶级社会中国王代表帝

① 卢曼：《社会福利国家的政治理论》，第22页。

国一样代表整个系统。于是,现代社会中再也没有了一个自我反思和自我控制的权威机制。

在系统理论看来,只有亚系统才能形成诸如自我意识这样的东西,而它们这样做也是为了发挥自己的功能。只有从作为其周围世界的亚系统来看,社会的总体性在自我意识当中才会有所反映:

> 对整个社会而言,要想就存在和有效性达成共识是很困难的,甚至是不可能的。我们所使用的共识,不过是一种临时得到的认可而已。除此之外,还存在着真正具有创造性的现实综合体,在诸多复杂性层面上,它是一种功能特性,那些个别功能系统自己就可达到这种复杂性,但却不能在普遍的意义上获得综合性世界观。①

卢曼在脚注中对这种"临时性"做了如下阐述:

> 胡塞尔主义哲学把这种临时性命名为"生活世界",从而赋予它作为一种具体先天性的终极有效基础的特殊地位,而这也是胡塞尔主义哲学在社会学讨论中所做出的重大贡献,并产生了巨大的影响。

假设生活世界具有"存在优生性",在社会学上或许是站不住脚的。

对于各种社会现象学来说,胡塞尔的先验论遗产或许是一

---

① 卢曼:《社会结构与语义学》(*Gesellschaftsstruktur und Semantik*),第 1 卷,Frankfurt am Main,1980,第 33 页。

种负担。[1] 交往理论的生活世界概念则摆脱了先验哲学的束缚。如果我们想搞清楚语言社会化这一基本事实,我们就很难放弃生活世界概念。如果不预先为所有人设定一种主体间共享的生活世界,互动参与者就无法完成具有协作功能的言语行为。而且,这个生活世界趋向于一种对话情境,并和每个人都有着切身的关联。对那些用第一人称单数或复数从事交往行为的人来说,每一个生活世界都构成了一种总体性的意义语境和指涉语境,并在历史时间、社会空间和语义领域构成的协调系统中达到临界状态。此外,不同的生活世界虽然相互冲突,但不会彼此老死不相往来。作为总体性,只有当理解视野相互"融合"(伽达默尔语)时,它们才会顺应其普遍性要求,解决相互之间的分歧。因此,即使是发生分化的现代社会在日常交往行为中也具有一个潜在的中心,由此出发,功能各不相同的行为系统只要没有超越生活世界的视界,就可以一直保持其直觉上的影响力。当然,这个中心也是一种规划,不过是一种有效的规划。这些分散的总体性规划你争我夺、相互超越、相互占有,于是形成了诸多对抗性中心。即便集体认同在阐释的潮流中也是摇摆不定,表现出来的是一种支离破碎的网络,而没有一个稳定的自我反思中心。

即使是在没有发生分化的社会(也就是不再用传统的自我表现的方式掌握关于它们自己的知识的社会)中,日常实践也为自发的自我理解过程和认同形成过程提供了一个场所。即使是在现代社会,从充满复调的模糊总体性筹划中也形成了一种充满异议的公共意识。这种公共意识可以根据不同的主题和贡献而集中起来,并表现得越来越清晰。在更高层次的公共交往过

---

① U. 马蒂森:《生活世界的丛林》(*Das Dickicht der Lebenswelt*),München,1984。

程中,它会变得更加清晰。传播技术,首先是印刷术和出版,然后是广播和电视,使对任何语境的表达都能获得把握,并建立了一个高度分化的公共领域网络,其中既有本地的公共领域,也有跨地区的公共领域,既有文学公共领域、科学公共领域和政治公共领域,也有党派公共领域或组织公共领域,更有依附于媒体的公共领域和亚文化的公共领域。公共领域无论多么专业化,都建立在异议和相互渗透的基础上,而且,在公共领域当中,意见和意志的形成过程获得了制度化。边界是虚设的。每一个公共领域都对其他公共领域保持开放状态。它们的话语结构源于一种不加任何掩饰的普遍主义倾向。所有的局部公共领域都指向一个总体性的公共领域,而依靠这个总体性的公共领域,整个社会形成了一种自我认识。欧洲启蒙运动吸收了这一经验,并把它纳入自己的纲领。

卢曼所谓的"整个社会的共识"依赖于语境,而且也会出错,实际上是临时性的。但的确存在着整个社会的反思知识。只是现在,它只能源于公共领域当中更高层次的主体间性,所以,它再也不会合乎一个更高主体的自我反思标准。当然,这样一种自我沟通的中心远远不足以让一个社会对自身施加影响;这就需要一个核心的控制权威,把知识和来自公共领域的冲动接受过来并加以转化。

我们传统政治的规范观念认为,具有民主合法性的国家机器把君主主权转变成了人民主权,因而应当能够贯彻全体公民的意见和意志。公民本人参与到了集体意识的形成过程当中,但不能参与集体行动。那么,国家就能参与集体行动吗?"集体行动"意味着:国家把社会关于自身的主体间性知识有组织地转换为一种社会自主性。然而,即便是从系统理论出发,我们也必须对这种可能性提出质疑。今天,政治实际上已经变成了一个具有特殊功能的亚系统的事情；而且，相对于其他亚系统，这个亚系统并不具备必要的自主性，以便让社会发挥核心作用；也就是说，以便从作为总体性的社会出发，并回过头来对社会施加影响。

在现代社会，主体间自我理解能力的(微弱)与整个社会自我组织能力的(缺乏)之间明显不对称。随着前提条件的改变，主体哲学自我影响的一般模式和黑格尔—马克思主义对革命行为的特殊理解都失去了对象。

这种观点立足于一种特殊的经验并产生了深远的影响，而这种特殊的经验是工党和工会在第二次世界大战之后随着社会福利国家纲领的实施而逐步获得的。我所说的不是战后重建阶段社会福利国家成功立法所带来的经济后果问题，也不是行政机关的干预权力和干预能力所遇到的极限问题，更不是控制问题。相反，我所指的是通过民主渠道获得合法化的国家权力在观念中的巨大转变。这种国家权力必然会被用来为自发的资本主义经验提供"社会约束"，特别是会被用来消除充满危机的增长给处于依附地位的劳动者的生存和生活世界所造成的灾难性的负面影响。[①] 国家积极干预经济领域和民众的生活领域，这在社会福利国家的捍卫者看来是不成问题的——其目的在于通过改革劳动关系和雇佣关系来改善民众的生存条件。这背后其实还是一种传统的民主思想，认为社会可以用中立的行政权力来对自身施加影响。而恰恰就是这种期望落得一场空。

在此期间，法律规范、国家机构和超国家机构越来越形成一张密集的网络，笼罩着潜在当事人和实际当事人的日常生活。围绕着法制化和官僚化、国家福利政策反生产的效果以及社会

① 以下论述立足于我的一篇文章《新的非了然性》，载我的同名著作。

服务的职业化和科学化等展开了广泛的讨论，从而把人们的注意力引向一些事实，使得有一点变得一目了然：用法律—行政手段对社会福利国家的纲领加以转化，这不是一种毫无特色的被动措施。相反，与法律—行政手段密切相关的是隔离、规范化、监视等实践，关于这种实践的物化力量和主体化力量，福科做了深入的挖掘，几乎触及到日常交往的每一个角落。生活世界由于被规训、被控制、被分割和被操纵而出现变形，但这些变形的确比物质剥削和贫困化等表象形式要精细一些，不过，转移到精神和肉体上的社会内在冲突并没有因此而减小其危害性。

今天，我们认识到了社会福利国家纲领内部所固有的矛盾。社会福利国家的真正目的是要解放具有同等结构的各种生活方式，同时为个体的自我实现和能动性提供活动空间。然而，权力媒介无法应付新兴的生活方式。自从国家分化成为一个由多种媒介控制的功能系统之后，它就不能再被认为是核心的控制机制，可以让社会把自己的自我组织能力集中起来。有一个功能系统囊括了整个社会的视角，自身却又可以从某个亚系统的视角来把握整个社会。这个功能系统超越了生活世界的视界而获得了独立。与此相对的，是一个公共领域中意见和意志的形成过程，虽然充满异议，但依然集中在整个社会当中。

官僚化的社会福利国家纲领在历史上越来越让人失望，从而形成了一种似乎带有立体感的新的“政治”观念。一种权力媒介只有在表象上可以用于工具理性目的，在它的系统意义之外，还出现了一种新的维度。在政治公共领域当中，复杂社会可以与自身保持规范距离，并在集体层面上处理危机经验；而政治公共领域无论是与政治系统还是与经济系统都保持距离。政治系统和经济系统一样，都有一种相似的问题特征和分裂特征。现在，政治系统自身被看作是控制问题的根源，而不仅仅被认为是解决问题的手段。由此,我们可以看出控制问题与理解问题之间的差异。系统不平衡和生活世界病理之间的差别,或者说,物质再生产的障碍与生活世界中符号再生产的亏缺之间的差别,也变得一目了然。变得非常显著的还有:生活世界的稳定结构在维持就业系统和控制系统时所引起的缺失与由于功能系统的命令而导致的生活世界殖民化之间的差异(这些功能系统把它们的负担转嫁了出去)。这些现象表明,控制劳动和理解劳动都是资源,但不能任意替换。无论是团结或意义,都不能用货币和权力去购买。一句话,社会福利国家在清醒过来之后形成了一种新的意识结构,而有了这种意识结构,社会福利国家在一定程度上具有了反思性,不仅致力于驯服资本主义经济,而且致力于驯服国家本身。

然而,如果不仅资本主义,而且干预主义国家自身也要"从社会的角度加以约束",那就要重新明确上述使命。社会福利国家纲领认为,公共管理机构在规划过程中能够对其他亚系统的自我控制机制施加影响。如果这种间接的"管理"应该扩大到国家的组织活动之中,我们就不能把影响模式界定为间接的控制;因为只能由其他的亚系统来提供一种新的控制潜能。即便我们能够找到这样一种补充的系统,一旦再次出现失望和疏远的情况,我们又会面对如下问题:生活世界的危机感可以毫无保留地转换为与系统相关的控制问题。

相反,关键是要在生活世界与系统交换过程中建立一个防护体系和传感设备。无论如何,一旦不断合理化的生活世界要抵御难以忍受的就业系统的命令,或抵御行政系统在操持日常生活时所导致的可恶的负面后果,就会出现这种界限问题。系统不会因为其学会了更好地发挥功能而失去其魔力,因为这种魔力是资本主义劳动市场施加给劳动力的生活历史的,是从事管理和监督的行政网络施加给当事人的生活方式的，是失去控制的核军备竞赛施加给各国人民的生活期待的。相反，生活世界中的冲动必然会进入自我控制的功能系统。[①] 当然，这就要求改变自我组织起来的自主公共领域与由货币和权力控制的行为领域之间的关系，换言之，要求在社会一体化层面上重新分配权力。团结所发挥的社会一体化力量，在面对系统一体化的控制媒介（货币和权力）时必然会捍卫住自己。

按照我的理解，只有那些不是政治系统为了提供合法化而创造和维持的公共领域才是自主的。从日常实践的微观领域中自发形成的交往中心可以发展成为自主的公共领域，并成为更高层次的主体间性，但前提在于，生活世界潜能要用于自我组织，用于通过自我组织来使用交往手段。自我组织的形式加强了集体行动的力量。然而，基层组织不能越过雷池，成为形式组织，并独立成系统。否则，它们为了赢得无可争议的复杂性就必然要付出如下代价：组织的目的脱离了组织成员的取向和立场，转而服从于捍卫和扩大组织的命令。现代社会就总体而言在自我反思能力和自我组织能力之间出现了不平衡，而这种不平衡在意见和意志形成过程的自我组织层面上又一次出现了。

如果考虑到功能发生分化的亚系统对自我控制机制施加间接影响与社会为了一定的目的而对自己施加影响完全不是一回事，那么，上述状况就肯定不是一种障碍。自我指涉的封闭性使得政治功能系统和经济功能系统不受直接干预。反之，同样的特征也使得系统对旨在增强其自我反思能力的刺激相当敏感，

---

① 关于“社会控制理论”的思考，请参阅 H. 威尔克：《国家的解神秘化》（*Entzauberung des Staates*），Königstein，1983，第 129 页以下。威尔克的思考之所以引起重视，是因为他没有充分坚持按照主体间理解模式来分析自生系统之间的相互影响。

即对周围世界对其自身活动的反应相当敏感。自我组织的公共领域肯定要在权力与明智的自我约束之间建立起一种审慎的联系,而要想让国家和经济的自我控制机制对极端民主的意志形成的结果保持高度的敏感,这种联系就是必不可少的。这样,生活世界所维持的一种边界冲突模式就取代了社会的自我影响模式,而边界冲突主要发生在生活世界与两个亚系统之间,这两个亚系统在复杂性上占有优势,而且只能间接地施加影响,但它们仍然依赖于生活世界。

自主的公共领域只有依靠不断合理化的生活世界所提供的资源才能显示出其优势。文化尤其如此。所谓文化,包括科学和哲学解释世界和解释自我的潜能、普遍主义法律观念和道德观念所具有的启蒙潜能,以及审美现代性的激进经验内涵等。今天的社会运动都带有文化革命的特征,这并非出于偶然。但也就是在这些地方暴露出了现代生活世界所固有的结构缺陷。社会运动的动力源自对完美的集体认同的威胁。尽管集体认同一直都和一种特殊生活方式的排他主义有着密切的联系,但它们也肯定会吸收现代性的规范内涵——易错论、普通主义和主观主义,它们破坏了各种特殊的力量和形态。迄今为止,源于法国大革命的宪政国家和民族国家是惟一一种在世界历史范围内取得成功的认同形态,它可以不用暴力而把普遍因素和特殊因素统一起来。共产党并不一定要消灭民族国家认同。如果不把民族作为基础,那么,今天的普遍主义价值取向又能把什么作为基础呢?[①] 围绕着北约而形成的大西洋价值共同体,很难说还是一种国防宣传方式。戴高乐和阿登纳时期的欧洲仅

---

① 请参阅哈贝马斯:《复杂的社会能否形成一种合理的认同?》('Können komplexe Gesellschaften eine vernünftige Identität?'),载其:《论历史唯物主义的重建》(*Zur Rekonstruktion des Historischen Materialismus*),Frankfurt am Main,1976,第 92 页以下。

仅为贸易一体化基础提供了一种上层结构。最近，左翼知识分子提出了一种完全不同的设计，用来代替这种作为共同市场的欧洲。

当美国准备在“第二次美国革命”的旗帜下退回到早期现代主义幻想中时，人们就在梦想一种吸收了西方理性主义遗产而显得别具一格的欧洲认同。在古代国家小说所描写的乌托邦秩序中，合理的生活方式与对自然的技术控制和社会劳动的自由流动，构成了一种具有欺骗性的共生现象。这种把幸福和解放与权力与生产等同起来的做法，从一开始就误导了现代性的自我理解，而且引发了长达两个世纪的现代性批判。

但是，就是这种带有消极意义的乌托邦的控制行为今天依然以一种奇特的方式打动着大众。关于星球大战的科幻小说足以让意识形态规划者们用一种恐怖的星球大战的图景来激发革新的动力，以便用新一轮的技术组织起世界范围内的资本主义生产机制。如果老欧洲反对由于经济增长、军备竞赛和“古老价值”所导致的错误，主张摆脱自我强加给自己的系统约束；如果老欧洲结束混乱，让合理化的生活世界中所储存的现代性内涵只有在越来越复杂的系统中才能获得释放，那么，它就会找到一种新的认同。单纯就生存而言，市场上或太空里的国际竞争力是必不可少的，这是一种常识，也是系统压力的结果。每个人都在用他人扩展和加强自身力量来证明自己扩展和加强自身力量的合法性，好像力量角逐背后隐藏的不是社会达尔文主义的游戏规则。现代欧洲创造了精神前提和物质基础，让世界用这种心性结构取代理性。而这正是自尼采以来理性批判的真正核心之所在。除了欧洲，还有谁能有勇气从自身传统当中去获得一定的见识、胆量和幻想——即为了剥夺盲目强迫捍卫系统和提高系统的前提(早就不再是元物理学前提，而是元生物学前提)所具有的建构心性结构的力量而必须具备的一切？

附:论卢曼的系统理论对主体哲学遗产的接受

卢曼向我们展示了一种普通社会理论的“基本轮廓”①。而且,他还用这种社会理论对几十年来不断跨越不同领域的理论扩张进行了清算,让我们对他的计划有了清楚的了解。人们总是会认为自己能更好地理解眼前所发生的一切。卢曼的研究与其说是想和从孔德到帕森斯的社会理论专业传统联系起来,不如说是想延续从康德到胡塞尔的意识哲学问题史。他的系统理论并没有让社会学走上科学的康庄大道,相反,它把自己表现为一个被弃哲学的继承者。它力图继承主体哲学的基本概念和提问方式,同时又想超越主体哲学解决问题的能力。这样,它就完成了一种研究视角的转向,使自我分裂的现代性的自我批判失去了对象。运用在自身当中的社会系统理论,对不断复杂化的现代社会只能采取一种肯定的态度。而我所关注的是,卢曼从一定的距离出发,对主体哲学的遗产重新进行了研究,那么,立遗嘱者(主体哲学)所面对的问题是不是会进入系统理论呢?我们知道,自黑格尔死后,这些问题已经引起了人们对作为现代性原则的以主体为中心的理性的广泛怀疑。②

---

① 卢曼:《社会系统》(*Soziale Systeme*),Frankfurt am Main,1984。

② 我对委屈已经习以为常,我自然也就清楚地知道,只从一个单一的角度去讨论一种理论是无法把握住其丰富内涵的。但只有从这个角度出发,卢曼的理论对于我们的讨论才有意义。

1

系统概念是在控制论和生物学语境中发展起来的。我们如果想在同等水平上用它来取代从笛卡尔到康德的认知主体概念,我们就必须对系统概念重新进行定义。具体内容如下:系统—周围世界—关系(System-Umwelt-Beziehung)取代了认知主体与(作为可以认识的对象总体性的)世界之间的内外关系。对于主体的意识活动而言,认识世界和认识自我构成了核心问题。但现在,这一问题要让位于如何维持和扩展系统的问题。系统的自我关涉性是按照主体的自我关涉性模式建立起来的。系统如果不与自身建立起联系,并通过反思为自身提供保障,就无法与其他系统建立联系。但系统的"自我"有别于主体的"自我",因为它并未凝聚成为统觉意义上"我思"的"自我",按照康德的说法,这种我思的"自我"必然会伴随着我的一切想像。系统理论必须把通过综合活动而建立起来的自我意识同一性当中的一切内容从自我关涉当中的"自我"身上剔除掉。自我关涉性是个别系统运作的特征。但从这些明确的自我关系中,不会产生一个中心,让系统作为一个整体而自我呈现出来,并在自我意识形式中对自己有所认识。这样,反思性概念就同意识概念分离了开来。但这就需要一个自我关系意识基础的等价物,以便标示出社会文化生活的发展水平。作为对应于意识的杰出成就,卢曼引入了一个独特的概念:"意义"(Sinn)。就此概念而言,卢曼采用的是胡塞尔的现象学描述。在胡塞尔看来,一个符号所表达的意义总是指向一种基本的意向(Intention)。"意向"是比"意义"更基本的概念。相应地,卢曼从前语言的角度把"意义"定义为与体验和行动的意向性相关的参照语境,其内部充满了现实的可能性。于是，加工意义或使用意义的系统就代替了具有自我意识能力的主体。

这样一种概念的转换方式和意识哲学的思维模式有着结构上的类似性。如果我们把它放到从康德经黑格尔到马克思的思想背景之下，就会得出一些发人深省的结论：

首先是先验哲学命题的经验主义转向问题。而且，系统—周围世界—关系完全是按照由先验意识构造的世界模式建立起来的。系统把自己与周围世界区别开来，从而把周围世界当作一种具有普遍性的意义视界加以建构。但意义加工系统只以复数形式出现。它们之所以能发生和自我维持，依靠的是一个高度复杂的周围世界所提供的偶然的临界条件。它们不同于经验主体，没有在一种先验意识的同一性形式中暂时获得和谐。许许多多与系统相关的周围世界代替了建立在先验基础上的世界。[①]系统论者在其对象领域中发现了各种不同的系统—周围世界—关系。在这个意义上，对于系统论者来说，先验与经验之间的区分也就失去了意义。

其次，系统理论凭借这一决定超越了主观唯心主义的局限，这和黑格尔当时的做法如出一辙。黑格尔不但打开了进入先验主体发生历史的时间维度的通道，而且还发现，认知主体之外的自我意识的基本结构就体现在客观的和绝对的精神领域当中。不但主观精神是由主体性特征揭示出来的，客观精神和绝对精神同样也是如此。如果说黑格尔使用的是精神概念，那么，卢曼使用的则是加工意义的系统概念，并以此获得了活动的自由，把作为一个系统的社会当作同作为精神系统的意识相似的东西加

① “任何一个自我指涉的系统都只有一种它自身促成的与周围世界的关系，而没有自在的周围世界。”（卢曼：《社会系统》，第146页）

以研究。加工意义的系统不能等同于依赖意识的系统,犹如精神不能等同于主观精神。另一方面,经验主义前提要求明确区分系统内部的事件和系统周围世界中的事件。因此,所有系统都互为周围世界,并相互提高了必须加以克服的周围世界的复杂性。与主体不同,它们相互之间无法构成一个更高层次上的系统。它们从一开始就没有作为具体环节而被结构到总体性之中。从这一点来看,系统理论并没有走上从主观唯心主义到客观唯心主义的路子。

再次,卢曼和马克思很相似,因为马克思用"实践"代替了"自我意识",并对精神的形成过程进行了一次自然主义的转向。社会劳动应当充当"类"与作为周围世界的外部客观自然之间交换材料的中介。因此,这是一个循环过程,始于劳动力的消耗,经由对产品的生产和使用,再返回到劳动力的再生产,并被认为是类的自我再生产过程。系统理论认为,这个过程是自我创造的一个特例。马克思所说的社会物质再生产,对于自我关涉的系统而言,则具有普遍意义。系统中所使用的每一个因素都必须通过系统自身而产生出来,而不能从其周围世界中"现成地"拿过来。加工意义的系统在运作过程中具有自我关涉性,这种自我关涉性具有的主要是一种自我创造的实践意义,而不是自我实现的理论意义。

在这个前提下,系统理论赞同马克思主义社会理论的观点,主张对自身的发生语境和应用语境加以反思。系统理论的认识活动通过反思把自己看作是社会过程的组成部分和功能,同时又把社会过程看作是自己的对象。而马克思主义理论坚持一种理性概念,从而使自己能够在自我反思和真理的有效性以及从内部自然和外部自然的暴力中解放出来之间建立起一种内在的联系。[1] 系统理论允许认知行为(哪怕是自身的认知行为)融入到消除复杂性的系统活动中,进而消灭知识当中的一切绝对因素。系统理论把自己理解为一种功能分析,并且认为,由于这一方法所带来的相应问题,自己完全可以融入系统自我维持的功能关系当中——而没有任何超越这些关系的意图和力量。[2]

第四,哲学反思转移到系统范式上面,导致了对西方传统概念框架的进一步修正,比如存在、思想和真理等。我们如果认识清楚,系统理论研究把自身看作是一个有着自身周围世界的亚系统,那么,其非本体论的参照框架也就一目了然了。在这个周围世界当中,相关的系统—周围世界—关系构成了系统理论必须加以把握和处理的复杂性。这样,以自我为基础并具有合理秩序的存在者世界的本体论前提,与认知主体相关并且可以再现的客观世界的认识论前提、以及与断言命题相关的事态世界的语义学前提等,就一下子都被贬值了。在形而上学、认识论或语言分析当中,这些前提所假设的是宇宙秩序、主客体关系以及命题与事态之间关系的基础性,而现在却没有经过认真的讨论就被抛到了一边。卢曼的系统理论完成了从形而上学(Metaphysik,元物理学)到元生物学(Metabiologie)的思想转变。不管"形而上学"一词的出现多么具有偶然性,我们都可以赋予它一种思想的意义——这种思想的出发点是"为我们而存在"的物理现象,并对物理现象背后的东西加以追问。因此,我们可以把"元生物学"称为这样一种思想:它从"自为的"的有机生命出发,并对有机生命背后的东西加以追问——我说的是从控制论角度所描述的基本现象,即面对一个高度复杂的周围世界,自我关涉

---

① 哈贝马斯:《认识与兴趣》,第 59 页以下。

② 在这个意义上,卢曼继承的是尼采,而不是主体哲学。

系统的自我捍卫现象。

系统自身坚持与周围世界之间的差异性,这被当作了一种基本原则。系统通过提高自身而自我捍卫,它取代了由存在、思想或命题等确立起来的理性。卢曼用这种方法也超越了一种理性批判:它旨在揭示自我捍卫的力量是以主体为中心的理性的内在本质。在系统合理性的名义下,作为非理性而遭到清除的理性履行的正是这样一种功能:它是使系统捍卫成为可能的一切条件的总和。功能主义理性把自己表现为一种退缩为化约复杂性的理性的反讽性自我否定。之所以说是"退缩",是因为元生物学的参照框架并没有打破形而上学、先验哲学和语义学当中的逻各斯中心主义的限制(这一点就不如交往理论了,因为交往理论用它根据语言功能和有效性要求而推导出来的交往理性概念打破了这一限制),而是暗中对它们进行了颠覆。理性又一次成了生命的上层建筑。这样看来,把"生命"提高到"意义"的组织水平上,丝毫也没有改变什么。因为正如我们将要看到的,正是因为有了功能主义的意义概念,意义与有效性之间的内在联系消失了。这和在福科那里是一样的:对真理(和有效性)感兴趣的只有当真的效果。

第五,从主体到系统的转换,最后还带来一个对我们有重要意义的后果。有了主体概念,任何一种可能出现的自我关系也就有了一个用自我知识构建起来的自我。自我决定和自我实现内部同样也有着一种向心力,它单纯在自我意识当中把精神的一切运动都推到极端,并使它们静寂下来。一旦系统代替了自我关系中的"自我",它也就失去了把握整个自我认知的可能性;自我关系的结构仅仅还存在于单个因素当中。它不是依靠中心,而是通过边缘的依赖性,来保证(同时向周围世界开放的)系统的封闭性:

> 自我指涉的自我从来都不是一个封闭系统的总体性，也不是指涉自身——黑格尔把自我中介提升到绝对地位——这里涉及到的总是构成开放系统关系的各个环节，它们维持着系统的自我生成……可以这样来证明(这里讨论的是局部的或额外的自我指涉)：关键在于自我生成性的自我生产的可能性条件。①

自我关涉系统的这种自我—失落在非中心化的社会特征中也有所反映。总的来说，社会在功能上完成了分化：

> 其后果是：无法再用一种明确的立场，来正确考察总体性，不管是国家，还是社会。②

现代社会的同一性从其不同亚系统的角度来看各不相同。从分析的角度来说，我们已经无法得出关于一个总体社会系统自我意识的中心视角。但是，如果现代社会根本无法形成一种合理的同一性，也就没有一个参照点来批判现代性了。即使我们想毫无目标地坚持这种批判，它在现实社会的分化过程当中也会到处碰壁。社会分化过程早就超越了欧洲传统的理性概念。然而，在卢曼的激情当中，与制度化的片面合理性密切相关的，是一种非常具有德意志色彩的遗产，从值得怀疑的黑格尔右派到盖伦，一直都在坚持这份遗产。我们现在就再来回顾一下。

由于主体哲学中的自我关系把自我认知的主体的同一性设

---

① 卢曼：《社会系统》，第630页。

② 同上。

定为绝对的参照系，所以，从康德到黑格尔的思想运动才会依赖一种内在逻辑：最终，建立同一性的合题与由此把握的多样性之间的差异性，也要求一种包含同一性和非同一性在内的终极同一性。这就是黑格尔在《费希特与谢林哲学体系的差别》一书中讨论的主题。黑格尔从相同的抽象视角出发，讨论了文化现代性和社会现代性的基本经验——启蒙运动的宗教批判对传统欧洲生活世界提出了过高的社会一体化要求；还有，在资本主义经济和科层制国家当中，系统化的社会关系乱作一团。理性应当取代宗教的社会一体化功能，这是调和哲学的基本主题——这个主题同时也源于当代的危机经验和主体哲学的发展趋势。时代诊断对问题有着独特的把握，这要归因于植根在主体哲学自我意识概念当中的对象化辩证法，费希特最早讨论了这种辩证法。由于自我反思必须把一个作为一切主体性自发源泉而摆脱一般对象形式的东西当作自己的客体，因此，和解理性也就不能根据认知主体对象化的自我关系模式来加以理解，也就是说，不能从“反思哲学”的角度加以理解。否则，一种有限的能力就会被绝对化，而理性的位置就会被偶像化的知性所篡夺。按照这个模式，黑格尔把精神生活和社会生活的抽象性理解为某种“实证的”东西。它们只有通过激进的自我反思才能得到克服，即通过一种运动，它的终极目的在于绝对知识，在于总体性的自我认知。

随着由主体向系统的转变，自我关系中的“自我”消失了，但系统理论并没有因此而掌握一种思想框架，来把握带有伤害性和压迫性的物化行为。在主体哲学的自我关系概念中，主体性的物化在结构上可能会出现错误。一种类似的范畴错误或许在于：一个系统误把自己当作是周围世界。但这一可能性通过定义被排除了。随着系统的形成会出现区分的过程，这些过程也不能用“排除”或“排斥”等概念来加以证明。系统在形成过程中把某些东西当作自己的周围世界，并与之保持距离，这是一个极其正常的过程。从历史角度来看，雇佣劳动关系的建立、工业无产者的兴起以及中央政权对于大众的掌控，决不是一个没有痛苦的过程。即便系统理论可以全面地阐述这些与上述过程密切相关的问题，它也必须讨论现代社会感受危机的可能性问题，而且，这种危机不会被固定在一个特殊的亚系统的视角上面。

如果功能发生分化的社会不具有同一性，那么，它们也就无法建立起合理的认同：

> 社会合理性会要求由社会引起的周围世界问题在社会系统中有所反映，只要它们还反过来对社会施加影响——这就是说，要把它们带入社会交往过程。在单个的功能系统中，这种情况只能在有限的范围内出现——比如当医生再次看到他们自身所引起的疾病时。但更典型的是一个功能系统通过周围世界对其他功能系统施加压力。不过，首先还在于社会亚系统缺乏对周围世界依赖性的感知。这样一种社会亚系统在功能分化过程中是不可能出现的，因为这将意味着社会自身又一次出现在社会当中。分化原则使得合理性问题更加紧迫，也更加难以解决。[①]

卢曼不无嘲讽地拒绝了主体哲学所提出的有关解决途径：

> 那些头脑简单的人想用伦理学来克服这些问题。黑格尔的国家概念也不见得会好多少。马克思对革命的渴望同

① 《社会系统》，第645页。

样也是如此。[1]

我们在上文(第十二讲)已经讨论了反对主体哲学关于整体社会意识结构的若干理由。如果个体作为部分被归属于更高层次的社会主体,就会出现一种游戏(Nullsummenspiel):在其中,个体活动空间的扩大和自由度的提高都无法得到正确的定位。作为大写主体自我反思的整体社会意识也带来了重重困难。分化社会里出现了一种知识,它要求很高,把社会总体性作为自己的取向,而且还分为各种特殊的知识系统,但它不是作为一种整体社会的自我认知而处于社会核心。不管如何,我们都认识到了一种不同的概念策略,它能让我们不必放弃一种社会自我表现的概念。公共领域可以看作是更高层次上的主体间性。在公共领域当中,建立认同的各种集体自我归属可以获得共存。在高度集中的公共领域当中,也会出现一种总体性的社会意识。它无需满足主体哲学会向自我意识提出的精确性要求。社会的自我知识既没有集中在哲学当中,也没有集中在社会理论当中。

这种公共意识充满歧义,内部也充满矛盾,但尽管如此,有了这种公共意识,总体社会就可以同自身保持一种规范的距离,并且对危机感做出反应,或者更确切地说,可以提供卢曼所反对的有意义的可能性。对卢曼而言,“对现代社会合理性的追问意味着什么”是很清楚的。随着反思的深入,“合理性问题也变得更加紧迫和更加难解”。因此,这一问题根本就不应该提出来:

> 合理性问题的框架并不意味着,社会为了能保证自己继续存在下去,就必须解决这类问题。要想继续存在下去,

---

① 《社会系统》,第599页。

依靠进化就足够了。[1]

意见和意志的形成过程高度集中，但又非常贴近生活世界，从这个过程当中，我们可以清楚地看到，社会化和个体化、自我认同与集体认同是紧紧联系在一起的。卢曼还没有掌握建立在语言基础上的主体间性概念，所以，他只有按照整体囊括部分的包容模式来构想这类内在关联。他认为，这是一种“人文主义”的思维模式[2]，并自觉与之保持距离。如帕森斯的例子所表明的那样，这种做法在概念技巧上非常接近主体哲学，由此可见，这不过是对古典模式的仿造，并把社会系统（即帕森斯所说的行为系统）设想为整体，把精神系统作为亚系统而囊括在自己当中。但这样一来，主体哲学受到正确谴责的缺陷，就又进入了系统理论。所以，卢曼决定解决这个问题，而且，他对他的解决方案的理论策略意义有着清醒的认识：

> 一旦我们把人当作社会的周围世界的一部分（而不是当作社会自身的一部分），我们就会改变所有传统提问的前提，也包括古典人文主义的前提。[3]

相反，

> 谁如果固守这些前提，并借助它们而提出一种人性要

---

① 《社会系统》，第654页。

② 卢曼强调：“在人文主义传统中，人内在于而不是外在于社会秩序。人是社会秩序的组成部分，是社会自身的组成部分。人之所以被称作个体，原因在于他对社会而言是一个无法进一步分解的终极因素。”（《社会系统》，第286页）

③ 《社会系统》，第288页。

求，那么，他就必然会作为系统理论的普遍性要求的对立面而出现。①

事实上，这种方法论的反人文主义（methodischer Antihumanismus）② 所针对的，并不是把部分包容到整体当中的（由于具有具体论特征因而是错误的）思维模式，而是没有这种整体和部分的具体论就无法维持的"人性要求"。我这里所说的"人性要求"，对现代社会的构想是这样的：对现代社会来说，在总体上与自己保持规范的距离是有可能的，而且，还可以在更高层次上的公共交往过程中处理自己对危机的感受；这种可能性并没有通过对基本概念的选择而事先遭到否定。当然，一旦交往行为和主体间分享的生活世界跨越不同类型的系统，比如精神系统和社会系统，而且，这些系统相互构成周围世界，因此相互只能维持一种外在关系，那么，能够满足这种功能的公共领域结构也就失去了其立足之所。

2

官方文件的传递以及鲁滨逊单子式的隐居意识，为社会系统和精神系统在概念层面上的脱钩提供了主导性的观念，其中，一个仅仅以交往为基础，另一个则单纯建立在意识基础之上。③

在精神系统与社会系统的抽象分离中，形成了一种主体哲

---

① 《社会系统》，第 92 页。

② 规范的反人文主义的效果在盖伦的作品中有着集中的体现，而在卢曼这里却付之阙如。

③ 《社会系统》，第 142 页："意义可以潜入到肉身内的生命感受之流当中，并表现为意识。但意识也可以潜入到囊括他者的理解之流当中，并表现为交往。"

学的遗产:系统与周围世界的关系,同主体—客体的关系一样,在概念上很少能和有关共识、交往意义的语言主体间性等搭上联系。然而,人们要么从主体相互纠缠的视角出发来建构主体间性——这是从费希特到胡塞尔所提供的主体哲学解决方案的进化论翻版——要么从进化论的角度强调个体意识与支持个体的视角系统具有同样的源头;在这二者之间,卢曼始终摇摆不定。①

和古典观念一样,上述第二个观念也缺乏合适的语言理论的基本概念。卢曼必然会把“意义”(Sinn)当作一种对“交往”和“意识”保持中立的概念而引入自己的理论,他的具体做法是这样的:意义可以被分解为不同类型的意义加工过程。否则,以意识和交往为基础的系统就无法相互构成周围世界。针对同样的问题,尽管系统理论所给出的答案在结构上和主体哲学当时所给出的非常相似,但今天,社会理论面对的依然是一种全新的论证语境。不仅在洪堡的精神科学(Geisteswissenschaften)传统当中,即便在语言分析哲学以及实用主义和结构主义(通过米德和列维-斯特劳斯对社会理论产生了广泛的影响)当中,语言面对

---

① 卢曼在很多地方认为,心理系统在进化序列中处于有机系统和社会系统之间,也就是说在发生上它“先”于社会系统。只有心理系统拥有意识,人格作为意识的承担者是社会系统的基础(第 244 页以下)。这样一种看法主要源于如下思考:它们涉及到的是社会系统的自我催化。如果(像刘易斯所说的)社会秩序发生的途径在于,一个唯我论的行为者用片面的自我设定来打破双重可能的尴尬循环,那就必须设定个人或“意识的载体”,他们是在参与到社会系统之前就已经具备了判断和决断能力——只有从这样一种“物理—化学—有机—心理的现实性”出发,才能形成一种社会系统(第 170 页以下)。另一方面,两种系统类型不能立足于不同的进化渠道,如果二者都想通过意义加工在有机系统面前所显示出来的杰出成就把自己凸现出来的话。因此,卢曼在其他地方(第 141 页以下)提到了共同进化,认为不同的意义加工系统在其周围世界当中互为前提,相互促进,具有同等的原始性。它们的基础有两个,一个是意识,一个是交往。

主体所具有的超主体地位都有所体现。从这一理论史背景出发,我们可以清楚地看到,一种理论如果把这种囊括精神和社会的语言结构分为两个不同的系统,它就要承担巨大的压力。现在,卢曼理论的基本轮廓已经比较清楚了。我们也看到,为了克服由于上述基本的区分所导致的问题,卢曼必须要投入多大的精力。

超主体的语言结构将把社会和个体过于紧密地联系在一起。行为者相互之间通过意义一致的表达和可以批判检验的有效性要求而建立起来的理解的主体间性,将会成为精神系统和社会系统以及不同精神系统之间过于强大的束缚。系统只能从外部发生偶然性的相互影响,它们的相互作用缺乏内在调节。因此,卢曼不得不把语言和交往行为首先限制为一个狭隘的模式,以便让文化再生产、社会一体化和社会化之间的内在联系从他的视野中彻底消失。

相对于现象学的意义概念,语言表达处于附属地位。语言只是为了从符号的角度把偶然性的意义事件加以普遍化,语言似乎把经验流量子化为可以反复辨认的同一性。[①] 还有,相对于意识而言,语言是次要的。孤独的心灵生活,包括推理思想,并非从一开始就具有语言形态。语言的结构功能只在于通过伟大的事件把意识能动的循环过程分解开来,并使之能够构成一个一个的情节。[②] 但除此之外,对于沟通过程来说,语言没有任何构成意义;它在“精神”当中活动,并先于一切交往。语言参与到了观念和思维的组织过程当中,由此说来,语言绝不是言语的

---

① 《社会系统》,第 136 页以下。但还不清楚的是,前语言意义如何才能在意向性的意识结构中预先得到规定。

② 同上,第 367 页以下。

一种内在派生功能。[①] 任何一个这类命题都颇有争议，它们必须在语言哲学的特殊语境中寻找自己的根据。而且，这些问题无论如何也不能用现象学的暗示甚至定义来加以解决。

不过，卢曼的策略也很一目了然：如果语言符号的功绩仅仅在于区分、抽象和推广前语言的意识过程和意义语境，那么，用语言手段建立起来的交往就无法根据特殊的语言条件来加以解释。而如果语言不再被理解为一种结构，从而使意义理解、同一性的意义以及主体间的有效性能够建立起一种内在联系，那么，我们也就无法沿着语言分析的途径，来解释清楚对意义一致的表达的理解，无法解释清楚关于语言表达的有效性的共识(或异议)，无法解释清楚主体间性所共有的意义关系和参照语境的共性，也就是说，我们无法解释清楚通过交往介入语言世界观所表现出来的生活世界的形成过程。相反，语言所建立起来的主体间性结构必然要被当作一种自我生成的工具而从意义加工系统的相互影响中推导出来。卢曼这里运用的是众所周知的经验主义思想模式。

这样就出现了语言理解水平之下的意义理解，它源于诸多精神系统之间的相互观察。这些系统清楚地知道，它们当中的每一个都具有自我关涉性，因此都出现在了其他系统所具有的可以感知的周围世界当中。这里出现了他者观察和自我观察不断相互反映的情况。于是，通过对相互观察的观察，就形成了对阐释视角的差异性的理解。这就是意义的社会维度，它不会通过理解视域的聚合而呈现出来。理解视域围绕着一致的意义和主体间相互承认的有效性要求而结合到一起，并在就所说和所指而达成的共识中实现融合。不同精神系统之间不会形成第三

---

① 《社会系统》，第 137 页、第 367 页。

个共同的系统，除非是自我生成的社会系统，它会立即把自己纳入到自身的系统视野之中，并退回到以自我为中心的观察立场上：

> 它们处理信息的能力可以解决相互交往过程（相互观察的自我指涉系统）中出现的少数问题。它们始终是分离的，从未融合，并不比以前更加相互理解。它们集中关注的，是它们在作为一个周围世界中的系统的他者身上所能观察到的作为投入和产出的一切，它们各自还通过自我指涉学习掌握各自的观察视角。它们可以通过其自身行为而对它们所观察到的一切施加影响，也可以从其反馈中汲取经验。这样就会突然出现一种秩序……我们称之为社会系统。①

社会系统用交往形式来加工意义。这样就投入了语言。但语言并没有把具有一致意义的表达提供给人们使用，而是仅仅允许用符号替代意义。意义针对的始终是理解视角的差异性。当然，自我和他者可以“在意见当中使用具有一致意义的符号，从而加强他们意指的同一性”②。语言作为交往媒介并没有得到明确的定义，以致它不足以用系统之上或系统之间更高的视角来克服单个系统以自我为中心的视角。如果说多个系统并不具有一致的意义，那么同样，沟通也不会把自己明确为一种严格意义上的共识。社会维度和事实维度的分离，正是要排除人们所说的语言的终极目的：用我们相互就事物所达成的共识的可

---

① 《社会系统》，第157页。

② 同上，第220页。

能性来论证我对事物的理解。因此,一个命题的有效性也不能建立在主体间对可以批判检验的有效性要求的承认基础上,而是应当建立在只为自我或他者而存在的共识基础上。语言不能提供一个牢固基础,让自我在关于某物的共识中与他者相遇:

> 我的共识只是和你的共识之间有着联系,但我的共识并不就是你的共识。也不存在任何具体的理由或合理的根据,可以确保我们的共识就是一致的(而且是从事实层面出发)。[①]

社会维度和事实维度的"融合",允许我们做出如上思考,而卢曼则认为,这是"人文主义的根本错误"。[②]

上文考察的是复杂的后果问题。一般而言,它所涉及到的是从经验主义的角度消除沟通过程的超主体的基础——在有效性要求的基础上运用具有一致意义的表达和建立共识,其目的是为了用最节约的语言概念来消除由语言建立起来的主体间性结构。也就是说,只有当个体意识和社会的交换不再是通过内在关系而得到调节,即只有当文化、社会和个人不再是在生活世界中具有内在联系时,它们才会获得个别系统所具有的独立性,并相互构成周围世界。不过,一旦第一个复杂的问题得到处理,前提得到保障,精神系统和社会系统也只是出于偶然才相互遭遇,而且还相互独立,形成了一种外在关系,那么,第二个复杂问题便会接踵而至。因为第一步被分开的一切,到了第二步又逐步地结合到了一起。我们从生活世界各因素相互作用、相互关

① 《社会系统》,第 113 页。

② 同上,第 119 页。

联而形成的文化再生产、社会一体化以及社会化等角度解释了个体与社会、个体的生活历史与集体的生活方式、个体化与社会化之间的内在联系，但这些内在联系必须借助额外的假设，并依靠外在关系才能变得令人信服。

例如说，相互渗透的概念就是用来实现上述目标的，它所指涉的是这样一种事态：两个互为周围世界的系统限制了这样一种外在关系的自由度，目的是为了在结构上相互依赖。“一旦两个系统中的一个把自身先前形成的复杂性带入另一个之中”，就会出现一种社会渗透或人际渗透。”[1] 借助于这样一种观念，应当可以解释清楚亲密关系或道德期待。因此，只要我们假设，精神系统和社会系统从一开始就不是步调一致的，一切令人费解的现象也就肯定会得到解释。比如说，在这一前提下，社会化过程只能被理解为精神系统的一项独特成就：“社会化永远都是自我的社会化。”[2] 个体概念也存在相似的困境。一旦社会化和个体化之间的内在联系被打破了，具有规范内涵的个体性概念就只能被当作是一种“自我描述的模式”，而且可以不断复制。[3]

我在这里只能概要地回顾一下卢曼的概念构成策略，但由此我们可以清楚地看到，理论已经逐渐同由于一个基本的决定而导致的后果问题纠缠到了一起。借助于精神和社会这两个层面，卢曼似乎把人类的生命与个体的生命区分了开来，并把它们划分给了两个互为外在的系统，尽管上述两个层面的内在联系对于用语言建构起来的生活方式而言具有构成意义。暗示无疑不能取代论据与反论据。但可以交换论据的层面并不容易明

---

① 《社会系统》，第 290 页。

② 同上，第 327 页。

③ 同上，第 360 页以下。

确。这是因为,一反创始者的自我理解,这种系统理论并不适合比较温和的“专业”理论模式。它不是严格意义上的社会学,倒是可以和满足了世界观功能的元理论设计相提并论。

我把卢曼的理论看作是对一种传统的创造性延续。这个传统深受现代欧洲自我理解的影响,而它本身又反映了西方理性主义的一种或然模式。文化合理化和社会合理化有着认知—工具层面上的片面化。这种片面化在哲学当中同样也有所反映,因为哲学试图为人及其世界建立起一种客观主义的自我理解——最初是机械论的世界观,接着是唯物论和物理论的世界观,它们都用多少有点复杂的理论把精神还原到肉体当中。在英美世界,分析的唯物论依然在积极讨论灵魂与肉体的关系问题。迄今为止,物理主义或其他科学主义的基本信念支持着这样一种要求:从自然科学观察者的视角出发,把一切直觉上可以得知的东西都加以异化——从客体出发来理解我们自己。当然,在客观主义自我理解当中,涉及到的不是这种或那种细节解释,而是一种颠倒自然世界观的独特活动。生活世界自身应当进入一种自我对象化的视角当中,以便我们通常在其视野之内加以解释的一切在一种超验的视角当中表现为一种外在的偶然实践,它们具有陌生的意义,而且只能按照自然科学的模式加以解释。

既然力学、生物化学和神经学提供了语言和模式,我们就无法超越关于灵魂与肉体的一般而抽象的联系以及关于基本命题的讨论。源于自然科学的描述系统,已经远离了日常生活经验,以致无法区分异化的自我描述,并在一个广阔的视野上把它们秘密带入生活世界。但有了普通系统理论之后,这种情况发生了变化。这种系统理论是从控制论及其在不同生命科学中的运用当中发展起来的。这是从知性活动中推导出来的理论模式,针对的是有机生命。它们更加接近于社会文化的生活方式，而不是古典力学。卢曼的转化工作异常惊人，由此可见，这种语言可以灵活运用和随意扩展，以致对于生活世界的细微现象也能给出新的描述，而且不只是客观化的描述，而是客观主义的描述。我们必须注意到，一种新颖的社会理论及其范式总是立足于社会自身，而从来也不会完全属于科学系统。只要系统理论渗透到了生活世界，并把元生物学的视角引入其中，并由此学会把自己当作是一个与其他系统处于一个周围世界当中的周围世界的系统，那就无论如何都会出现一种对象化的效果——世界的演化过程似乎只是通过系统—周围世界的差异性才得以完成。

这样，系统合理性就代替了以主体为中心的理性。结果，作为形而上学批判和权力批判的理性批判(对此，我们在这些讲座中做了回顾)，就错过了其目标。由于系统理论不仅在科学系统内部做出了独特的专业贡献，而且带着普遍性要求渗透到了生活世界当中，因此，它用元生物学的基本信念取代了形而上学的基本信念。这样，客观主义者与主观主义者之间的冲突就失去了意义。或许，用语言建立起来的主体间性和自我指涉的封闭系统又成为了一场争论的关键词。这场争论取代了失去价值的身—心问题。

主要参考文献

Adorno, T. W. (1973) Negative Dialektik, Frankfurt am Main

Apel, K. O. (1979) Die Erklären/Verstehen-Kontroverse, Frankfurt am Main

Apel, K. O. (1984) Die Logosauszeichnung der menschlichen Sprache. Die philosophische Tragweite der Sprechakttheorie, Frankfurt am Main

Apel, K. O. (1973) Transformation der Philosophie, Frankfurt am Main

Arendt, H. (1982) Lectures on Kant, Chicago

Bataille, G. (1982) Der heilige Eros, Frankfurt am Main

Bataille, G. (1978) Soveränität, München

Bataille, G. (1975) Das theoretische Werk, München

Baudelaire, Ch. (1982) Gesammelte Schriften, Darmstadt

Becker, O. (1963) Dasein und Dawesen, Gesammelte philosophische Aufsätze, Pfullingen

Benjamin, W. Gesammelte Schriften

Berger, P. Luckmann, Th. (1966) Die gesellschaftliche Konstruktion der Wirklichkeit, Frankfurt am Main

Bernstein, R. J. (1971) Praxis and Action, Philadelphia

Berstein, R. J. (1983) Beyond Objectivism and Relativism, Philadephia

Blumenberg, H. (1966) Legitimität der Neuzeit, Frankfurt am Main

Bohrer, K. H. (1982) Mythos und Moderne, Frankfurt am Main

Böhme, H. Böhme, G. (1983) Das Andere der Vernunft, Frankfurt am Main

Bourdieu, P. (1976) Die politische Ontologie M. Heideggers, Frankfurt am Main

Bröcker, W. (1958) Dialektik, Positivismus, Mythologie, Frankfurt am Main

Brunner, O. Conze, W. Koselleck, R. (1973) Geschichtliche Grundbegriffe

Bubner, R. (1973) Das älteste Systemprogramm, Bonn

Bühler, K. (1965) Sprachtheorie, Stuttgart

Bürger, P. (1983) Zur Kritik der idealistischen Ästhetik, Frankfurt am Main

Culler, J. (1983) On Deconstruction, London

Dahmer, H. (1982) Libido und Gesellschaft, Frankfurt am Main

Deleuze, G. (1976) Nietzsche und die Philosophie, München

de Man, P. (1983) Blindness and Insight, Minniapolis

Derrida, J. (1976) Randgänge der Philosophie, Frankfurt am Main

Derrida, J. (1974) Grammatologie, Frankfurt am Main

Derrida, J. (1972) Die Schrift und die Differenz, Frankfurt am Main

Derrida, J. (1979) Die Stimme und das Phänomen, Frankfurt am Main

Derrida, J. (1981) Positions, Chicago

Dreyfus, H. L. Rabinow, P. (1983) Michel Foucault: Beyond Structualism and Hermeneutics, Chicago

Dubiel, H. (1978) Wissenschaftsorganisation und politische Erfahrung, Frankfurt am Main

Dubiel, H. (1985) Die Buchstabierung des Fortschritts, Frankfurt am Main

Foucault, M. (1969) Wahnsinn und Gesellschaft, Frankfurt am Main

Foucault, M. (1971) Die Ordnung der Dinge, Frankfurt am Main

Foucault, M. (1973) Die Geburt der Klinik, München

Foucault, M. (1974) Die Ordnung der Diskurse, München

Foucault, M. (1974) Von der Subversion des Wissens, München

Fourcault, M. (1978) Überiwachen und strafen, Frankfurt am Main

Frank, M. (1982) Der kommende Gott. Vorlesungen über die neue Mythologie, Frankfurt am Main

Frank, M. (1984) Was heiβt Neostruktualismus?, Frankfurt am Main

Freyer, H. (1948) Weltgeschichte Europas, Wiesbaden

Freyer, H. (1955) Theorie des gegenwärtigen Zeitalters, Stuttgart

Friedeburg, V. Habermas (Hg.) (1983) Adorno-Konferenz, Frankfurt am Main

Gehlen, A. (1963) Studien zur Anthropologie und Soziologie, Neuwied

Gehlen, A. (1957) Die Seele im technischen Zeitalter, Heidelberg

Gelb, I. J. (1958) Von der Keilschrift zum Alphabet. Grundlagen einer Schriftwissenschaft, Stuttgart

Habermas, J. (1968) Technik und Wissenschaft als "Ideologie", Frankfurt am Main

Habermas, J. (1981) Kleine politische Schriften, I—IV, Frankfurt am Main

Habermas, J. (1981) Theorie des kommunikativen Handelns, Frankfurt am Main

Habermas, J. (1984) Vorstudien und Ergänzungen zur Theorie des kommunikativen Handelns, Frankfurt am Main

Habermas, J. (1985) Die Neue Unübersichtlichkeit, Frankfurt am Main

Habermas, J. (1982) Zur Logik der Sozialwissenschaften, Frankfurt am Main

Habermas, J. (1981) Philosophisch-politische Profile, Frankfurt am Main

Habermas, J. (1983) Moralbewusstsein und kommunikatives Handelns, Frankfurt am Main

Habermas, J. (1968) Erkenntnis und Interesse, Frankfurt am Main

Habermas, J. (1984) Vorstudien und Ergänzungen zur Theorie des kommunikativen Handelns, Frankfurt am Main

Habermas, J. (1976) Zur Rekonstruktion des Historischen Materialismus, Frankfurt am Main
Hartmann, G. (1981) Saving the Text, Baltimore
Hegel, G. W. F. Werke, Suhrkamp-Werkausgabe
Hegel, G. W. F. (1966) Politische Schriften, Frankfurt am Main
Hegel, G. W. F. Philosophie des Rechts, Die Vorlesung von 1819/20 in einer Nachschrift, Frankfurt am Main
Hegel, G. W. F. (1931) Jenenser Realphilosophie, Leipzig
Heidegger, M. (1978) Wegmarken, Frankfurt am Main
Heidegger, M. (1961) Nietzsche, Pfullingen
Heidegger, M. (1953) Einführung in die Metaphysik, Tübingen
Heidegger, M. (1949) Sein und Zeit, Tübingen
Heidegger, M. (1949) Vom Wesen des Grundes, Frankfurt am Main
Heinrich, K. (1964) Versuch über die Schwierigkeit Nein zu sagen, Frankfurt am Main
Heinrich, K. (1966) Parmenides und Jona, Frankfurt am Main
Heller, A. (1978) Das Alltagsleben, Frankfurt am Main
Heller, A. (1970) Alltag und Geschichte, Neuwied
Henrich, D. (1971) Hegel im Kontext, Frankfurt am Main
Honegger, C. (1982) Überlegungen zu Michel Foucaults Entwurf einer Geschichte der Sexualität, Frankfurt am Main
Honneth, A. Jaeggi, U. (1980) Arbeit, Handlung, Normalität, Frankfurt am Main
Honneth, A. Hans Joas (1980) Soziales Handeln und menschliche Natur, Frankfurt am Main
Honneth, A. (1985) Kritik der Macht, Frankfurt am Main
Horkheimer, M. (1967) Zur Kritik der instrumentellen Vernunft (1947), Frankfurt am Main
Horkheimer, M. (1967) Kritik der instrumentellen Vernunft, Frankfurt am

Main
Horkheimer, M. (1985) Dialektik der Aufklärung, Amsterdam, 1947; Frankfurt am Main
Husserl, E. (1913/1980) Logische Untersuchungen, Tübingem

Jakobson, R. (1979) Poetik, Frankfurt am Main
Jamme, Chr. Schneider H. (Hrsg.)(1984) Mythologie der Vernunft, Frankfurt am Main
Jauβ, H. R. (1970) Literaturgeschichte als Provokation, Frankfurt am Main

Kant, I. Kritik der reinen Vernunft, B779
Kittler, F. A. (Hg.)(1980) Austreibung des Geistes aus den Geisteswissenschaften, Paderborn
Koselleck, R. (1979) Vergangene Zukunft, Frankfurt am Main
Krapnik, M. (1983) Displacement, Derrida and After, Blommington, Indiana
Kringer, F. (1969) The Decline of the German Mandarins, Cambridge
Kuhn , H. Wiedmann, F. (1964) Die Philosophie und die Frage nach dem Fortschritt, München

Labov, W. (1972) Language in the Inner City, Piladelphia
Leiris, M. (1981) Das Auge des Ethnologen
Löwith, K. (1941) Von Hegel zu Nietzsche, Stuttgart
Löwith, K. (Hrsg.) (1962) Die Hegelsche Linke, Stuttgart
Lübbe, H. (1975) Fortschritt als Orientierungsprobleme, Freiburg
Lübbe, H. (Hrsg.) (1962) Die Hegelsche Rechte, Stuttgart
Lübbe, H. (1980) Philosophie nach der Aufklärung, Duesseldorf
Luhmann, N. (1981) Politische Theorie im Wohlfahrtsstaat, München
Luhmann, N. (1980) Gesellschaftsstruktur und Semantik, Frankfurt am Main
Luhmann, N. (1984) Soziale Systeme, Frankfurt am Main

Lukacs,G. (1971) Zur Ontologie des gesellschaftlichen Seins, Neuwied
Lyotard,J. F. (1982) La condition postmoderne,Paris,1979,Wien

Marx Engels (1959) Werke,Berlin
Marcuse,H. (1973) Konterrevolution und Revolte,Frankfurt am Main
Markus,G. (1982) Language et production,Paris
Martin,W. (1983) The Yale Critics:Deconstruction in America,University of Minnesota Press,Minneapolis
Mathiessen,U. (1984) Das Dickicht der Lebenswelt,München
Mauss,M. (1968) Die Gabe,Frankfurt am Main
Matthes,J.(Hg.) (1983) Krise der Arbeitsgesellschaft,Frankfurt am Main
Mitscherlich, A. (1983) Gesammelte Schriften, Frankfurt am Main

Nietzsche, F. (1967) Sämtliche Werke,Berlin
Nietzsche,F. (1968) Erkenntnistheoretische Schriften,Frankfurt am Main
Norris,Ch. (1982) Deconstruction. Theory and Practice,London,New York

Offe, C. (1984) Arbeitsgesellschaft,Frankfurt am Main

Peukert, H. (1976) Wissenschaftstheorie, Handlungstheorie, Fundamentale Theologie,Düsseldorf
Pöggler,O. (Hg.)(1969) Heidegger,Köln
Pratt,M. L. (1977) Speech Act Theory of Literary Discourse,Bloomington

Ritter,J. (1969) Metaphysik und Politik,Frankfurt am Main
Ritter,J. (1965) Hegel und die französische Revolution,Frankfurt am Main
Ritter,J. (1974) Subjektivität,Frankfurt am Main
Rorty,R. (1982) Consequences of Pragmatism,Minneapolis
Rorty,R. (1983) Deconstruction and Circumvention (Manuscript)

Saage, R. (1983) Rückkehr zum starken Staat?, Frankfurt am Main

Schiller, F. Sämtliche Werke,

Schnädelbach, H. (1983) Philosophie in Deutschland 1831—1933, Frankfurt am Main

Stein, L. v. (1849) Geschichte der sozialen Bewegung in Frankreich

Stein, L. v. Sozialismus und Communismus des heutigen Frankreich

Saussure, F. de (1967) Grundlagen der Sprachwissenschaft, Berlin

Schnädelbach, H. (1974) Geschichtsphilosophie nach Hegel. Die Probleme des Historismus, Freiburg

Schneeberger, (1962) Nachlese zu Heidegger, Bern

Scholem, G. (1973) Zur Kabbala und ihrer Symbolik, Frankfurt am Main

Schürmann, R. (1982) Le principe d'anarchie. Heidegger et la question de l'agir, Paris

Searle, J. (1969) Speech Acts, Cambridge

Searle, J. (1979) Expression and Meaning, Cambridge

Simmel, G. (1983) Philosophische Kultur, Berlin

Saint-Simon (1957) Ausgewählte Texte, Berlin

Sloterdijk, P. (1982) Kritik der Zynischen Vernunft, Frankfurt am Main

Söllner, A. (1981) Wirtschaft, Recht und Staat im Nationalsozialismus, Analysen des Instituts für Sozialforschung, Frankfurt am Main

Steinfels, H. (1979) The Neoconservatives, New York

Szondi, P. (1970) Hölderlin-Studien, Frankfurt am Main

Taylor, Ch. (1975) Hegel, Cambridge

Taylor, Ch. (1985) Philosophical Papers, Cambridge

Thompson, J. (1982) David Held, Habermas-Critical Debates, London

Tugendhat, E. (1979) Selbstbewusstsein und Selbstbestimmung, Frankfurt

am Main
Tugendhat, E. (1976) Vorlesungen zur Einführung in die sprachanalytische Philosophie, Frankfurt am Main

Veyne, P. (1981) Der Eisberg der Geschichte, Berlin

Weber, M. (1973) Die protestantische Ethik, Heidelberg
Wellmer, A. (1985) Zur Dialektik von Moderne und Postmoderne, Frankfurt am Main
Wilson, M. (1982) Das Institut für Sozialforschung und seine Faschismusanalyse, Frankfurt am Main
Willke, H. (1983) Entzauberung des Staates, Königstein

(曹卫东 编)

人名索引

译者后记

回忆起来，第一次接触到哈贝马斯的《现代性的哲学话语》这部让我着迷的著作，是十多年前学生时代的事了。记得在中国社会科学院哲学研究所的一位老先生家里，他拿出这部厚重的著作细细地向我展示，并透露说哈贝马斯本人异常看重此书，也非常希望他的这部著作能尽快翻译成汉语。后来，在2001年初夏的上海，我冒雨到哈贝马斯下榻的宾馆为他饯行。闲谈之后，他很认真地对我说，他希望我能帮助尽快把《现代性的哲学话语》翻译过来，因为他觉得，在整个中国之行中，人们所提的许多问题在他的这部著作中都能找到答案。因此，这部译稿的付梓，于我，不仅是完成了一件正常的翻译工作，更多地还是完成了一个坚定的诺言和一项重要的使命。

按照我自己的理解，哈贝马斯本人之所以十分看重他的这部著作，有两个原因。一个是表层原因：哈贝马斯通过与法国后现代主义的交锋而集中阐明了自己的现代性概念；而更重要的恐怕还在于深层原因：这是一部思想史著作，哈贝马斯以"现代性"范畴为主线，系统阐述了他对德国思想史乃至西方思想史的发展脉络的整体把握。也就是说，哈贝马斯的这部著作实际上为我们提供了一个很好的思想史框架。

为了更好地完成翻译任务，我特地邀请北京师范大学文学院的何浩博士帮助翻译了有关德里达、福科和巴塔耶的内容

(《超越源始哲学:德里达的语音中心论批判》、《在爱欲论与普通经济学之间:巴塔耶》、《理性批判对人文科学的揭露:福科》、《权力理论的困境》)。何浩博士在当代法国思想方面颇有钻研,也素有心得,工作态度一丝不苟,为顺利完成本书的翻译付出了辛苦的劳动。

译本出版之际,请允许我向哈贝马斯本人表示感谢,感谢他在诸多方面对我的大力帮助。德国苏尔坎普出版社版权部的哈特女士(Petra Hardt)在哈贝马斯著作版权方面给我提供了难能可贵的支持,并且馈赠了大量相关经典文献和研究著作。童庆炳教授和他领导下的文艺学研究中心帮我解决了许多后顾之忧,让我得以轻松地研读和翻译哈贝马斯的著作。

曹卫东

2004 年 10 月 29 日

于北京师范大学文艺学研究中心

人文与社会译丛

第一批书目

1.《政治自由主义》(增订版),[美]J. 罗尔斯著,万俊人译 118.00 元
2.《文化的解释》,[美]C. 格尔茨著,韩莉译 89.00 元
3.《技术与时间:1. 爱比米修斯的过失》,[法]B. 斯蒂格勒著,裴程译 62.00 元
4.《依附性积累与不发达》,[德]A. G. 弗兰克著,高铦等译 13.60 元
5.《身处欧美的波兰农民》,[美]F. 兹纳涅茨基、W. I. 托马斯著,张友云译 9.20 元
6.《现代性的后果》,[英]A. 吉登斯著,田禾译 45.00 元
7.《消费文化与后现代主义》,[英]M. 费瑟斯通著,刘精明译 14.20 元
8.《英国工人阶级的形成》(上、下册),[英]E. P. 汤普森著,钱乘旦等译 168.00 元
9.《知识人的社会角色》,[美]F. 兹纳涅茨基著,郏斌祥译 49.00 元

第二批书目

10.《文化生产:媒体与都市艺术》,[美]D. 克兰著,赵国新译 49.00 元
11.《现代社会中的法律》,[美]R. M. 昂格尔著,吴玉章等译 39.00 元
12.《后形而上学思想》,[德]J. 哈贝马斯著,曹卫东等译 58.00 元
13.《自由主义与正义的局限》,[美]M. 桑德尔著,万俊人等译 30.00 元

14.《临床医学的诞生》,[法]M. 福柯著,刘北成译　55.00 元
15.《农民的道义经济学》,[美]J. C. 斯科特著,程立显等译　42.00 元
16.《俄国思想家》,[英]I. 伯林著,彭淮栋译　35.00 元
17.《自我的根源:现代认同的形成》,[加]C. 泰勒著,韩震等译　128.00 元
18.《霍布斯的政治哲学》,[美]L. 施特劳斯著,申彤译　49.00 元
19.《现代性与大屠杀》,[英]Z. 鲍曼著,杨渝东等译　59.00 元

第三批书目

20.《新功能主义及其后》,[美]J. C. 亚历山大著,彭牧等译　15.80 元
21.《自由史论》,[英]J. 阿克顿著,胡传胜等译　89.00 元
22.《伯林谈话录》,[伊朗]R. 贾汉贝格鲁等著,杨祯钦译　48.00 元
23.《阶级斗争》,[法]R. 阿隆著,周以光译　13.50 元
24.《正义诸领域:为多元主义与平等一辩》,[美]M. 沃尔泽著,褚松燕等译　24.80 元
25.《大萧条的孩子们》,[美]G. H. 埃尔德著,田禾等译　27.30 元
26.《黑格尔》,[加]C. 泰勒著,张国清等译　135.00 元
27.《反潮流》,[英]I. 伯林著,冯克利译　48.00 元
28.《统治阶级》,[意]G. 莫斯卡著,贾鹤鹏译　98.00 元
29.《现代性的哲学话语》,[德]J. 哈贝马斯著,曹卫东等译　78.00 元

第四批书目

30.《自由论》(修订版),[英]I. 伯林著,胡传胜译　69.00 元
31.《保守主义》,[德]K. 曼海姆著,李朝晖、牟建君译　58.00 元
32.《科学的反革命》(修订版),[英]F. 哈耶克著,冯克利译　68.00 元

33.《实践感》,[法]P. 布迪厄著,蒋梓骅译 75.00 元
34.《风险社会:新的现代性之路》,[德]U. 贝克著,张文杰等译 58.00 元
35.《社会行动的结构》,[美]T. 帕森斯著,彭刚等译 80.00 元
36.《个体的社会》,[德]N. 埃利亚斯著,翟三江、陆兴华译 15.30 元
37.《传统的发明》,[英]E. 霍布斯鲍姆等著,顾杭、庞冠群译 68.00 元
38.《关于马基雅维里的思考》,[美]L. 施特劳斯著,申彤译 78.00 元
39.《追寻美德》,[美]A. 麦金太尔著,宋继杰译 68.00 元

第五批书目

40.《现实感》,[英]I. 伯林著,潘荣荣、林茂、魏钊凌译 78.00 元
41.《启蒙的时代》,[英]I. 伯林著,孙尚扬、杨深译 35.00 元
42.《元史学》,[美]H. 怀特著,陈新译 89.00 元
43.《意识形态与现代文化》,[英]J. B. 汤普森著,高铦等译 79.00 元
44.《美国大城市的死与生》,[加]J. 雅各布斯著,金衡山译 78.00 元
45.《社会理论和社会结构》,[美]R. K. 默顿著,唐少杰等译 128.00 元
46.《黑皮肤,白面具》,[法]F. 法农著,万冰译 58.00 元
47.《德国的历史观》,[美]G. 伊格尔斯著,彭刚、顾杭译 58.00 元
48.《全世界受苦的人》,[法]F. 法农著,万冰译 17.80 元
49.《知识分子的鸦片》,[法]R. 阿隆著,吕一民、顾杭译 59.00 元

第六批书目

50.《驯化君主》,[美]H. C. 曼斯菲尔德著,冯克利译 88.00 元
51.《黑格尔导读》,[法]A. 科耶夫著,姜志辉译 98.00 元
52.《象征交换与死亡》,[法]J. 波德里亚著,车槿山译 68.00 元
53.《自由及其背叛》,[英]I. 伯林著,赵国新译 48.00 元

54.《启蒙的三个批评者》,[英]I. 伯林著,马寅卯、郑想译 48.00 元
55.《运动中的力量》,[美]S. 塔罗著,吴庆宏译 23.50 元
56.《斗争的动力》,[美]D. 麦克亚当、S. 塔罗、C. 蒂利著,李义中等译 31.50 元
57.《善的脆弱性》,[美]M. 纳斯鲍姆著,徐向东、陆萌译 55.00 元
58.《弱者的武器》,[美]J. C. 斯科特著,郑广怀等译 82.00 元
59.《图绘》,[美]S. 弗里德曼著,陈丽译 49.00 元

第七批书目

60.《现代悲剧》,[英]R. 威廉斯著,丁尔苏译 45.00 元
61.《论革命》,[美]H. 阿伦特著,陈周旺译 59.00 元
62.《美国精神的封闭》,[美]A. 布卢姆著,战旭英译,冯克利校 89.00 元
63.《浪漫主义的根源》,[英]I. 伯林著,吕梁等译 49.00 元
64.《扭曲的人性之材》,[英]I. 伯林著,岳秀坤译 69.00 元
65.《民族主义思想与殖民地世界》,[美]P. 查特吉著,范慕尤、杨曦译 18.00 元
66.《现代性社会学》,[法]D. 马尔图切利著,姜志辉译 32.00 元
67.《社会政治理论的重构》,[美]R. J. 伯恩斯坦著,黄瑞祺译 72.00 元
68.《以色列与启示》,[美]E. 沃格林著,霍伟岸、叶颖译 128.00 元
69.《城邦的世界》,[美]E. 沃格林著,陈周旺译 85.00 元
70.《历史主义的兴起》,[德]F. 梅尼克著,陆月宏译 48.00 元

第八批书目

71.《环境与历史》,[英]W. 贝纳特、P. 科茨著,包茂红译 25.00 元
72.《人类与自然世界》,[英]K. 托马斯著,宋丽丽译 35.00 元

73.《卢梭问题》,[德]E. 卡西勒著,王春华译 39.00 元
74.《男性气概》,[美]H. C. 曼斯菲尔德著,刘玮译 28.00 元
75.《战争与和平的权利》,[美]R. 塔克著,罗炯等译 25.00 元
76.《谁统治美国》,[美]W. 多姆霍夫著,吕鹏、闻翔译 35.00 元
77.《健康与社会》,[法]M. 德吕勒著,王鲲译 35.00 元
78.《读柏拉图》,[德]T. A. 斯勒扎克著,程炜译 68.00 元
79.《苏联的心灵》,[英]I. 伯林著,潘永强、刘北成译 59.00 元
80.《个人印象》,[英]I. 伯林著,覃学岚译 88.00 元

第九批书目

81.《技术与时间:2. 迷失方向》,[法]B. 斯蒂格勒著,赵和平、印螺译 59.00 元
82.《抗争政治》,[美]C. 蒂利、S. 塔罗著,李义中译 28.00 元
83.《亚当·斯密的政治学》,[英]D. 温奇著,褚平译 21.00 元
84.《怀旧的未来》,[美]S. 博伊姆著,杨德友译 85.00 元
85.《妇女在经济发展中的角色》,[丹]E. 博斯拉普著,陈慧平译 30.00 元
86.《风景与认同》,[美]W. J. 达比著,张箭飞、赵红英译 79.00 元
87.《过去与未来之间》,[美]H. 阿伦特著,王寅丽、张立立译 58.00 元
88.《大西洋的跨越》,[美]D. T. 罗杰斯著,吴万伟译 108.00 元
89.《资本主义的新精神》,[法]L. 博尔坦斯基、E. 希亚佩洛著,高铦译 58.00 元
90.《比较的幽灵》,[美]B. 安德森著,甘会斌译 79.00 元

第十批书目

91.《灾异手记》,[美]E. 科尔伯特著,何恬译 25.00 元

92.《技术与时间:3. 电影的时间与存在之痛的问题》,
[法]B. 斯蒂格勒著,方尔平译 65.00 元
93.《马克思主义与历史学》,[英]S. H. 里格比著,吴英译 78.00 元
94.《学做工》,[英]P. 威利斯著,秘舒、凌旻华译 68.00 元
95.《哲学与治术:1572—1651》,[美]R. 塔克著,韩潮译 45.00 元
96.《认同伦理学》,[美]K. A. 阿皮亚著,张容南译 45.00 元
97.《风景与记忆》,[英]S. 沙玛著,胡淑陈、冯樨译 78.00 元
98.《马基雅维里时刻》,[英]J. G. A. 波考克著,冯克利、傅乾译 108.00 元
99.《未完的对话》,[英]I. 伯林、[波]B. P. -塞古尔斯卡著,
杨德友译 65.00 元
100.《后殖民理性批判》,[印]G. C. 斯皮瓦克著,严蓓雯译 79.00 元

第十一批书目

101.《现代社会想象》,[加]C. 泰勒著,林曼红译 45.00 元
102.《柏拉图与亚里士多德》,[美]E. 沃格林著,刘曙辉译 78.00 元
103.《论个体主义》,[法]L. 迪蒙著,桂裕芳译 30.00 元
104.《根本恶》,[美]R. J. 伯恩斯坦著,王钦、朱康译 78.00 元
105.《这受难的国度》,[美]D. G. 福斯特著,孙宏哲、张聚国译 39.00 元
106.《公民的激情》,[美]S. 克劳斯著,谭安奎译 49.00 元
107.《美国生活中的同化》,[美]M. M. 戈登著,马戎译 58.00 元
108.《风景与权力》,[美]W. J. T. 米切尔著,杨丽、万信琼译 78.00 元
109.《第二人称观点》,[美]S. 达沃尔著,章晟译 69.00 元
110.《性的起源》,[英] F. 达伯霍瓦拉著,杨朗译 85.00 元

第十二批书目

111.《希腊民主的问题》,[法]J. 罗米伊著,高煜译　48.00 元
112.《论人权》,[英]J. 格里芬著,徐向东、刘明译　75.00 元
113.《柏拉图的伦理学》,[英]T. 埃尔文著,陈玮、刘玮译　118.00 元
114.《自由主义与荣誉》,[美]S. 克劳斯著,林垚译　62.00 元
115.《法国大革命的文化起源》,[法]R. 夏蒂埃著,洪庆明译　38.00 元
116.《对知识的恐惧》,[美]P. 博格西昂著,刘鹏博译　59.00 元
117.《修辞术的诞生》,[英]R. 沃迪著,何博超译　59.00 元
118.《历史表现中的真理、意义和指称》,[荷]F. 安克斯密特著,周建漳译　58.00 元
119.《天下时代》,[美]E. 沃格林著,叶颖译　78.00 元
120.《求索秩序》,[美]E. 沃格林著,徐志跃译　48.00 元

第十三批书目

121.《美德伦理学》,[新西兰]R. 赫斯特豪斯著,李义天译　68.00 元
122.《同情的启蒙》,[美]M. 弗雷泽著,胡靖译　48.00 元
123.《图绘暹罗》,[美]T. 威尼差恭著,袁剑译　76.00 元
124.《道德的演化》,[新西兰]R. 乔伊斯著,刘鹏博、黄素珍译　65.00 元
125.《大屠杀与集体记忆》,[美]P. 诺维克著,王志华译　78.00 元
126.《帝国之眼》,[美]M. L. 普拉特著,方杰、方宸译　68.00 元
127.《帝国之河》,[美]D. 沃斯特著,侯深译　76.00 元
128.《从道德到美德》,[美]M. 斯洛特著,周亮译　58.00 元
129.《源自动机的道德》,[美]M. 斯洛特著,韩辰锴译　58.00 元
130.《理解海德格尔:范式的转变》,[美]T. 希恩著,邓定译　89.00 元

第十四批书目

131.《城邦与灵魂:费拉里〈理想国〉论集》,[美]G. R. F. 费拉里著,刘玮编译 69.00元

132.《人民主权与德国宪法危机》,[美]P. C. 考威尔著,曹晗蓉、虞维华译 58.00元

133.《16和17世纪英格兰大众信仰研究》,[英]K. 托马斯著,芮传明、梅剑华译 168.00元

134.《民族认同》,[英]A. D. 史密斯著,王娟译 55.00元

135.《世俗主义之乐:我们当下如何生活》,[英]G. 莱文编,赵元译 58.00元

136.《休谟的人生智慧》,[英]J. 巴吉尼著,杨春丽译 68.00元

137.《自由意志、能动性与生命的意义》,[美] D. 佩里布姆著,张可译 69.00元

138.《自由与多元论:以赛亚·伯林思想研究》,[英]G. 克劳德著,应奇等译 58.00元

139.《暴力:思无所限》,[美]R. J. 伯恩斯坦著,李元来译 59.00元

140.《中心与边缘:宏观社会学论集》,[美]E. 希尔斯著,甘会斌、余昕译 88.00元

第十五批书目

141.《自足的世俗社会》,[美]P. 朱克曼著,杨靖译 58.00元

142.《历史与记忆》,[英]G. 丘比特著,王晨凤译 59.00元

143.《媒体、国家与民族》,[英]P. 施莱辛格著,林玮译 68.00元

144.《道德错误论:历史、批判、辩护》,

[瑞典]J. 奥尔松著,周奕李译　58.00元

145.《废墟上的未来:联合国教科文组织、世界遗产与和平之梦》,[澳]L. 梅斯克尔著,王丹阳、胡牧译　88.00元

146.《为历史而战》,[法]L. 费弗尔著,高煜译　98.00元

147.《康德与现代政治哲学》,[英]K. 弗利克舒著,徐向东译　58.00元

148.《我们中的我:承认理论研究》,[德]A. 霍耐特著,张曦、孙逸凡译　69.00元

149.《人文学科与公共生活》,[美]P. 布鲁克斯、H. 杰维特编,余婉卉译　52.00元

150.《美国生活中的反智主义》,[美]R. 霍夫施塔特著,何博超译　68.00元

第十六批书目

151.《关怀伦理与移情》,[美]M. 斯洛特著,韩玉胜译　48.00元

152.《形象与象征》,[罗]M. 伊利亚德著,沈珂译　48.00元

153.《艾希曼审判》,[美]D. 利普斯塔特著,刘颖洁译　49.00元

154.《现代主义观念论:黑格尔式变奏》,[美]R. B. 皮平著,郭东辉译　98.00元

155.《文化绝望的政治:日耳曼意识形态崛起研究》,[美]F. R. 斯特恩著,杨靖译　98.00元

156.《作为文化事实的未来:全球现状面面观》,[美]A. 阿帕杜莱著,周云水、马建福译　98.00元

157.《一种思想及其时代:以赛亚·伯林政治思想的发展》,[美]J. L. 彻尼斯著,寿天艺、宋文佳译　88.00元

158.《人类的领土性:理论与历史》,[美]R. B. 萨克著,袁剑译(即出)

159.《多元社会中的正义》,[美]G. 高斯著,范震亚译 68.00 元

160.《荒原:一部文化史》,[美]V. D. 帕尔玛著,梅雪芹等译 88.00 元

第十七批书目

161.《浪漫派为什么重要》,[美]P. 盖伊著,王燕秋译 49.00 元

162.《欧美思想中的自治》,[美]J. T. 克洛彭伯格著,褚平译(即出)

163.《冲突中的族群》,[美]D. 霍洛维茨著,魏英杰、段海燕译(即出)

164.《八个欧洲中心主义历史学家》,[美]J. M. 布劳特著,杨卫东译(即出)

165.《记忆之地,悼念之地》,[美]J. 温特著,王红利译(即出)

166.《20 世纪的战争与纪念》,[美]J. 温特著,吴霞译(即出)

167.《病态社会》,[美]R. B. 埃杰顿著,杨靖、杨依依译(即出)

168.《种族与文化的少数群体》,[美]G. E. 辛普森、J. M. 英格尔著,马戎、王凡妹等译(即出)

169.《美国城市新主张》,R. H. 普拉特著,周允程译(即出)

170.《五种官能》,[法]M. 塞尔著,徐明译(即出)